U0659495

小学科学课程与教学

XIAOXUE KEXUE KECHENG YU JIAOXUE

高潇怡 胡 翔 ◎ 主 编

北京师范大学出版集团
BEIJING NORMAL UNIVERSITY PUBLISHING GROUP
北京师范大学出版社

图书在版编目(CIP)数据

小学科学课程与教学 / 高潇怡，胡翔主编．—北京：北京师范大学出版社，2024.7

全国高等院校小学教育专业精品教材

ISBN 978-7-303-29605-7

Ⅰ．①小… Ⅱ．①高… ②胡… Ⅲ．①科学知识－教学研究－小学－高等学校－教材 Ⅳ．①G623.62

中国国家版本馆 CIP 数据核字(2023)第 224071 号

图书意见反馈　gaozhifk@bnupg.com　010-58805079

营销中心电话　010-58802755　58800035

北京师范大学出版社教师教育分社微信公众号　京师教师教育

出版发行：北京师范大学出版社　www.bnupg.com

北京市西城区新街口外大街 12-3 号

邮政编码：100088

印　刷：北京溢漾印刷有限公司

经　销：全国新华书店

开　本：787 mm×1092 mm　1/16

印　张：20.5

字　数：436 千字

版　次：2024 年 7 月第 1 版

印　次：2024 年 7 月第 1 次印刷

定　价：49.00 元

策划编辑：王建虹　责任编辑：孟　浩

美术编辑：焦　丽　装帧设计：焦　丽

责任校对：陈　荟　责任印制：马　洁

前　言

在科技发展突飞猛进、国际竞争日益激烈的现在，科技创新人才越来越成为决定国家竞争优势的关键变量。大力发展科学教育是提升全体人民科学素养、充实国家创新人才后备队伍的基础和保障。教师是教育发展的第一资源，要构建高质量科学教育体系就必须关注小学科学教师队伍建设。然而，目前我国小学科学教师的补充模式仍然不能满足小学科学课程发展的需要。因此，提高小学科学教师的科学教育素养成为突破科学教育发展瓶颈的必然选择。

“小学科学课程与教学”作为高等师范院校小学教育专业的基础与核心课程，对于提升职前小学教师的科学教育素养具有重要作用。20 多年来，国内出版了一系列高等院校小学科学课程与教学教材，对培养胜任小学科学教育工作的专业人员具有重要意义。在使用这些教材的过程中，我们感到仍需要有更多的教材供读者选择，在“百家争鸣”中促进小学科学课程与教学研究和实践事业的蓬勃发展。

本教材在撰写过程中始终希冀能在紧贴一线教学实践的同时，反映国际科学教育研究的新进展，力求在以下三个方面有所贡献。

一是理论性。小学科学课程与教学是一门在教育理论的指导下，将科学史、学习心理学、科学哲学等学科的理论综合运用于小学科学课程与教学实践的交叉学科。基于此，本教材不仅在第二章对科学学习的理论基础做了专题阐释，而且在其他各章分别围绕小学科学课程目标、小学科学课程内容、小学科学教学设计等进行了介绍，以期帮助小学科学教师学会运用小学科学课程与教学的一般规律，系统地解释小学科学课程编制、实施以及教学实践中出现的问题。

二是实践性。在基础教育课程改革如火如荼开展的当下，审视小学科学课程与教学的核心观点，解释我国义务教育科学课程改革的关键成果，将有助于科学教育工作者把握科学教育理念、提高科学课程实施能力。因此本教材基于《义务教育科学课程标准(2022 年版)》，解读小学科学课程目标和内容，并尽可能地在各个章节探讨所涉话题的实践启示。其中，第六章和第七章详细介绍了小学科学教学模式和方法，为教师进行教学分析与设计提供了参考。

三是前沿性。小学科学课程与教学的学习与研究需要以开放的态度了解国际科学教育的理论与经验，深入国际科学教育改革的境脉探查科学教育的规律，批判地反思国际科学教育改革的经验与智慧，从中吸收有益营养以促进我国小学科学课程与教学的进一步发展。正因如此，本教材在概括观点及枚举实例时力求结合当前国际科学教育研究的最新成果，并在第十章专门探讨了小学科学课程与教学研究的进展与趋势。

由于编者的水平和能力有限，本教材难免有不足之处。敬请读者和同行批评指正，以便后续有机会进一步修改、完善。

编者

目　录

第一章

科学与科学教育

章结构图

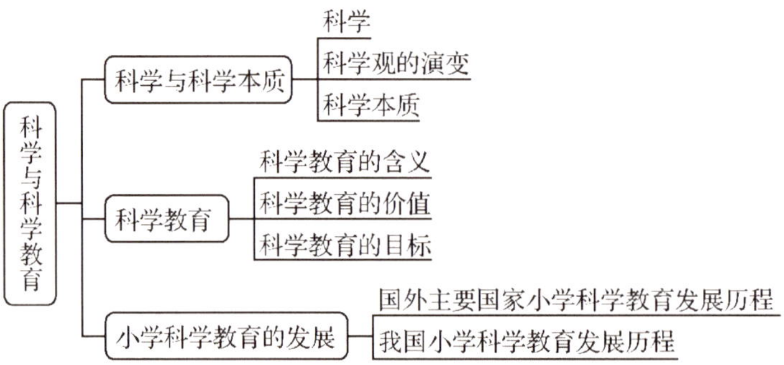

本章概述

本章介绍了科学的词源与含义、科学观的演变、科学本质的含义以及科学教育的含义、价值与目标；勾勒了国内外小学科学教育发展的历史脉络，展示出了科学与科学教育的基本样态。

章前导语

在以往的求学经历中，我们或许思考过以下问题：科学究竟是什么？科学教育是一门什么样的学问？学科学有什么用？这些问题都指向了对科学和科学教育本体及其价值的探寻。要想认识并认同科学与科学教育，需要用历史的眼光审视科学与科学教育的产生和发展，了解科学凭借什么成为人类的重要实践和社会事业，知道如何树立符合时代发展的科学教育理念。本章将通过呈现人们对科学和科学教育的认识，概括地介绍小学科学教育的发展历程，描绘一幅科学与教育的整体图景。

古往今来，从“天圆地方”的想象到实现太空旅行，从发明炼丹术到破解人类遗传密码，人们从未停止过对大自然的探索和改造。科学技术的迅猛发展更加深刻地影响着人类社会的发展。科学知识的更新周期越来越短，物联网、云计算、人工智能等领域不断取得技术突破并推动各个领域的方法创新，多元文化的碰撞和经济全球化的加快使人类命运共同体面临前所未有的挑战。为顺应科技发展潮流，培养具有科学素养的现代公民已经成为世界各国的重大教育战略。帮助学生全面认识科学、正确理解科学本质，促进学生运用科学方法应对生活中的复杂问题，形成和发展科学相关专业和职业的能力，是科学教育的目的和价值所在。科学教育始终以科学活动为源泉，并与科学知识、科学方法、科学观念的发展变化密切相连。

第一节
科学与科学本质

理解科学与科学本质是开展科学教育实践的前提和基础，科学教育中暴露出的一些问题归根结底是由对科学的理解不当造成的。教师对科学和科学本质的认识直接影响了科学教学目标、内容、方法的选择，并影响着学生对科学的理解。有的教师认为教科学就是传授课本上系统的知识体系，就是让学生体验科学探究过程，而忽略了对学生的科学观念、方法和精神等方面的培养。为了改进科学教育实践，促进科学教育的发展，我们需要对科学与科学本质进行诠释，以帮助教师建构合理的科学教育理念。

一、科学

尽管科学的成果已经渗入社会生活的方方面面，但理解和界定科学本身并非易事。人们往往期待得到关于科学的理性界定，以便于快速获得关于科学是什么的答案。随着科学事业的飞速发展，现有学科、事实和理论的不断更新，我们无法得到关于科学的一劳永逸的定义，而只能从多个角度对科学做出诠释。①

（一）科学的词源

现今使用的“科学”一词是1874年日本近代哲学家西周时懋对法文 science 的翻译。因此要理解科学，就要进入西方的文化语境。science 源于拉丁文 scientia；而拉丁文 scientia 又是对希腊文 episteme 的直接翻译，指的是系统的、具有确定性和可靠性的知识体系。

在中世纪晚期，英语中就已经有了 science 一词，但当时仍用“自然哲学”来代指对世界本原和宇宙本体的探讨。例如，1808年道尔顿的经典著作依然为《化学哲学的新体

---

① ［英］约翰·德斯蒙德·贝尔纳：《历史上的科学》卷一，伍况甫、彭家礼译，7页，北京，科学出版社，2015。

系》。而在法语中，science 从 17 世纪中期开始就特指“自然科学”。18 世纪后期至 19 世纪前期，法国科学名家层出不穷。借着法国科学的巨大影响，science 一词开始普及，英语世界也逐渐采用 science 一词取代“自然哲学”。随着 19 世纪后半叶自然科学的专业化、职业化，自然科学从哲学母体中脱离出来，science 开始得到广泛采用。例如，1831 年英国科学促进协会(British Association for the Advancement of Science)的成立，便是科学专业化的一种重要标志。如此看来，science 一词得到广泛使用的这些年正是现代科学完成建制化而独立发展的时期。①

从词源上看，科学一般有广义和狭义两种用法。广义的科学与拉丁文的 scientia 和希腊文的 episteme 的含义相近，指的是通过对事物系统理性地探究得到的具有确定性、可靠性的知识体系，包括自然和人为的各种学问。狭义的科学与法语、英语中的 science 相近，指的是现代自然科学。本书便是采用了第二种狭义的用法。

(二)科学的含义

在日常生活中，人们经常使用“科学”一词赞叹事物的严谨性和可靠性，也会将科学作为一个群体所从事的工作或者一项社会事业。例如，我国实行的科技强国战略就是依靠科学技术专家以及他们所从事的科学技术事业来振兴国家。②

科学史学家贝尔纳指出，完整意义上的科学至少有五种形象。③ 科学的众多形象揭示了科学的功能、内容以及认识方式。

1. 科学作为一种社会建制

建制是指由人民团体通过一定的组织关系联系起来，办理社会上的某些业务。科学不是一个孤立的系统，作为社会生活的一部分，总是与社会的其他系统存在各种各样的联系。将科学作为一种建制即将科学视作一种由专门的职业团体从事的社会事业，涉及科学家、工程师、数学家、物理学家、技术人员等在世界范围内进行的研究和工作。科学事业与其他社会事业一样，有自己的运作方式。科学工作者应遵从普遍接受的道德规范，在各种自然场所、研究机构进行独立或合作研究，通过传播科学信息参与社会公共事务。④ 科学事业还与其他社会事业相互作用。科学事业受到社会价值观、经济发展状况、科学文化等的制约，同时又能够影响社会政治、经济、文化的发展与变革。例如，科学技术突破所引发的工业革命为社会带来了颠覆性的改变。正如科学

---

① 吴国盛：《什么是科学》，15～16 页，广州，广东人民出版社，2016。

② 吴国盛：《什么是科学》，32～40 页，广州，广东人民出版社，2016。

③ [英]约翰·德斯蒙德·贝尔纳：《历史上的科学》卷一，伍况甫、彭家礼译，6～24 页，北京，科学出版社，2015。

④ 美国科学促进协会：《面向全体美国人的科学》，中国科学技术协会译，8～11 页，北京，科学普及出版社，2001。

社会学家默顿所说，科学是一种社会制度，这种制度有着其独特的规范框架(其中有些是与历史上的一些制度共享的，另一些则是与其他制度有剧烈冲突的)。[①]

在社会、历史的复杂情境中了解科学事业及其运行机制，有助于学生理解科学与社会之间的关系，能够围绕与科学相关的社会性问题展开讨论，并在此过程中逐渐拥有对科学职业和工作的认识，成长为具有科学素养的公民，激发未来从事科学工作的愿望。

2. 科学作为一种方法

科学是怎么被认识的呢？约翰·杜威主张“审慎地运用观察、回想和试验的方法，以获得稳定的和确定的材料”，认为“运用以上方法所得的知识便是科学”。[②] 但这并不意味着掌握某种方法便能径直走上通往科学真理的正路。科学方法不仅包括采用观察和实验方法，利用分类和度量技术，发明和使用科学仪器，还包括形成有逻辑结构的定律、假设和理论，借助定律、假设和理论继续推进新的观察、实验和理论，以及运用科学语言，采用科学战略等。

19 世纪晚期，经验主义者就开始试图将科学家工作的方法搬到课堂教学中去，以帮助学生理解科学工作是如何开展的，并认为学生只有经历了科学发现的过程才能够真正相信和理解科学知识。因而他们倡导学生应该像科学家一样依靠证据、假设、理论、逻辑推理等方法对问题展开调查、分析、讨论，不断思考和探索日常生活中的有趣事物，在身心参与和社会互动中形成对自然世界的认识。

3. 科学作为一种积累的知识体系

科学是时刻在增长的知识集合体。一个“永无止境”的前沿，正如哈维所说，“我们已知的全部比起尚未知晓的来总是无限小”[③]。康德曾指出：“任何一种学说，如果它可以成为一个系统，即成为一个按照原则而整理好的知识整体的话，就叫作科学。”[④]科学家前赴后继地对已有的事实、定律和理论进行验证、修整和改造，从而搭建起了科学的大厦。因此，科学能够通过书籍和文章传递给下一代。如果科学的事实、定律和理论随着时间的流逝而消亡，那么我们就无法站在巨人的肩膀上看到更远的世界。了解自然界的性质和规律是科学学习的基本目标，学生在头脑中建构结构化、系统化的科学知识体系是形成科学素养的基础和载体。

4. 科学作为一种生产手段

在一定程度上，社会发展的历史就是人类适应和改造自然的历史。从石器时代、

---

① ［美］R. K. 默顿：《科学社会学——理论与经验研究》上册，鲁旭东、林聚任译，ix 页，北京，商务印书馆，2003。

② ［美］约翰·杜威：《民主主义与教育》，王承绪译，236 页，北京，人民教育出版社，2001。

③ ［美］赫德、［美］加拉赫：《小学科学教育的新方向》，刘默耕译，9 页，北京，文化教育出版社，1980。

④ ［德］康德：《自然科学的形而上学基础》，邓小芒译，2 页，北京，生活·读书·新知三联书店，1988。

青铜器时代、铁器时代、蒸汽时代、电气时代到原子时代，科学史上每一次科技革命的出现都是以某种新的物质技术的出现为标志的。人们使用和改造物质以制造工具来满足人类需求的过程中，产生了技术，随后产生了科学。如果说技术是一种由人所创造并由社会所保持的操作方法，那么科学就是使人懂得如何操作技术以便操作得更好的手段。因此，科学得以在与生产密切接触的过程中演进和发展。作为人类适应和改造自然的手段，科学通过促进技术的革新和应用来充分发挥自身的实际效用。

学生应该了解科学与工程、技术、社会之间的关系，应用科学知识来解决实际的工程和技术问题，从而深化对科学知识的理解，增加对科学的兴趣，成为具有生存能力和生产能力的劳动者。

5. 科学作为观念的来源

科学不仅是社会事业、方法、系统的知识体系或者促进生产的手段，也是人类认识事物运行规律的活动，是科学家在定律、理论等的基础上经过反复抽象逐步形成的科学世界观和方法论。作为观念来源的科学扎根于具体科学实践，并能够指导科学实践。例如，波义耳通过大量的燃烧实验认识到物质是由原始物质构成而不是由性质构成的，元素应当是那些用化学方法不能再分割的最简单的物质，并由此提出了具有机械论特征的微粒哲学观点；同时他又用自己的微粒哲学观点指导科学实践，从而发现了更多的元素。①

科学本身铭刻着人类认识世界的共同经验、共同理解方式、共同思维方式等。科学家在用科学术语描述科学事实的同时，将它们彼此联系在一起形成具有一定结构的概念框架。这些概念框架就是指导科学家开展理论活动以及实践研究的科学观念。因此，可以说，作为观念的科学才是思维和对话的尖端工具和高超技术。② 同样，科学学习也应超越对碎片化知识的理解和记忆，而以观念的获得为科学学习的追求。

总体而言，科学既是一项力求理解物质世界的创造性智力活动，又是一种稳定的、系统的知识体系，也是为扩展、提炼和修正知识而开展的调查、假设、建模、论证、交流等一系列实践，还是一种指导认识物质世界的方式和观念。

二、科学观的演变

科学观是在对科学知识和科学本身的发展规律进行探索的基础上形成的，反映了

① 中国自然辩证法研究会化学化工专业组、《化学哲学基础》编委会：《化学哲学基础》，306～311页，北京，科学出版社，1986。

② [美]M. W. 瓦托夫斯基：《科学思想的概念基础——科学哲学导论》，范岱年、吴忠、林夏水等译，1～13页，北京，求实出版社，1982。

一段时间内人们对科学是什么的认识，大致经历了从传统科学观到现代科学观的发展过程。

(一)传统科学观

传统科学观反映的是经验主义、实证主义和理性主义等哲学流派对科学的认识。传统哲学流派普遍认为科学知识是通过经验而获得的，科学知识一旦获得就是确定的、客观的、可验证的真理。其中，经验主义和实证主义认为科学知识来源于感性经验，是从观察所得的事实中推导而来的；而理性主义认为科学知识来源于理性经验，是经由理性推理和非经验观察而获得的。

经验主义和实证主义强调感性经验是获取知识的源泉，感官是获取感性经验的工具；主张采用观察法对现象进行观察，通过分析、归纳感官获得的经验获取知识。其中，经验主义科学观又称为归纳主义科学观，它强调科学是从经验事实中通过归纳法得到的知识，从事科学研究的观察者应该不带偏见地记录下他们所能看到、听到的东西。[①] 相比于经验主义，实证主义对科学理论的检验更为严格，强调从经验中推导出的科学事实必须经得起实证的检验；凡是不能够被证实的科学知识都是无意义的，而一经确证后便是客观的、不容怀疑的。但是经验主义和实证主义所依赖的有力工具——观察，很难保证其绝对客观性。眼见并不一定为实。人们在观察时会不自觉地受到期望因素的影响，去观察他们能够和愿意观察到的，而忽略那些超出能力范围的和不愿意观察到的事物。甚至有时观察之前的假设或理论就是错误的，也就导致观察也是错误的。[②] 例如，汉森根据第谷和开普勒等科学家对同样的事物进行观察而得出的结论不同，提出观察负载理论的思想。[③]

理性主义科学观认为知识是人类理性思维的产物，而非简单地源自感性经验。人们用概念、定律、理论等表述现象已经属于抽象概括等思维过程。这意味着纯理论的推理也是科学知识的来源之一。例如，笛卡儿的“我思故我在”这一哲学命题认为只有通过理性才能获得可靠的知识。尽管理性主义科学观强调理性思维的价值，但同样未冲破确定的、客观的、绝对的科学知识的藩篱。

实证主义在吸收理性主义的观点并进行改良后，形成了逻辑实证主义。逻辑实证主义承认科学知识来自经验，也认为观察基于一定的假设或理论前提，提倡假设—演绎的科学方法，确定了“观察—归纳—证实”的科学研究机制。

传统科学观深刻地影响了近现代科学教学的目标、内容和方法，使科学知识、科

---

① 袁维新：《简论科学本质观的类型与特征》，载《科学技术与辩证法》，2006(1)。
② [英]A. F. 查尔默斯：《科学究竟是什么?》第三版，鲁旭东译，13～32页，北京，商务印书馆，2007。
③ [美]N. R. 汉森：《发现的模式——对科学的概念基础的探究》，邢新力、周沛译，22页，北京，中国国际广播出版社，1988。

学方法深入人心。但它也造成了科学教育只见科学不见人，关注科学知识的学习、科学方法的训练，而忽视了学生已有的知识经验和学习的能动性，忽视了学生科学精神和科学态度的培养的现象。

(二)现代科学观

现代科学观是指20世纪下半叶占主流的证伪主义、历史主义哲学流派的科学观以及建构主义思潮所倡导的科学观。现代科学观质疑科学知识的有效性、确定性，认识到科学并不是简单的知识累积。人类在科学知识的产生和发展过程中发挥着能动作用，科学知识是可变的、试验性的，科学正是由于旧观点不断地被推翻才得以发展的。

证伪主义科学观的代表人物卡尔·波普尔将科学看作一组暂时提出的假设，认为假设要想被确证，需要通过实验或者观察来获取推翻其中某个论点的证据，因此强调科学知识是遵循"假设—证伪"的逻辑发展的。他认为可证伪性是科学区别于宗教等非科学的重要标志。一个理论阐述得越精确，就越可能被否证。反之，一个命题越模糊，就越难以被否证。算命先生的话常常模棱两可，怎么解释都是对的，因此无法否证，也就不是科学。① 波普尔忽视了科学理论的坚韧性。如果科学家完全按照证伪的方法论进行科学研究，那么科学理论就会陷入无限否证的怪圈，人们公认的科学理论永远不会存在，因为它们在诞生初期就被否证了。但事实上，科学史上存在诸如万有引力理论、原子理论、分子动理论、日心说等影响至今的科学理论。

在对证伪主义进行批判和精致化的过程中，图尔敏、汉森、拉卡托斯和费耶阿本德等人因坚持科学哲学研究与科学史研究相结合的方法论而被列为历史主义流派。作为历史主义流派的集大成者，托马斯·库恩并不关注某个理论与证据之间的关系，而是从历史的视角来看待科学理论发展的模式。库恩认为科学发展的原因并非个别发现和发明的累积，而是科学共同体所公认的定律、理论、应用和仪器全部或者部分被一个与其完全不能并立的崭新的范式取代。② 历史主义流派根据对科学家的实践和科学史的分析，强调科学理论的主体性、非理性，为建构主义科学观提供了重要的思想渊源。

建构主义思潮受到历史主义、科学知识社会学、后现代主义、新马克思主义等的影响，彻底否定了科学知识的客观性，强调科学知识的暂时性、主观性、情境性、社会互动性。科学知识并不是纯粹的客观存在，而是科学家根据现有的理论建构而成的结果。早期建构主义科学观过于激进，过于强调主体的主动解释与建构，忽视科学方法的重要性。之后，建构主义科学观吸收实证主义科学观等合理部分，强调科学知识

---

① [英]A. F. 查尔默斯：《科学究竟是什么?》第三版，鲁旭东译，78～89页，北京，商务印书馆，2007。

② [美]托马斯·库恩：《科学革命的结构》，金吾伦、胡新和译，9、85页，北京，北京大学出版社，2003。

需要经过实证检验，科学探究是描述、认识和理解世界的重要方式。建构主义科学观对于科学教学的意义在于倡导学生像实际的科学工作者一样开展研究，通过与情境互动和同伴合作来建构知识，形成对科学更为深刻的认识。

三、科学本质

了解和认识科学的特征是科学素养的核心。将科学观融入科学教育的突出问题是，哲学家、科学史学家、科学社会学家和科学教育者关于科学特征的理解对于学生来说过于抽象、深奥且远离学生的日常生活。所以为了避免让学生陷入科学哲学家之间的争论，科学教育层面就需要有一个可以接受的关于科学观的一般性的共识。

（一）科学本质的含义

科学本质是对科学知识及其发展中固有的价值观和信仰的总结和提炼。科学本质是一个基于科学认识论，进而涉及科学本体论、方法论和科学伦理的庞大体系，是科学知识的本质、科学方法的本质、科学的局限性、科学的文化性、科学的逻辑性和创新性、科学的人性化、科学的制度性、科学的修辞性等多个范畴之间相互的联系和重叠。① 科学本质是判断科学发展是否合理、可信的依据，是区分科学与伪科学的标尺，直接影响人们的科学观念、指导人们的科学活动和日常行为。

当前，科学教育研究者、各国科学课程都对科学本质进行了解构。例如，莱德曼将科学教育水平上的科学本质的特征归纳为七个要素：①科学知识是暂定性的，会发生变化；②科学基于从自然世界的观察中获得的经验；③科学知识是主观的或渗透理论的；④科学必然涉及人类的推理、想象力和创造力；⑤科学是植根于文化的，与文化的多种要素和知识领域相互影响；⑥观察和推断之间存在区别；⑦科学理论和规律之间的作用和关系。② 美国科学促进协会（America Association for the Advancement of Science）在《面向全体美国人的科学》中从世界是可被认知的，科学理念是会变化的，科学不能为所有问题提供完整答案三个方面概括了科学世界观的特点；从科学需要证据，科学是逻辑和想象的融合，科学解释和预见，科学家要努力鉴别并避免偏见，科学不仰仗权威五个方面概括了科学探索的特点；从科学是一种复杂的社会活动，科学由学科内容组成且在不同机构研究、科学研究中有普遍接受的道德规范，科学家在参与公

---

① Taber K. S. & Akpan B., *Science Education: An International Course Companion*, The Netherlands, Sense Publishers, 2017, pp. 27-28.

② Lederman N. G. & Abell S. K., *Handbook of Research on Science Education*, New York, Routledge, 2014, p. 833.

共事务时既是科学家也是公民等方面概括了科学事业的特征。[①]

威廉·F. 麦科马斯从20世纪90年代美国、澳大利亚、加拿大、英国、新西兰等国家的国际科学教育标准文件中提取了14项关于科学本质的共识，包括：①尽管科学知识是经久不衰的，但是它具有暂定性；②科学知识不完全依赖于观察、实验证据、理性论证和怀疑精神；③科学没有唯一的方法，因此不存在特定的科学方法步骤；④科学是解释自然世界的一种尝试；⑤定律和理论在科学中扮演着不同的角色，因此学生应该注意到，即使有额外的证据，理论也不能被称为定律；⑥所有文明的人们都对科学做出了贡献；⑦新知识必须得到清楚公开的汇报；⑧科学家需要准确记录、同行评议以及复现研究；⑨观察会受理论的影响；⑩科学家具有创造性；⑪科学史显示出发展和革命的特征；⑫科学是社会和文化传统的一部分；⑬科学和技术是相互影响的；⑭科学观念受到社会历史环境的影响。[②] 这些关于科学本质的观点反映了科学教育标准对学生科学本质的统一要求。

综合来看，科学教育中的科学本质包括以下几个方面。

1. 科学知识的本质

(1)科学知识具有稳定性

科学理论在一定的时间跨度内是成熟的、稳定的。人们在长期的科学研究过程中积累了丰富的科学理论、定律、假说。它们一旦产生就能够在当时特定的条件下经得住证据的检验，并在一段时间内持续地提供对自然现象的预测和解释。如果科学知识不稳定，就不可能产生系统的学科门类和知识体系。

(2)科学知识具有暂时性

科学知识并非绝对稳定持久的。随着新观念、新技术、新工具和新方法的出现，原有的科学知识逐渐完善甚至被取代。当然，旧理论的完善和新理论的接受都需要经过长期、缜密的论证。例如，从燃素说到建立燃烧现象的氧化学说就经历了近一个世纪的探索。

(3)科学知识具有局限性

科学知识并不能够完美地解决生活中面临的全部问题，伦理、社会等问题的解决就不能仅依赖于科学知识。正因为科学知识仍具有局限性，所以科学知识仍具有无限的补充和扩张空间。

2. 科学方法的本质

(1)科学需要经验证据

科学观点和主张来自科学家对自然界的观察。科学家采用观察、实验、模拟、建

---

① 美国科学促进协会：《面向全体美国人的科学》，中国科学技术协会译，4～11页，北京，科学普及出版社，2001。

② William F. McComas, *The Nature of Science in Science Education Rationales and Strategies*, New York, Kluwer Academic Publishers, 2002, pp. 6-7.

模等科学方法，借助感官和科学仪器获得来自自然界的经验和证据。但科学知识不是自然现象的精准复刻，而是通过了感觉器官和科学仪器的过滤。其中，实验是重要的方法，但并不是唯一的方法。实验只是科学家在理想的实验室条件下通过控制、操纵和测量变量来获取经验证据。实验并不一定符合所有的客观情况或者合乎社会道德的要求。比如，控制恒星中心环境或者将人置于潜在危险状态下进行实验是不可行的。

(2)科学观察会受理论的影响

科学探索从来都不是从中立的观察开始的，观察总是受到理论、信念、先验知识和期望等的影响。例如，同样是观察运动的物体，亚里士多德认为力是维持物体运动的原因，物体停止运动是因为没有了力的作用；而伽利略认为力是使物体运动的原因，物体停下来是因为受到了阻力。新手和专家在面对同样的事物时获得的知觉经验不同也能说明科学探索的理论性。另外，理论、信念、先验知识和期望等会影响科学家确定调查问题和选择科学方法。例如，很多人都曾见过蓝色的海洋，可是很少有人能够意识到"海水为什么是蓝色的"是一个值得探究的问题。而拉曼却在观察蓝色的海水后，探索得出了拉曼散射原理。

(3)科学具有逻辑性和创新性

具备严密的逻辑是科学知识的重要特征。科学家需要对经由观察得到的知识进行逻辑推理才能形成原理、规律和理论。然而仅仅有合乎逻辑的推理是远远不够的，科学发现离不开科学家的创造力和想象力。例如，凯库勒在朦胧的睡梦中"看到"由六个碳原子组成的蛇突然咬住了自己的尾巴，从而提出了苯分子结构的六元环假说。① 但也需注意的是，没有根据的主观臆测断不能成为知识，提出的假说必须经过检验才有可能成为知识。

(4)科学是一项复杂的事务

所有的科学实践都是一个循序渐进的过程，但是不存在那种使科学家得到有效科学主张或者知识的唯一方法序列。如果存在这种科学方法，科学就失去了创造性，探究就失去了意义。② 所以在科学教学过程中，将科学探究僵化为前后相续的一系列步骤，或者将其视作一种获得正确结论的唯一过程是片面的。

3. 科学事业的本质

(1)科学具有文化性

科学受到各个文化领域和要素的影响，不同文化环境中的社会结构、世界观、哲学、宗教、政治和经济因素等影响着科学的发展。哥白尼的日心说在100多年后才被认同，正是由于当时的宗教奉行的是地心说。科学家的思想、语言和实践也不可避免

① [保]卡·马诺洛夫：《世界著名化学家的故事》，丘琴、潘吉星、马约等译，539页，北京，科学普及出版社，1987。

② 袁运开、蔡铁权：《科学课程与教学论》，105页，杭州，浙江教育出版社，2003。

地受到其所处文化环境的影响。科学家经常使用隐喻和类比来进行科学推测，但是他们的隐喻和类比仅局限于利用自己熟悉的资源。例如，苏格兰植物学家布朗注意到悬浮在水中的植物孢子在做一种迅速的、无规则的运动。他把这种现象称为“塔朗特舞”。塔朗特原指一种歇斯底里性或癫狂性舞蹈症，后来指意大利的一种双人快舞。现在我们虽然把布朗所称的塔朗特现象命名为“布朗运动”，但不应该忘记这种运动当初的隐喻命名。①

(2)科学受人性影响

首先，科学不是一种绝对客观的活动。作为社会和文化传统的一部分，科学工作不可避免地反映社会价值和社会观点。例如，伦理道德限制了科学家研究的范围、科学家成果应用的程序。其次，科学家具有主观性，有个人的生活和情感体验。长期以来，人们对科学家存在刻板印象，认为科学家就是在实验室里穿着白大褂的中年人或老年人。② 事实上科学家也是普通人，他们具有精益求精的品格，也会有各种缺点。例如，DNA 双螺旋结构的发现过程就暴露了科学家之间存在竞争或合作关系，揭示了偏见、友谊和机遇对科学的影响。

(3)科学具有制度性

科学家需要遵循行业制度、规范并受到规则的约束。科学家遵守法律法规和社会道德，恪守准确记录、研究公开、反复验证的传统，其研究工作需要接受同行审查。③科学又是一个相对民主的事业。任何人都可以遵循原创性和严谨性，通过同行评议在顶级期刊上发表文章。其中，科学学会、期刊、基金会和正式会议等是支持科学论证和最终认定科学成果的重要机构。

(4)科学具有修辞性

如果科学成果不能够说服科学共同体，或者至少说服科学共同体的一部分人投身该领域的工作，那就不能称得上是有价值的科学成果。科学信息的应用与传播的前提是要得到客观、公正的记录与清晰、公开的汇报。作为科学成果的科学论文是一种呈现科学知识信息的修辞结构，能够呈现对数据的解释，从而为模型、理论、原则、定律提供证据。一旦科学家被某些观点或对数据的解释说服，他们就会倾向于接受别人的思维方式并对此做出评议和复现。

(5)科学与技术相互影响

科学与技术存在复杂的互动关系，但它们并不相同。科学的目的是产生新知识以便于理解世界，而技术的目的和价值在于改变世界。纵观历史，科学原理为技术革新

---

① 安军、郭贵春：《科学隐喻的本质》，载《科学技术与辩证法》，2005(3)。

② Lezotte S. M. & Ferguson S. L.，“Exploring the State of Science Stereotypes: Systematic Review and Meta-Analysis of the Draw-A-Scientist Checklist,”*School Science and Mathematics*，2020(1)，pp. 55-65.

③ 美国科学促进协会：《面向全体美国人的科学》，中国科学技术协会译，10 页，北京，科学普及出版社，2001。

提供了理论基础，技术的进步为科学研究提供了工具和手段。但科学不是技术，并不是所有的科学研究都应该以某种方式解决社会问题。

(二)学生的科学本质观

人们对科学本质的认识是主观的。自1954年开始，威尔逊等众多研究者就开始利用量表等来测试学生的科学本质观。例如，这些量表有威尔逊的科学态度量表、罗巴的科学知识本质观量表等。① 表1-1为科学本质观的测量工具。

表1-1 科学本质观的测量工具

1. 科学态度问卷
2. 科学事实测验
3. 科学态度量表
4. 理解科学测验
5. 科学过程测验
6. 科学态度、兴趣和鉴赏调查
7. 科学过程调查
8. 威斯康星科学过程调查
9. 科学支持量表
10. 科学本质量表
11. 科学社会层面测验
12. 科学态度调查
13. 科学调查
14. 科学本质测验
15. 科学观测验
16. 科学知识本质量表
17. 科学相关态度测验
18. 调查技能测验
19. 科学理论理解测验
20. 科学语言调查
21. 科学-技术-社会观调查
22. 科学本质观调查
23. 科学知识本质观量表(修订版)
24. 关键事件调查

使用不同的测量工具的研究指向了相同的结论：学生对科学本质并没有充分的认

① Norman G. Lederman, Philip Wade Wade, & Randy L. Bell, "Assessing Understanding of the Nature of Science: A Historical Perspective," *Technical Report*, 2002(4), pp. 331-350.

识[1]，对科学家形象依然存在刻板印象。[2] 罗莎琳德·德赖弗等人从科学工作的目的、科学知识的本质和地位、作为社会事业的科学三个方面对 9、12、16 岁的英国学生进行了科学本质观的访谈调查，发现学生对科学本质存在片面的理解：学生常常认为科学的作用是为技术问题提供解决办法，而非提供充分解释；学生难以理解科学解释，包括假定模型；学生很少将科学视为一个社会事业，认为科学家是独立工作的；学生很少意识到社会对研究产生的影响。[3]

小学生眼中的科学家形象是科学本质观的重要表现，科学家画像是探讨小学生对科学家形象认识的有效途径。研究发现，小学生在“画一个科学家”测试中对科学家年龄的认识表现出主观性和随意性的倾向：有的小学生认为科学家只有知道的东西越多，才会做出更多的研究，所以年龄偏老；有的小学生认为只有越年轻，才会越聪明、有干劲，所以科学家比较年轻。小学生对科学家性别的认识以男性为主，存在年级差异和性别差异，即低年级小学生倾向于认同男性形象，女生倾向于认同女性形象；小学生缺乏对科学家工作本质属性的认识，主要认为科学家从事的是实验、发明、观察、查找资料等工作；小学生的科学家画像大多呈现了药水、试管、设备、烧杯、蓄胡子、穿白大褂、戴眼镜等标志，较为明显地表现了科学家的“研究类”、刻板化特征。[4]

(三)科学本质观的培养策略

我们不能像传授科学知识一样对科学本质进行教学，也不能期待学生通过做科学的经验潜移默化地发展科学本质观，而是要进行外显的、反思性的科学本质的教学。

1. 将科学本质作为显性的教学目标

学生并不能自主地、潜移默化地获得对科学本质的理解。将科学本质作为明确的教学目标外显到课堂教学中是促进学生理解科学本质的前提和基础。以往学生在学校里学习的更多是科学知识导向的内容，而对“科学与伪科学的区别是什么”“科学的过程和方法”“科学家是怎样工作和思考的”“科学与技术、社会的关系如何”等缺乏深入的认识。教师应该将科学本质作为教学目标的重要维度，考虑如下方面：教学内容蕴含了科学本质的哪些要素；学生通过本节课的学习对科学本质的理解应该达到什么水平；如何规划学习的过程才能让学生形成对科学本质的认识。然后教师据此设计教学活动，

---

① Lederman N. G. & Abell S. K., *Handbook of Research on Science Education*, New York, Routledge, 2007, p. 869.

② Chambers D. W., “Stereotypic Images of the Scientist: The Draw-A-Scientist Test,” *Science Education*, 1983(2), pp. 255-265.

③ Rosalind Driver, John Leach, & Robin Millar, et al., *Young People's Images of Science*, Buckingham, Open University Press, 1996, pp. 138-149.

④ 高潇怡、钱凤：《小学生眼中的科学家形象——一项小学生科学家画像的调查研究》，载《教育研究与实验》，2016(1)。

并对学生的科学本质观进行评估和反馈，进而调节教学。

在设置教学目标时，教师不能将科学本质定位为简单的陈述性知识，而应该将科学本质作为价值观或思维能力。另外，将科学本质作为教学目标是期待学生对科学本身有更上位的理解，但也不是要求教师在设置教学目标时矫枉过正，将科学课堂完全变成科学哲学课堂。

2. 在科学探究中培养科学本质

学生应该经历什么样的科学学习过程，才能相信和理解科学？如果学生只是因为教师的权威而接收了教师传递的知识，那么科学就会被理解为知识内容的集合，而不是一项基于证据、模型和理论的工作。施瓦布在《作为探究的科学教学》中将科学家为揭示事物的本质所进行的活动归纳为“科学探究”。探究是科学家工作的方式之一。培养科学本质观的最好方式是让学生像科学家一样解决真实的问题，亲身体验知识扩展、改进和修正的过程；帮助学生深入理解科学知识，了解科学事业；发展学生运用科学探究拓展知识的能力。

科学探究即描述事物、提出问题、构建解释、用现有的科学知识检验解释并与他人交流，进而确定假设，运用批判性和逻辑思维来验证解释。通过探究，学生将应用科学知识与推理思维技能积极加深对科学的理解。例如，在制作苹果酱的过程中，教师可以让学生通过看、摸、闻、尝等方式了解苹果的外观和内部结构；在烹制苹果酱的过程中，教师可以不断让学生关注苹果发生了什么变化，让他们学到在调动多感官认识事物的过程中观察、比较的方法，会根据观察到的特性进行描述、比较、解释，从而识别简单的规律和得出结论。当然，教师还可以鼓励学生用多种方式来记录他们的观察、解释他们的观点，让他们逐渐学会分享和讨论，倾听不同的观点等。在这样的科学探究活动中，学生只有发现了科学的好玩和神奇之处，才会慢慢认同科学影响着我们的生活，有能力也愿意成为像科学家那样的人。

科学探究没有固定不变的程式。教师应该根据学习内容和学生的发展水平，采用不同的科学探究方式和模式。例如，教师可以在实验、建模、观察、测量、种植、饲养等活动中开展探究性学习，通过设计难度适宜的驱动性问题，调动学生积极思考、亲身实践，有意引导学生针对科学探究活动中反映科学本质的线索进行深入探讨和反思，从而促进学生理解科学的本质。又如，在探究重力的概念时，教师可以用积木创建小熊过断桥的情境，询问学生“现在只有一张 A4 纸，你能帮助小熊过河吗”。这可能会激发学生的好奇心，进而展开一次改变纸的结构来提高承重力的探究。

3. 在科学教学中充分融入科学史

任何的科学事实和过程都不能脱离孕育它的那个时代。科学史反映了科学实际产生、形成、发展及演变的过程，科学的诸多特征正是通过对科学史的探索归纳总结出来的。因此，如果不能从历史的角度来认识科学是如何伴随时代发展而变革的，科学家是如何从事科学研究工作的，科学知识体系是如何建立起来的，就难以全面理解科学的本质。通过接触真实的科学史，让学生了解到科学家在探索自然界时所经历的过程，体会到科学是人类走向真理的曲折斗争，是澄清他们对科学本质理解的重要途径。

科学史既不是历史故事的汇编，也不是科学课堂的点缀。教师应该审视和辨识科学史中的科学本质要素，从科学史中提取具有探究价值的问题，将科学史的脉络与具体的科学知识、真实的科学情境结合起来，引导学生以积极的思维活动参与科学史的讨论，让学生经历与科学家相似的经历，面临科学家曾经面临的困难。教师可以采用历史个案研究、互动式历史小故事、角色扮演、历史调查研究、重复科学史上的重要实验、参观古迹或参观博物馆、富有想象力的科学史写作等方式开展科学教学，也可以采用 HPS(历史、哲学、社会学)教学模式将科学史融入科学教学。①

4. 基于 STS(科学、技术、社会)理念设计科学教学

科学不是一个孤立的系统，而是社会生活的一部分。科学与技术、社会之间的关系是科学本质的内涵之一。因此，科学教学应该注重科学、技术与社会的联系，使学生能够认识、欣赏和理解它们之间的动态互动。STS 课程的目标就在于通过重新调整学校的科学项目，通过把科学教育与社会生产、生活紧密结合，使之与科学技术驱动的社会生活相适应。②

教师在选择 STS 情境时不应只关注生态环境恶化、人文属性缺失、社会价值观异化等科学、技术对社会造成的消极影响，还应该呈现科学、技术对社会的积极影响，引导学生树立正确的科学技术观。另外，教师在活动过程中应该注意厘清科学与技术的区别，让学生围绕 STS 情境中的问题展开讨论和探究，反思科学、技术与社会的复杂关系，深入地理解社会文化与科学之间的相互作用。例如，教师以“全球变暖背景下气候变化的危害和我们可能的行动”为探究主题，引发学生开展“拯救企鹅”的深度探究活动，通过资料收集、科学论证、工程设计活动，促进学生理解科学有助于解决真实的社会问题，从而理解科学与社会的关系。

第二节
科学教育

科学技术的发展和社会生产力的提高促进了科学教育的诞生和变革。现如今，科

① 蔡铁权、陈丽华：《体现科学本质的科学教学》，载《全球教育展望》，2012(10)。

② Hart E. P. & Robottom I. M.，“The Science-Technology-Society Movement in Science Education：A Critique of the Reform Process，” *Journal of Research in Science Teaching*，2010(6)，pp. 575-588.

学教育已经成为基础教育的重要组成部分，成为培养具有科学素养的劳动者的重要保障，承担着传播科学知识、培植科学精神、促进社会发展的任务。

一、科学教育的含义

狭义的科学教育特指在学校针对学生开展的，以物理、化学、生物学、地理等自然科学学科内容为基础的教育。广义的科学教育是指面向全体公民的科学技术教育，旨在培养公民的科学素养，既包括面向中小学生的校内外与科学有关的教育活动，也包括培养科学技术专业人才的高等教育，还包括面向公众的科学传播活动。① 随着科学技术的发展，科学教育正在跨越单一学科的边界以及空间阻碍，成为面向全人类的事业。

（一）科学教育的内容范围

科学教育的内容与科学的发展以及科学与社会的关系紧密相关。科学发展的过程中分化出了物理、化学、生物学、地理等多个学科。相应地，传统的科学教育是相对于人文社会科学而言的物理、化学、生物学等自然科学教育的统称。

近几十年来，科学呈现出既高度分化又高度综合的趋势，学科之间的交叉和融合成为大势所趋，跨学科团队合作越来越成为科学研究的存在形式。例如，2017 年 3 名研究冷冻电子显微镜的科学家被授予诺贝尔化学奖；2019 年，研发锂电子电池的约翰·古迪纳夫被授予诺贝尔化学奖。与此同时，科学技术研究开发引发了一系列与生态环境、社会伦理道德观念、经济发展密切相关的社会议题。消除贫困、消除饥饿、增进人类健康福祉、开发新能源、应对气候变化等问题期待科学拿出解决方案。因此，科学与社会之间的互动越来越频繁，科学工作从实验室扩展到广阔的社会生活领域并成为一种社会和文化力量。科学从纯粹的自然科学逐渐扩展为与工程、技术和人文互融的体系。科学教育通过两个或多个学科的融合，追求整体大于部分之和，以更好地培养学生的创新精神与实践能力。

（二）科学教育的对象范围

科学与全体人类的生活息息相关，因此科学教育的对象理论上应该是全世界的所有公民。其中基础教育阶段的科学教育是提高公民科学素养的基础。过去小学阶段存在科学教育并不像语文、数学等学科那样受重视的情况，科学课往往被安排到

---

① 罗晖、王康友：《中国科学教育发展报告(2015)》，3～4 页，北京，社会科学文献出版社，2015。

一天中最后一节课上甚至有时不上。① 如今，我国小学科学课程开设年级从三年级提前到了一年级，进度基本符合开设目标的要求，基本形成了一支专兼职配合的小学科学教师队伍，在课程资源硬件方面也有了一定的保障。② 然而，当前小学课程中仍然存在科学课程被其他学科课程挤占的情况。因此发展公平而有质量的小学科学教育尚需要进一步全面落实课程标准的要求，提高小学科学教师的专业水平，促进课程资源软件升级。

此外，我们还应开展面向社会的科学教育和科学普及工作，使科学教育成为全民的、终身的教育。正如 20 世纪 30 年代提出的“科学大众化”口号所倡导的那样，科学只有真正渗透到生活里，才能在文化里生根，才能呼吸那随之俱来的健康成分。③

(三)科学教育的场所

从科学教育发生的场所来看，科学教育不只发生在教室、实验室、活动室里，还可以发生在操场、花园等学校环境中，甚至可以发生在公共性的科技馆、展览馆、科学教育培训机构、社区、科研现场、动植物园等社会环境以及家庭环境中。

学校、社会和家庭应当努力为学生创造和提供实地考察的机会。教师应该组织和引导学生开展有效的科学实践活动，使科学教育突破学校围墙的束缚，与生动的现实生活紧密联系，让学生在科学实践中或者在与科学职业从业者的互动中理解科学是什么，科学工作是如何开展的，激发他们对科学的兴趣，促进他们观察力、创造力、推理与论证能力、合作学习与问题解决能力等的全面提高。

二、科学教育的价值

科学教育的价值是科学成为学校正式课程的内在理据。科学教育不仅可以帮助个人满足其自身的生活需求，而且对推动科技发展和促进社会进步具有重要意义。对于学生而言，学习科学能够增长科学知识，奠定科学世界观基础，锤炼科学品格和思维习惯；对于社会而言，科学教育通过培养创新型、应用型、技能型人才为科技发展服务，通过提高全体公民的整体科学文化素质促进社会生产力的发展。

---

① [美]Michael Bentley、[美]Christine Ebert、[美]Edward S. Ebert：《科学的探索者——小学与中学科学教育新取向》，洪秀敏、夏婧、邓亚男等译，47 页，北京，北京师范大学出版社，2008。

② 李秀菊、黄瑄：《面向 2035 年科学教育发展的几点思考——基于九省市小学科学教育实践现状的调查结果》，载《科普研究》，2020(4)。

③ 金忠明、廖军和、张燕等：《中国近代科学教育思想研究》，137 页，北京，科学普及出版社，2007。

(一)科学教育的认识价值

科学教育的认识价值是指科学学习有助于学生形成正确的世界观。科学知识是形成科学世界观的基础，科学知识体系包括科学事实、科学概念、科学原理或定律、科学理论等。科学知识是人们学习、应用、传播科学的载体和形式。通过对科学知识的学习，教师要让学生在头脑中形成有组织的、结构化的知识体系，以便于迁移和应用。

科学教育有助于学生掌握科学方法并运用科学方法来认识世界。科学方法是人类认识自然并获得科学知识的过程，包括但不限于观察、分类、交流、测量、估计、预测和推理等。英国科学哲学家皮尔逊曾说，科学方法是通向绝对知识或真理的“唯一入口”和“唯一道路”。对科学过程方法的掌握和体验，有助于学生理解科学知识和科学的本质，感悟科学的价值。

科学教育不在于把所有的知识都教给学生，而是当学生走出校门后依然能够用科学的认识方式去应对未知的问题。因此，科学教育对于科学认识方式的形成具有重要的意义。认识方式是个体对客观事物能动反映的方式，是学生在思考和处理问题时所表现出来的倾向于使用某种思维模式或者从一定角度来认识或理解问题的信息处理对策或模式。[①] 例如，通过物质科学领域的学习，学生能从宏观和微观相联系的视角来考察物质的变化，或者能从孤立和系统的视角来看待能量转化。换言之，科学教育应以科学现象为起点，挖掘背后的科学实质。例如，学生通过观察水烧开后沸腾的现象，从而理解物质的三态变化，树立能量守恒的思想。

此外，科学教育通过培植科学态度和科学精神为学生认识世界提供了不竭的动力。科学态度和科学精神的养成是科学教育的重要目标。科学态度包括对科学的好奇心、尊重和热爱之情等，科学精神包括求真求实、怀疑批判、开拓创新等。[②] 亚里士多德在《形而上学》的开篇指出，求知是人类的本性。科学家在科学研究中表现出了对科学持久的热爱和兴趣，表现出了尊重事实、持续创新的精神。科学教育可以通过科学史的相关教学，激发学生热爱科学、尊重科学的态度，促进他们主动探索与发现自然的美丽与神奇。

(二)科学教育的人文价值

科学教育的人文价值是指科学教育对于满足学生精神需要的作用和意义。[③] 科学始

① 王磊、支瑶：《化学学科能力及其表现研究》，载《教育学报》，2016(4)。
② 曲铁华、李娟：《中国近代科学教育史》，20～21页，北京，人民教育出版社，2010。
③ 刘克文：《对我国近现代科学教育价值缺失的反思》，载《教育科学》，2009(1)。

于对自然世界的探讨，但科学不是自然的直接产物，而是人类文化发展的产物。科学丰富的人文内涵在客观上决定了科学教育具有思想价值、审美价值、道德价值。①

很多科学家同时是哲学家。科学家在科学研究的过程中容易超越对具体事物的特征和规律的描述，去探索世界本原和世间万物存在的原因和运行的规律。例如，波义耳的众多研究都反映了他的机械论的世界观；普利高津对耗散结构理论的研究和总结闪烁着辩证法的光辉；元素周期表体现着量变与质变的统一。科学知识映射了人们对自然世界的深刻思索，为探索浩瀚宇宙的奥秘提供了材料。科学学习有助于学生形成关于物质运动和变化的思想，建立生物与环境相互依赖、协调发展的可持续发展观。

古往今来，科学史上有许多科学家被科学所体现出的简单、对称、和谐、统一的美深深吸引。天文物理学家琳达·威廉斯曾说："还有什么比宇宙的诞生更美丽?""还有什么比黑洞、多重宇宙和交响共鸣着的宇宙流更美丽?""还有什么比原子中'云深不知处'的电子云更具朦胧美？还有什么比生命之源叶绿素中的'绿色秘密'更具神秘美？还有什么比'生命之梯'DNA回旋曲折的双螺旋更具活力美？还有什么比'纳米'世界中用原子砌成的纤巧结构更具精致美?"②科学为我们提供了一个崭新的世界，能够引发学生对美的感受和体验。

科学教育不但具有提升思想境界、引发审美体验的功能，还具有道德感召的力量。科学学习有助于激发学生热爱自然、珍爱生命的情感。从身边常见的动植物到浩瀚的生物界，从我们的一举一动到日月星辰的东升西落，生活中处处有科学，而科学处处渗透着道德教育的内涵。例如，学生在亲身经历动植物生长的过程中能够体验自然力量的神奇和生命的坚强与美好，会对周围的生命流露出强烈的爱心；在种植、养殖的过程中既有甜蜜，又有辛劳，进而能够感受到劳动的价值，养成勤劳肯干、甘于奉献的道德品格。幼时对待生命的关心、爱护、珍惜之情又将转化为对同学、伙伴、兄弟姐妹、父母及周围人的关切、爱护、体贴和尊敬。这些为形成完整人格打下坚实的基础。③

(三)科学教育的社会价值

科学教育能够提高公民的科学素养，对于维持社会运行和提高生产力具有重要作用。一方面，科学技术的发展对人们的科学素养提出了新的要求。在互联网、人工智能等技术飞速发展的时代，随着信息以爆炸的速度急剧增加，知识的半衰期越来越短，

---

① 赵敦华：《西方哲学简史》，5页，北京，北京大学出版社，2001。

② 沈致远：《科学是美丽的——科学艺术与人文思维》，338～339页，上海，上海教育出版社，2002。

③ 郑洁：《论科学教育的人文价值——重读小学〈科学〉课程"照料活动"的教育意蕴》，载《当代教育科学》，2012(10)。

人们越来越需要在生活和工作中锐意进取、持续创新，具备利用数字技术以及通信工具获得、管理、整合、评价信息并建构新知识的信息素养。另一方面，STEM(科学、技术、工程、数学)相关职业需求的增长速度远高于非 STEM 职业需求的增长速度，社会对具备 STEM 等从业资格的劳动力的需求日益增加。这就要求科学教育不仅能提高全体公民的科学素养，还能培养更多从事科学研究工作的专业化人才。

科学教育通过培养创新型、应用型、技能型人才助力国家科学技术的进步和发展。不管是新中国成立初期的“向科学进军”战略，还是当前的“科教兴国”“科技强国”战略，我国历来重视利用科技创新引领国家发展。而科学教育是为国家培养科技人才的主要渠道。美国、欧盟等国家或国际组织也纷纷将科学教育作为促进经济发展、提升国际竞争力的有力支柱。例如，2006 年，《美国竞争力计划》提出加强 STEM 教育，以宽阔的领域、协同的策略来培养具备 STEM 素养的科技人才，以持续保持美国的国际领导力和全球竞争力。2009 年，美国启动“创新教育”运动，计划公私联合投入 2.6 亿美元推进 STEM 教育，以保障未来 10 年内美国学生的科技和数学水平能名列世界前茅。2011 年，《美国创新战略》将加强 STEM 教育作为推进美国未来经济增长和提升国际竞争力的国家战略之一。① 欧盟进入 21 世纪之后也制定和发布了《欧洲的科学、社会与公民》《2000—2005 年战略目标：塑造新的欧洲》《实现欧洲的领域的终身学习》《科学与社会行动计划》等文件，期望公民科学素养与欧盟各国的发展相适应。②

三、科学教育的目标

自 19 世纪早期科学进入学校课程起，学界对“科学教育应该培养什么样的人”的探讨就从未间断过。科学教育改革的历史与现实表明，科学教育始终以提高学生的科学素养为目标。科学素养是一个动态变化的概念，一个拥有科学素养的人应该具有什么样的知识和技能是一个备受争议的话题。

(一)科学素养含义的发展

1952 年，美国科学家、教育家、哈佛大学校长科南特在《科学中的普通教育》一书的序言中首次使用了科学素养一词，认为那些被称为专家的人的特点就是他们具有科学素养。但科南特没有对其做进一步的说明和阐释。1958 年，美国科学教育家、斯坦福大学教授赫德在《科学素养：它对美国学校的意义》一文中将科学素养解释为对科学

---

① 林静：《美国 STEM 教育质量评价新动向——NAEP 技术与工程素养评价要点与启示》，载《华东师范大学学报(教育科学版)》，2017(1)。

② 张会亮：《我国科学教育政策的梳理分析》，载《科普研究》，2017(4)。

的理解及其对社会经验的应用。自此，科学素养就开始与科学教育改革紧密联系在一起。①

1966年，美国威斯康星大学科学素养研究中心佩拉等人通过文献调查和统计分析对科学素养进行了首次概括总结，发现科学素养的文章涉及6个共同的主题：科学和社会的相互关系、科学的伦理、科学的本质、概念性知识、科学和技术、人文中的科学。② 佩拉等人的研究结果表明，科学素养理论的基本框架得以形成，并且其研究方法也成为20世纪60年代至70年代科学素养框架研究的基本方法。

1983年，美国国际科学素养发展中心主任米勒提出科学素养有如下三方面的内涵。

①对科学技术术语和概念达到基本的了解。

②对科学的研究过程和方法达到基本的了解。

③对科学的社会影响达到基本的了解。

1985年，美国科学促进协会联合美国科学院、联邦教育部等12个机构，启动了面向21世纪的科学教育改革计划——2061计划，意在使当时的美国儿童适应2061年哈雷彗星再次临近地球时科学技术和社会生活的急剧变化。1989年，该计划的第一份报告《面向全体美国人的科学》认为具有科学素养的人具备如下特征。③

①能够认识到科学、数学和技术是既有优势也有局限性的相互依存的人类事业。

②理解科学的关键概念和原则。

③熟悉自然世界，认识到自然世界的多样性和统一性。

④将科学知识和科学思维方式用于个人和社会目的。

1996年，美国国家研究委员会依据2061计划制定了美国历史上第一部国家层面的科学教育标准——《国家科学教育标准》(National Science Education Standards)。《国家科学教育标准》指出，科学素养是指了解并能够进行个人决策、参与公民和文化事务、从事经济生产所需要的科学概念和科学过程。具备科学素养意味着一个人能够做出如下行为。④

①基于日常经验和好奇心提出、发现或解决问题。

②描述、解释和预测自然现象。

③阅读并理解大众媒体上有关科学的文章，并参与关于结论是否有效的社会对话。

④识别国家和地方决策背后的科学问题，表达科学和技术信息的立场。

---

① 丁邦平：《国际科学教育导论》，162页，太原，山西教育出版社，2002。

② Pella M. O., O'Hearn G. T., & Gale C. W., "Referents to Scientific Literacy," *Journal of Research in Science Teaching*, 1966(3), pp. 199-208.

③ America Association for the Advancement of Science, *Science for All Americans*, New York, Oxford University Press, 1990, p. 4.

④ National Research Council, *National Science Education Standards*, Washington, D. C., National Academy Press, 1996, p. 22.

⑤根据科学信息的来源和产生科学信息的方法评估科学信息的质量。

⑥提出和评估基于证据的论点，并适当地运用由这些观点得出的结论。

2006 年，国际学生评估项目(Programme for International Student Assessment，PISA)的测试框架认为科学素养包括如下几方面。

①理解科学知识并利用科学知识来识别问题、获取新知识、解释科学现象并基于证据得出与科学有关的问题的答案。

②理解科学是人类知识和探索形式。

③意识到科学技术会对物质、智力和文化产生影响。

④作为具有反思精神的公民，愿意参与与科学相关的事务。

另外，PISA 还将科学素养具体化为情境、知识、态度、能力四个相互关联的范畴。科学素养是情境、知识、态度和能力相互关联的结果，不是直接教授的，而是嵌入学生解决问题、调查或开发项目的有生命力的课程的。[①] 促进学生科学素养的提升需要为他们提供适于处理、选择和商议知识的环境，以便于让他们能够了解、使用并说明关于自然界的科学解释，能够生成并评估科学证据和科学解释，能理解科学知识的性质和发展，积极参与科学实践和讨论。[②] 毕比将科学素养视为使个人进步的连续统一体。这个连续体有两个维度，即广度和深度。其广度从认识词语到概念理解再到语境理解。其深度包括对科学概念、科学探究和科学过程的理解。[③]

2001 年，《全日制义务教育科学(3～6 年级)课程标准(实验稿)》提出，小学科学课程以培养小学生的科学素养为宗旨，通过科学教育使小学生逐步领会科学的本质，乐于探究，热爱科学，学会用科学的思维方式解决自身学习、日常生活中遇到的问题，并从科学探究、情感态度与价值观、科学知识三个方面勾画了小学生科学素养的大致轮廓。2016 年，《中国公民科学素质基准》指出，公民具备的科学素质一般指了解必要的科学技术知识，掌握基本的科学方法，树立科学思想，崇尚科学精神，并具有一定的应用它们处理实际问题、参与公共事务的能力。2017 年，《义务教育小学科学课程标准》规定，小学科学课程的性质是提高学生的科学素养，并从科学概念理解、科学探究能力、科学态度三个方面来评价学生所达到的科学素养水平。[④] 2022 年，《义务教育科学课程标准(2022 年版)》强调素养的培养应该以科学观念为基础，以科学思维能力、科

---

① Paul D. H., "Scientific Literacy: New Minds for a Changing World," *Science Education*, 1998(3), pp. 407-416.

② National Research Council, *Taking Science to School: Learning and Teaching Science in Grades K-8*, Washington, D. C., National Academies Press, 2007, p. 36.

③ William F. McComas, *The Language of Science Education: An Expanded Glossary of Key Terms and Concepts in Science Teaching and Learning*, Rotterdam, Sense Publishers, 2014, p. 92.

④ 中华人民共和国教育部：《义务教育小学科学课程标准》，69～70 页，北京，北京师范大学出版社，2017。

学探究和实践能力、科学态度和社会责任为重点，促进学习能力、创新能力的发展。①

近年来，科学素养更是跳出科学学科的框架，强调读、写等基础素养以及卫生健康素养，关注科学素养的社会性。② 总体而言，现代科学教育的科学素养观更为宽广，不仅重视科学知识的教育，还强调理解科学价值、掌握科学方法、崇尚科学精神、培养科学态度、树立科学思想、培养运用科学素养解决实际问题和参与公共事务的能力，增强创新意识和实践能力。

(二)现代科学教育的取向

公民科学素养是一个国家科技、经济、社会和文明发展的重要标志，因此不同时代、不同文化背景下科学素养的内涵不同。在当前经济全球化、信息化的时代背景下，科学教育又有新的侧重点。

一方面，更加注重科学思维、科学态度和探究能力的发展。如今知识呈指数级增长，科学知识体系日渐庞杂，通过科学学习形成科学思维、科学态度和探究能力以更好地进行科学学习显得尤为关键。科学教育强调学生应该通过学习逐步掌握不同难度的科学知识，在此基础上形成科学思维、科学态度和科学探究能力，并有效解决当前的问题。这样，当面对复杂的问题时，学生就能界定、分析和综合信息，理解事物之间的相互联系，运用正确的推理来理解事物，以澄清各种观点，做出合适的选择和决定。

另一方面，为了把学生培养成负责任的公民，在学生终身发展和社会发展的视域下强调学生具备解决实际问题、参与公共事务的能力。科学教育要求学生应该理解与科学相关的议题，能够做出个人决策并参与社会民主决策。为此，科学教育应密切联系实际，营造与学生日常生活相关的真实问题情境，为学生在未来解决现实世界中的问题奠定基础。

科学素养的范围不断扩展，科学素养框架融入了科学与技术、数学、人文等的关系。科学与技术、工程、数学、人文甚至是卫生健康等的联系日益密切，科学问题和社会问题的解决越来越需要跨学科的努力，也就需要学生在科学学习的过程中逐渐具备跨学科的视野和能力。现代科学素养不但要求学生理解技术、工程与科学的联系，还要求学生将读、写等基础素养以及卫生健康素养等纳入科学素养的框架。由此可见，科学素养框架正在日趋立体化和结构化。

---

① 中华人民共和国教育部：《义务教育科学课程标准(2022 年版)》，2 页，北京，北京师范大学出版社，2022。

② National Academies of Sciences，Engineering，and Medicine，*Science Literacy*：*Concepts*，*Contexts*，*and Consequences*，Washington，D. C.，National Academies Press，2016，p. 1.

概括而言，现代科学教育更加注重科学思维、科学态度和探究能力的发展，更加强调在学生终身发展和社会发展的视域中培养学生的能力，更加趋向于建构立体化的科学素养框架。

第三节
小学科学教育的发展

19 世纪后期，斯宾塞在《什么知识最有价值》中首次系统阐述了科学教育的地位，从而为科学教育进入学校课程奠定了基础。19 世纪末，近代科学教育被纳入教育体系，历经几次课程改革，直到现在成为各个国家教育制度的组成部分。

一、国外主要国家小学科学教育发展历程

(一)前制度化时期(19 世纪中期至 20 世纪初期)

19 世纪中叶以前，小学教育很少独立设置科学学科。19 世纪 60 年代，第二次工业革命彰显了科学技术的巨大影响，众多学者开始大声疾呼科学教育的重要性。例如，培根提出为人类服务的理想是科学教育事业的最终目标，强调科学教育的社会价值。斯宾塞以完满的生活为衡量尺度，认为科学能够直接保全自己或维护生命的健康，解决谋生的问题，完成父母的职责，解释过去和现在的国家生活，使每个公民能合理地调节自己的行为，达到艺术的完美创作和最高欣赏智慧、道德、宗教训练的目的，从而全面地揭示了科学知识的价值，解答了长期困扰人们的教什么、什么知识更重要的问题。① 除了对科学教育的重要性进行阐释之外，科学教育家还对科学本质的问题进行了初步探讨。例如，英国科学家和科学教育改革家赫胥黎认为，所有真正的科学都是从经验开始的，但是所有的科学恰恰都力求超越这个经验阶段，进入从经验中演绎出更普遍的真理的阶段。赫胥黎在一次演讲中指出："我并不是指应当把一切科学知识都教给每一个学生。那样去设想是非常荒唐的……""无论是男孩还是女孩，在离开学校之前，都应当牢固地掌握科学的一般特点，并且在所有的科学方法上多少受一点训练。"②此后，随着各个国家义务教育制度的建立，小学科学教育成为国民教育制度的一

① ［英］斯宾塞：《斯宾塞教育论著选》，胡毅、王承绪译，91 页，北京，人民教育出版社，1997。
② ［英］托·亨·赫胥黎：《科学与教育》，单中惠、平波译，85 页，北京，人民教育出版社，1990。

部分。例如，1881 年，法国《费里法案》规定，地理、生物、自然和卫生成为小学科学启蒙教育的课程。

此前，小学教育的教学内容和教学方法受到古典主义教育传统和官能心理学的影响。小学教育主要是借助死记硬背的方式，让学生记忆教材知识，掌握读、写、算的基本技能，训练学生的智力和记忆力。19 世纪下半叶，教育家开始以科学方法为武器，对传统的古典教育进行了有力的批判。例如，美国教育家赖斯倡导科学教育的目的在于除了记忆一些事实外，要引导儿童观察、推理、获得灵巧的动手能力，自然地发展儿童的所有能力，亦即理智的、道德的和身体的能力。哈佛大学校长艾略特赞赏以儿童为中心的教育方法，支持利用实验室进行科学教学，以此为发展学生观察力和归纳思维的方法。

在科学进入学校课程后，相继出现了三种科学教育模式：实物教学、小学科学教学和自然研究。1860 年前后，裴斯泰洛齐倡导利用实物教学来改变单纯依靠语言灌输的问答式教学。实物教学的目的是通过教学生观察和描述动物、植物、矿物等实物，发展学生的各种心理官能。但是实物教学缺乏次序和方向，且易僵化为对实物的机械描述和记忆，因此未能大范围贯彻推广。① 19 世纪末，美国教育家帕克首次提出了小学科学教学模式，杰克曼和哈里斯等人对该模式进行了优化。小学科学教学模式在目标上要求学生理解科学概念、科学原理等科学知识，在方法上倡导采用观察、实验等科学方法作为理解科学知识的手段。尽管小学科学教学模式突出了科学方法的重要性，但是由于当时小学很少进行科学教学，小学科学教学模式很少付诸实践。自然研究起源于 19 世纪 90 年代的美国。自然研究模式以学生的兴趣为激发学生探究周围世界的动力，以学生的发展为教学的主要目标，在教学组织上要求围绕跨学科的主题进行教学。该模式取代实物教学和小学科学教学，成为 20 世纪的科学教育模式。

(二)制度化时期(20 世纪初期至“二战”前)

进入 20 世纪，科学教育已经取得了一定的地位。人们思考更多的是如何使科学教育更加有效、更为科学化，以及科学教育的主旨何在等问题。在这一时期，科学教育的目标、内容和方法反映了实用主义哲学倾向和进步主义教育思想。

1926 年，美国教育协会调查发现，一线小学科学教育目标主要包括如下几方面：①进行简单的观察练习；②进行有目的的活动练习；③利用简单物体和过程的名称扩大词汇量；④获得把事实和情感结合起来的经验；⑤指导摆脱高度主观性的情感反应；⑥培养对简单事物进行科学思考的习惯；⑦培养对科学的社会作用的态度；⑧形成简

---

① [美]赫德、[美]加拉赫：《小学科学教育的新方向》，刘默耕译，27～28 页，北京，文化教育出版社，1980。

单的概念，如因果、自然的平衡等；⑨发展热爱自然的情感。[1] 由此可见，当时的科学教育目标已经包含了科学知识、科学态度、科学探究、科学与社会的关系等维度，注重培养适应当前生活的公民。

在课程内容上，小学科学教育更加注重贴近生活实际和生产实际，向学生提供对于未来公民直接有用的知识。当时的小学科学教育课题有供水、运输、通信、家庭取暖、保健、森林保护等。[2] 这些课题的实用性特征突出，促进了科学知识在实践中的运用。1947 年，《美国学校的科学教育》强调科学概念和原理应具有实用性："课堂教学不是注重知识的掌握，而是要改变学生的行为和态度，目的在于使学生能够良好地适应社会，遵守社会规范，使他们走上社会后作为工人、家庭成员和公民能够过一种有效的生活。"[3]

在教学方法上，小学科学教育重视使用科学方法来解决问题。在杜威看来，科学方法是获得科学知识的手段。他所说的科学方法即反省思维，也就是五步法：暗示、问题、假设、推理、检验。这一时期出现了设计教学法、单元课程的学习等以学生为中心的教学方法。然而课堂中使用的科学方法容易使学生陷入程式化的泥淖，很少真正体现科学方法的本质。

这一时期的科学教育过于重视学生的兴趣和经验，忽视了学科自身的知识结构，忽视了对理论知识的学习。另外，科学技术发展日新月异，以学生的兴趣为中心选择学习内容很难适应社会现实。

(三)改革与发展时期("二战"后至 20 世纪 80 年代)

1957 年，苏联人造卫星升天令世界震惊。美国教育工作者意识到进步主义教育运动过于追求科学知识的实用性，忽视了对科学知识本身的重视。此外，学校中的科学学习内容与科学研究前沿脱节，这些因素造成了美国科学教育质量的下滑。为此，美国开始锐意改革小学科学课程，试图培养大批科技人才。1959 年，由美国科学院主办、心理学家布鲁纳领导的心理学、数学、历史、物理学、生物学、医学等领域的专家在伍兹霍尔召开会议，讨论如何改革中小学科学教育。此次会议奠定了美国 20 世纪 60 年代改革的基本思路，也掀起了国际科学教育改革的第一个高潮。

这一时期的科学教育以培养科技人才为基本价值取向，重新关切教育质量和智育目标，将教学重点转移到基本的原理、基础的公理和普遍性的主题上来。因此，课程内容上选择科学的基本概念、原理、规律以及科学前沿成果，不断拓宽学生的知识面，

---

① 丁邦平：《国际科学教育导论》，75～76 页，太原，山西教育出版社，2002。
② 丁邦平：《国际科学教育导论》，76 页，太原，山西教育出版社，2002。
③ 丁邦平：《国际科学教育导论》，92 页，太原，山西教育出版社，2002。

采用螺旋式的课程编排方式呈现结构性的教学内容，突出学科知识之间的关联，融入科学领域前沿，巩固基础与深化思维同步进行，提高学生的能力。为了实现改革的目标，各个机构编写了新的小学科学课程方案，如美国科学促进协会的《科学——一个过程模式》(Science-A Process Approach，S-APA)，美国加州大学伯克利大学的《科学课程改进研究》(Science Curriculum Improvement Study，SCIS)，美国马萨诸塞州牛顿教育发展中心的《小学科学研究》(Elementary Science Study，ESS)。这些课程方案具有不同的侧重点：S-APA 关注做科学的过程；SCIS 关注系统的、有结构的、广泛的科学概念；ESS 关注的是探究，并将探究作为形成科学知识的方法。

在教学方法上，提倡采用发现法进行教学。发现法实施的基本步骤包括：①提出使学生感兴趣的问题，或让学生在疑问中提出自己的问题；②将确定的问题分解为几个具体的小问题，提出解决问题的各种假设和答案；③协助学生收集和组织有关资料，以发现和解决问题；④组织学生审查这些资料，从中得出应有的结论；⑤引导学生进行分析，证实结论，最后使问题得到解决。[①] 此外，施瓦布的探究教学法也逐渐走进小学科学课堂，强调学生像科学家一样参与科学活动。

这次改革造就了一批科技人才，在客观上促进了美国科技的发展。20 世纪 70 年代，这一时期的改革走向了另一个极端，即注重使学生掌握抽象化的概念、原理、规律，忽视科学知识的实用价值，导致学生逐渐丧失学习科学的兴趣与信心。教材内容编写理论化和抽象化，教材的使用面临教师难教且学生难学的问题。用美国科学院院长普雷斯的话来说，这些教材“也许已经变成了没有星星的天文学，没有花朵的植物学，没有山脉、谷地的地质学”[②]。由于改革暴露的问题过多，教育界进行了一些有益的尝试。例如，设置综合科学课程，将学科知识转为适合学生的兴趣和需要的“适用知识”，让科学教育更多地面向所有学生。

(四)趋于成熟时期(20 世纪 80 年代至今)

“二战”之后，美国在世界科技发展中处于领先地位。到了 20 世纪 80 年代，日本、韩国、德国等国家在科技领域取得较大突破，引发了美国的担忧。1983 年，美国高质量教育委员会发布的《国家处在危机之中：教育改革势在必行》的报告指出，美国学生的学业表现总体不好，与其他工业化国家的学生存在较大差距。

与此同时，20 世纪 80 年代的科学教育目标开始从培养人才转向提高全民的科学素养。1981 年，美国的“项目综合”(Project Synthesis)研究提出科学教育应该围绕个人生

① 李森：《解读结构主义教育思想》，20 页，广州，广东教育出版社，2007。
② 史朝、孙宏安：《科学教育论》，243 页，沈阳，辽宁教育出版社，1992。

活、社会决策、职业需要和学术准备开展。① 芬尚指出，科学教育应该让所有学生都能获得科学知识，而不仅或主要面向那些可能成为未来科学家的少数学生；科学教育的内容应该对大多数学生都有意义，使他们欣赏科学并对科学发现感兴趣。②

1985年，美国联邦教育部部长贝内特发布《第一课——关于美国初等教育的报告》，明确提出小学必须讲授自然科学，除了学习教科书和讲课以外还必须开展动手实验。该报告还强调，小学教师必须先学习科学，学习教学法的最好方法是让职前教师学深、学透各学科知识。同年，美国科学促进协会联合多个机构，启动了2061计划，并相继出版了《面向全体美国人的科学》《科学素养的基准》《科学教育改革的蓝本》《科学素养的导航图》《科学素养的设计》《科学素养的资源》等系列著作，确立了以科学素养为核心的科学教育价值取向。

其中，《科学素养的基准》指出，科学教学目标是让学生掌握科学和技术领域基础知识的框架，包括学科的基本内容、基本概念、基本技能、学科间的有机联系，并习得这些内容、概念和联系的基本态度、方法和手段，以提高学生的科学和技术素养，帮助学生生趣盎然地、负责任地、有效地生活。教学内容的选择需要考虑学生的背景和兴趣、教师的偏好以及当地的环境。教学内容不宜以数量取胜，应注重削减绝对数量，鼓励学生形成对知识的理解。在建构主义思想的引领下，科学教育出现了探究学习、合作学习、情境学习等新的教学方法，以及基于问题的学习模式、基于项目的学习模式等多种教学模式。

在科学课程方面，美国科学教师协会提出科学课程应通过强调以下内容来改进科学课程的质量：①科学课程中实验的地位；②科学课程在学生日常生活中的应用；③科学课程与社会情境的关系；④科学课程对科学前沿新发现的关注；⑤科学课程对当代问题的影响；⑥科学课程与职业的关系。③ 另外，为了改革小学科学教育，美国科学课程的范围进一步扩大，涉及计算机、环境科学等领域，并开始关注科学、技术与社会之间的话题，即STS主题。例如，美国国家科学资源中心和加州生物供给公司开发了"为了儿童的科学和技术"项目，强调在探究的过程中鼓励学生将科学同数学、社会和艺术等进行整合。又如，生物科学课程研究部门和肯德尔/亨特出版公司开发的生命科学和生活科学项目强调对科学、技术和健康教育等领域中概念和技能的全面综合。④

---

① 魏冰：《科学素养教育的理念与实践——理科课程发展研究》，63页，广州，广东高等教育出版社，2006。

② Fensham P. J.，"Science for All：A Reflective Essay，"*Journal of Curriculum Studies*，1985(4)，pp. 415-435.

③ 袁运开、蔡铁权：《科学课程与教学论》，112页，杭州，浙江教育出版社，2003。

④ [美]Michael Bentley、[美]Christine Ebert、[美]Edward S. Ebert：《科学的探索者——小学与中学科学教育新取向》，洪秀敏、夏婧、邓亚男等译，286～287页，北京，北京师范大学出版社，2008。

此外，各国陆续开始制定或者修订国家层面的科学教育标准，科学教育进入以“标准”为基础的改革时代。1989 年，英国颁布全国首部国家科学教育标准——《国家科学教育课程标准》。经过几次修订和完善，英国又于 2000 年公布了面向新世纪的《国家科学教育课程标准》。新版标准更加突出大众化的科学教育理念、智能化的发展目标、个性化的教学原则、综合化的课程类型和理性化的课程发展模式。① 1996 年，美国《国家科学教育标准》出台。该标准以提高所有学生的科学素养为首要目标，倡导通过科学探究的方式学习科学，强调科学学习是一个手脑并用的能动过程。1999 年，法国在全国推行科学技术教育改革，并制订了法国国家小学科学教育大纲和科学技术教育革新计划。

21 世纪是终身学习的时代。随着认知科学、神经科学、学习科学的发展，当今世界正面临着一场“学习的革命”。2007 年，美国国家研究委员会发布的针对 K-8 年级科学教学的重要报告——《把科学带进学校》，成为下一阶段制定科学教育标准的先导。该报告指出，小学科学课程应该为所有学生而设计，着力培养学生的关键知识、基本技能、学习兴趣和思维习惯，为学生更加深入地学习并最终精通科学奠定基础。精通科学意味着学生应该了解、使用和说明关于自然界的科学解释，形成并评估科学证据和解释，了解科学知识的性质和发展历程并有效参与科学实践和讨论。该报告还提出，应该根据学习进阶来规划课程、教学和评价，促进学生循序渐进地理解科学；学生应该通过积极参与科学实践来学习科学，教学需要逐步向更复杂的理解和实践发展；话语和课堂讨论是支持科学学习的关键；形成性评估是教学的组成部分，应该以形成性评估促进学生的学习。

2009—2010 年，美国国家研究委员会相继出版了《K-12 教育中的工程：理解现状和提升未来》和《K-12 工程教育标准》来探讨在 K-12 阶段进行工程教育的必要性、可能性和原则，从而为促进科学教育和 STEM 整合教育发展指出了新方向，也影响了美国下一阶段科学教育标准的制定。它指出工程教育能够激发学生在数学和科学上的学习兴趣，发展学生的工程设计能力，提高学生的科学技术素养，加深学生对工程和工程师工作的理解，吸引他们未来从事工程工作。它还指出 K-12 工程教育应该强调工程设计，应该包含重要的和适切的数学、科学、技术知识技能，应该促进工程思维习惯的培养。

美国国家研究委员会 2011 年出版了《K-12 科学教育框架：实践、跨学科概念和核心概念》(简称《科学教育框架》)，2013 年出版了《新一代科学教育标准》。新版标准相较于 1996 年的《国家科学教育标准》，用科学与工程实践取代了科学探究，突出了科学的实践本质，要求学生在参与科学与工程实践过程中理解跨学科概念和学科核心概念，

---

① 胡献忠：《新版英国〈国家科学教育课程标准〉及其启示》，载《全球教育展望》，2001(3)。

并用学习进阶来描述科学学习的进程。

二、我国小学科学教育发展历程

我国古代并没有“科学”一词，与科学相当的是“格物致知”。“格物致知”出自《四书集注》：“古之欲明明德于天下者……欲诚其意者，先致其知。致知在格物”。朱熹在《四书集注》中将“格物”解释为：“物格者，物理之极处无不到也。知至者，吾心之所知无不尽也。”“格物”就是“穷至事物之理”。[①] 明清之际，格物致知已经具备自然科学知识的意蕴。19 世纪晚期，晚清企业家唐廷枢首次使用“科学”一词。康有为、梁启超、严复等人不断宣传，而后严复在《天演论》中将 science 翻译为“科学”。在新文化运动时期，知识分子大力宣扬“赛先生”(科学)，“科学”一词被广泛认同和使用。中国的科学教育是在不断借鉴与模仿之中发展起来的。自 1904 年颁布实施癸卯学制，开始设置小学科学课程；20 世纪 20 年代前学习日本模式；20 世纪 20 年代到新中国成立前学习美国模式；新中国成立初期学习苏联；改革开放后接轨国际，全面学习世界先进的科学教育理论。小学科学课程经历了“格致—理科—博物—常识—科学常识—自然常识—自然”的发展演变过程。

(一)萌芽与发展期(1903—1948 年)

在科举制度的影响下，我国古代与科学相关的医药、器物制造等很难出现在正规的教育系统中。虽然有“四大发明”，唐朝时期也出现了“医学专科学校”，但我国近代之前的科学教育多传授科学与生产常识，没有形成系统的课程体系。鸦片战争中，英国人用枪炮等热兵器打开了中国紧闭的国门，也让一些有志之士认识到科学发展的重要性，并呼吁进行科技人才的培养。

1903 年，小学正式开设科学课程——格致课。这是我国最早的科学课。癸卯学制颁布前，开明的知识分子和资产阶级维新派的教育主张和课程实践，以及清末教会学校中的小学科学课程、洋务学堂的科学课程，为癸卯学制规定科学课程奠定了理论与实践的基础。这是我国近代小学科学课程的渊源。

中国在中日甲午战争中的失利促使许多学者开始研究、翻译、效仿日本，通过日本学术界了解西方的教育思想。我国学者在吸收、接纳西方教育思想的同时，也表现了一定的“选择性”和“为我所用、解我急需”的实用理性精神。例如，我国在吸收、借鉴赫尔巴特教育理论的同时，结合传统道德伦理，提出了“忠君、尊孔、尚公、尚武、尚实”的十字教育宗旨。

---

① (宋)朱熹：《四书集注》，6 页，长沙，岳麓书社，1987。

20世纪20年代左右，我国从学习日本转向学习美国，杜威实用主义课程理论也取代了赫尔巴特教育理论，成为影响我国小学科学教育发展的关键理论基础。1922年，北洋政府颁布的《学校系统改革案》规定了新的学制系统(壬戌学制)，在改革中大量学习了美国进步主义教育的相关主张。此次改革奠定了我国小学科学课程的现代化基础，成为我国近代小学科学课程发展史上的一座里程碑。此次改革在课程上尊重儿童的个性发展，倡导儿童本位并尝试开设综合课程；在学制上缩短小学学制，延长中学修业年限与设立高中职业科等。当然，此次改革在我国也遇到了进步主义教育在美国面临的同样的问题，即教学内容的系统性不强，对教师的要求过高等。20世纪30—40年代，我国出现了科学综合课程和分科课程各领风骚的局面，全国上下并无统一的科学课程体系。

(二)探索与失序期(1949—1977年)

新中国成立后，我国小学科学教育一方面沿用民国时期的学制和教材，另一方面也积极借鉴国外的教学体系，重点学习借鉴凯洛夫的教育思想。1949年，新中国第一次全国教育工作会议促使小学科学教育迈出以苏联教育为蓝本的自然教材教法的改造和建设步伐。这一时期的小学科学教育主要关注学生基本知识和基本技能("双基")的培养和训练，同时注重在科学教育中培养学生的思想品德。由于借鉴了苏联的科学教育经验，我国科学教育的内容较新中国成立前更具系统性和逻辑性。当时的中国百废俱兴，急需快速恢复生产建设，因此科学教育的内容与生产实际结合紧密。教材以学科知识进行编排，结构性、逻辑性更严密，而且分科与大学的分专业具有一定的融洽性。这确实在一定程度上促进了新中国成立初期我国科学教育的发展。在苏联的影响下，小学科学教育可以说是坚持"知识中心"和"社会中心"。

如前所述，20世纪60年代，国际教育界开始了新一轮的基础科学教育改革。然而，"大跃进"和"文化大革命"等特殊的社会大环境使我国科学教育缺乏内外生长的外部条件，发展停滞甚至倒退。

(三)试验与拓展期(1978—2000年)

改革开放后，科学教育重获新生，开始批判地寻找具有中国特色的小学科学教育改革方案。首先，科学课程名称由"自然常识"改为"自然"，去掉了"常识"二字。这也意味着科学课程功能的转变：由传授知识转到探索自然。其次，科学的学科性质和地位得以确立。人们重新审视了科学教育的内涵与目标，认识到"科学"不仅包括科学知识，还包括获取科学知识的过程，以及渗透于此过程中的科学精神与科学能力。科学教育不再是教给儿童一些浅近的自然科学知识；自然科也不再仅仅是知识的教授，而是指导儿童初步认识自然界和人类对自然界的探索、利用、改造、保护；最终目的在于获得基本的自然科学常识，发展爱科学、学科学、用科学的志趣和能力。① 自此，科学教育从原来的"知识性"向"教育性"转变，分离多年的科学教育与人文教育也开始走向融合。

（四）推进与深化期（2001 年至今）

1995 年，《中共中央　国务院关于加速科学技术进步的决定》确立了"科教兴国"战略。为了迎接 21 世纪，1999 年印发的《中共中央　国务院关于深化教育改革，全面推进素质教育的决定》指出，提高国民素质的要求与教育观念、教育体制、教育结构等的相对滞后之间存在突出矛盾，对人才素质提出了更高的要求。在全面推进"科教兴国"战略的背景下，我国的科学教育进入了新的发展阶段。

2001 年，第八次基础教育改革拉开帷幕。《基础教育课程改革纲要（试行）》明确新课程的培养目标为要使学生具有初步的创造精神、实践能力、科学和人文素养及环境意识，表明科学教育不仅要传授科学知识，还要全面发展学生的科学素养。教育部组织编写《全日制义务教育科学（3～6 年级）课程标准（实验稿）》，从此正式将"自然"更名为"科学"。小学科学课程成为对儿童进行科学启蒙教育的一门重要基础课程。同时科学课程目标完成了从"双基"到"知识与技能""过程与方法""情感态度与价值观"三维目标的转向。

进入 21 世纪，我国科学教育渐渐与国际科学教育接轨。2017 年，《义务教育小学科学课程标准》发布，要求小学从一年级便开设科学课，并明确了小学科学课程的四维目标：科学知识，科学探究，科学态度，科学、技术、社会与环境。2022 年，在综合研判国际科学教育改革趋势和我国科学课程改革及教学实践中存在的问题之后，《义务教育科学课程标准（2022 年版）》以学习进阶为纬、以核心概念为经建构课程内容体系，对 1～9 年级的科学课程做出了整体规划设计，实现了义务教育阶段科学教育的贯通。

本章小结

在科学从脱离自然哲学母体到完成建制化的百余年间，科学哲学家、科学史学家、科学社会学家、科学家等群体从不同的视角阐述了科学的形象。他们对科学知识的来源和科学本身的发展规律进行了探索，形成了以经验主义、实证主义和理性主义等哲学流派的主张为特征的传统科学观和以证伪主义、历史主义哲学流派和建构主义思潮的观点为特征的现代科学观。为了避

① 课程教材研究所：《20 世纪中国中小学课程标准·教学大纲汇编　自然·社会·常识·卫生卷》，88 页，北京，人民教育出版社，2001。

免让学生陷入科学观的争论，科学教育研究者应根据科学知识及其发展中固有的价值观和信仰总结提炼出科学本质。理解科学本质是科学教育的重要目标。

科学教育成为培养具有科学素养的现代公民的重要保障，承担着传播科学知识、培植科学精神、促进社会发展的重要任务。然而回溯历史，科学教育从进入大中小学课堂至今，不过是一个多世纪的事。这期间国外主要国家小学科学教育先后经历了前制度化、制度化、改革与发展、趋于成熟四个时期；我国小学科学教育经历了萌芽与发展、探索与失序、试验与拓展、推进与深化四个时期。

关键术语

科学｜科学观｜科学本质｜科学本质观｜科学教育｜科学素养

拓展阅读

1. [美]约翰·德斯蒙德·贝尔纳．历史上的科学(卷一)[M]．伍况甫，彭家礼，译．北京：科学出版社，2015.

2. [英]A. F. 查尔默斯．科学究竟是什么？[M]．第三版．鲁旭东，译．北京：商务印书馆，2007.

3. [美]托马斯·库恩．科学革命的结构[M]．金吾伦，胡新和，译．北京：北京大学出版社，2003.

4. 丁邦平．国际科学教育导论[M]．太原：山西教育出版社，2002.

5. 美国科学促进协会．面向全体美国人的科学[M]．中国科学技术协会，译．北京：科学普及出版社，2001.

练　习

1. 说说对科学的理解。
2. 结合案例谈一谈如何促进学生理解科学本质。
3. 谈谈对科学素养的理解。

第二章

科学学习的理论基础

章结构图

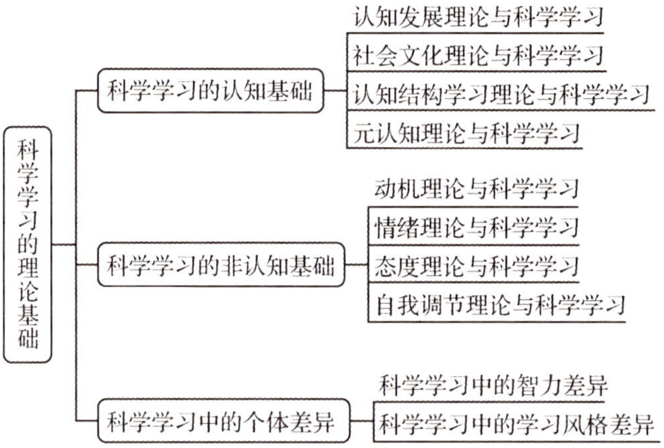

本章概述

本章阐述了科学学习的认知基础、非认知基础和个体差异。认知基础主要包括认知发展理论、社会文化理论、认知结构学习理论、元认知理论与科学学习等；非认知基础主要包括动机理论、情绪理论、态度理论、自我调节理论与科学学习等；个体差异主要介绍科学学习中的智力差异、学习风格差异等。

章前导语

科学学习是学习者在科学实践过程中主动建构科学认识和经验，掌握科学客观规律，使身心获得发展的活动。[①] 学生的科学学习不仅符合一般的学习理论，也有其特殊的规律。本章将从科学学习的认知基础、非认知基础和科学学习中的个体差异三个方面来阐释科学学习的相关理论，为科学教学提供理论参考。

---

① 周青：《科学课程教学论》，126 页，北京，科学出版社，2007。

第一节
科学学习的认知基础

科学学习本质上是一种认知过程，学习者通过感觉、知觉、记忆、思维、想象和语言等形式获得或应用科学知识进行相应的信息加工。[①] 了解科学学习的认知基础是掌握学习者科学学习规律的关键。心理学家和教育学家对科学学习的认知基础进行了大量的探索，为我们提供了丰富的参考资料。描述学生科学学习的认知基础的理论包括认知发展理论、社会文化理论、认知结构学习理论等。本节的前三部分将对上述三个理论进行阐述。

在本节的最后，我们将介绍元认知理论。元认知是对认知的认知，是学习者在进行感知、记忆、思维等认知活动的同时，对自己的认知活动进行积极的监控和调节。元认知对学生学习起着重要的作用。教师了解学生的元认知规律，有助于提升学生的元认知水平，从而更好地促进教学。

一、认知发展理论与科学学习

认知发展理论是由瑞士心理学家让·皮亚杰提出的。皮亚杰将数理逻辑作为研究儿童思维活动的工具，深入分析了儿童思维的发生与发展，建立了自己的建构主义认知发展理论。皮亚杰的认知发展理论包含若干子理论，其中较具影响力、对一线教师有较强启发性的是揭示儿童认知发展机制的认知建构理论和揭示儿童认知发展阶段的认知发展阶段论。

(一)科学学习是建构的过程

学生在学习科学时并不是被动、机械地记录信息，而是主动地综合已有知识、自我期待和已有概念对信息进行注意和选择。[②] 换言之，学生的科学学习是知识建构的过程。建构是指学习者通过新旧知识经验之间双向、反复的相互作用形成和调整自己的认知结构。[③] 皮亚杰提出了图式的概念，用以解释不同儿童在面对外界环境的刺激时进

① 彭聃龄：《普通心理学》第4版，534页，北京，北京师范大学出版社，2012。
② 王磊等：《科学学习心理学》，6～7页，海口，海南出版社，2000。
③ 刘恩山：《中学生物学教学论》第3版，62页，北京，高等教育出版社，2020。

行建构的过程。

1. 儿童图式的改进与转换

图式也称认知结构，是个体所建构的有关思维和动作的组织化的模式，用于解释一些相关的经验。[①] 皮亚杰认为，认知发展就是图式或认知结构的发展。个体的图式最初来自遗传，如吮吸、抓握、行走等一些低级的图式。随着个体不断探索周围的环境，图式不断进行着丰富和改变，发展出一些更高级的形式。

皮亚杰认为，影响儿童图式变化的主要因素是生物性成熟、物理环境、社会环境和平衡。生物性成熟即儿童躯体结构与神经系统机能的成熟。这为儿童的许多认知活动提供了必要的条件。物理环境指的是环境中的物体。儿童在与物理环境相互作用的过程中获得相关的经验。社会环境包括社会生活、文化教育、语言符号等。[②] 上述三个因素虽然都对个体发展具有重要作用，但它们并非决定性因素，其作用效果均依赖于平衡。

平衡是指个体在自我的认知结构与外界的环境之间形成一种平衡状态的驱力，是儿童心理发展的决定因素和推动力量。平衡能将影响儿童图式变化的另外三个因素的作用协调起来。因此，平衡并不是静态的，而是具有自我调节作用的动态过程。在此我们可以举例阐明平衡的作用。有一个孩子堆了一个雪人，他想让雪人慢一点融化。于是妈妈告诉他可以给雪人披上一件棉衣。但孩子认为棉衣是用来保暖的(儿童原有的图式)，披上棉衣以后雪人会融化得更快。此时，这个孩子就从妈妈那里接收到了与他之前心理结构中的经验相矛盾的环境信息，他的内部认知结构与外部环境之间就处于矛盾的状态，原有的平衡被打破了。

2. 儿童科学学习的具体过程

皮亚杰认为，儿童适应周围的环境而达到平衡有两种不同的形式——同化和顺应。同化是指将周围的环境因素纳入已有的图式，以加强和丰富主体的图式。顺应是指主体改变已有的图式以适应客观的变化。[③]

在上述例子中，孩子已有的生活经验告诉他天冷了需要穿棉衣，他就会认为棉衣是用来保暖的。这是他原有的图式。而妈妈告诉他，给雪人披上棉衣可以让雪人融化得更慢。他开始使用原有的图式去解释妈妈的信息。这时他可能会否定妈妈的想法，认为妈妈是在开玩笑。这就是儿童使用已有的认知图式去解释新的信息或经验的同化过程。如果孩子发现给雪人披上棉被后雪人确实融化得更慢了，或者他在逐渐长大的过程中发现把雪糕放在棉被里雪糕也会融化得更慢，这些客观的现实就会与他主观的

---

① [美]David R. Shaffer、[美]Katherine Kipp：《发展心理学——儿童与青少年》第九版，邹泓等译，207页，北京，中国轻工业出版社，2016。

② 伍新春：《儿童发展与教育心理学》第2版，25页，北京，高等教育出版社，2013。

③ 伍新春：《儿童发展与教育心理学》第2版，25页，北京，高等教育出版社，2013。

认识形成冲突，使他产生认知的不平衡。此时他就会将“棉衣是用来保暖的”这个图式加以修正，以合理地解释他所遇到的事情。这个过程就是顺应。最终，孩子通过顺应来挑战自己的认知结构，形成新的图式。

同化与顺应并非两个相互排斥的过程，它们在个体学习的过程中经常相互补充。随着儿童逐渐成熟，他们会不断使用同化和顺应来达到认知的平衡，并逐渐掌握更复杂的图式，以适应越来越复杂的环境。科学学习过程中有许多客观现象和科学概念与学生已有的经验相矛盾，学生可能会将看似毫无关系的概念随意组合而不能使相关信息形成有组织的网络。教师要做的就是帮助学生建立概念中信息要素之间的联系以及概念之间的联系，从而帮助学生更好地形成图式，达到动态的认知平衡。

科学教育中的概念转变理论，就是基于皮亚杰的认知建构主义来阐释科学概念的建构过程，从而揭示学生的错误概念及其转变的规律。概念转变理论认为，科学学习的实质是建构、重构个人理论模型的过程，教师应当帮助学生不断发展并获取更为复杂的理论与模型。① 在正式的科学学习之前，学生的大脑中已经拥有对这个世界如何运转的观念和想法，但其中一些错误的概念会对他们的科学学习产生消极的影响。概念转变理论强调教师在教学时要充分考虑到学生的既有概念，重视学生的错误概念，主张通过基于学生亲身经验的演示、实验等方式让学生认识到自己的错误概念，从而重建科学的概念。②（关于概念转变理论详见“小学科学教学模式”一章。）

（二）小学阶段儿童认知发展的特点

皮亚杰认为，个体的心理发展既是连续的过程，又具有一定的阶段性。如表 2-1 所示，皮亚杰将个体的认知发展划分为感知运动、前运算、具体运算、形式运算四个阶段，每个阶段都具有鲜明的特征。认知发展的四个阶段的顺序是不可逆的，前一阶段是后一阶段的基础和必要条件。所以学生所处的认知发展阶段会限制他们所能理解的理论与模型的复杂程度。当学生到达适宜的认知发展阶段时，教师就应当将学生相应的错误概念显性化，否则可能会限制学生对于概念的理解。

---

① 王磊等：《科学学习心理学》，18 页，海口，海南出版社，2000。

② Posner G. J., Strike K. A., & Hewson P. W., et al., “Accommodation of a Scientific Conception: Toward a Theory of Conceptual Change,” *Science Education*, 1982(2), pp. 211-227.

表 2-1　皮亚杰的认知发展阶段

阶段	大致年龄范围	主要特征
感知运动阶段	0～2 岁	儿童的行为是自然发生的
前运算阶段	2～7 岁	尚未建立守恒的概念，不能在同一时刻以一个以上的维度进行思考，以自我为中心，表现出思维的不可逆性，在区分现实和幻想时存在困难
具体运算阶段	7～11 岁	建立守恒的概念，表现出显著的认知增长，开始出现抽象思维，去自我中心化，具有思维的可逆性
形式运算阶段	11 岁后	推理能力提高

刚进入小学的儿童处于前运算阶段。这一阶段的儿童开始具备符号思维，认识到一些词语或物体能够代表或表征其他的事物。之所以称这一阶段为“前运算”，是因为儿童思维虽然已经开始表现出符号化特征，但他们并未获得能够进行逻辑思维的运算图式。这一阶段的儿童更多以自我为中心，从自己的角度看待问题，很难意识到他人的观点。此外，他们还不具备利用可逆性的思维来理解问题的能力。因此，当同样多的水从细高的杯子倒入更粗矮的杯子时，儿童很可能会认为水变少了。这一阶段的儿童这种直觉型、自我中心化、缺乏逻辑性的思维特点，要求教师在开展科学教学时注重采用更加直观的方式，注重儿童的具体操作。

7 岁后，儿童的认知发展进入具体运算阶段。这一阶段的儿童的语言和基本技能迅速发展，学校教育对他们的影响凸显出来。儿童在具体运算阶段逐渐掌握思维的可逆性，能够认识到变化了的东西仍保有它原有的特征，并且这种改变是可逆的。同时，儿童逐渐建立起守恒的概念，分类和排序的能力亦得到发展。此外，儿童开始利用他们的经验来解释事物，建立起一套有逻辑的思维系统，而不只是受到直觉的支配。但是这一阶段的儿童更倾向于运用具体形象思维，在理解假设性、抽象性的问题时仍然存在困难，在探究的要素上更多只能达到对两个变量之间关系的理解而无法做出更为复杂的推理。教师在教学过程中可以注意使用图片、模型、视频等资料，为学生理解相应的内容提供具体、直观的支持，在进行科学实验时也要注意对变量的控制。

11 岁后，儿童的认知发展逐渐进入形式运算阶段。这一阶段的儿童能够对一些观念和命题进行心理操作，能够生成假设。此时教师可以有意识地减少在教学过程中具体形象的呈现，适当引入更多的探究要素，帮助学生进行更加理性、抽象、系统的思考。

小学阶段是儿童逻辑思维发展的初步阶段，对儿童的思维发展有着重要的意义。皮亚杰的认知发展阶段论启示我们，教师应当重视学生思维发展的阶段性和进阶性的特征，了解学生的思维发展水平，根据学生的认知特点设计教学，注重学生思维的品质，重视观察、引导和培养学生的思维能力。

二、社会文化理论与科学学习

社会文化理论由苏联心理学家维果茨基提出。该理论认为，人际关系、文化与历史、个人因素三者之间的互动是人类认知发展的关键。个体与环境中他人的互动(如师生互动、同伴间互动等)激发认知过程，促进认知发展。维果茨基强调有社会性意义的活动对人类意识的重要性，支持学习和发展无法独立于社会环境而发生的观点。

(一)心理发展的实质与最近发展区

维果茨基指出，个体心理发展是在环境与教育的影响下由低级心理机能(如感觉、知觉、注意等生来就有的)逐渐向高级心理机能(思维等)转化的过程。儿童在与其他社会成员尤其是成人的交往过程中，逐渐掌握了高级心理机能的工具——语言和符号，并因此形成了各种高级心理机能。心理机能从低级向高级发展有四个主要标志：一是心理活动的随意机能，即儿童可以能动地控制自己的心理活动，能按照一定的目的有意识地思考；二是心理活动的抽象概括机能，即抽取客观事物一般的、本质的属性，并把抽象出来的事物的本质属性联结起来，揭示共同性事物的本质；三是以抽象符号为中介的心理结构的形成，即各种心理机能之间的关系不断变化、组合，形成了间接的、符号或词为中介的心理结构；四是心理活动的个性化，即儿童心理发展过程中出现的一些个性化的特征。①

维果茨基提出了“最近发展区”(zone of proximal development)的概念，将其定义为儿童在独立活动中已经达到的解决问题的水平与借助成人(或更有能力的同伴)的帮助所能达到的解决问题的水平之间的差异。维果茨基认为，基于最近发展区的教学为学生提供了发展的可能性，教与学之间的相互作用刺激了儿童的发展，教学的重要任务是创造“最近发展区”。基于此，他还提出“教学应该走在发展的前面”的观点，主张教学内容应该略高于儿童现有的水平，这样教学才能促进儿童发展。

“最近发展区”的概念对教育实践有着重要的指导作用。根据最近发展区的主张，学生在教师的指导下学习能够获得更好的学习效果。教师在进行科学教学时可以灵活运用维果茨基的理论，为学生的科学学习搭建支架(scaffolding)。支架是指教师根据学生当前的知识水平给予其恰当的指导，为学生提供支持，从而使学生在这种支持中受益，促进他们对问题的认识，接近他们本身能力的极限。② 为学生搭建支架，首先需要

---

① 伍新春：《儿童发展与教育心理学》第2版，31页，北京，高等教育出版社，2013。

② [美]David R. Shaffer、[美]Katherine Kipp：《发展心理学——儿童与青少年》第九版，邹泓等译，207页，北京，中国轻工业出版社，2016。

教师评估和发现学生的现有水平，发现学生之间的差异，然后据此提供适宜的支持，提升学生的能力。例如，在教授“声音是由振动产生的”时，学生通过教师敲打音叉的演示，认为声音是教师敲打产生的。那么如何让学生进一步认识到声音是由振动产生的呢？教师先要分析学生这样认为的原因，然后通过适当的方式来为学生搭建支架。教师不仅可以用一些可视化的视频或实验来向学生示范，还可以用适度的提问来指向学生认知的矛盾和冲突。例如，摩擦也会产生声音。这与声音是由敲打产生的并不一致，来帮助学生澄清自己的理解。

最近发展区理论给我们带来两点启示。一方面，教师要充分考虑任务的难度和学生完成任务的能力。教学内容的难度既要是学生在教师的指导下能理解的，也要是学生通过独立活动就能完成的。另一方面，教师要在教学过程中给予学生适当的示范、提示、指导和鼓励，善用同伴之间的差异，通过合理化的分组、丰富的教学资源等来帮助学生推进学习的进程。

（二）科学概念与社会中介学习

维果茨基区别了两种概念：自发概念和科学概念。自发概念是儿童对日常经验反映的产物，是儿童在实际生活中与周围的环境互动而逐渐累积起来的。科学概念是正规教育的产物，是在教学过程中产生的。① 自发概念自下而上发展，科学概念自上而下发展，它们不断相互影响。只有自发概念达到一定成熟水平，科学概念的发展才有可能。科学概念的高级概括也必然会引起自发概念结构的变化。②

维果茨基指出，在儿童概念的发展以及低级心理机能向高级心理机能转化的过程中，社会中介学习十分重要。所有的学习由文化工具（如语言、标志、符号）调节；儿童在与他人的社会互动中习得并内化这些工具，然后将其来作为中介进行更高层次的学习。③ 因而，互动并不像皮亚杰所认为的是认知冲突的来源，而是学习的基石。在儿童与成人对话的过程中，儿童的自发概念与成人的科学概念相接触，使儿童的自发概念得到修改。因此，科学概念的形成是教师与学生之间不断互动的结果，教师不能忽视互动在教学过程中的重要意义。④

教师一方面应当确保学生能够获得促进科学思维发展的有效工具，如科学探究的方法、科学资料获取的方法、充分的研究工具等，从而促进学生高级心理机能的形成

---

① 王磊等：《科学学习心理学》，33页，海口，海南出版社，2000。

② ［苏联］列·谢·维果茨基：《维果茨基全集　新心理学的基本理论（下）》，李红译，194～294页，合肥，安徽教育出版社，2016。

③ ［美］戴尔·H. 申克：《学习理论》第六版，何一希、钱冬梅、古海波译，244页，南京，江苏教育出版社，2012。

④ 王磊等：《科学学习心理学》，33页，海口，海南出版社，2000。

与发展；另一方面也应当重视互动在学生概念转变与概念理解中的重要价值，注意提高师生互动、同伴互动的水平。

三、认知结构学习理论与科学学习

认知结构学习理论是由美国心理学家布鲁纳提出的。布鲁纳长期致力于知觉与思维方面认知学习的研究，提出了认知表征理论、认知结构理论和发现学习等相关主张来表述学生的学习过程。

（一）认知表征理论

布鲁纳认为个体认知发展是形成三类表征（representation）系统的过程，分别是动作表征（enactive representation）、图像表征（iconic representation）和符号表征（symbolic representation）。这三类表征实质是三类不同的信息加工系统，个体通过这三种系统来认识世界。① 动作表征指的是学生借助动作进行学习，不需要语言的帮助；图像表征指的是学生在学习时借助图像，以感知材料为主进行学习；符号表征指的是借助语言进行学习。这三种表征系统相互作用、按照顺序发展，彼此不可替代。

布鲁纳认为，任何知识结构都可以通过上述的三种表征进行呈现。这三个表征系统是按照顺序发展的，一般都是从动作表征发展到图像表征，再发展到符号表征。布鲁纳还提出，任何学科的基本结构都可以用适合学生认知发展水平的方式教给任何年龄阶段的儿童。教师在教学时应当恰当地选择表征的方式，帮助学生更快更好地形成认知结构，从而在提高学习效率的同时增强学生学习内容的适用性的广度。

（二）认知结构理论

布鲁纳认为，学习是一个积极主动地形成认知结构的过程，学习的实质是学习事物的结构。掌握事物的结构就是理解它与许多其他事物之间的有意义的联系。学习结构就是学习事物是怎样相互关联的。任何学习都涉及三个过程：获得（acquisition）、转化（transformation）和评价（evaluation）。获得是指对旧知识的重新组织和提炼。转化指分析和概括新知识，使之与新任务相适合，形成一种更有利于学得更多知识的知识结构。评价是对转换的一种“检阅”。这三个过程运用和处理得好，就可以使新旧知识建立起牢固的联系。② 教师需要借助这三个过程帮助学生认识到那些看似无关的事物是相互关联的，而且与自身已有知识也是有关的。

---

① 张彦山：《布鲁纳“学科基本结构”理论之评析》，载《新疆教育学院学报》，2006(3)。
② 张彦山：《布鲁纳“学科基本结构”理论之评析》，载《新疆教育学院学报》，2006(3)。

布鲁纳将学科的基本结构确定为教学的中心。知识结构是某一领域的基本观念。学科的基本结构包括四个方面：基本概念、一般原理、学习态度和学习方法。布鲁纳认为，学习学科的基本结构具有以下四方面的重要意义：一是懂得基本原理使学科更容易理解；二是学科的基本结构有利于记忆的保持；三是领会基本原理和观念能够促进迁移；四是对教材结构和基本原理的理解，能够缩小高级知识和初级知识之间的间隙。学生掌握了学科的基本结构，就容易理解整个学科的具体内容，记忆学科知识，能促进学习的迁移，促进智力和创造力的发展，并可以激发学习的动机。① 学生在概念形成过程中并不是处于消极、被动的接收状态，等待着各种刺激的出现，从而形成联想。相反，他们会采取各种策略来积极、主动地探究这一概念，通过一系列的假设—检验来发现和理解这一概念。基于此，教材应当把反映学科发展水平的基本的概念和原理作为主体。

基于认知结构理论，布鲁纳认为儿童的智力发展具有阶段性和连续性的特点。他主张用螺旋式的方法组织编制教材，注意教材组织的心理逻辑，使教材符合儿童智力发展的特点。螺旋式的方法强调提供一个整体性强、前后呼应的学习愿景，强调根据学习的基本概念或原理的难易程度决定教学内容的顺序，尽可能清晰地呈现所学内容与先前学习内容之间的关系，通过循环往复的学习达到较高的水平。上述主张为小学科学课程的内容沿年级分层进阶提供了重要理论工具，提醒我们应当将某个主题的知识分解为不同层次并使其在不同时空出现，使课程的安排既具有连贯性，也具有灵活性。在开发课程和编制教材时，我们一方面要使教材能清楚地反映各学科领域的基本原理，另一方面要使教材具有易用性，方便绝大多数教师使用。在教学时，教师不仅要强调学生的自我探究，帮助学生体验科学研究的过程，培养学生的科学思维，锻炼学生发现问题、解决问题的能力，也要重视学生对科学概念的学习和掌握，注意学生学习的螺旋式进程。

（三）发现学习

基于认知表征理论和认知结构理论，布鲁纳认为学生掌握学科基本结构的最好方法是发现学习。发现学习指学生在学习的情境中，通过自己的探索主动获取知识，再现科学概念和原理，掌握学科的基本结构的过程。

发现学习是布鲁纳教学理论的核心。发现学习强调学生应该像科学家那样去主动思考、探索求知，最终达到对所学知识的理解和掌握。② 发现学习具有四个主要特征。一是强调学习过程。布鲁纳认为，学习的主要目的不是要记住教师和教科书上所讲的

---

① 肖少北：《布鲁纳的认知——发现学习理论与教学改革》，载《外国中小学教育》，2001(5)。
② 刘奇志、谢军：《布鲁纳教育心理学思想及其启示》，载《教学研究》，2004(5)。

内容，而是要学生“参与”学科知识体系的建立过程。二是强调直觉思维。直觉思维对科学发现活动极为重要，教师要在探究活动中帮助学生形成丰富的想象。三是强调内在动机。发现学习有利于激发学生的好奇心，使学生具有向自己的能力提出挑战的内驱力。四是强调信息提取。学生亲自参与发现事物的活动，必然会用某种方式对它们加以组织。这一过程有利于学生对信息的组织、储存、提取。①

发现学习为在小学科学教育中开展探究式教学提供了理论基础，对20世纪80年代小学科学教育中广泛使用的探究—研讨教学法具有重要影响。在教学中，教师要科学、巧妙地创设学习情境，注重学生在学习情境中通过主动发现获得知识的过程；对教学内容进行有序的讲解，配合学生的经验将教材进行适当组织；激发学生科学学习的内在动力，增强学生探究未知结果的兴趣。

四、元认知理论与科学学习

学校应该注重基础知识的教学，还是注重学生思考和解决问题能力的培养，是长期以来困扰教育领域的问题之一。关于人类学习的研究表明，以上两者都是必要的。在知识与技能协同发展的过程中，元认知尤其重要。②

元认知概念由美国心理学家弗拉维尔提出。元认知是个体对学习过程的知识以及调节学习过程的能力的认知。通俗地说，元认知就是对认知的认知。一个学生在学习食物网中生产者和消费者之间的特征和关系时，发现将植物和动物的照片按生产者与初级、二级和三级消费者分类，有助于了解食物网中有机体之间的关系；而另一个学生发现，如果创造一个故事将食物网中的有机体联系起来，能够促进学习。在这两种情况下，学生都知道如何通过使用适合自己的学习策略来帮助自己学习，而且这些策略在其他类似的学习情境中仍然能够迁移使用。这种对自己的思维活动的认识和控制就是元认知。

元认知结构包括元认知知识和元认知监控两个成分。元认知知识是个体对自己的认知活动的认识，是对有效完成任务所需要的技能、策略及其来源的意识。元认知知识主要包括三个方面：关于个体自身的元认知知识、关于认知任务方面的元认知知识和关于认知策略的元认知知识。元认知监控指的是个体对这些策略如何使用以及什么时候使用的监控、管理和调节的过程。这个过程发生在工作记忆中，以保证任务得以顺利完成。值得注意的是，元认知知识和元认知监控二者既相互独立，又相互关联。对于学生而言，元认知知识帮助他们在学习过程中进行有效监控；而元认知监控有助

① 刘恩山：《中学生物学教学论》第3版，62页，北京，高等教育出版社，2020。
② 刘恩山：《中学生物学教学论》第3版，62页，北京，高等教育出版社，2020。

于他们不断地检查、修正和完善元认知知识。[①]

儿童大约从 5～6 岁开始慢慢掌握元认知策略，逐渐意识到自己可以通过使用一些策略来控制自己的学习过程。在科学教学中，教师需要注意培养学生的元认知能力。例如，教师可以让学生使用科学笔记本，定期写下自己学到了什么，是怎么学到的，还有什么地方不明白等，从而让学生去思考什么样的策略能够帮助自己学习。当学生在科学学习过程中遇到困难时，教师可以引导学生思考“他们采用了什么方法来试图解决问题”“这种方法是否有效”“除了这种方法，是否还有别的解决问题的方法”等问题，来帮助学生更好地反思对自己有益的策略，从而理解策略的使用意图、行为和结果之间的关系。此外，教师还可以通过调整任务的难度来帮助学生更多地运用元认知策略。在教学中，有些学习任务不需要元认知的参与而只需根据习惯来处理。教师可以相对地减少可以简单完成的低层次的学习任务，帮助学生更多地使用元认知策略。

第二节
科学学习的非认知基础

科学学习虽然是一种认知活动，但是非认知因素在学生的科学学习中也扮演了极其重要的角色。其中较主要的非认知因素就是科学情感。科学情感不仅应该被视为影响学生科学学习的重要因素，也应成为科学教学的重要目标。

情感是一个非常复杂的概念。具体到科学情感而言，相关的概念包括科学动机、科学态度、科学信念、科学价值观、科学兴趣和科学主张等。这些概念之间既有区别，又有联系。科学动机是激发和维持学生学习科学的心理倾向和内部驱力。科学态度代表了学生是否喜欢科学的感受。科学信念通常被看作科学态度的认知基础，是基于信息和事实的。科学价值观涉及学生对于道德和伦理问题正确与否的判断，比科学态度和科学信念的概念更为广泛。科学兴趣与科学态度的概念之间的差别较小，代表了学生对于一些事物的喜好。科学主张与科学态度和科学兴趣可以共用，但是在科学情感领域的研究中较少被提及。[②]

从 20 世纪初期开始，来自不同领域的学者纷纷探究科学学习的情感基础。如前所述，部分科学情感的概念有一定相似度。下面我们选择四类较有影响力、对教师科学

---

① 伍新春：《儿童发展与教育心理学》第 2 版，269 页，北京，高等教育出版社，2013。

② Chiappetta E. L. & Koballa T. R. , *Science Instruction in the Middle and Secondary Schools: Developing Fundamental Knowledge and Skills*, Boston, Allyn & Bacon, 2010, pp. 81-82.

教学较有启发性的理论进行介绍，分别是动机理论、情绪理论、态度理论和自我调节学习理论。

一、动机理论与科学学习

动机是激发和维持有机体的行动，并使行动导向特定目标的心理倾向或内部驱力。① 我们通常所说的自我效能感、价值、自我概念、期待、能力目标取向、学习目标取向等都属于动机的范畴。② 了解个体动机的内部机制，有助于教师了解学生学习的动机特点，并有针对性地进行干预，提高学生的学习动机水平，从而促进学生的科学学习。

教育心理学家为描述学生的学习动机提出了若干动机理论，其中包括社会认知理论、成就动机理论、归因理论、成就目标理论和自我决定理论等。下面将对这些理论进行介绍。

(一)社会认知理论

社会认知理论由班杜拉(Bandura)提出。该理论认为，学生的学习目标与当前学业表现的差距促使他们改变，使他们在追赶学习目标的过程中会注意到自己的进步并维持自己的动机。③ 社会认知理论的一个核心概念是自我效能感。

1. 社会认知理论的基本观点

社会认知理论认为，人的学习大多发生在社会环境中。通过观察他人，个体获得知识、规则、技能、策略、信念和态度，并从榜样那里了解到某个行为的功能和适宜的程度以及行为的结果。如果个体对自己的能力有自信，同时对某个榜样的行为结果产生期待，他就会出现与榜样相同的行为。④ 社会认知理论有三个主要的概念，分别是交互决定论、观察学习与自我效能感。

班杜拉的交互决定论指出，个体的心理机能是人、行为以及环境这三种因素之间的一种连续不断的交互作用。其中，任何两个因素之间的双向互动关系的强度和

---

① 林崇德、杨治良、黄希庭：《心理学大辞典(上)》，223页，上海，上海教育出版社，2003。

② Anderman E. M. & Young A. J., "Motivation and Strategy Use in Science: Individual Differences and Classroom Effects," *Journal of Research in Science Teaching*, 1994(8), pp. 811-831.

③ [美]戴尔·H. 申克：《学习理论》第六版，何一希、钱冬梅、古海波译，360页，南京，江苏教育出版社，2012。

④ [美]戴尔·H. 申克：《学习理论》第六版，何一希、钱冬梅、古海波译，112页，南京，江苏教育出版社，2012。

模式，都随人、行为、环境的不同而发生改变。① 人的因素主要指个体的认知、信念和态度等；行为主要指个体的行动等；环境包括自然环境和社会环境。② 人、行为、环境的交互作用关系见图 2-1。根据交互决定论，行为发生的决定因素并不是环境，而是人与环境的交互作用。例如，当教师向学生布置一个任务时，由于教师布置的任务本身是一个环境事件，学生并不会不加考虑地去完成这个任务，而是会考虑完成这个任务的难度、结果、期待等。它们与教师布置的任务共同决定了学生完成这个任务的行为，而这个行为反过来也会影响学生的认知和教师的任务设置。因此，教师在进行科学教学时，既要考量任务的设置、材料的提供、班级、家庭、社会环境的影响，充分发挥环境的积极作用，也要兼顾学生个体的特点，激发学生的主观能动性。

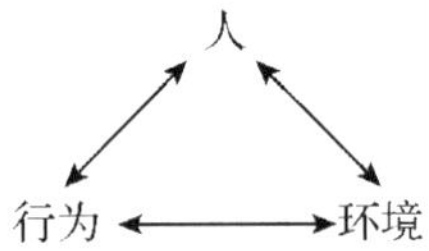

图 2-1　人、行为、环境的交互作用关系

观察学习是指学习者通过观察他人所表现的行为及其后果进行学习。学习者的学习过程是通过观察榜样的不同示范而完成的，观察学习强调榜样的示范作用。也就是说，学生的学习并不都借助直接经验，学生通过观察他人的行为及行为的结果也会做出相应的行为。但是不同的人对学生的影响是不同的。教师在教学过程中既要注意发掘和树立学生身边以及影视、书籍中的正面人物，激发学生的学习动机，也要理性对待负面人物，帮助学生充分认识负面人物的缺点，树立正确的学习观念，远离负面人物，从而减少负面人物的影响。

2. 自我效能感与科学学习

交互决定论告诉我们，行为是由环境和人的因素共同决定的。其中，人的非认知因素在对行为的影响中起着主导作用，而人的非认知因素中很重要的部分就是自我效能感。③ 班杜拉在 1977 年首次提出了自我效能感的概念。自我效能感又称效能期待，是一个人对自己的学习或行动能够达到某个水平的信念。班杜拉认为，行为的发生与维持受到个体对行为结果的预期和完成任务的自我效能感的共同影响，二者构成了重要的动机机制。个体完成任务的自我效能感越高，个体就越倾向于做出更多努力。

自我效能感不是技能，也不是一个人的真实能力，而是个体对完成特定任务所具

---

① ［美］阿尔伯特·班杜拉：《思想和行动的社会基础：社会认知论》，林颖、王小明、胡谊等译，25～29 页，上海，华东师范大学出版社，2018。

② 史晓艺：《班杜拉三元交互决定论及其对小学生自主管理教育的启示》，载《中国德育》，2020(7)。

③ 成晓光：《班杜拉的社会学习理论中的认知因素》，载《辽宁师范大学学报(社会科学版)》，2003(6)。

有的行为能力的自信程度。由于不同领域所需要的能力、技能千差万别，因此一个人在不同领域中的自我效能感是不同的，只有联系具体的领域谈自我效能感才有意义。例如，对语文学习的自我效能感高的学生可能对科学学习的自我效能感并不高。当然，当学生相信自己所具备的一些技能能够在新的情境中创造成功时，自我效能感也能够迁移。例如，当一名学生对于数学学习有较强的自我效能感，且他认为科学学习与数学学习的相似度很高时，那么他可能也会对科学学习有较高的自我效能感。

自我效能感能够对于学生的科学学业表现产生各种各样的影响。这些影响主要通过认知、动机、情感和选择过程四个方面产生。[①] 在认知方面，自我效能感强的学生勤于分析，善于建构成功的愿景，并善于有效地运用各种认知与元认知策略。在动机方面，自我效能感会影响学生自我目标的设定、努力的程度、遇到困难时的坚持性等。在情感方面，自我效能感强的学生会控制完成任务时的负面情绪。在选择过程方面，自我效能感会影响人们对行为类型和行为环境的选择。

自我效能感受到四个因素的影响：个体的直接成败经验、替代性经验、言语劝说、情绪唤醒。其中，个体的直接成败经验对自我效能感的影响最大，成功的经验能够提高个人的自我效能感。替代性经验对于自我效能感也有重要影响。学生观察到与自己相似的同伴在科学学习上取得了成功，可以提升自我效能感，并促使自己努力去学习科学；而观察到与自己相似的同伴在科学学习上遇到失败时，就会认为自己缺乏成功的能力，而倾向于选择不去继续尝试。言语劝说指的是来自他人的劝导。情绪唤醒指的是学生的情绪状态。过激的身心状态、巨大的压力都有可能使学生拥有过低的自我效能感，而适当的压力可能会激发学生较高的自我效能感。

在科学教学中，教师可以从自我效能感的影响因素出发，通过各种干预手段来提升学生科学学习的自我效能感，改善学生的科学学业表现。教师可以将学习材料以学生能够理解的方式加以呈现，注意把握任务的难度，增强学习活动的趣味性，对学生的问题给予积极的反馈等，从而可以提升学生的自我效能感。教师也可以通过小组教学等方式，增进学生之间的交流与讨论，为学生提供相似性较大的科学学习上的榜样，在任务分配上让学生体会到胜任感，从而为学生提供良好的观察学习的机会。此外，教师还可以通过鼓励学生交流自己在科学学习中的理解和困惑，鼓励他们将科学学习的长期目标分解成短期的、具体的目标，来提升学生的自我效能感。当然，教师的鼓励和表扬，尤其是教师对学生在科学学习中的进步的即时评价与反馈、对学生心理状态的关注，也是提高学生自我效能感的有效途径。

---

① 成晓光：《班杜拉的社会学习理论中的认知因素》，载《辽宁师范大学学报(社会科学版)》，2003(6)。

(二)成就动机理论

成就动机是一种竞争和追求成功的习得性动机，指的是个人把自己的活动保持在尽可能高的水平和不断增加的努力之中，从而取得更好活动成绩的心理倾向。① 成就动机理论已经有较长的发展历史，其中较为经典的是期望价值理论(expectancy-value theory)。

期望价值理论认为，个体的行为依赖于个体对特定结果(目标、强化物)的价值判断以及对达到结果的期待。② 值得指出的是，期望价值理论认为有吸引力的结果以及个体对于可以达到这个结果的期待是共同作用的；只有同时满足了这两个条件，个体才会去行动。例如，即使某个学生觉得自己能够胜任科学学习，如果他不喜欢学习科学或者觉得学习科学没有用，他可能也不会有很强的学习动机。

成就动机理论指出，难度较高的任务会让学生产生更高的期待，从而付出更多的努力。在完成较难的任务后，学生也会体验到更强的自豪感。然而如果学生认为学习任务太难，他可能会因为对失败的高度恐惧以及对成功的低期待而不去努力，或轻易放弃。在教学中，教师应当对学生的学习抱有积极的期待并给予学生一定的指导，使学生更多地体验到通过适当的努力而获得成功。但同时也应当注意，为学生选择的学习任务不能过于容易和简单，从而使学生感到没有挑战性。

成就动机理论对教师的因材施教也提出了较高的要求。教师应该对学生有充分的了解，从而为学生提供适合的任务和指导，进而提高学生的成就动机，帮助学生确立更好的目标。

(三)归因理论

归因是个体对于成功或失败的结果做出的解释。在生活和学习中，我们都会在一项工作完成后去分析成功或失败的原因，这种归因会进一步影响我们的信念、情感和行为。学生对学业成败的归因不仅影响他们的学习动机，还会进一步影响他们的自我评价、自信、自尊等。因此，教师要重视学生的学习归因，并在必要时进行干预。

维纳认为，学生通常会将学业的成功或失败归因于能力、努力、任务难度和运气四种因素。这些因素同样重要，但对于某一结果，往往有一两个主要因素起作用。③ 例

① 姜立利：《期望价值理论的研究进展》，载《上海教育科研》，2003(2)。

② [美]戴尔·H. 申克：《学习理论》第六版，何一希、钱冬梅、古海波译，349页，南京，江苏教育出版社，2012。

③ [美]戴尔·H. 申克：《学习理论》第六版，何一希、钱冬梅、古海波译，257页，南京，江苏教育出版社，2012。

如，当一个学生在科学测试中的学业表现优秀时，他可能会将其归因于能力(我很擅长学习科学)和努力(我学习科学很刻苦)，但他也有可能会归因于任务的难度(这次科学测试太简单了)而较少归因于运气(我猜对了几道题)。

学生对于成败的归因可以从三个维度进行划分：行为结果产生因素的内部归因和外部归因；可控归因与不可控归因；行为结果在时间上的稳定归因和不稳定归因。如表 2-2 所示，这些归因的维度相互结合，在实际的教育教学中有不同的表现。例如，如果学生将成功归因于自己一时的努力，那么这个因素就是个体内部的、可控的、不稳定的因素。学生对于学习中各个事件的归因会影响到对后续学业表现的期待、学习行为以及情感反应。

表 2-2　韦纳的归因模型①

维度	内部		外部	
	稳定	不稳定	稳定	不稳定
可控	通常的努力	一时的努力	教师的偏见	他人的帮助
不可控	能力	情绪困扰	任务	运气

已有研究表明，学生对学习结果的内部的、可控的、稳定的归因方式可以预测较好的学业表现，而学生对学习过程中消极事件的可控归因与不良的学业表现有一定的相关性。② 一般认为，归因的稳定和不稳定维度影响学生对于成功的期待。因此，学生将学业的成功归因于自己能力高、自己持续的努力，比归因于运气和一时的努力会对将来的成功有更高的期待。归因的内部和外部维度会影响学生对待学习的情感反应，因此学生将学习的成功归因于自己的努力而非教师的帮助时会获得更强的成就感。归因的可控和不可控维度则有不同的影响。学生对于学习结果的可控的感觉会让他们有更高的动机去付出更多的努力。③

学生对特定学习事件的归因会受到各种因素的影响：已有经验或行为结果的历史、对自己能力的评估、亲密同伴的表现以及教师或其他权威人物对学生行为的期待和归因等。教师一方面要正确地鼓励和引导学生，在评价学生时确保更加客观，通过自己对学生成败的归因来影响学生自身的归因；另一方面在为学生提供帮助时注意方式方

---

① ［美］戴尔·H. 申克：《学习理论》第六版，何一希、钱冬梅、古海波译，358 页，南京，江苏教育出版社，2012。

② Diane M. H. , "Revisiting the Relationship between Attributional Style and Academic Performance," *Journal of Applied Social Psychology*, 2016(3), pp. 192-200.

③ ［美］戴尔·H. 申克：《学习理论》第六版，何一希、钱冬梅、古海波译，359 页，南京，江苏教育出版社，2012。

法，帮助学生调控对于事件的归因，将其更多地指向内部的、可控的、稳定的归因，从而导向学生更积极的学习结果。

（四）成就目标理论

成就目标理论认为，一个人的目标定向(goal orientation)与他对智力或能力的看法密切相关。成就目标理论是众多动机理论中较为直接用于解释教育情境中的个体行为并指导教育实践活动的一种理论。德韦克等人将成就目标的概念引入教育心理学领域，并使其成为20世纪90年代动机研究的一个热点。

个体对能力持有两种不同的内隐观念，即能力增长观和能力实体观。持有能力增长观的个体认为能力是可以随着学习的进行而提高的；即使人的能力是有上限的，这个上限也非常高，并不会制约人的努力所起的作用。而持有能力实体观的个体则认为能力是不会随学习而改变的，努力也只会帮助个体达到能力的上限。由于学生持有的能力内隐观念不同，他们的成就目标也就存在差异。持有能力增长观的学生倾向于确立掌握目标定向(mastery goal orientation)，他们希望通过学习来提高自己的能力。而持有能力实体观的学生倾向于确立表现目标定向(performance goal orientation)，他们希望在学习过程中证明或表现自己的能力。持有不同的能力内隐观念的学生会在学习上收获不同的效果。①

德韦克等人早期将成就目标看作一个单维度的概念，认为个体的目标定向要么是掌握目标定向，要么是表现目标定向。后来，众多学者认为二者是独立的变量，个体可以同时具备掌握目标定向和表现目标定向。埃利奥特(Elliot)等人将目标定向分为四个方面：掌握趋近目标定向(mastery-approach goal orientation)、掌握回避目标定向(mastery-avoidance goal orientation)、表现趋近目标定向(performance-approach goal orientation)、表现回避目标定向(performance-avoidance goal orientation)。② 掌握趋近目标定向是指个体在成就情境中的目标是提升自己的能力；掌握回避目标定向是指个体的目标倾向于避免知识和技能的丧失，防止知识和能力的倒退；表现趋近目标定向是指个体的目标是向他人证明自己的能力，通过超越他人来获得他人积极的评价；表现回避目标定向是指个体的目标是避免显示出自己的能力不如别人。

现有研究表明，学生的目标定向对其学业表现、创造力、情绪、自我调节能力等均有显著的影响。例如，表现趋近目标定向与学业表现正相关；掌握趋近目标定向对学生的创造力具有正面影响；掌握趋近目标定向与积极学业情绪的相关性更高；掌握

---

① 伍新春：《儿童发展与教育心理学》第2版，190页，北京，高等教育出版社，2013。

② Elliot A. J., Murayama K., & Pekrun R., "A 3×2 Achievement Goal Model," *Journal of Educational Psychology*, 2011(3), pp. 632-648.

趋近目标定向与自我调节各变量均存在正相关；表现回避目标定向与自我调节各变量间存在负相关等。①

在学习的表现上，持有能力增长观的学生会更易于相信努力的力量，所以对于掌握趋近目标的接受度更高，具有较高的自我效能感，从而更容易有较好的学业表现。而持有能力实体观的学生认为学习不会提高自己的能力，因而自我效能感较低，接受掌握趋近目标较为困难。教师可以在教学过程中通过一些手段帮助持有能力实体观的学生改变自己的内隐观念，更多地将科学学习的目标定向导向掌握趋近目标定向。例如，教师可以通过对学生学习任务的反馈来帮助学生评估自己的进步，从而让学生认识到努力对科学学习是有帮助的，自身的能力可以经学习得到提升；可以通过小组合作学习的活动来缩小竞争性，帮助学生将注意力集中到科学学习本身而非与其他学生的比较和竞争上；还可以通过对科学任务在获得技能、学习新策略、形成解决问题的新方法等方面的重要性的强调，降低对任务的完成的量和速度等与学习无关的技能的强调，来帮助学生形成能力增长观，确立掌握趋近目标定向，避免学生出现习得性无助。

（五）自我决定理论

自我决定理论是由美国心理学家爱德华·德西和理查德·瑞安于20世纪80年代提出的。自我决定是一种关于经验选择的潜能，是个体在充分认识自己的需要和环境信息的基础上对行动所做出的自由选择。② 人是积极的有机体，具有先天的心理成长和发展的潜能。而这种自我决定的潜能可以引导人们从事感兴趣的、有益于能力发展的行为，这种对自我决定的追求构成了人类行为的内部动机。③ 自我决定理论包括认知评价理论（cognitive evaluation theory）和有机整合理论（organismic integration theory）两个经典的子理论。

认知评价理论认为学习动机的能量和性质取决于基本的心理需要的满足程度，并指出个体有三类普遍和共有的基础性需要，分别是自主需要、胜任需要和归属需要。④自主是指个体感知自己的行为是自愿的且能够自我调控的；胜任是指个体在与社会环境的交互作用中感到自己是有能力的，并有机会去锻炼和表现自己的才能；归属是指个体感觉有一种从属于其他个体和团体的安全感。认知评价理论认为，动机的产生是因为个体会尽力满足自身的需要。满足外在需要产生的是外部动机，而满足上述三类

---

① 朱静、段锦云、田晓明：《目标定向：概念结构、影响因素及作用结果》，载《心理技术与应用》，2016(8)。

② 暴占光、张向葵：《自我决定认知动机理论研究概述》，载《东北师大学报(哲学社会科学版)》，2005(6)。

③ 刘海燕、闫荣双、郭德俊：《认知动机理论的新近展——自我决定论》，载《心理科学》，2003(6)。

④ 伍新春：《儿童发展与教育心理学》第2版，194页，北京，高等教育出版社，2013。

基本心理需要产生的便是内部动机。① 在三类基本心理需要中，自主需要尤为重要。学生的自主需要满足得越好，他的学习动机就越趋于内化。

有机整合理论主要探讨外部动机的类型和促进外部动机内化的条件。内化指的是个体对价值和规则的吸收。基于外部规则内化程度的差异，有机整合理论将动机分为缺乏动机、外部动机和内部动机三类。缺乏动机指个体缺少做事意愿的状态；在做事过程中，个体会感觉无意愿、不自主、缺少能力。外部动机是指人们不是出于对活动本身的兴趣而是由与活动没有内在联系的外部刺激或原因诱发去从事一项活动的倾向。内部动机是人类固有的一种追求新奇和挑战、发展和锻炼自身能力、勇于探索和学习的先天倾向，它是高度自主的。② 从缺乏动机到内部动机在自主性维度上是一个连续体：缺乏动机是一种无意愿的状态；内部动机是一种高度自主和自我决定的状态；外部动机则位于二者中间，是一种部分自主的控制状态。③

基于内化程度的不同，外部动机又细分为四类。一是外部调控，即个体表现出某种行为是为了满足外部的需要(如为了获得奖励或避免惩罚)；二是内摄调控，指个体吸收外部规则，但并不完全接受外部规则，做出某种行为是为了避免焦虑和愧疚或为了提高自尊；三是认同调控，即个体认同所从事活动的价值，感觉活动是重要的；四是整合调控，即认同控制完全内化的状态。④ 动机类型、调控类型与行为质量之间的关系如图 2-2 所示。例如，一位学生并不喜欢学习科学，但是他为了避免被教师批评而努力学习，属于外部调控；随着对科学学习的深入，这位学生可能慢慢觉得科学是有趣的，就进入了认同调控；而随着继续学习，他对科学学习逐渐有了控制感，发现自己可以通过调控自己的科学学习来获得胜任感，学习科学的过程成为他内在的需求。此后，这位学生再也不需要为了教师的表扬或避免受到教师的批评而学习科学，学习科学的行为受到内部动机的驱使。

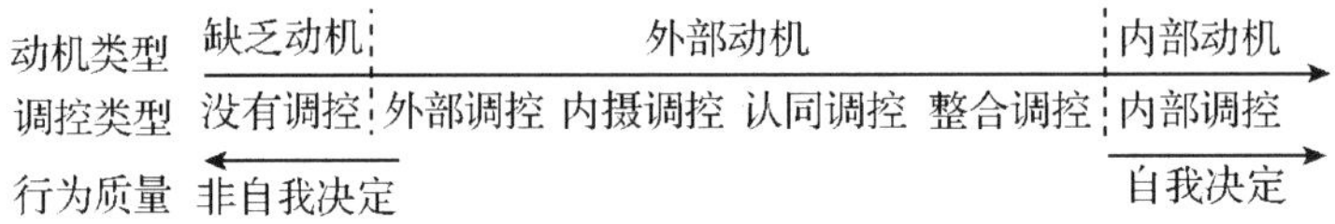

图 2-2　动机类型、调控类型与行为质量之间的关系⑤

认同调控、整合调控和内部动机合称为自主性动机；外部调控、内摄调控合称为

① 赵燕梅、张正堂、刘宁等：《自我决定理论的新发展述评》，载《管理学报》，2016(7)。

② 刘海燕、闫荣双、郭德俊：《认知动机理论的新近展——自我决定论》，载《心理科学》，2003(6)。

③ Ryan R. M. & Deci E. L.，“Self-Determination Theory and the Facilitation of Intrinsic Motivation，Social Development，and Well-Being，”*American Psychologist*，2000(1)，pp. 68-78.

④ 赵燕梅、张正堂、刘宁等：《自我决定理论的新发展述评》，载《管理学报》，2016(7)。

⑤ 伍新春：《儿童发展与教育心理学》第 2 版，194 页，北京，高等教育出版社，2013。

控制性动机。自主性动机越强，学生在活动中会越主动，感知到的幸福感越强。自主需要、胜任需要和归属需要的满足有利于学生外部动机的内化。① 教师应当创设能够充分满足学生的自主需要、胜任需要和归属需要的学习环境，帮助学生培养自我决定的学习动机。例如，教师可以给予学生更多自主学习的机会，鼓励学生主动探索和表达，增强学生的胜任感；可以强调科学任务的意义和价值，帮助学生接纳他们暂时不感兴趣的任务，认可和内化行为的价值；还可以鼓励学生表达学习中的情绪，理解和接纳学生的厌烦、受挫等消极情绪，帮助学生表现出更为持久而有效的学习动机。②

二、情绪理论与科学学习

学业情绪(academic emotions)是指学生在学习过程中产生的与学校学习、课堂教学以及学业表现等直接联系的情绪体验，包括高兴、厌倦、失望、焦虑、气愤等。③ 这些情绪会影响学生的学习策略、认知资源、自我调节学习以及学习动机等，进而影响其学业表现。早期关于学业情绪的研究多集中关注学生的焦虑。20 世纪 90 年代，研究者开始关注学生在学习中的各种情绪，相关理论也渐渐兴起。其中，佩克伦(Pekrun)基于各种学业情绪的起因以及它们对学习的影响提出的控制价值理论(control-value theory)较具代表性。④

(一)控制价值理论的基本观点

控制价值理论认为，积极的学业情绪有利于提高学习效率，而消极的学业情绪会阻碍学习效率的提高。学生的学业情绪受到两类评价的影响，分别是对成就行为和成就结果的主观控制(如期待学业成功的学习坚持性)与该行为和结果的主观价值(如对成功重要性的感知)。如果要激发有利于学习的情绪，必须同时关注学生在以上两个维度的评价。⑤ 佩克伦从对结果的预期和对结果的回顾(归因)两个角度详细地讨论了学业情绪的控制和价值前因，并具体分析了控制和价值的评价与学业情绪之间的关系。表 2-3 为控制价值理论的基本假设。

---

① Deci E. L. & Ryan R. M. , "Facilitating Optimal Motivation and Psychological Well-Being Across Life's Domains,"*Canadian Psychology*, 2008(1), pp. 14-23.

② 伍新春:《儿童发展与教育心理学》第 2 版，194 页，北京，高等教育出版社，2013。

③ Pekrun R. , Thomas G. , & Titz W. , et al. , "Academic Emotions in Students' Self-Regulated Learning and Achievement: A Program of Qualitative and Quantitative Research," *Educational Psychologist*, 2002(2), pp. 91-105.

④ Pekrun R. , Elliot A. J. , & Maier M. A. , "Achievement Goals and Discrete Achievement Emotions: A Theoretical Model and Prospective Test,"*Journal of Educational Psychology*, 2006(3), pp. 583-597.

⑤ Pekrun R. , Elliot A. J. , & Maier M. A. , "Achievement Goals and Discrete Achievement Emotions: A Theoretical Model and Prospective Test,"*Journal of Educational Psychology*, 2006(3), pp. 583-597.

表 2-3　控制价值理论的基本假设①

指向目标	评价		情绪
	价值	控制	
结果/预期	积极(成功)	高	高兴
		中	希望
		低	绝望
	积极(失败)	高	放松
		中	焦虑
		低	绝望
结果/预期	积极(成功)	无关	高兴
		自我	骄傲
		他人	感激
	消极(失败)	无关	难过
		自我	羞愧
		他人	气愤
行为	积极	高	高兴
	消极	高	生气
	积极/消极	低	挫折
	无	高/低	厌倦

由表 2-3 可知，情绪根据目标指向可以分为三类，分别是结果预期性情绪(prospective outcome emotion)、结果回顾性情绪(retrospective outcome emotion)和行为情绪(behavior emotion)。

希望、焦虑或绝望等与结果的预期相关的情绪的产生，受到是否能够获得成功或者避免失败、可利用的方法、成功的概率等的影响。结果预期性情绪对行为和结果的主观价值的评价是积极的，因为人们不会在结果产生前认为失败很重要。而不同强度的控制会产生不同的学业情绪。例如，如果一个学生很怕自己会在某个科学任务上失败，但是他确信自己会有好的表现，那么他会感到放松；而如果这位学生发现自己无论如何也不可能在这个任务上取得成功，他会体会到越来越多的绝望。

结果回顾性情绪是在事情发生后产生的情绪，受导致结果的原因的影响，是自身、他人或者外部环境造成的。显然，成功会引起高兴，失败会引起难过和挫折。这是由对成功或失败的判断引起的。而对于引起结果的原因的控制性评价会产生不同的学业

① 朱琳、董妍：《学业情绪的控制—价值理论对教育教学的启示》，载《中小学心理健康教育》，2012(1)。

情绪。例如，如果成功或失败被学生判断为是自身引起的，那么会分别诱发骄傲或羞愧情绪。而当成功或失败被学生判断为是他人的原因引起的时，感激或者生气情绪将被激发出来。

在行为情绪中，控制和价值是指向行为的，个体的注意力集中在自己的行动上而不是结果上。如果成就行为被个体认为有积极的价值，且自己能够充分地控制行为，那么个体就会产生高兴的情绪；如果行为是可控的，但是却有消极价值，那么个体将会产生愤怒的情绪。如果行为不能够被控制，个体将会体验到挫折；如果个体认为行为并没有价值，则会产生厌倦的情绪。

（二）学业情绪的价值与科学教学干预

学业情绪会影响学习策略、认知资源、自我调节学习以及学习动机等，从而进一步影响学业表现。在学习策略方面，积极学业情绪会促进个体使用灵活且富于创造性的学习策略，如信息的精细化、组织化加工、批判性思维、创造性问题解决方式等；消极学业情绪则会引发较为僵硬的学习方式，如简单复诵等。在认知资源方面，高兴之外的其他学业情绪可能会使注意力从当前的任务中转移，并占用学生有限的认知资源，从而影响其学业表现。在自我调节学习方面，积极学业情绪更可能会促进自我调节学习；消极学业情绪则会刺激学生更多地依赖外在引导，偏向外在控制性学习。在学习动机方面，学业情绪可以引发、维持学业动机或相关的意志过程。①

图 2-3 给出了控制评价、价值评价和消极学业情绪产生的路径。在教育教学中，教师可以通过干预来提高学生对于学习活动和学习结果的控制感的自我认知，或影响他们对活动和结果的价值评价，从而干预学生学业情绪的发展。首先，教师可以通过培养学生对科学学习的控制感和价值感，来激发和提高学生对于科学学习的积极学业情绪。例如，教师可以引导学生将科学学习中的成就进行积极的归因，增强他们的控制感；也可以通过对学生的行为进行积极的反馈和评价等，引导学生对科学学习有积极的预期和自我效能感，进而提高学习动机。其次，教师应积极关注学生在科学学习中的情绪，对他们的厌倦、绝望等消极情绪进行干预，同时培养学生的情绪调节能力，从而将学生的学业情绪导向积极的方面。最后，教学的质量、重要他人对学生学业表现的期望、反馈和结果以及社会文化价值等都是影响学业情绪的重要因素。教师要注重精心设计教学，提供适宜的学习环境。②

---

① 朱琳、董妍：《学业情绪的控制—价值理论对教育教学的启示》，载《中小学心理健康教育》，2012(1)。

② 朱琳、董妍：《学业情绪的控制—价值理论对教育教学的启示》，载《中小学心理健康教育》，2012(1)。

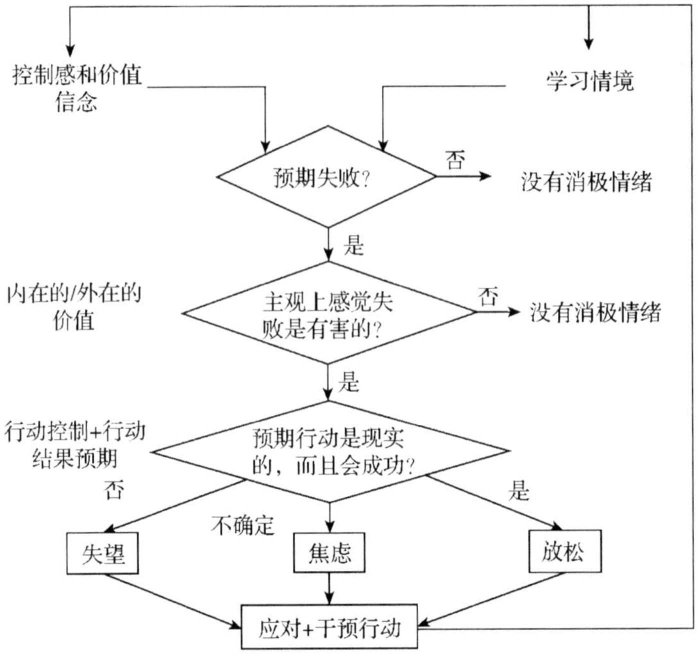

图 2-3　控制评价、价值评价和消极学业情绪产生的路径[①]

三、态度理论与科学学习

态度是个体对某件事物喜欢或者不喜欢的心理倾向。个体的态度会直接影响其行为方式。[②] 本节主要介绍与态度相关的计划行为理论(theory of planned behavior)。阿杰恩(Ajzen)从信息加工的角度，基于期望价值理论提出了计划行为理论，用于解释个体的行为决策过程。

(一)计划行为理论的基本框架

计划行为理论认为，个体行为分析包含三个阶段：第一阶段是行为意向决定个体的行为；第二阶段是行为态度(attitude toward the behavior)、主观规范(subject norm)和知觉行为控制(perceived behavior control)三方面决定行为意向；第三阶段是对应信念决定行为态度、主观规范和知觉行为控制。[③] 行为态度指的是个体对执行某特定行为喜爱或不喜爱程度的评估，通常能够有效地影响行为意向。主观规范是指个体感知到

① 赵淑媛、陈志坚：《控制—价值理论对教育实践的启示》，载《吉林广播电视大学学报》，2017(4)。

② 张红涛、王二平：《态度与行为关系研究现状及发展趋势》，载《心理科学进展》，2007(1)。

③ 徐祎飞、李彩香、姜香美：《计划行为理论(TPB)在志愿服务行为研究中的应用》，载《人力资源管理》，2012(11)。

对某一行为支持或反对的社会压力，反映的是重要他人或团体对个体行为决策的影响，通常被认为是对行为意向影响最弱的要素。知觉行为控制是指个体感知到的执行某一行为容易或困难的程度，反映的是个体对促进或阻碍执行行为的因素的知觉。知觉行为控制不仅通过行为意向间接影响实际行为，在特定条件下还能直接影响实际行为。行为态度、主观规范和知觉行为控制彼此独立，又可能拥有共同的信念基础。图 2-4 为计划行为理论结构模型图。

信念指的是个体认为某种预期为真的可能性，分为行为信念(behavioral beliefs)、规范信念(normative beliefs)和控制信念(control beliefs)三类。① 行为信念包括个体对行为结果能够实现的期望程度和对结果的积极或消极属性的预期，会影响行为态度。规范信念是指个体认为社会规范对特定行为的支持或反对的期望，会对行为态度、主观规范和知觉行为控制三者都产生影响。控制信念是个体知觉到的可能促进和阻碍人们执行某一行为的因素，会影响知觉行为控制。其他内部因素(如人格、智力、经验、年龄、性别等)和外部因素(如信息、语境、文化背景等)必须通过影响信念来间接影响行为态度、主观规范和知觉行为控制，最终影响行为控制和行为。②

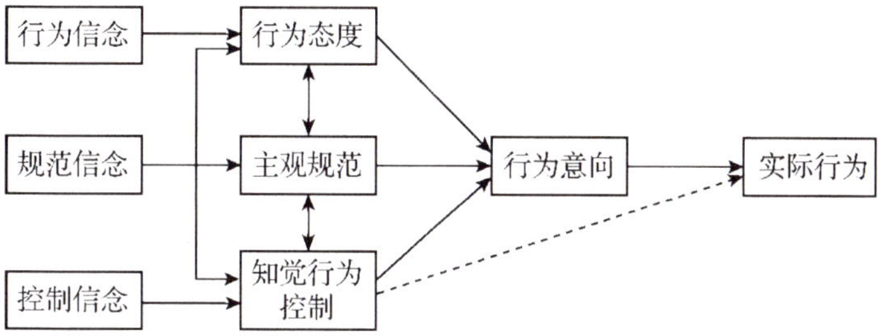

图 2-4　计划行为理论结构模型图③

(二)计划行为理论对科学教学的启示

计划行为理论表明，一个人对某一行为的态度越正面，主观规范越有力，知觉行为控制越强，其行为意向越大，转化成直接行为的可能性就越大。④ 在科学教育中，这涉及学生的学习能力水平、重要他人的影响、学习任务的设置以及对科学学科与科学学习的态度等各个方面。教师在科学教学的过程中可以基于计划行为理论来促进学生

① Ajzen I., "The Theory of Planned Behavior," *Organizational Behavior and Human Decision Processes*, 1991(2), pp. 179-211.

② 闫岩：《计划行为理论的产生、发展和评述》，载《国际新闻界》，2014(7)。

③ 段文婷、江光荣：《计划行为理论述评》，载《心理科学进展》，2008(2)。

④ Ajzen I., "The Theory of Planned Behavior," *Organizational Behavior and Human Decision Processes*, 1991(2), pp. 179-211.

良好的科学学习行为的产生。一方面，教师要重视科学态度的价值，注重增强学生对于科学学科与科学学习的积极态度，提升他们对科学学科的认同感，使学生对在科学学习任务上取得成功抱有积极的期待。另一方面，教师要创设良好的科学学习氛围，营造宽松的心理支持环境，促进学生之间的合作学习，使学生形成良好的主观规范。此外，教师也要调控科学任务的难度，为学生的科学学习提供一定的支持，帮助学生更加准确地分析与定位科学学习任务，增强学生科学学习的自主性，从而提升学生的知觉行为控制。

四、自我调节理论与科学学习

学习的认知基础和非认知基础并不是孤立的。学生的学习过程涉及各种认知、非认知因素，以确保学习任务的顺利完成。有些研究者企图结合不同领域的研究，更加综合地描述学生学习的理论基础。自我调节学习(self-regulated learning)就是其中较具代表性的理论。自我调节学习是指学习者系统地引导自己的思维、情感和行为，从而实现自己的目标的学习过程。自我调节学习整合了元认知、动机和行为三个方面，既与行为有关，也与认知和情感变量有关，被认为是对元认知理论的超越。下面将对自我调节学习的特点与基本过程及循环特性进行介绍。

(一)自我调节学习的特点与基本过程

自我调节学习的概念是由齐默尔曼提出的，用于描述学习者从元认知、动机和行为等方面积极主动地参与学习活动的过程。[①] 自我调节学习要求学习者在学习过程中是一个积极主动的参与者，具有以下三方面的特点：一是在认知上能够有计划地组织学习活动，能自我指导、监控和评价自己的学习过程；二是在行为上能够根据自己所掌握的学习策略选择适合自己的学习内容和形式，建构有利于自己学习的环境；三是在动机上把自己看成是自主的，具有较高的自我效能感。[②]

自我调节学习包括三个基本过程：对学习进程的自我监控、判断和反馈。自我监控是指学生根据标准对自己行为的诸多方面进行判断，并且做出积极或消极的反应。自我判断指学生将当前的作业水平与自己的目标进行比较的过程。这个过程受到个体使用的自我评价的类型、目标的属性、目标达成的重要性和归因等的影响。自我反馈可以激发学生的行为动机。当学生认为自己正在取得令人满意的进步时，他们会产生

---

① Zimmerman B. J.，"A Social Cognitive View of Self-Regulated Academic Learning，"*Journal of Educational Psychology*，1989(3)，pp. 329-339.

② 张林、周国韬：《自我调节学习理论的研究综述》，载《心理科学》，2003(5)。

更强的动机。教师可以通过向学生教授更有效的学习策略，来帮助学生更好地进行自我监控；可以通过引导学生逐渐确立具体的、清晰的目标，以及引导他们判断与这些目标有关的进步，来提升学生的自我判断能力；可以通过引导学生对自己的学习结果进行评价，来提高学生的动机水平。

根据社会认知理论的观点，学生拥有的选择越多，自我调节学习发生的可能性越高。学生选择的自主性由教师布置任务的性质决定。如果教师规定了完成任务的方法，给定了应达到的结果，清晰地呈现了完成任务的时间节点、步骤等，学生可选择的余地很小，所涉及的自我调节学习程度也会相对减少。如果教师在教学过程中给予学生选择方法、结果和其他条件的自主权，就会增强学生的自主性。表 2-4 给出了学生的选择及其对应的自我调节学习过程。

表 2-4 学生的选择及其对应的自我调节学习过程①

选择	自我调节学习过程
选择参加	目标、自我效能、价值观
选择方法	策略运用、放松
选择结果	自我监控、自我判断
选择社会和自然情境	环境建构、协助寻找

(二)自我调节学习的循环特性

自我调节学习是一个循环的过程。个人、行为和环境三个因素在学习的过程中不断地变化，因此需要不断地对学习的过程进行监控。相应地，监控会引起个体选择的策略、认知、情感和行为的变化。齐默尔曼提出了自我调节学习的三阶段模型，描绘了自我调节学习的循环阶段(见图 2-5)。预先考虑阶段主要是为实际活动做准备；操作或意志控制阶段是学习过程中发生的、影响注意力和行为的一些过程；自我反思阶段发生于行为之后，是人们对自己的努力做出回应。②

自我调节学习的各个过程在不同的阶段发挥着各自的作用，以促进学生的学习。在预先考虑阶段，学生设置目标，设计策略，并拥有实现目标的自我效能感；在操作或意志控制阶段，学生观察记录自己的表现并使用各种策略；在自我反思阶段，学生

① [美]戴尔·H. 申克：《学习理论》第六版，何一希、钱冬梅、古海波译，393 页，南京，江苏教育出版社，2012。

② [美]戴尔·H. 申克：《学习理论》第六版，何一希、钱冬梅、古海波译，393 页，南京，江苏教育出版社，2012。

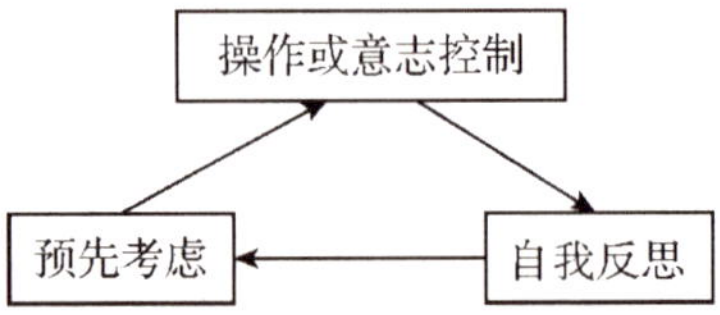

图 2-5　自我调节学习的循环阶段①

会对自己的表现进行归因。自我调节学习表现为学习者学习过程中的具体行为策略；稳定的自我调节学习系统也成为学生本人的一种优秀个性品质，构成其人格的核心。②教师在教学的过程中指导学生进行自我调节学习，能够影响学生的归因，促进学生的思维发展，并促进学生的学习。

第三节
科学学习中的个体差异

教师在教学过程中会发现，不同学生的学习速度、掌握程度、认知水平、学习情感等存在显著的差异。有的学生学得又快又好，而有的学生对学习内容的掌握十分困难；有些学生偏好线上教学，而有的学生习惯面对面的教学。这些都与学生在学习中的个体差异有关。本节主要介绍学生科学学习中的智力差异、学习风格差异，以期教师正确看待学生科学学习的个体差异，针对不同学生进行差异化教学，真正做到因材施教。

一、科学学习中的智力差异

智力是在某种社会或文化环境的价值标准下，个体用以解决自己遇到的难题或生产及创造出有效产品所需要的能力。③ 根据智力的定义，智力与一定社会和文化环境下人们的价值标准有关，不同社会环境下人们对智力的理解以及对智力表现形式的要求不尽相同。此外，智力是以解决现实生活中的实际问题或生产及创造出社会需要的有效产品的能力为核心的。本节主要介绍当前较有影响力的两个智力理论：多元智力理

① ［美］戴尔·H. 申克：《学习理论》第六版，何一希、钱冬梅、古海波译，398 页，南京，江苏教育出版社，2012。

② 张林、周国韬：《自我调节学习理论的研究综述》，载《心理科学》，2003(5)。

③ 霍力岩：《多元智力理论及其对我们的启示》，载《教育研究》，2000(9)。

论(theory of multiple intelligence)和智力三元论(triarchic theory of human intelligence)。

(一)多元智力理论

加德纳提出了多元智力理论。加德纳认为，人类的智力是多元的，除了言语—语言智力(verbal-linguistic intelligence)和逻辑—数理智力(logical-mathematical intelligence)这两种基本智力外，还包括视觉—空间智力(visual-spatial intelligence)、音乐—节奏智力(musical-rhythmic intelligence)、身体—运动智力(bodily-kinesthetic intelligence)、人际交往智力(interpersonal intelligence)、自我内省智力(intrapersonal intelligence)。根据加德纳的多元智力理论，每个人都同时拥有相对独立的七种智力；这七种智力以不同方式、不同程度地组合在一起，使每一个人的智力各具特点。

当前的学校教育仍会受到传统智力测验理论的影响，认为智力具有单一的性质。人们习惯于用智商(IQ)来衡量一个人的智力高低，进而推断其未来成就的大小。这无疑把人的智力进行了分层并贴上了标签。① 加德纳的多元智力理论指出，学生的智力差异是客观存在的；每个学生在适当的情境中都能够表现出不同的潜能，有着不同的智力优势。教学既要保证学生的全面发展，又要促进学生特殊才能的展现。

在正常条件下，只要有适当的外界刺激和个体本身的努力，每一个个体都能加强自己的智力。② 多元智力理论为因材施教提供了理论依据。一方面，教师在科学课程的设计中应当兼顾学生的多种智力领域，促进学生多方面智力的发展。另一方面，教师应当仔细观察每个学生的智力倾向，采取多样的教学形态，使用丰富的教学手段，基于不同学生的智力特点进行适当的智力激发。

(二)智力三元论

美国心理学家斯滕伯格提出了智力三元论，认为人的智力由分析智力(analytical intelligence)、创造智力(creative intelligence)和实践智力(practical intelligence)三个方面构成。分析智力用来解决问题并判定思想成果的质量。创造智力帮助人们从一开始就形成好的问题和想法。实践智力用来将思想及其分析结果以一种行之有效的方法来加以实施。绝大多数人在这三个方面的表现不均衡，个体智力的差异主要表现在智力这三个方面的不同组合上。③

斯滕伯格指出，智力问题的关键不在于数量，而在于平衡，在于什么时候如何运

① 张春玲：《多元智能理论及其对素质教育的启示》，载《中国教育学刊》，2002(3)。
② 霍力岩：《多元智力课程述评》，载《比较教育研究》，2001(4)。
③ 黄荣怀、郑兰琴：《解读"多元"智力：多元智力理论与智力三元论述评》，载《中国电化教育》，2004(3)。

用分析智力、创造智力和实践智力。教学中只注重提高学生的分析智力是不够的，创造智力和实践智力的培养也至关重要。而科学教学中尤其应当强调学生创造智力和实践智力的发展，应当将分析智力、创造智力和实践智力三者结合起来培养学生，营造培养创造性人才、使个人潜能得到充分发挥的学习环境。教师既要注重让学生掌握问题解决和决策制定中元认知的知识、策略和能力，又要通过设计新颖的学习任务来培养学生应对新情境的能力，还要注意改革评价方式，使评价不局限于书本知识，同时观照到与现实生活紧密联系的现实性行为。

多元智力理论与智力三元论对于理解个体智力差异有着重要的意义，这两个理论使人们对于智力的本质与结构有了进一步的认识和解释。多元智力理论指出，智力是由同样重要的多种能力，而不是由一两种核心能力构成的，为学生观、教学观与评价观赋予了新的含义，为素质教育提供了一种解释，在教育领域得到广泛的应用。① 斯滕伯格的智力三元论最早明确地将创造力纳入智力范畴，丰富和拓展了人们对智力概念的理解，为创新教育与素质教育提供了理论基础和框架。②

二、科学学习中的学习风格差异

学习风格是学习者持续一贯的带有个性特征的学习方式和学习倾向，具有独特性、稳定性与兼有活动和个性双重功能等。其中，学习方式是指学习者为完成学习任务而采用的策略、方法或步骤；学习倾向是指学习者对学习活动的情绪、态度、动机、坚持性以及对学习环境、学习内容的不同偏爱。③ 学习风格一经提出便引起了学界的广泛重视，研究成果丰硕。由于学习风格的构成成分较多，在此仅选择两个较为常见的维度来介绍学习风格的差异。

(一)感知觉通道偏好

在学习过程中，有些人善于通过看文字或视频来学习，有些人则偏好面对面教学。上述例子反映的就是学习者的感知觉通道偏好差异。感觉通道的差别是学习者对于视觉、听觉和动觉刺激的偏好程度。学习者在感觉通道偏好上存在三种典型类型。④ 一是视觉型学习者。这类学习者对于视觉刺激较为敏感，习惯于通过视觉接受学习材料，如图片、视频等。在学习科学时，这类学习者偏好自己看书和做笔记，而对于教师的讲授不敏感。二是听觉型学习者。这类学习者较为偏重听觉刺激。他们对语言、声响

---

① 霍力岩：《加德纳的多元智力理论及其主要依据探析》，载《比较教育研究》，2000(3)。
② 黄荣怀、郑兰琴：《解读“多元”智力：多元智力理论与智力三元论述评》，载《中国电化教育》，2004(3)。
③ 谭顶良：《论学习风格及其研究价值》，载《南京师大学报(社会科学版)》，1994(3)。
④ 陈琦、刘儒德：《当代教育心理学》第2版，58页，北京，北京师范大学出版社，2007。

和音乐的接受力与理解力较强。这类学习者在学习科学时会对教师的讲解或音频资料中信息的捕捉更为敏锐。三是动觉型学习者。这类学习者喜欢接触和操作物体，对于自己能够动手参与的认知活动更感兴趣。这类学习者在学习科学时会更加喜欢动手做，喜欢通过科学实验等方式来探究和学习。

教师在进行科学教学时，不仅应当考虑到教学内容的选择，也应当对教学方法、手段加以考虑；既需要讲述式教学，也需要辅以图片、视频；同时还要设计多种多样的探究活动，以充分考虑到感知觉通道偏好不同学生的需求。

（二）场独立型和场依存型认知风格

场独立型和场依存型是美国心理学家威特金等人提出的。认知风格以场独立型和场依存型为端点，构成了一个连续体；每个人的认知风格都在这个连续体上占有一个位置。①

“场”即问题的空间。偏向场独立型和偏向场依存型的个体在认知过程中具有相对稳定、一致的表现。场独立型的个体倾向于更多地利用内在的参照作为信息加工的依据，摆脱视场线索的影响，用内在线索进行判断。场依存型的个体则倾向于更多地利用外在的环境线索参照作为信息加工的依据，倾向于依赖外界视场中的线索进行判断。② 偏向场依存型的人获取信息时容易受外部环境的影响，而偏向场独立型的人则较少受到外部环境的影响。③

偏向场独立型认知风格的学生偏爱需要认知改组技能的非社会性学科，如数学、自然科学等，他们在科学、数学等学科上容易有较好的学业表现；偏向场依存型认知风格的学生偏爱不重视认知改组技能的有关人与人之间关系的学科，如一些艺术和人文社会学科等。此外，场独立型的学生更多依赖资料本身进行学习，他们在内在动机的作用下进行学习与记忆时效果会更好；而场依存型的学生的努力程度更多依赖于外界的奖惩条件，他们在学习中遇到困难时更喜欢请教别人。④

在科学教学过程中，如果教师采取的教育策略、指导方法与学生的认知风格相适应，就能更大限度地促进其发展，反之则可能阻碍其发展。⑤ 一方面，教师要尊重学生的“场”，做到因材施教。场独立型的学生更喜欢非指导性的教学方式，而场依存型的

① 张厚粲、孟庆茂、郑日昌：《关于认知方式的实验研究——场依存性特征对学习和图形后效的影响》，载《心理学报》，1981(3)。

② 李力红、赵秋玲、张德臣：《外显、内隐记忆与场依存—场独立认知风格关系的实验研究》，载《心理科学》，2002(5)。

③ 伍新春：《儿童发展与教育心理学》第2版，121页，北京，高等教育出版社，2013。

④ 张厚粲、孟庆茂、郑日昌：《关于认知方式的实验研究——场依存性特征对学习和图形后效的影响》，载《心理学报》，1981(3)。

⑤ 杨治良、郭力平：《认知风格的研究进展》，载《心理科学》，2001(3)。

学生则更喜欢指导性的教学方式。教师应尽可能采取与学生场的定向相匹配的教学方式进行课堂教学。另一方面，教师要鼓励场独立型的学生和场依存型的学生建立学习共同体，促进不同认知风格类型的学生在科学学习时的优势互补，激发学生科学学习的热情。①

本章小结

学习是知识、技能、策略、信念、态度和行为的获得与改变。教师应当了解学生的科学学习是如何发生的，哪些因素对学生的科学学习产生影响，以及如何将学习原理应用到各种教育情境中。科学学习的认知基础、非认知基础以及科学学习中的个体差异体现了学习理论在科学学习中的应用，为教师更好地进行教育教学提供了基础。当前，科学学习的理论基础不断发展和完善，涌现出了具有科学学科特点的理论和观点，更好地促进了科学研究和教育教学的发展。

关键术语

科学学习｜图式｜最近发展区｜发现学习｜自我效能感｜归因｜成就目标｜自我决定｜学业情绪｜自我调节｜多元智能｜感觉通道｜场依存/场独立｜科学参与

拓展阅读

1. Chiappetta E. L. & Koballa T. R. Science Instruction in the Middle and Secondary Schools: Developing Fundamental Knowledge and Skills[M]. Boston: Allyn & Bacon, 2010.

2. 伍新春．儿童发展与教育心理学[M]．第 2 版．北京：高等教育出版社，2013.

3. [美]戴尔·H. 申克，学习理论[M]．第六版．何一希，钱冬梅，古海波，译．南京：江苏教育出版社，2012.

---

① 陈桂珍、陈健：《浅析场独立型与场依存型学生在地理学习中的差异》，载《地理教学》，2015(15)。

练　习

1. 请选择一种科学学习的认知理论，阐明其主要内容和优缺点。

2. 谈一谈非认知因素在科学学习中的作用以及适宜的教学方法。

3. 你如何看待科学学习中的个体差异？科学学习中如何更好地关注学生的个体差异？

第三章

小学科学课程目标

章结构图

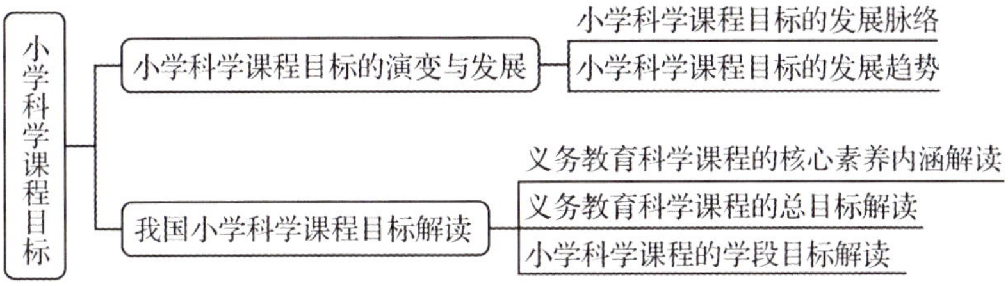

本章概述

本章聚焦小学科学课程目标，梳理了小学科学课程目标所经历的“以知识传授为主”“知识与能力并重”“培养学生的核心素养”三个发展阶段；在阐释小学科学课程目标的发展脉络与趋势的基础上，进一步解读了《义务教育科学课程标准(2022年版)》中的核心素养内涵、总目标以及学段目标。

章前导语

课程目标是课程力图达到的结果，它描述了学生通过课程学习应该达到的程度。①课程目标不仅是课程内容选择与组织、课程实施和评价的重要依据，也是教师确定教学目标、设计教学活动、评价学生学业表现的重要参照标准。本章首先回顾小学科学课程目标的演变，梳理总结各个阶段的背景与特征，并在此基础上探讨小学科学课程目标的发展趋势。随后，本章对我国当前义务教育科学课程目标的框架和内容进行解读，以期为教师理解课程目标并确定教学目标、组织教学内容、选择教学方法、设计教学评价等提供支持。

第一节
小学科学课程目标的演变与发展

小学科学课程目标阐述的是学生经过小学阶段的科学课程学习后，在科学知识、

① 廖哲勋、田慧生：《课程新论》，144页，北京，教育科学出版社，2003。

科学过程、科学态度等方面产生变化的结果。小学科学课程目标指引并反映小学科学教育的培养方向。纵观国内外小学科学课程目标的演变，我们发现其价值取向均经历了从“以知识传授为主”到“知识与能力并重”，再到“培养学生的核心素养”的转变。

一、小学科学课程目标的发展脉络

国际科学课程目标的发展大致经历了三个阶段：19 世纪中期至 20 世纪 60 年代以知识传授为主要目标；20 世纪 60 年代开始强调知识与能力并重；20 世纪 80 年代之后注重培养学生的核心素养。我国小学科学课程从 20 世纪初期到 20 世纪 80 年代一直以知识传授为主要目标；20 世纪 80 年代后进入知识与能力并重的阶段；21 世纪至今，在国际科学教育改革的大背景下，开始对学生的科学素养给予高度关注。

（一）以知识传授为主

科学知识在科学教育中占据重要地位，古代科学知识的传承在某种程度上是科学教育的雏形。① 1859 年，斯宾塞提出了“科学知识最有价值”的主张，极大地凸显了科学知识在科学教育中的地位。在当时较为朴素的科学观之下，人们将科学视为一个有组织的知识体系。小学科学教育主要是让儿童熟知科学的分类及科学术语，传授科学知识是主要的目标。② 这种状况一直持续到 20 世纪 60 年代。尽管其间美国曾开展自然教育改革运动，但由于人们的科学观并未发生根本性改变，以传授科学知识为主要目标、以讲授法为主要教学方法的状况未能有实质性变化。

我国小学科学教育也经历了以知识传授为主要目标的阶段。1904 年，《奏定学堂章程》规定小学科学（当时称为“格致”）的目标是学生掌握“动物植物矿物等类之大略形象质性，并各物与人之关系，以备有益日用生计之用”，即小学科学课程目标是传授科学知识并为学生未来的生存发展奠基。新中国成立初期，我国相继颁布了《小学课程暂行标准初稿》等小学科学课程标准文件。从这些文件中可以看出，小学科学课程（当时称自然课或常识课）被视为一门知识性学科③，以教给儿童初步的自然科学知识、教给儿童初步的自然常识或教给学生浅近的自然科学知识为主要目标。④ 表 3-1 为小学科学教

---

① 廖伯琴：《科学教育学》，52 页，北京，科学出版社，2013。

② 袁孝亭、曹琦：《小学自然教育学》，22～31 页，长春，东北师范大学出版社，1997。

③ 李培实：《小学自然教学改革的回顾与展望——在全国小学自然研究会首届年会上的发言》，载《小学自然教学》，1989(3)。

④ 课程教材研究所：《20 世纪中国中小学课程标准·教学大纲汇编　自然·社会·常识·卫生卷》，48、61、79 页，北京，人民教育出版社，2001。

学大纲目标示例。

表 3-1　小学科学教学大纲目标示例①②

年份	文件	目标内容
1950 年	《小学三四年级常识课程暂行标准初稿》	使儿童获得初步的自然生产常识，以增进爱好劳动，重视科学，改造自然的兴趣和精神；使儿童获得初步的卫生常识，以养成重视个人保健和公共卫生的意识和习惯。
1956 年	《小学自然教学大纲(草案)》	总目标：教给儿童一些初步的自然科学知识，促进儿童的全面发展。 中心任务：使儿童对周围自然界最普通的物体和现象获得必要的、初步的具体知识；在这些知识的基础上，使儿童逐渐认识一些他们所能理解的自然现象间的相互联系；了解人能征服自然，使自然为人类服务。
1963 年	《全日制小学自然教学大纲(草案)》	教给儿童初步的自然常识，指导儿童初步认识自然界和人对自然的利用改造……为儿童进一步学习和将来参加劳动准备必要的基础。
1977 年	《全日制十年制学校小学自然常识教学大纲(试行草案)》	教给学生一些浅近的自然科学知识，指导学生初步认识自然界和人对自然界的利用改造，扩大学生的知识领域；同时通过自然常识教学对学生进行政治思想教育，逐步培养学生的辩证唯物主义观点，为学生进一步学习和将来参加三大革命运动打下初步的基础。

《小学三四年级常识课程暂行标准初稿》虽提及培养儿童的科学精神和科学兴趣，但课程目标的知识线索和构架更为突出。《小学自然教学大纲(草案)》规定 1～4 年级学习四季、人体和保健、动植物等生物界知识，5～6 年级学习水、空气、土壤、矿物、电、机械等无生物界知识。③《全日制小学自然教学大纲(草案)》所要求的自然常识(科学知识)以工农业生产知识为主，包括土壤、肥料、抽水机等方面。《全日制十年制学校小学自然常识教学大纲(试行草案)》强调传授科学知识依旧是小学科学课程的主要目标，但明确指出加强观察和实验以及培养科学实验的基本技能等要求，开始呈现重视

① 李华：《中国小学科学课程改革历史简析》，载《科学课》，2003(1)。

② 石修晋：《谈谈小学自然教学的任务——学习小学自然教学大纲〈草案〉的一点体会》，载《湖南教育》，1957(7)。

③ 袁孝亭、曹琦：《小学自然教育学》，24～26 页，长春，东北师范大学出版社，1997。

培养学生的科学能力的趋势。

从我国颁布的多项小学自然科学教学大纲来看，课程目标的具体表述虽然几经变化，但是科学课程的“知识性”学科性质与传授科学知识这一主要目标并未有太大变化；教学仍旧注重传授科学知识，重在促使学生了解基本常识，掌握科学知识。在这种情况下，小学科学课程强调学生对科学知识的掌握与记忆，忽视对学生科学能力、科学态度与兴趣等的培养。

(二)知识与能力并重

20 世纪 60 年代以来，科学知识呈指数级增长，知识更新换代的周期越来越短。这样一个人即便穷尽毕生精力也无法掌握所有的科学知识，因而以知识传授为主要目标的小学科学课程已难以满足社会发展对人才的要求。另外，科学哲学的发展使人们对科学产生了新的认识——科学是科学知识与过程的统一，科学知识是科学研究过程的产物。在新的科学观的引领下，科学教育倡导将科学知识与科学方法统一起来，培养学生的科学探究能力。

在这样的情况下，西方发达国家全面审查并改造以自然知识为主题的小学科学课程，关注学生科学能力的培养。例如，美国的小学课程强调让学生经历科学家的发现过程。其中，布鲁纳曾大力倡导发现教学法，强调科学方法在获得科学知识方面的重要性，并借此发展学生的观察、分类、测量、推理和实验能力。英国颁布《国家科学课程》，将培养学生的科学调查能力列为首要目标，并具体要求使学生通过探究活动学会一些系统的科学技能和方法。①

20 世纪 80 年代之后，我国小学科学教育进一步发展。随着西方儿童心理学、探究教学法等理论的引入，“科学”的含义也得到了新的诠释：科学知识只是“科学”的成果和组成部分，“科学”还包含探究自然的程序和经历，探究自然的实践行动是“科学”的本质内涵。② 从 1986 年《全日制小学自然教学大纲》(简称新自然大纲)来看，小学科学课程(当时称为自然课)的目标定位开始发生本质上的转变，由旧大纲中教给儿童一些初步的自然科学知识改为指导儿童初步认识自然界和人类对自然界的探索、利用、改造、保护，从而使他们获得必要的自然科学常识；发展爱科学、学科学、用科学的志趣和能力。③ 在新自然大纲的指导下，小学科学教育突出学生经历科学探究的过程，在观察和实验过程中培养学生进行实验的基本技能，培养学生学科学、用科学的能力。④自此，小学科学课程目标由以知识传授为主的阶段进入知识与能力并重的阶段。到了

① 袁孝亭、曹琦：《小学自然教育学》，17 页，长春，东北师范大学出版社，1997。
② 刘默耕：《改革小学科学教育之浅见》，载《课程·教材·教法》，1984(5)。
③ 刘默耕：《改革小学科学教育之浅见》，载《课程·教材·教法》，1984(5)。
④ 周新奎：《小学科学课程标准研究与实施》，60～64 页，济南，山东教育出版社，2004。

1992 年，《自然教学大纲》明确关注传授自然知识，培养学生学科学、用科学的能力。

强调知识与能力并重的小学科学课程目标冲破了以往单纯重视科学知识传授的桎梏，是小学科学课程目标发展的进步之处。然而，知识与能力目标的落实情况参差不齐。部分教师很难在教学中根据学生的年龄和能力来组织学生参与科学探究过程，培养学生的科学探究能力，依旧照本宣科，甚至将科学探究程序化、模式化，违背了科学探究的初衷。① 因此，重新审视知识和能力课程目标，对其进行充实和完善是小学科学课程目标发展的动向。②

（三）培养学生的核心素养

20 世纪 80 年代，美国科学教育专家反思以往科学教育改革与实践问题，认为以往的“英才教育”过于关注科学知识结构、科学探究能力，忽视了普通公民对科学的需求、科学在现实生活中的应用价值以及科学与技术、社会、环境、文化等的联系。科学教育的现实问题促使美国开始了新一轮科学教育改革。1989 年颁布的《面向全体美国人的科学》强调，世界的变化已使得科学素养成为每个人的需要，而不为少数人所特有。1996 年美国颁布的《国家科学教育标准》指出，我们这个国家已经把所有的学生都应具有良好的科学素养作为自己的一个既定目标。美国的此次科学教育改革掀起了一轮国际科学教育改革的新浪潮，使小学科学课程目标进入培养学生科学素养的阶段。

在国外如火如荼地进行科学教育改革时，我国也在酝酿基础教育课程改革。21 世纪初，我国进行了第八次基础教育课程改革，在课程目标方面要求改变以往过于重视知识传授倾向，让学生学会学习并形成正确的价值观；在实施层面倡导学生主动参与、乐于探究并培养学生的收集和处理信息等能力。《全日制义务教育科学（3～6 年级）课程标准（实验稿）》第一次明确提出小学科学是以培养学生科学素养为宗旨的科学启蒙课程，并提出了科学知识、科学探究、情感态度与价值观的三维目标。《义务教育科学课程标准（2022 年版）》立足学生核心素养的发展，明确指出科学课程要培养的学生核心素养主要是指学生在学习科学课程的过程中逐步形成的适应个人终身发展和社会发展所需要的正确价值观、必备品格和关键能力，是科学课程育人价值的集中体现，包括科学观念、科学思维、探究实践、态度责任等方面。③

---

① Wilson B.，“Culture Contexts of Science and Mathematics Education：A Bioliographic Guid，”*Educational Studies in Mathematics*，1981(2)，p. 266.

② 杨家安：《基础教育的基础性》，载《中国教育报》，2000-09-16。

③ 中华人民共和国教育部：《义务教育科学课程标准（2022 年版）》，4 页，北京，北京师范大学出版社，2022。

二、小学科学课程目标的发展趋势

近年来，随着社会的发展进步以及科学教育研究的推进，小学科学课程目标更加关注科学核心概念并以科学核心概念统领科学知识学习；重视学生参与科学实践活动，培养学生的科学思维与实践能力；关注学生的认知发展规律，体现阶段性、进阶性；日渐强调科学与技术、社会、环境之间的关系，全面培养学生的科学素养。

(一)聚焦学生理解科学核心概念

科学知识始终是科学教育的重要内容，也是科学课程目标必不可少的维度。在知识爆炸性增长、技术快速发展的形势下，科学教育面临着严峻的挑战。国际科学教育领域的专家认识到科学教育并非仅仅教给学生一系列由事实和理论组成的知识；学生应在掌握科学知识的基础上形成对事物本质、变化过程、规律方法的一般认识，并通过学习和探究建立起整体的观念，最终促进知识的迁移运用。2009 年召开的探究式科学教育国际研讨会上形成了标志性成果《科学教育的原则和大概念》，明确学生在基础教育阶段应学习 14 个科学大概念。在科学大概念研究成果与科学教育理念的指导下，国际科学教育改革开始关注基于核心概念，整合学科知识，实现对重要原理的深入探索，发展学生对科学知识的深度理解并提升学生的科学素养。①

核心概念与基本概念、主要概念、核心观点等意义相近，是位于学科中心的概念性知识，包括重要概念、原理、理论等的基本理解和解释；这些内容能够展现当代学科图景，是学科结构的主干部分。② 科学核心概念能够有效地组织科学领域的事实、理论，展现科学学科的逻辑，帮助学生将科学教育中学习的事实知识联系起来，进而实现逐级深入、系统化的学习。

科学核心概念已经融入许多国家的科学课程标准。例如，美国《科学教育框架》以核心概念为重要线索，要求学生通过实践获得对物质科学，生命科学，地球与空间科学，工程、技术和应用科学四个领域核心概念的理解。③ 表 3-2 为美国《科学教育框架》小学阶段物质科学领域的核心概念示例。

---

① 参见胡卫平、刘守印：《义务教育科学课程标准(2022 年版)解读》，24 页，北京，高等教育出版社，2022。

② 张颖之、刘恩山：《核心概念在理科教学中的地位和作用——从记忆事实向理解概念的转变》，载《教育学报》，2010(1)。

③ National Research Council, *A Framework for K-12 Science Education: Practices, Crosscutting Concepts and Core Ideas*, Washington, D.C., National Academies Press, 2012.

表 3-2　美国《科学教育框架》小学阶段物质科学领域的核心概念示例

运动和稳定：力的相互作用	三年级目标： ①计划并进行调查，提供平衡力和不平衡力对物体运动影响的证据。 ②观察、测量物体的运动，证明一个模式可以预测未来的运动。 ③通过提问来确定两个没有接触的物体之间电或磁相互作用的因果关系。 ④定义一个简单的设计问题，通过应用有关磁铁的科学概念来解决。
	五年级目标： 支持地球对物体施加的引力是向下的。

新加坡《小学科学课程大纲》提出了五个科学核心概念：系统、多样性、循环、相互作用、能量。加拿大《安大略省 1～8 年级科学和技术课程标准》规定了六大核心概念：物质、能量、系统和相互作用、结构和功能、可持续性和管理、变化和连续性。[①] 我国《义务教育科学课程标准(2022 年版)》强调课程内容遵循“少而精”原则，聚焦学科核心概念，注重学习内容与已有经验结合、动手与动脑结合、知识学习与社会实践结合、理解自然现象和解决实际问题结合，注重科学课程与并行开设的其他课程相互渗透。[②]

(二)重视发展学生的科学过程技能

自 1996 年美国《国家科学教育标准》将“探究”作为科学教育的核心理念之后，发展学生的科学探究能力成为科学教育的核心目标。但在实践过程中，这一目标的落实效果不尽如人意。造成这一结果的原因是多方面的。其中便包括人们曲解了“探究”的应有之义，将其简化为学习科学的方法，僵化成固定、模式化的步骤，与探究是科学家研究自然界并在证据基础上建构解释的各种方式[③]的定义大相径庭，使假说、推理、解释、论证等科学家重要的科学活动长期处于被忽视的地位。

研究者深刻反思这一情况，更细致地分析科学家(科学团体)的实践活动过程。科学家在真实的世界中提问、观察、实验、测量来收集数据检验方案，在此基础上还需要进行迭代的论证和评价，指导下一步实验和观察，或者改变模型、解释或设计。由此，科学教育更加强调让学生像科学家一样参与科学实践活动，帮助学生理解科学家

① Ministry of Education, *The Ontario Curriculum Grades 1-8: Science and Technology (revised)*, Ontario Canada, 2007, p. 5.

② 中华人民共和国教育部：《义务教育科学课程标准(2022 年版)》，2 页，北京，北京师范大学出版社，2022。

③ National Research Council, *A Framework for K-12 Science Education: Practices, Crosscutting Concepts, and Core Ideas*, Washington, D. C., National Academies Press, 2012, p. 27.

的活动。正如布鲁纳所提倡，孩子们在教室的活动和科学家在实验室的活动本质相同，只是程度不同。① 在这一过程中，科学过程技能目标日益明确并逐渐成为小学科学课程目标的重要发展趋势。一般认为，科学过程技能是科学家在进行科学调查时所经历的一系列事件。② 科学过程技能分为基本技能和综合技能两类：基本技能包括观察、分类、测量、推理、交流、使用数字、预测、运用时空关系；综合技能包括对照实验、下定义、做出假设、识别变量、解释数据、进行实验。③

为了更好地发展学生的科学过程技能，不少国家在科学课程标准中调整并细化科学过程技能的目标要求。美国在《科学教育框架》中将“探究”这一首位关键词调整为“实践”，倡导学生像科学家一样参与探究、论证、建模等科学过程并在科学过程中培养学生的科学过程技能。④ 我国《义务教育科学课程标准(2022 年版)》虽然并未明确提出科学过程技能这一术语，但实际上教育部颁发的课程标准均强调和倡导探究性学习，重视对学生进行过程能力的训练，对学生科学探究能力的要求实质上属于科学过程技能目标。加拿大《安大略省 1～8 年级科学和技术课程标准》将“培养科学探究和技术问题解决必需的技能、策略和思维习惯”这一目标具体细化为三种技能领域(科学探究、实验技能，科学探究、研究技能，技术问题解决技能)和四种具体技能(启动和计划、执行和记录、分析和诠释、交流)。⑤

(三)关注学生学习的进阶性特征

学生的认知发展规律一直是科学学习不可忽视的重要内容，影响着科学课程目标的确定、科学课程内容的编排组织等。21 世纪之前，我国自然教学大纲虽然根据学生的学段确定了学习内容，但科学课程目标还不够具体细致，未明确呈现不同学段学生的学习目标。2001 年，《全日制义务教育科学(3～6 年级)课程标准(实验稿)》尽管根据 3～6 年级小学生的特征确定了科学课程的总目标与各领域的分目标，但并未针对各个领域细化学段目标。近年来，科学教育领域研究者日益关注学生在概念学习过程中的进阶特点。2004 年，史密斯等学者首次提出了“学习进阶”概念，并将其定义为“学生在学习某一核心概念的过程中所遵循的一系列逐渐复杂的思维路径”⑥。美国国家研究委

---

① Jerome Bruner, *Process of Education*, Cambridge, Harvard University Press, 1961, p. 14.

② Arena P., “The Role of Relevance in the Acquisition of Science Process Skills,” *Australian Science Teachers Journal*, 1996(4), p. 34.

③ 王健、刘恩山:《理科课程中科学过程技能评价方式及特点》，载《生物学通报》，2011(3)。

④ 李雁冰:《科学探究、科学素养与科学教育》，载《全球教育展望》，2008(12)。

⑤ Ministry of Education, *The Ontario Curriculum Grades* 1-8: *Science and Technology* (*revised*), Ontario Canada, 2007, p. 6.

⑥ Smith C., Wiser M., & Anderson C. W., et al., *Implications of Research on Children's Learning for Assessment: Matter and Atomic Molecular Theory*, Washington, D.C., National Academy of Sciences, 2004, pp. 1-98.

员会指出，学习进阶是对学生连贯且逐渐深入的思维方式的描述；在较大的时间跨度内(6～8年)，学生学习和研究某一概念或主题时，这一思维是依次进阶的。[①] 学习进阶的实质是学生对核心概念的理解和关键能力的运用逐渐深化的过程。

如今，基于核心概念的学习进阶分段设计课程目标，是国际科学课程改革的趋势。美国的《科学教育框架》围绕核心概念，以表现期望的形式规定了不同学段学生的学习目标。以生命科学领域的结构和功能为例，二年级的目标主要是了解生物的外部组件和不同部件的基本作用，即所有的生物都有外部部件；不同的动物用不同的方式使用身体部位去看、听、抓住物体，保护自己，移动、寻找、发现和吸收食物、水和空气；植物也有不同的部分(根、茎、叶、花、果实)来帮助它们生存、生长，并产生更多的植物。[②] 四年级的目标更加抽象，需要深入掌握内部结构和更进一步的功能，即植物和动物既有内部结构也有外部结构，它们在生长、生存、行为和繁殖方面发挥各种功能。[③]我国的《义务教育科学课程标准(2022年版)》基于进阶的思想，按照1～2年级、3～4年级、5～6年级、7～9年级的分段，整体设计义务教育阶段的科学课程标准，提出了“三适合两遵循”原则，即适合学生的知识经验、适合学生的认知水平、适合学生的兴趣特点；遵循学生的学习规律、遵循学科规律。根据上述原则，科学安排进阶：一是学习内容由浅入深、由表及里、由易到难；二是学习活动从简单到综合；三是重视幼小衔接以及义务教育与高中教育的衔接。[④]

在科学技术飞速发展的当下，学习进阶将概念知识与学生的认知发展规律有机结合，是实现“少而精”、教研紧密结合、基于实证的中小学科学课程建设的必然需求。尊重学生的认知发展规律、强调科学教学中的学习进阶是小学科学课程目标的重要发展趋势。

(四)强调科学、技术、社会、环境之间的关系

20世纪60年代之前的科学课程过于关注升学，忽视个人、社会和职业发展的需求，轻视科学技术与社会生活的关系，未能让学生在应对生活中与科技相关的问题时做好准备。为了解决这一问题，科学教育领域开展了以培养关注社会、服务社会的科学家和技术人才，培养了解科学技术及其产生的后果并能参与解决科学技术问题的公

① 参见刘恩山：《义务教育小学科学课程标准解读》，北京，高等教育出版社，2017。

② 美国科学教育标准制定委员会：《新一代科学教育标准：学科核心概念序列和主题序列》，叶兆宁、杨元魁、周建中译，12页，北京，中国科学技术出版社，2020。

③ 美国科学教育标准制定委员会：《新一代科学教育标准：学科核心概念序列和主题序列》，叶兆宁、杨元魁、周建中译，38页，北京，中国科学技术出版社，2020。

④ 胡卫平：《在探究实践中培育科学素养——义务教育科学课程标准(2022年版)解读》，载《基础教育课程》，2022(10)。

民为目标的STS教育。① 后来，由于环境保护问题日益尖锐，环境教育也被加入其中，形成STSE(Science，Technology，Society，Environment)教育理念。STSE教育强调科学、技术、社会、环境之间的关系，帮助学生建立自然界与非自然界(人类设计的世界)之间的联系，更加理解作为社会实践的科学事业，并为学生提供培养决策能力的机会。

20世纪末，STSE教育的相关内容开始出现在多个国家的科学课程标准中。例如，1997年，加拿大在《科学学习目标公共纲要》中提出要通过科学、技术、社会、环境教育来提高加拿大公民的科学素养。2001年，加拿大安大略省在科学课程标准中增加了STSE教育的内容，并强调环境不仅包括自然环境，还包括工作环境。2022年，我国发布的《义务教育科学课程标准(2022年版)》继承和发展了《义务教育小学科学课程标准》中关于技术与工程的内容，在作为科学学科核心素养维度之一的"科学观念"中纳入了科学、技术与工程领域的具体观念，同时在课程内容的呈现上将每个学科的核心概念分解成若干学习内容，提炼了13个核心概念，将"技术、工程与社会""工程设计与物化"作为两项核心概念。由此可见，当今国际科学教育界普遍重视将科学技术与社会和环境联系起来，STSE教育成为科学教育的重要形式。表3-3为五国国家科学课程标准文件中的相关课程目标。

表3-3　五国国家科学课程标准文件中的相关课程目标

国家	课程标准文件	相关的课程目标表述
中国	《义务教育科学课程标准(2022年版)》	技术、工程与社会：学习内容包括技术与工程的性质和特点，技术与工程对人们生活、生产和社会的影响，科学、技术、工程的相互影响；还包括体现上述内容且与所学科学内容有关的创意实践活动，以及利用创意作品进行自主探究 工程设计与物化：工程活动的本质是创造人工实体，设计与物化是其中的重要环节 工程首先要定义和界定问题，明确需要满足的标准和受到的限制条件，形成多种可能的解决方案，基于证据进行优化并确定方案 物化是选择合适的工具和材料，实施设计方案，做出初步的产品或实物模型；经过对结果的评估，发现存在的问题并进行改进；对于比较复杂的产品或实物模型，可能需要多次迭代改进

① 陈冲、谭晓明：《我国现阶段中学生物学科STSE教育研究现状》，载《赣南师范学院学报》，2014(3)。

续表

国家	课程标准文件	相关的课程目标表述
美国	《K-12科学教育框架：实践、跨学科概念和核心概念》	在科学和工程维度，了解在当今社会科学和工程是应对重大挑战的工具，如产生足够的能量，预防和治疗疾病，保持干净的水和食物，解决全球环境变化的问题；参与科学相关问题的公众讨论，处理与日常生活相关的科学信息
新加坡	《小学科学课程大纲》	帮助学生理解科学如何影响人类和环境
加拿大	《安大略省1～8年级科学和技术课程标准》	将科学技术与社会和环境联系起来
英国	《英国国家课程：科学学习课程计划》	具备科学知识以理解科学对当今和未来发展的价值与局限性

第二节
我国小学科学课程目标解读

《义务教育科学课程标准(2022年版)》继承和发展了《义务教育小学科学课程标准》的相关内容并在课程目标方面取得了新的突破。《义务教育科学课程标准(2022年版)》的课程目标在纵向上包括核心素养、总目标、学段目标三个层次。其中，核心素养包括科学观念、科学思维、探究实践、态度责任四个方面。在横向上，课程内容提炼了13个核心概念。本节主要按照纵向的逻辑线索，分别解读义务教育科学课程的核心素养内涵、总目标以及小学科学课程的学段目标。

一、义务教育科学课程的核心素养内涵解读

《义务教育科学课程标准(2022年版)》提出的科学观念、科学思维、探究实践、态度责任这四个学生核心素养是相互依存的，共同构成了一个完整的体系，综合体现了科学课程的育人价值，体现了科技创新后备人才的心理特征，为我国全民科学素质的提高和科技创新后备人才的培养提供了具体的、可操作的目标。科学观念是科学课程本质属性的集中体现，是其他素养的基础；科学思维是关键能力，也是核心思维方式，是科学课程核心素养的核心；探究实践是学生形成其他素养的主要途径，同时也是关

键能力；态度责任是学生通过科学思维内化而形成的必备品格，是社会主义核心价值观在科学课程中的集中体现。①

（一）科学观念

《义务教育科学课程标准（2022年版）》对科学观念的界定如下。②

> 科学观念是在理解科学概念、规律、原理的基础上形成的对客观事物的总体认识。科学观念既包括科学、技术与工程领域的一些具体观念，如对物质、能量、结构、功能、变化的认识；也包括对科学本质的认识，如对科学知识的可验证性、相对性、暂时性的认识，对人与自然关系的认识，以及对科学、技术、社会、环境之间关系的认识；还包括科学观念在解释自然现象、解决实际问题中的应用。

核心素养只有在真实情境中用于解决问题才可能被学生学习和表现。因此，科学观念既包括科学、技术、工程领域的具体观念，也包括科学观念在解释自然现象和解决实际问题中的应用。科学教育界始终重视科学观念的学习。一方面，观念学习是培养学生核心素养的基础；另一方面，科学观念是科学本质和属性的集中体现，是科技创新的基础，同时也是学科特色的体现。③ 科学观念本身就是科学教育的核心内容。科学观念的教育已经成为当代科学教育发展的新阶段，旨在让个体面临科学技术、社会事实之中的“真”问题时能应用知识与技能去解决。因而科学观念的教育促使科学教育从“理解”走向了“实践”。④

（二）科学思维

《义务教育科学课程标准（2022年版）》对科学思维的界定如下。⑤

> 科学思维是从科学的视角对客观事物的本质属性、内在规律及相互关系的认识方式，主要包括模型建构、推理论证、创新思维等。模型建构体现在：以经验事实为基础，对客观事物进行抽象和概括，进而建构模型；运用模型分析、解释现象和数据，描述系统的结构、关系及变化过程。推理论证体现在：基于证据与逻辑，运用分析与

---

① 胡卫平：《为培养科技创新后备人才创建高质量义务教育科学课程》，载《全球教育展望》，2022(6)。

② 中华人民共和国教育部：《义务教育科学课程标准（2022年版）》，4页，北京，北京师范大学出版社，2022。

③ 胡卫平：《为培养科技创新后备人才创建高质量义务教育科学课程》，载《全球教育展望》，2022(6)。

④ 蔡铁权、郑瑶：《科学观念及其科学教育价值》，载《教育科学研究》，2019(10)。

⑤ 中华人民共和国教育部：《义务教育科学课程标准（2022年版）》，4～5页，北京，北京师范大学出版社，2022。

综合、比较与分类、归纳与演绎等思维方法，建立证据与解释之间的关系并提出合理见解。创新思维体现在：从不同角度分析、思考问题，提出新颖而有价值的观点和解决问题的方法。

在理解科学思维时，我们要把握以下两个要点。一是要理解科学思维本身的特征、形式和方法。在特征上，科学思维是精确性与近似性的统一、抽象性与形象性的统一；在形式上，科学思维可以划分为抽象思维、形象思维和直觉思维；科学思维有多重基本方法，包括分析与综合、抽象与概括、比较与分类、逻辑推理、类比思维等。二是要理解科学思维的三个要素，即模型建构、推理论证、创新思维。具有模型建构能力的学生能够运用模型分析、解释新的现象和数据，描述系统的结构、关系和过程，展示对科学概念、结构、过程、系统及循环的理解；具有推理论证能力的学生能够运用归纳、演绎、类比、分析、综合、比较、分类、控制变量等方法进行假设检验或问题解决，能够正确建立证据与解释之间的关系，提出合理的见解；具有创新思维的学生善于独立思考，不迷信权威，能依据客观事实和推理提出不同的观点，善于从不同的角度分析和思考问题，能提出个性化、创造性的思路和见解。①

核心素养中关于创新思维的体现，一方面响应了国家的政策文件，另一方面顺应了国际科学教育的趋势。提升和促进青少年创新思维的培养再次成为科学教育的核心话题。《全民科学素质行动规划纲要(2021—2035 年)》明确指出："激发青少年好奇心和想象力，增强科学兴趣、创新意识和创新能力，培育一大批具备科学家潜质的青少年群体，为加快建设科技强国夯实人才基础。"经济合作与发展组织开发的国际学生评估项目将在新一轮的测试中首次引入创造性思维测评，其关于创造力的研究也引起了教育界的关注。青少年创造思维的培养是未来人才竞争的关键。

(三)探究实践

《义务教育科学课程标准(2022 年版)》对探究实践的界定如下。②

探究实践主要指在了解和探索自然、获得科学知识、解决科学问题，以及技术与工程实践过程中，形成的科学探究能力、技术与工程实践能力和自主学习能力。科学探究能力体现在：理解科学探究的一般过程和方法；提出科学问题，并针对科学问题进行合理猜想与假设；制订计划并搜集证据，分析证据并得出结论；对结果进行解释

① 胡卫平、刘守印：《义务教育科学课程标准(2022 年版)解读》，42～43 页，北京，高等教育出版社，2022。

② 中华人民共和国教育部：《义务教育科学课程标准(2022 年版)》，5 页，北京，北京师范大学出版社，2022。

与评估；准确表达观点，反思探究过程与结果。技术与工程实践能力体现在：了解技术与工程实践的一般过程和方法，针对实际需要明确问题，提出有创意的方案，并根据科学原理或限制条件进行筛选；实施计划，利用工具和材料进行加工制作；根据实际效果进行修改迭代；用自制的简单装置及实物模型验证或展示某些原理、现象和设想。自主学习能力体现在：自主确定学习目标、选择学习策略、监控学习过程、反思学习过程与结果。

《义务教育科学课程标准(2022年版)》将以往的“科学探究”修改为“探究实践”，突出科学课程的实践性，凸显技术与工程的育人价值；同时为了反映科学课程在培养学生共通核心素养中的作用，增加了“自主学习能力”。作为能力，探究、实践和自主学习都属于核心素养；而作为形成素养的过程，探究、实践和自主学习都属于学习方式的范畴。因此，本次修订将自主学习能力放在探究实践维度。①

《义务教育科学课程标准(2022年版)》的“课程性质”相关描述明确指出“义务教育科学课程是一门体现科学本质的综合性基础课程，具有实践性”，多处提到“探究”和“实践”。可以明确看到，“探究实践”是贯穿整个文件的一条主线。在学科核心概念的学习中，《义务教育科学课程标准(2022年版)》突出科学探究，强调“做中学”和“学中思”；在技术与工程部分，它强调技术与工程问题的规范性，让学生养成通过“动手做”解决问题的习惯，培养学生的探究实践能力。国际科学教育逐步重视学生的自主参与和合作探究。自主参与是为了让学生进行自主建构，进行有意识的自我监控，促进知识的迁移和应用。

科学探究融汇了科学思维方法和科学探索精神，是科学家建构科学体系的重要方式。② 对于学生而言，科学探究既是学生科学学习的目标，也是学生形成科学观念、发展科学思维与培养科学态度和责任感的重要手段和途径。科学、技术与工程对社会和环境产生的巨大影响，包括正面影响和负面影响。学生应能通过学习认识到科学技术的发展需要考虑伦理道德的因素，需要受到一定的约束。从实践的角度来看，技术与工程领域的活动并非独立的，而是与学生所学习的科学内容实现关联的；技术与工程的成果或作品本身可以成为科学探究的工具或模型，技术与工程的学习是相辅相成的，相互形成一个学习的闭环。③

---

① 胡卫平：《为培养科技创新后备人才创建高质量义务教育科学课程》，载《全球教育展望》，2022(6)。

② 郝敬云、郝京华：《科学探究如何编入小学科学课程标准——加拿大、日本、美国的科学课程标准分析与启示》，载《当代教育科学》，2009(2)。

③ 胡卫平：《在探究实践中培育科学素养——义务教育科学课程标准(2022年版)解读》，载《基础教育课程》，2022(10)。

(四)态度责任

科学态度是一个复杂的认知及情感倾向系统，影响人们对科学及科学相关问题的持续的兴趣，进而影响学生的科学素养。[①] 在中国学生核心素养的构成中，社会责任的要点包括自尊自律，文明礼貌，诚信友善，宽和待人；孝亲敬长，有感恩之心；热心公益和志愿服务，敬业奉献，具有团队意识和互助精神；能主动作为，履职尽责，对自我和他人负责；能明辨是非，具有规则与法治意识，积极履行公民义务，理性行使公民权利；崇尚自由平等，能维护社会公平正义；热爱并尊重自然，具有绿色生活方式和可持续发展理念及行动等。《义务教育科学课程标准(2022 年版)》指出态度责任包括科学态度和社会责任两个方面，其界定如下。[②]

态度责任是在认识科学本质及规律，理解科学、技术、社会、环境之间关系的基础上，逐渐形成的科学态度与社会责任。科学态度体现在：保持好奇心和探究热情，乐于探究和实践；有基于证据和逻辑发表自己见解的意识，严谨求实；不迷信权威，敢于大胆质疑，追求创新；尊重他人的情感和态度，善于合作，乐于分享。社会责任体现在：珍爱生命，践行科学、健康的生活方式；热爱自然，具有节约资源、保护环境、推动生态文明建设和可持续发展的责任感；对与科学技术相关的社会热点问题作出正确的价值判断，遵守科学技术应用中的公共规范、法律法规和伦理道德，维护自身和他人的合法权益，捍卫国家利益。

小学科学教育作为学生的科学启蒙教育，对学生未来科学素养的形成具有十分重要的作用。由于小学生的认知结构和抽象思维能力发展有限，相比于中学、高中和大学系统学习科学知识技能的目标要求，培养小学生的科学态度更为重要。[③] 当前，科学态度是与科学知识、科学探究并驾齐驱的重要课程目标，是小学科学教育不可忽视的重要内容。所以使学生形成科学精神、态度、价值观对学生未来的科学学习具有举足轻重的作用。少年儿童时期是人生中十分重要的发展时期，是实现政治社会化的启蒙时期。青少年有责任、有担当，国家和社会的发展就有源源不断的储备力量。重视少年儿童成长过程中的责任担当意识培育，确立社会责任意识培育的目标，创新社会责

---

① Bybee R. & McCrae B.,"Scientific Literacy and Student Attitudes: Perspectives from PISA 2006 Science," *International Journal of Science Education*, 2011(1), pp. 7-26.

② 中华人民共和国教育部:《义务教育科学课程标准(2022 年版)》，5～6 页，北京，北京师范大学出版社，2022。

③ 张梅琳、刘美凤、董丽丽:《小学科学课程科学态度教学的课程目标设计初探》，载《教育与教学研究》，2015(8)。

任意识培育的途径和方法，已成为重要的研究课题。[①]

在《义务教育科学课程标准(2022年版)》中，科学态度主要包括探究兴趣、实事求是、追求创新、合作分享四个方面。社会责任主要包括健康生活、人地协调、价值判断、道德规范、家国情怀等方面，体现了社会主义核心价值观。

二、义务教育科学课程的总目标解读

《义务教育科学课程标准(2022年版)》的总目标围绕四个核心素养进行描述，各个核心素养的具体目标如下。[②]

1. 掌握基本的科学知识，形成初步的科学观念。
2. 掌握基本的思维方法，具有初步的科学思维能力。
3. 掌握基本的科学方法，具有初步的探究实践能力。
4. 树立基本的科学态度，具有正确的价值观和社会责任感。

《义务教育科学课程标准(2022年版)》明确指出，科学课程旨在培养学生的核心素养，为学生的终身发展奠定基础。科学教育肩负着提高全民科学素质和培养科技创新后备人才的重任。目前国际格局不断变化，人才的竞争日趋激烈，中华民族伟大复兴进入关键时期，科技创新得到高度重视。科技创新的关键在于拥有大批科技创新人才，而科技创新人才成长的关键时期是少年儿童时期。科学课程标准的总目标立足学生核心素养的发展，从终身发展的长远视角考虑人才培养，回答了要培养什么样的人的问题，是未来我国解决科技发展“卡脖子”问题的有力抓手。

三、小学科学课程的学段目标解读

《义务教育科学课程标准(2022年版)》基于学习进阶的思想，根据学生认知发展的特点，按照1～2年级、3～4年级、5～6年级、7～9年级呈现具体的学段目标，整体设计义务教育阶段科学课程标准，并且努力做到“三适合两遵循”；基于不同学段学生的特征，使学习内容由浅入深、由表及里、由现象到本质，使学习活动从简单到综合，进行进阶设计。

---

① 闫晓娟：《少年儿童社会责任意识培育研究》，硕士学位论文，南昌大学，2021。

② 中华人民共和国教育部：《义务教育科学课程标准(2022年版)》，6～7页，北京，北京师范大学出版社，2022。

在课程结构上，《义务教育科学课程标准(2022年版)》进行了结构调整，突出了综合课程的特点，取消了学科领域，按照核心概念设计课程。提出的13个学科核心概念是所有学生在义务教育阶段应该掌握的科学课程核心内容，学生通过学科核心概念的学习来发展核心素养。

科学课程的总目标和具体目标在各学段被进一步细化，以指导教师的科学教学。一方面，学段目标细化了核心素养目标，能帮助教师更好地理解课程具体目标的要求；另一方面，由于学生的发展水平决定了其科学学习的广度和深度，学段目标的设计体现出课程标准对不同学段学生认知、技能、态度等方面发展差异和进阶特点的关注，促使教师在教学过程中准确把握不同学段学生的认知特点，进而更好地教学。

这里主要针对小学的低、中、高三个学段进行阐述。

(一)科学观念的学段目标解读

不同学段的科学观念目标是综合不同年龄学生思维发展的特点和科学内容的逻辑特点来设计的。从纵向的角度来看，科学观念目标在学段间呈现出由易到难、由具体到抽象的进阶过程。

1. 低学段的目标解读

1～2年级学生的年龄集中在7～8岁。在这一年龄段，大多数学生处于具体形象思维发展阶段，只能认识具体事物的外部特征，尚不能够进行抽象的逻辑运算，多借助具体的、表象的事物来进行简单的思维活动，往往需要将个人的直接经验与周围的事物联系在一起，能感知和认识物体可见的、外部的特征。因此，1～2年级的学段目标确定为：在教师的指导下，能认识具体事物的外部特征。①

基于1～2年级学生的特点，低学段的科学观念目标要求学生学习基本的、常见的科学事实知识，如常见物体的基本外部特征、常见的动物和植物、常见的自然现象、自然物和人造物的区别，能够对常见的事物进行简单的描述并辨别基本的差异。

2. 中学段的目标解读

相比于1～2年级学生，3～4年级学生的思维得到了进一步的发展，他们处于由具体思维向抽象逻辑思维过渡的阶段。大部分学生对于事物的认识处于认识对象总体阶段，也就是说“能从意义上完整地把握对象总体，理解图画主题”②。3～4年级学生知道自然现象的规律性，能够在教师的指导下使用所学知识描述并解释常见现象的外在特征。因而，3～4年级的学段目标就确定为：在教师的指导下，能认识事物的性能、

---

① 胡卫平、刘守印：《义务教育科学课程标准(2022年版)解读》，47页，北京，高等教育出版社，2022。

② 张奇、沈群、韩志伟：《小学科学教学心理学》，46页，北京，北京教育出版社，2001。

作用、分类、规律等。[①] 以动植物主题为例，1～2 年级学生只需要认识并能简单描述常见动植物的外部主要特征、生长过程、生存需要的环境条件。3～4 年级学生则需要对动植物进行简单的分类、认识动植物的某些结构和行为，并能认识和理解生命的延续。

3. 高学段的目标解读

5～6 年级学生具备了一定的抽象思维能力，尤其是具备了比较、分析、综合、概括的能力。此时他们的抽象思维能力还具有较大的经验特征。大部分学生能够从具体的情节、直观形象中概括出事物的本质属性和内在联系，知道自然规律是可以被认识的，能利用所学知识描述现象的变化过程并解释现象发生的原因，能够利用所学知识解决简单的科学问题。因此，5～6 年级的学段目标就确定为：能认识事物的内在结构、功能、变化与相互关系。[②]

以动植物主题为例，5～6 年级学生应能够认识细胞是生物体结构的基本单位；初步认识生物体的结构层次，以及形态结构与功能的关系；简单描述生物与生物、生物与环境之间相互依存的关系，以及生物的多样性和进化现象。

（二）科学思维的学段目标解读

《义务教育科学课程标准（2022 年版）》将科学思维的总目标确定为：掌握基本的思维方法，具有初步的科学思维能力。在具体的学段目标中，它分别对应科学思维的三个要素进行了具体描述，尤其是在推理论证的这一要素上，分别针对空间认知思维、比较与分类及抽象与概括思维、推理论证能力三个方面进行了具体阐述。[③]

1. 低学段的目标解读

对于 1～2 年级学生，教师需要关注他们对具体现象与事物外部特征的观察、描述、比较、分类、判断等，给予更多的指导。在模型建构上，学生能在教师的指导下，观察具体事物的构成要素，通过口述、画图等方式描述事物的外在特征；能利用材料和工具，通过口述、绘画、画图等方式表达自己的想法。在推理论证上，学生能在教师的指导下辨别二维空间中的东西南北和上下左右。这是在空间认知思维方面的学习目标。在比较与分类及抽象与概括思维方面，学生应能比较事物之间外在特征的不同点和相同点；根据事物的外在特征对常见事物进行分类。在推理论证能力方面，学生能初步分清观点与事实，根据问题提出假设，具有提供证据的意识 。在创新思维上，学生应能初步具有从不同的角度提出观点的意识。

---

① 胡卫平、刘守印：《义务教育科学课程标准（2022 年版）解读》，47 页，北京，高等教育出版社，2022。

② 胡卫平、刘守印：《义务教育科学课程标准（2022 年版）解读》，47 页，北京，高等教育出版社，2022。

③ 胡卫平、刘守印：《义务教育科学课程标准（2022 年版）解读》，48～49 页，北京，高等教育出版社，2022。

2. 中学段的目标解读

3～4 年级学生能够分析现象和事件发生的条件、过程、原因等。涉及归纳、推理时，他们需要教师进行引导性的指导。在模型建构上，学生能在教师的引导下，观察并描述具体事物的构成要素，分析并表达要素之间的关系，找到它们之间重要的、共同的特征；利用模型解释简单的科学现象。在推理论证上，空间认知思维方面能用二维方式表达三维空间的物体；比较与分类及抽象与概括思维方面能比较事物的某些本质特征，根据不同的目的进行分类，基于事物之间的功能相似性进行类比。在推理论证能力方面，学生能分析事物的特征及结构，建立事实与观点之间的联系；根据问题提出假设，能提供支撑性的证据；可以利用控制变量的方法设计简单的实验。在创新思维上，学生能初步掌握重组思维、发散思维、突破定势等创造性思维的基本方法。

3. 高学段的目标解读

5～6 年级学生具有一定的抽象思维能力，关注事物的结构、功能、变化与相互关系，涉及概括、系统化、控制变量等。此时强调学生可以达到自主学习的阶段，并未强调教师的指导，而是暗示学生的自主知识建构和主动思维参与。在模型建构上，学生能通过分析、比较、抽象、概括等方法，抓住简单事物的本质特征，展示对事物的系统、结构、关系、过程及循环的理解，能使用或建构模型，解释有关的科学现象和过程。

在推理论证上，空间认知思维方面能形成事物动态变化的图景；比较与分类及抽象与概括思维方面能掌握比较的方法和分类的基本要求，善于用类比的方法认识事物的特征，理解归纳推理和演绎推理的基本方法并用于解决真实情境中的简单问题，抽象概括常见事物的本质特征，比较全面地分析问题的各种影响因素。在推理论证能力方面，学生能针对具体问题提出假设，基于交流情境提出观点，建立证据与假设或观点之间的联系；分析科学实验中的变量控制。在创新思维上，学生具有基于事物的结构、功能等展开想象的能力，能运用重组思维、发散思维、突破定势等创造性思维的基本方法，基于科学原理提出有一定新颖性和合理性的观点；能进行初步的创意设计，并利用影像、文字或实物表达自己的创意。

（三）探究实践的学段目标解读

《义务教育科学课程标准（2022 年版）》强调整合启发式、探究式、互动式、体验式和项目式等各种教学方式，开展能够促进学生积极思考的思维型探究和实践。[①] 观察、

① 胡卫平：《在探究实践中培育科学素养——义务教育科学课程标准（2022 年版）解读》，载《基础教育课程》，2022(10)。

实验和思维相结合是科学学科的一大特征。观察和实验是建立、发展和检验科学理论的实践基础，是获得科学思维材料的有效途径；而实验方案设计、实验结果分析、科学论证、逻辑推理、科学理论总结均需借助科学思维才能实现。因而观察、实验、思维三者是相互关联的环节。①

《义务教育小学科学课程标准》将科学探究按照一般的情况划分为提出问题、作出假设、制订计划、搜集证据、处理信息、得出结论、表达交流、反思评价八个方面，并分别对这八个方面进行具体目标描述。这八个方面可以概括为问题、证据、解释、交流四个关键要素。《义务教育科学课程标准(2022年版)》未采用上述八个要素的具体描述，而是在学段目标中采取五段式的描述方法，分别对应问题、证据与解释、交流、技术与工程实践、学习能力。

1. 低学段的目标解读

1～2年级学生除了思维发展具有具体化的特征之外，他们的感知觉如视知觉、运动感知等发展迅速，感知和辨别物体间细微差异的能力发展迅速，能够直接感知各个对象的空间关系，以及初步认识对象间的因果关系。②

1～2年级学生应具有初步的提出问题和制订计划的意识；具有初步的收集信息和得出结论的意识；具有简单交流、评价探究过程和结果的意识；能发现作品中存在的问题并尝试提出解决方案，初步养成良好的学习习惯。

2. 中学段的目标解读

进入中学段，教师在学生科学探究活动中的角色由指导者变为引导者，应给予学生更多科学探究的机会，使学生能够获得一定的探究自主权。本部分将围绕科学探究的八个要素具体解读这一学段的目标。

3～4年级学生应初步具有根据具体现象与事物提出探究问题，基于已有经验和知识制订简单探究计划的能力；初步具有描述对象的外部特征和现象，以及分析处理信息并得出结论的能力；初步具有交流、反思以及评价探究过程和结果的意识；初步具有参与技术与工程实践的意识及使用常见工具的技能；养成良好的学习习惯。

3. 高学段的目标解读

5～6年级学生已经具备一定的知识积累。因此学生能够基于所学知识来开展探究活动，拥有自主探究的空间和机会。

5～6年级学生应初步具有从事物的结构、功能、变化及相互关系等角度，提出问题和制订比较完整的探究计划的能力；初步具有获取信息、运用科学方法描述和处理信息并得出结论的能力；初步具有交流探究过程和结果，并进行评价、反思、改进的

① 胡卫平、刘守印:《义务教育科学课程标准(2022年版)解读》，47页，北京，高等教育出版社，2022。

② 张奇、沈群、韩志伟:《小学科学教学心理学》，26～35页，北京，北京教育出版社，2001。

能力；初步具有构思、设计、实施、验证与改进的能力；初步具有制订学习计划、监控学习过程和总结反思的能力。

（四）态度责任的学段目标解读

态度责任是科学课程要培养的学生核心素养的重要维度，也是科学教育固有的价值。科学态度包括对待自然、对待科学、对待他人的态度，责任指代社会责任。

下面将分别针对科学态度和社会责任进行阐述。

1. 科学态度

学生科学态度和精神的养成对于其科学素养的发展具有关键的作用。科学态度是指学生对科学的情感观念，是科学素养的重要维度，也是衡量科学素养的关键指标。《义务教育科学课程标准(2022年版)》明确指出，科学态度包括探究兴趣、实事求是、追求创新、合作分享四个维度。

(1)探究兴趣

探究兴趣是个体力求认识、探究自然界奥秘或从事科学活动的心理倾向。[①] 科学探究兴趣是学生发自内心的心理意愿，往往伴随着良好的情感体验。直接兴趣和间接兴趣共同组成了探究兴趣。直接兴趣是指学生对自然现象、事物本身所具有的兴趣。例如，学生对“电灯为什么会发光”“月亮为什么有阴晴圆缺”等现象产生疑问，形成想要认识、了解的意愿。间接兴趣是学生对探究的结果所产生的兴趣，或者想要获得最终探究结果的意愿。

探究兴趣按照思维发展的顺序可以分为直觉兴趣、操作兴趣、因果兴趣、理论兴趣。直觉兴趣是对自然现象表现出的浓厚的兴趣。操作兴趣是学生乐于参与科学探究活动，亲身参与科学实践，在动手操作发现问题、解决问题的过程中获得的兴趣。因果兴趣是学生对现象发生的条件、原因、结果以及更抽象的事物变化、相互关系，涉及的控制变量等产生的兴趣。理论兴趣是把具体的因果认识上升为一套能有效地分析客观事物所进行的过程的理论结构，以及运用该结构中的概念规律能动地解决科学问题的兴趣。[②]

在探究兴趣维度上，1～2年级学生对应的是直觉兴趣。此时旨在培养学生的探究兴趣，保护并培养学生对自然现象的浓厚的兴趣。3～4年级学生对应的是操作兴趣。对其科学探究兴趣的培养目标不再仅停留于引发学生对现象的好奇，而是需要引导学生对事物及现象发生的条件、过程、原因等方面产生探究欲望。5～6年级学生对应的是因果兴趣。此时应更加强调学生在坚持观点的同时，能够对不同的观点进行比较，

---

① 胡卫平、刘守印：《义务教育科学课程标准(2022年版)解读》，52页，北京，高等教育出版社，2022。
② 胡卫平、刘守印：《义务教育科学课程标准(2022年版)解读》，52页，北京，高等教育出版社，2022。

进一步分析、观察、实验来做出正确的判断。

(2)实事求是

实事求是指学生能够根据事实、证据来得出结论。在科学课程标准中,实事求是这一维度反复提及“事实”和“证据”两个关键词。尊重证据、用证据来得出观点是当前科学教育中关注的重要内容。实事求是的态度是学生学习科学的重要基础,是学生科学论证能力发展的重要支持。实事求是包括两方面的内容:一是形成尊重事实的意识,能够依据事实证据形成或调整个人观点;二是在尊重事实的前提下不迷信权威。

在实事求是这一维度上,1～2年级学生能如实记录观察到的信息,教师要引导学生表达观点。3～4年级学生知道科学学科的学习与探究要实事求是,能如实记录和报告观察实验的信息,具有基于事实表达观点的意识;面对收集来的数据资料,既要有尊重数据和事实、不迷信权威的态度,又要根据正确的数据、事实来调整个人的错误观点。5～6年级学生能以事实为依据做出独立判断,能在坚持观点的同时对不同的观点进行比较,从而做出正确的判断。

(3)追求创新

创造性人格是指主体在后天学习活动中逐步养成,在创造活动中表现和发展起来,对促进人的成才和促进创造成果的产生起导向和决定作用的优良的理想、信念、一致、情感、情绪、道德等非智力素质的总和。科技创新后备人才需要具有冒险精神、意志坚强、勤奋努力、独立自信、思维开放、质疑品格、想象丰富等人格品质。①

在追求创新这一维度上,1～2年级学生知道可以有依据地质疑别人的观点,尝试从不同思路和方法完成探究与实践,需形成用事实说话的意识。3～4年级学生能有依据地质疑别人的观点,尝试运用不同思路和方法完成探究与实践,能够体会到创新的乐趣,发展创造性思维的流畅性、灵活性。5～6年级学生善于有依据地质疑别人的观点,乐于尝试运用多种思路和方法完成探究与实践,具有创新的兴趣。

(4)合作分享

合作分享是团队成员为了共同的目标,积极主动合作、有效交流分享、协同完成任务的综合能力体现。分享是合作的纽带,合作有助于促进良好的分享。② 合作分享可归纳为倾听与接纳、表达与分享、合作探究三个方面。合作能力是我国学生发展的关键能力之一。培养学生的合作能力,使学生既能够学会自我管理,又能够游刃有余地与他人合作,处理好个人与社会的关系,将有助于学生适应未来的社会生活。从科学家的学习生活来看,科学家需要分享合作,以推动科学的进步发展。当前强调学生像

---

① 胡卫平、刘守印:《义务教育科学课程标准(2022年版)解读》,52页,北京,高等教育出版社,2022。

② 胡卫平、刘守印:《义务教育科学课程标准(2022年版)解读》,53～54页,北京,高等教育出版社,2022。

科学家一样参与科学实践过程，其中合作分享是科学家活动的重要内容。

在合作分享这一维度上，1～2 年级学生愿意倾听他人的想法，乐于分享和表达自己的想法。3～4 年级学生愿意分享自己的想法，乐于倾听他人的观点，改进和完善探究活动。5～6 年级学生就科学问题在认识上的分歧，乐于与他人进行沟通交流和辩论，基于证据反思和调整探究活动。此时教师应在教学实践中为学生创造更多的分享交流机会，引导学生对同学、小组的探究成果进行评价。

2. 社会责任

态度责任中的责任指代的是社会责任，是指学生应具有正确的价值观和社会责任感。理解社会责任的关键点是理解科学、技术、社会与环境的关系。

社会责任的学段目标是按照具体到抽象、知识到观念、简单到复杂、意识到行动进行划分的。以 1～2 年级学生为例，他们应能了解生活中常见的科技产品给人类生活带来的便利，知道科技产品有利也有弊；树立珍爱生命、节约资源和保护环境的意识。其中，常见的科技产品属于“具体”层面；科技产品的便利和利弊属于“知识”层面；“了解”属于“简单”层面；“珍爱生命、节约资源和保护环境”属于“意识”层面。

本章小结

小学科学课程目标的演变是伴随着小学科学教育的发展而进行的。纵观历史，可以大致窥探出小学科学课程目标发展的三个阶段，明确当前小学科学课程目标的着力点在于培养学生的核心素养。展望未来，科学课程目标呈现出基础性、实践性、进阶性、综合性的趋势。

科学课程标准是集中承载科学课程目标的重要文件，具有提纲挈领的作用。自 2001 年实验稿颁布之后，小学科学教育有了阶梯式的跃升和发展，相关理念集中反映在《义务教育科学课程标准(2022 年版)》之中。我国科学课程的总目标关注了通过科学课程要培养什么样的人的问题，凸显了培养学生的核心素养的长远目标。科学课程的总目标对科学观念、科学思维、探究实践、态度责任四个相互联系的核心素养进行了具体阐释。小学科学课程的学段目标则在四个核心素养目标的基础上，结合了学生的发展特征，基于学习进阶设计了符合学生年龄阶段的目标要求。

关键术语

课程目标 | 核心概念 | 学习进阶 | 科学观念 | 科学思维 | 探究实践 | 态度责任

练　习

1. 从小学科学课程目标的发展脉络和发展趋势中，你得到了哪些启示?

2. 在科学课程标准中，核心素养内涵、总目标与学段目标之间的关系是怎样的?

3. 以探究实践的学段目标为例，谈一谈不同学段的目标之间有怎样的联系与区别。

第四章

小学科学课程内容

章结构图

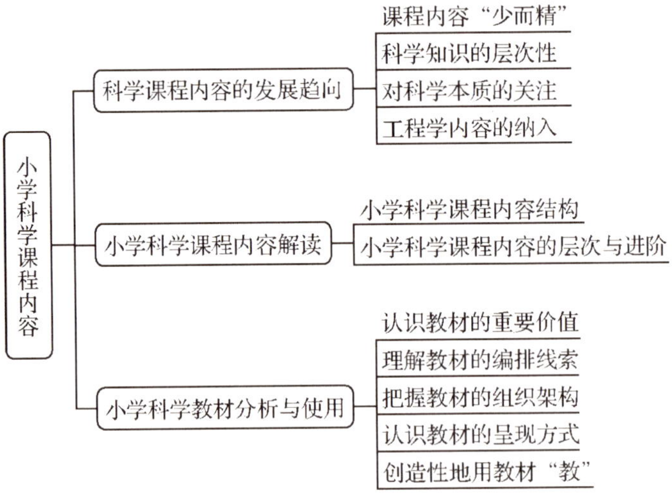

本章概述

本章主要介绍了科学课程内容的发展趋向，解读了小学科学课程内容结构和小学科学课程内容的层次与进阶。同时，本章还从认识教材的重要价值、理解教材的编排线索、把握教材的组织架构、认识教材的呈现方式、创造性地用教材“教”方面阐释了小学科学教材分析与使用的途径。

章前导语

本书第三章对小学科学课程目标的发展脉络、发展趋势和我国当前小学科学课程目标的维度和内涵进行了介绍。课程目标总是要借助课程内容才能落实和达成。那么选择什么样的课程内容才能达成课程目标？课程内容应该以什么样的顺序进行编排？如何分析和使用课程标准和教材？本章将承接第三章中对“为什么教”的解读，对“教什么”的问题进行阐释。

科学课程内容是实现科学课程目标和开展科学教学活动的纽带与桥梁。因此，把握科学课程内容是深刻理解科学课程目标导向、达成科学课程目标的关键。在国际科学课程发展的大趋势下，我国也结合国情对小学科学课程进行了修订。

第一节
科学课程内容的发展趋向

科学课程内容的选择和组织一直都是世界科学教育改革所关注的核心议题。从奥苏伯尔1963年提出的科学教育中的大概念开始，国际科学教育界对科学课程内容的研究和讨论已经持续了半个多世纪。历经多次科学课程改革浪潮的尝试与反复，当前科学教育学者强调科学课程内容应关注知识的结构化、注重知识与过程的整合、强调工程技术等。把握科学课程内容的发展趋向，有助于理解我国科学课程内容的选择依据与变化，并为科学教育的设计与实施奠定基础。

一、课程内容“少而精”

随着科学技术的迅猛发展，科学知识的数量呈现指数式增加。教师不可能在有限的教学时间里，面面俱到地教给学生所有知识。另外，信息技术和通信工程的发展使人们可以通过多种方式快捷地获取所需要的信息。因此，科学教育重要的不是教给学生所有的科学事实，而是为学生准备足够的核心知识，以使他们能够获取更多的知识。① 另外，科学教育倡导学生在探究中学习，而在课堂中进行深入探究需要花费更多的时间。

鉴于科学课程内容繁多、结构松散、广而不深等弊端，各国开始强调科学课程内容的系统性及深度，要求聚焦“少而精”的核心学科知识，为学生未来学习与发展奠定坚实的知识基础。

首先，内容的广度必须减小，聚焦于数量有限的核心概念，即科学内容的“少”。聚焦少量核心概念旨在避免让学生记忆大量具体的科学事实，从而有更多的时间深入地理解概念。同时，科学内容的“精”是指科学教育要审慎地选择一些构成学科骨架、具有迁移应用价值、对学生终身发展有用的概念。这些概念代表了学科的主要观点，具有强大的解释力、统摄性和迁移价值，并且在各个年级都可以进行不同程度的教学。② 理解的深度和复杂程度随着年级的升高而逐级进阶。

---

① 周玉芝：《美国新版K-12科学教育框架对我国基础教育阶段科学教育的启示》，载《课程·教材·教法》，2012(6)。

② 胡玉华：《科学教育中的核心概念及其教学价值》，载《课程·教材·教法》，2015(3)。

课程内容“少而精”的理念逐渐成为各国科学课程设计的共识。[①] 美国《新一代科学教育标准》以核心概念组织科学教育内容，让学生围绕少而精的概念在不同学习阶段实现对概念理解的逐级深入和持续发展。此外，加拿大、澳大利亚等国家的科学内容选择也都强调了这一特点。我国颁布的《义务教育科学课程标准(2022 年版)》顺应国际科学教育改革的趋势，将 4 个跨学科概念及 13 个学科核心概念作为课程内容，并针对每一个学科核心概念设置了 4 个学段的进阶过程。

二、科学知识的层次性

科学知识是科学课程内容的核心，关注科学知识的层次性和结构性已经成为科学教育的重要趋向。如图 4-1 所示，在科学知识的层次结构中，最底层是科学事实。科学事实是无穷无尽、纷繁多样的。通过事实现象，经过提炼，我们可以升华或抽象出一般概念。一般概念是基于直接经验形成的概括性认识，它比科学事实具有更高的概括性。尽管其有一定的迁移价值，但由于接近事实而有一定的局限性。[②]

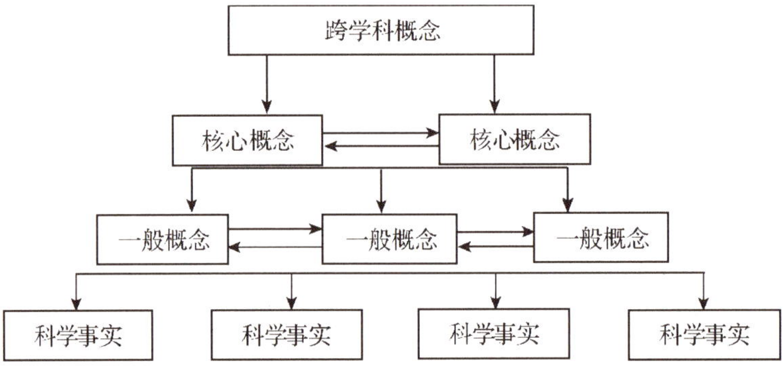

图 4-1　科学知识的层次结构

核心概念是对一般概念的进一步升华、抽象、概括，比一般概念的统摄性更强，是一种对事物的本质或规律的认识。这种认识具有普遍的指导价值。一般而言，核心概念是居于学科中心，具有超越课堂之外的持久价值和迁移价值的关键性概念、原理或方法。[③] 核心概念源于学科中的各种概念、理论、原理和解释体系，既能为该领域的发展提供更为高远的视角，也能为实现学科之间的联系提供支架。

---

① 王维臻：《大概念视角下小学一年级物质主题的内容选择和教学建议》，载《化学教育(中英文)》，2019(13)。

② 王晨光：《义务教育小学科学课程标准：科学概念·术语·实验》，6～7 页，北京，北京师范大学出版社，2019。

③ [美]H. Lynn Erickson：《概念为本的课程与教学》，兰英译，56 页，北京，中国轻工业出版社，2003。

跨学科概念建立在核心概念之上，又被称为“共通概念”“通用概念”“交叉概念”“跨学科主题”或“跨领域概念”。核心概念的跨学科性使其在科学、数学、技术和工程等不同的领域都具有方法论和解释性价值。例如，《面向全体美国人的科学》指出，有一些重要的主题遍布科学、数学和技术领域，并且一遍又一遍地出现；它们超越了学科边界，并在解释、观察和设计中富有成效。① 基于此，美国科学课程提出了 7 个跨学科概念：模式，因果关系，尺度、比例和数量，系统和系统模型，能量和物质流动，结构和功能，稳定和变化。

我国小学科学教育同样重视学生科学知识体系的构建，尤其关注核心概念对课程内容的统摄作用。儿童学习科学意味着修正和拓展对核心概念的理解，而不是记住事实性信息、知识和定义。教学的中心应该从记忆事实抽象到理解一般概念，然后再由理解一般概念升华或揭示出深层的核心概念和学科的知识结构，进而促进学生思维的发展。

《义务教育科学课程标准(2022 年版)》选择了 4 个跨学科概念和 13 个学科核心概念来架构课程内容；在核心概念之下又将其分解为学习内容，并按照 1～2 年级、3～4 年级、5～6 年级学段确定小学科学的学习内容要求。从跨学科概念，到学科核心概念，再到细化为学习内容，这很好地体现了科学概念的层次性。这样的呈现方式“既见树木，又见森林”，有助于教师整体把握知识结构，而不只限于具体的课时教学内容中。

三、对科学本质的关注

理解科学本质是科学教育的重要目标。当前已有多个国家将科学本质融入课程标准的目标要求。一般认为，科学是反映客观事物本质和运动规律的知识体系，是由科学知识、科学方法和科学精神三个方面组成的一个不可分割的有机整体。美国《国家科学教育标准》将科学本质作为教育内容的重要部分，并指出科学的基本特点是以实证为判别尺度、以逻辑为论辩的武器、以怀疑为审视的出发点。美国《新一代科学教育标准》同样高度重视科学本质，并将科学本质与具体知识相联系，以便于教师在课堂中开展科学本质教育。

《义务教育科学课程标准(2022 年版)》将科学本质作为科学观念的一部分，要求学生认识科学知识的可验证性、相对性和暂时性。同时，各版本的科学教材中均渗透了科学本质内容。教科版教材的开篇“科学家这样做”栏目中，通过科学家的工作来渗透

---

① Rutherford F. J. & Ahlgren A., *Science for All Americans*, New York, Oxford University Press, 1990, pp. 110-121.

科学本质。例如，二年级下册写道，一千多年前，人们在海上航行很容易迷路。沈括善于总结和实验，他对磁现象进行了大量的研究，提出了指南针的四种放置方法。之后，我国的海船就使用这样的指南针辨别方向。后来，指南针逐渐传到其他国家，对世界航海事业的发展有极大的帮助。这一段话不仅关注了科学家工作的方法"总结和实验"，还阐释了科学对于社会发展的重要影响，体现了科学本质中的"科学探索"以及"科学事业"两个维度。

湘科版教材将科学本质穿插在具体的课时内容之中。例如，一年级下册介绍了李时珍的事迹：李时珍(1518—1593)，我国明代医药学家，对植物进行了长期大量的观察、研究、分类，经 27 年著成《本草纲目》。这句话虽然只有短短的 30 多个字，但饱含科学探索的方法(观察、研究、分类)，以及科学家坚持不懈的精神。

教师应当深刻认识科学本质的价值，挖掘教材中的科学本质要素，并在课堂教学中践行科学本质教育，进而达成课程标准的要求。

四、工程学内容的纳入

进入工业 5.0 时代，工程教育对于国家发展、社会进步以及个人生存与发展的作用越加显著，科学与工程并重成为各国深化科学课程改革的重要理念。目前，美国、德国、澳大利亚等国家都将工程学内容纳入国家科学课程标准，使其成为当代基础教育阶段科学课程的重要组成部分。

工程与许多学科尤其是与科学存在密切联系。工程的跨学科性和实践性在应对科学教育过于强调自然世界而对人造世界关怀太少、轻视科学与社会生活的关系、忽视学生职业发展的需求等问题上具有重要的作用。工程学内容能够激发学生的科学学习兴趣，促进学生理解与应用科学知识，并逐步实现问题解决能力的发展。同时也有证据表明，即使是年龄小的学生，也能掌握许多工程学的概念，如系统、优化和权衡。儿童在工程学课程中的学习成果超过了最初的预期，他们能够进行一些复杂的工程思维活动，如平衡多个约束条件和设计标准，比较不同设计的优点，用不同的方式来展示他们的设计。①

《义务教育小学科学课程标准》将技术与工程作为单独的领域且与物质科学、生命科学、地球与宇宙科学并列为小学科学教育内容的四大领域。《义务教育科学课程标准(2022 年版)》延续了对工程学内容的关注，其 13 个学科核心概念包含与"技术、工程与社会"和"工程设计与物化"两个工程学相关的学科核心概念。"工程设计与物化"首次作为核心概念出现，不仅强调设计的重要性，而且重视工程的实现(物化)环节，突出实

① 刘恩山：《工程学在基础教育中的地位和作用》，载《科普研究》，2017(4)。

践育人作用；注重工程思维和工程方法的培养，对探究实践素养的培养起关键支撑作用。

苏教版、教科版、湘科版等多个版本的科学教材依据课程标准的要求选择并组织了工程学内容。例如，苏教版小学科学教科书安排了专项学习，对科学探究和工程实践的过程进行指导。专项学习包括科学探究和工程实践两类，并按上下册交替安排：上册的题目为“像工程师那样”，下册的题目为“像科学家那样”，且都放置在每册教材的最后。专项学习中的探究和设计过程是完整的，但各年级指导的重点和深度不一样。专项学习中的活动更具有挑战性，科学思维与工程思维的教育也更具针对性。[①]

把工程学纳入科学课程内容将有力地促进学生创新实践能力的全面发展。但实践中依然存在诸多问题，包括工程教育定位模糊、高质量课程资源有限、中小学工程教育经验不足、缺乏强大的教师队伍、评价机制不完善等问题。教师要高度重视工程学进入科学课程的价值，提高自身的工程教学能力，在课堂教学中落实课程标准的要求。

第二节
小学科学课程内容解读

小学科学课程是一门体现科学本质的综合性基础课程。基于《义务教育课程方案（2022 年版）》的精神与要求，《义务教育科学课程标准（2022 年版）》坚持核心素养导向，体现育人为本；突破学科领域界限，做到实质性综合；基于基础性、时代性，概括出 13 个学科核心概念，形成科学课程的主要内容；增加 4 个跨学科概念，横向连接 13 个学科核心概念，使科学课程内容成为系统、综合的整体。学习内容的设置以学段目标为依据，基于学生的认知水平和知识经验合理设计学习进阶。

一、小学科学课程内容结构

义务教育科学课程设置 13 个学科核心概念，是所有学生在义务教育阶段应该掌握的科学课程的核心内容。我们要通过学科核心概念的学习，让学生理解物质与能量、结构与功能、系统与模型、稳定与变化 4 个跨学科概念，如图 4-2 所示。

---

① 杨晓丽：《苏教版小学科学一年级教材特点》，载《大连教育学院学报》，2017(4)。

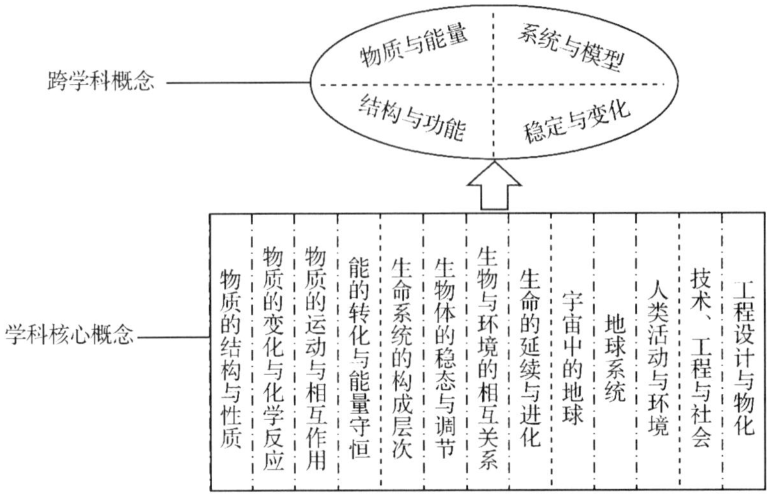

图 4-2　义务教育科学课程的内容结构①

13 个学科核心概念横向排列，是平等的关系。每个学科核心概念具有一定的独立性，学科核心概念之间又具有紧密联系。《义务教育科学课程标准(2022 年版)》强调以学科核心概念为单元组织课程内容，并按照 1～2 年级学段、3～4 年级学段、5～6 年级学段确定了内容要求。

(一)跨学科概念

跨学科概念是《义务教育科学课程标准(2022 年版)》中新增加的内容，对学生系统、整体地认识科学具有重要价值。科学教育之所以强调跨学科概念学习，一是因为它体现了各科学领域之间的共通性，可以使学生更好地把握科学的整体连贯性；二是因为它可以促进不同学科间的知识迁移和应用，有助于其他知识的学习和理解。

1. 跨学科概念的界定

《义务教育科学课程标准(2022 年版)》修订确定了 4 个跨学科概念。4 个跨学科概念与 13 个学科核心概念组成一个有机的整体，形成了课程内容的主体。这 4 个跨学科概念的基本定义如下。

物质与能量：物质与能量是系统的两个守恒量，它们共同限制了系统的可能变化。物质是系统能量的载体，能量是系统物质流动、循环的动力。因而研究系统的物质、能量的流动、循环及转换，有助于理解系统发展变化的可能性和局限性。

结构与功能：结构与功能是系统的两个互补方面。功能可以用其结构来解释，结构也可以用其功能来解释。系统的功能常取决于某些关键部件的形状和它们之间的关

---

① 中华人民共和国教育部：《义务教育科学课程标准(2022 年版)》，16 页，北京，北京师范大学出版社，2022。

系，以及制造它们的材料特性。系统在不同尺度上具有不同的结构和特征。因此，讨论结构与功能需要根据问题选择合适的尺度。

系统与模型：系统是根据研究目的人为界定的，是由关联的物体或元件组成的有秩序整体，包含边界、组分及组分间的相互作用。模型是对系统的理解和清晰的表达，可以是列表、简单草图、计算机模拟或功能原型等形式。模型的构建是根据研究目的对系统进行必要的假设和近似，以突出系统的本质特征。但这些假设和近似会影响模型的可信度和准确度。

稳定与变化：稳定是指系统在观测尺度上保持不变或总能回到稳定的状态，是系统变化的动态平衡。反馈是使系统保持稳定或变化的机制。负反馈能使系统稳定，正反馈能使系统变化。稳定与变化都有一定的条件和范围。

2. 跨学科概念的学习内容

《义务教育科学课程标准(2022 年版)》首次增加了 4 个跨学科概念，由于受课程总学时的限制，并没有给出对应跨学科概念的具体学习内容、内容要求及学业要求。教师应通过学科核心概念的教学，使学生逐步理解跨学科概念，从而建立整体、一致的科学概念体系。

虽然本节给出了 4 个跨学科概念的基本定义，但是教师要把握跨学科概念的具体学习内容仍有一定的难度。因此，表 4-1 给出了跨学科概念的学习内容供教师教学时参考。在教学中，教师应深入理解跨学科概念，建立跨学科概念的学习内容与多个学科核心概念的学习内容以及具体内容要求间的联系，有目的地引导学生理解跨学科概念，并促进学生对学科核心概念的深入理解，进一步应用跨学科概念解释和解决问题。

表 4-1　跨学科概念的学习内容

跨学科概念	学习内容
1. 物质与能量	1.1 物质与能量是系统的两个守恒量
	1.2 物质的流动与循环伴有能量的转移与转化，能量的转移与转化驱动物质的流动与循环
2. 结构与功能	2.1 结构与功能可以相互解释
	2.2 系统在不同尺度上具有不同的结构与功能
	2.3 系统关键部件的材料、形状以及部件间的关系，决定了系统的功能
3. 系统与模型	3.1 系统由多个相互作用的部分组成，具有明确的边界
	3.2 系统模型表达了系统内部各部分间的相互作用关系以及系统与外部作用的关系
4. 稳定与变化	4.1 稳定是变化的动态平衡
	4.2 系统的稳定需要一定的条件
	4.3 反馈是控制系统稳定与变化的机制

(二)学科核心概念

学科核心概念是义务教育科学课程标准学习内容的主干部分，对课程内容设计和教学具有重要价值。学科核心概念是位于学科中心的概念性知识，包括重要概念、原理、理论等的基本解释。这些内容能够展现当代学科图景，是学科结构的主干部分。

1. 学科核心概念的界定

在国内外研究及已往课程标准的基础上，《义务教育科学课程标准(2022年版)》选择了13个学科核心概念。为了明确它们在科学课程中的含义和范围，《义务教育科学课程标准(2022年版)》给出了基本界定。①

物质的结构与性质：世界是物质的，太阳系、地球、原子、基本粒子、电磁场等都是物质。不同组成与结构的物质具有不同的性质，物质的性质决定了其功能与用途。

物质的变化与化学反应：物质是不断变化的，物质的变化分为物理变化和化学变化。物理变化是物质的状态发生了改变，没有新物质生成；化学变化是物质的性质发生了改变，有新物质生成。化学变化通过化学反应得以实现，其实质是原子的重新组合。化学反应需要一定的条件，合理利用与调控化学反应可以创造新的物质并为人类解决面临的问题。

物质的运动与相互作用：物质是运动的。物质的运动包括机械运动、热运动和电磁运动。物体之间存在相互作用力，包括电磁力、万有引力、强相互作用与弱相互作用；力可以改变物体的形状和运动状态。

能的转化与能量守恒：在物质的一切属性中，运动是最基本的属性。对应物质的各种运动形式，能有各种不同的形式，如在机械运动中表现为机械能，在热现象中表现为系统的内能。能量是一切运动着的物质的共同特性，也是各种运动的统一量度。能的形式是多样的，可以通过做功相互转化。能在转移与转化过程中，总量保持不变。

生命系统的构成层次：生命系统是一种复杂的开放系统，与其他物质系统一样具有层次性，遵循自然界的共同规律。细胞、组织、器官、系统、个体、种群、群落、生态系统和生物圈是生命系统的构成层次，细胞是生物体结构与生命活动的基本单位。一些生物由单细胞构成，一些生物由多细胞组成。

生物体的稳态与调节：生物体是一个在内部和外部不断进行物质循环、能量流动和信息交流与反馈的开放系统，能通过自我调节机制维持稳态。植物可以制造有机物，

---

① 中华人民共和国教育部：《义务教育科学课程标准(2022年版)》，19～111页，北京，北京师范大学出版社，2022。

为其他生物提供食物；动物通过获取其他生物的养分来维持生存；人体通过一定的调节机制，完成一系列复杂的生命活动。

生物与环境的相互关系：地球上每一种生物的生存都与环境密切相关，生物与环境之间的相互作用与相互协调构成了生态系统的动态平衡。人类的活动能对环境产生重大的影响，而生活环境与习惯也会影响人体健康。

生命的延续与进化：生物通过生殖、发育和遗传使遗传信息代代相传，实现生命的延续。在生命延续的过程中，遗传信息可能会发生改变。生物的遗传、变异与环境因素的共同作用导致了生物的进化。

宇宙中的地球：地球是太阳系中的一颗行星，地球和月球组成地月系。太阳、绕太阳运转的行星及其卫星和各类小天体组成太阳系。太阳是银河系中的一颗普通恒星，银河系是宇宙中的一个普通星系。地球的自转和公转形成了昼夜交替和四季变化等周期性的自然现象。人类对太空的探索正在逐步揭开宇宙的奥秘。

地球系统：地球是一个由不同圈层组成的系统。地球的外部包括大气圈、水圈和生物圈，内部包括地壳、地幔和地核。地壳和地幔的一部分组成了岩石圈。不同圈层之间存在物质交换和能量传输，决定了整个地球的演化方向。大气运动形成了天气和气候现象，岩石风化形成了土壤，流水和地壳运动是塑造地表形态的重要力量。

人类活动与环境：人类只有一个地球。人类的生存和发展需要开发和利用自然资源，同时也面临着各种自然灾害的威胁。人类活动会对环境产生影响，良好的生态环境是一种重要的公共资源。坚持绿水青山就是金山银山的理念，合理利用自然资源，科学防灾减灾，践行绿色低碳生活方式，是人类社会可持续发展的必然选择。

技术、工程与社会：人类在与自然界打交道的过程中，为了适应自然、改善生存条件而产生了技术；人类对已有的物质材料和生活环境加以系统的开发、生产、加工、建造，以满足人们的需求，就产生了工程。早期技术、工程和科学相对比较独立；而现代技术、工程和科学相互影响与相互促进，越来越密不可分，共同推动了社会进步。

工程设计与物化：工程活动的本质是创造人工实体，设计与物化是其中的重要环节。工程首先要定义和界定问题，明确需要满足的标准和受到的限制条件，形成多种可能的解决方案，基于证据进行优化并确定方案；物化是选择合适的工具和材料，实施设计方案，做出初步的产品或实物模型。经过对结果的评估，发现存在的问题并进行改进。对于比较复杂的产品或实物模型，可能需要多次迭代改进。

2. 学科核心概念的特点

学科核心概念是《义务教育科学课程标准(2022 年版)》内容的主体。只有深刻理解学科核心概念的内涵和把握学科核心概念的特点，才能真正实现科学课程标准的设计期望。概括起来，义务教育科学课程标准遴选的13个学科核心概念具有如下特点。

第一，突破学科领域界限，从科学知识的整体概括核心概念。例如，学科核心概念“人类活动与环境”综合了物质科学领域的能源利用、环境污染、新技术对环境的影响等内容，生命科学领域的人类与环境的作用关系等内容，地球与宇宙科学领域的资源利用、自然灾害等内容，技术与工程领域的技术对社会的影响、工程对环境的影响等内容，横跨多个领域。又如，学科核心概念“能的转化与能量守恒”涉及物质科学的机械能、化学反应过程伴随的能量变化，生命科学领域的生物体的能量变化，以及地球与宇宙科学领域的地球、人类能源的获得、动植物间的能量转化等内容，概括了自然科学所有与能有关的内容。

第二，学科核心概念之间是相对独立的，每个学科核心概念都具有不可替代的学科价值和育人价值。同时，学科核心概念之间是相互联系的。每个核心概念是科学知识体系的一部分，共同组成了科学知识的架构和体系，是科学知识中基础、核心的部分。每一个学科核心概念是自然界中不同的对象、不同尺度的事物在某方面现象和规律的体现，但它们也是一个有机的整体。

第三，突出技术与工程的育人作用。《义务教育科学课程标准(2022年版)》首次把“工程设计与物化”作为学科核心概念，不仅强调设计的重要性，而且重视工程的实现(物化)环节，突出了实践育人作用；不仅保留了技术与工程领域重要的基础知识，而且根据每一部分学习内容都设计了综合实践活动。同时，它强调综合实践活动应基于所学科学知识和适应学生的认知水平，承担起课程方案要求的“用不少于10%的课时设计跨学科主题学习”的主要任务。

(三)学习内容

学科核心概念属于大概念范畴，一个学科核心概念包含多个次位的概念。《义务教育科学课程标准(2022年版)》把这些重要的次位概念称为学科核心概念的学习内容。因此，学习内容属于概念范畴，它的表达应该是概念的表达方式。学科核心概念与学习内容是包含与被包含的关系，学科核心概念的外延应包含全部学习内容。反之，全部学习内容应共同支撑起学科核心概念的内涵与范围。

学习内容既要保证科学知识的系统性、完整性，又要体现学科的发展和时代性，同时注重与学生经验、社会现实的关联，加强学科内容间的有机联系。义务教育科学课程的学习内容如表4-2所示。①

① 中华人民共和国教育部：《义务教育科学课程标准(2022年版)》，17～19页，北京，北京师范大学出版社，2022。

表 4-2　义务教育科学课程的学习内容

学科核心概念	学习内容
1. 物质的结构与性质	1.1 物质具有一定的特性与功能 1.2 空气与水是重要的物质 1.3 金属及合金是重要的材料 1.4 常见的化合物 1.5 物质由元素组成 1.6 物质由微观粒子构成 1.7 常见物质的分类
2. 物质的变化与化学反应	2.1 物质的三态变化 2.2 物质的溶解和溶液 2.3 物质变化的特征 2.4 化学反应遵守质量守恒定律
3. 物质的运动与相互作用	3.1 力是改变物体运动状态的原因 3.2 电磁相互作用 3.3 声音与光的传播
4. 能的转化与能量守恒	4.1 能的形式、转移与转化 4.2 能源与可持续发展
5. 生命系统的构成层次	5.1 生物具有区别于非生物的特征 5.2 地球上存在动物、植物、微生物等不同类型的生物 5.3 细胞是生物体结构与生命活动的基本单位 5.4 生物体具有一定的结构层次 5.5 人体由多个系统组成 5.6 生态系统由生物与非生物环境共同组成
6. 生物体的稳态与调节	6.1 植物能制造和获取养分来维持自身的生存 6.2 人和动物通过获取其他生物的养分来维持生存 6.3 人体通过一定的调节机制保持稳态
7. 生物与环境的相互关系	7.1 生物能适应其生存环境 7.2 生物与环境相互作用、相互协调，实现生态平衡 7.3 人的生活习惯影响机体健康 7.4 人体生命安全与生存环境密切相关
8. 生命的延续与进化	8.1 植物通过多种方式进行繁殖 8.2 不同种类动物具有不同的生殖方式和发育过程 8.3 人的生命是从受精卵开始的 8.4 细菌、真菌、病毒具有不同的繁殖方式 8.5 生物体的遗传信息逐代传递，可发生改变 8.6 生物的遗传变异和环境因素的共同作用导致了生物的进化

续表

学科核心概念	学习内容
9. 宇宙中的地球	9.1 地球是一颗行星 9.2 地球绕地轴自转 9.3 地球围绕太阳公转 9.4 月球是地球的卫星 9.5 地球所处的宇宙环境 9.6 太空探索拓展了人类对宇宙的认知
10. 地球系统	10.1 天气和气候 10.2 水循环 10.3 岩石和土壤 10.4 地球内部圈层和地壳运动
11. 人类活动与环境	11.1 自然资源 11.2 自然灾害 11.3 人类活动对环境的影响
12. 技术、工程与社会	12.1 技术与工程创造了人造物，技术的核心是发明，工程的核心是建造 12.2 技术与工程改变了人们的生产和生活 12.3 科学、技术、工程相互影响与促进
13. 工程设计与物化	13.1 工程需要定义和界定 13.2 工程的关键是设计 13.3 工程是设计方案物化的结果

(四)内容要求

学科核心概念之下是学习内容；理解和掌握学习内容需要在不同学段递进地学习许多知识，统称为“内容要求”。小学教育分为 3 个学段：1～2 年级、3～4 年级、5～6 年级。一项学习内容适合在哪个学段学习？具体学习什么？有什么学业表现要求？《义务教育科学课程标准(2022 年版)》分学段对要学习的每项学习内容都设计了对应的内容要求，帮助教师把握同一学习内容在不同学段的进阶要求。表 4-3 为义务教育科学课程的内容要求设计样例。①

① 中华人民共和国教育部：《义务教育科学课程标准(2022 年版)》，19～20 页，北京，北京师范大学出版社，2022。

表 4-3　义务教育科学课程的内容要求设计样例

学习内容	内容要求		
	1～2 年级	3～4 年级	5～6 年级
1.1 物质具有一定的特性与功能	①观察并描述物体的轻重、薄厚、颜色、表面粗糙程度、形状等外部特征，能根据物体的外部特征对其进行简单分类 ②识别生活中常见的材料	①能使用简单的仪器测量一些物体的长度、质量、体积、温度等常见特征，并使用恰当的计量单位进行记录 ②能根据物体的特征或材料的性质将两种混合在一起的物体分离开来，如分离沙和糖、铁屑和木屑等 ③描述某些材料的透光性、导电性，说出它们的主要用途	观察常见材料在水中的沉浮现象、导热性等，说出它们的主要用途

内容要求的依据为学段目标、学生的认知水平和知识经验以及学科核心概念的本质特征。依据学习进阶理论，按照由浅入深、由表及里、由现象到本质、呈螺旋上升的思路，设计每一学段的内容要求。例如，在表 4-3 中，关于物质的特性这一维度，1～2 年级要求利用人的感知器官去观察和描述物质外部的形状、颜色等外部特征；3～4 年级要求使用仪器测量物体的长度、温度等特征，不仅观测手段发生了变化，而且所观测的量更抽象；5～6 年级要求初步观察物体的物理特征，如沉浮现象、导热性等，观察的物体的特征更抽象，希望与物理概念建立初步的联系。

在内容要求的表述方式上，如表 4-3 中 3～4 年级第③条内容要求“描述某些材料的透光性、导电性，说出它们的主要用途”。这里的“描述”“说出”都是行为动词。内容要求的通常表述方式为：行为动词＋知识内容＋条件(可选)。行为动词分为三类：认知性目标动词、技能性目标动词、体验性目标动词，每一类行为动词又分为三级水平。义务教育科学课程标准中常用的行为动词如表 4-4 所示。

表 4-4　义务教育科学课程标准中常用的行为动词

类型	水平	行为动词
认知性目标动词	一级水平	知道、举例说出、说出、描述、识别、列举、了解
	二级水平	比较、举例说明、说明、概述、解释、认识、理解
	三级水平	区别、辨析、判断、分析、阐明、分类、应用、预测、评价
技能性目标动词	一级水平	观察、观测、测量、记录
	二级水平	使用、调查、估测、查阅
	三级水平	计算、绘制、设计、制作、检测、优化、改进
体验性目标动词	一级水平	关注、感受、体验
	二级水平	感知、领悟、认同、关心
	三级水平	养成、质疑、形成、树立

内容要求是课程内容结构的最底层，它的表述方式具有如下含义。

行为动词描述了学生学习后应达成的知识理解程度、技能掌握程度，以及应完成的任务表现，是对相应内容的学业要求。

①认知性目标动词把科学方法、思维方式与课程内容的最底层建立了联系，提供了科学思维素养的达成途径。

②技能性目标动词把科学探究、工程实践与课程内容的最底层建立了联系，提供了探究实践素养的达成途径。

③体验性目标动词把科学态度、社会责任与课程内容的最底层建立了联系，提供了态度责任素养的达成途径。

二、小学科学课程内容的层次与进阶

《义务教育科学课程标准(2022 年版)》将学科核心概念作为架构课程内容的基本单元。下面我们将以核心概念"生物与环境的相互关系"为例，具体呈现小学科学课程内容的层次与进阶。

(一)核心概念"生物与环境的相互关系"的价值

1."生物与环境的相互关系"的内涵与外延

在漫长的进化历史中，生物逐渐适应了它们所栖息的环境，不间断地从环境中摄入和排出物质和能量。生物依赖于环境而存在，也是环境的组成部分。自早期地球生物圈形成以来，生命的演化始终与环境密切相关，表现出明显的协同进化关系；可以说，生物时刻不能脱离它们所在的环境。一方面，环境给生物提供必需的生存条件；另一方面，生物又能给环境施加影响，从而使环境发生变化。归纳为一句话便是，地球上每一种生物的生存都与环境密切相关，生物与环境之间的相互作用与相互协调构成了生态系统的动态平衡。这样一种协调关系在一定程度上保证了生物的成长发育和繁殖。

2."生物与环境的相互关系"的学科价值

自 20 世纪 70 年代以来，随着环境污染、资源短缺、人口膨胀和生态破坏等问题的出现与加剧，生态学获得了广泛的关注和发展。生态学的研究对象涉及动植物个体的生态现象、种群的生态研究、生物群落的生态现象、生态系统的生态研究等，在近年来深入社会经济的各个领域，并纳入生态系统中的人类、动植物、微生物及相关的资源环境问题，以及人类发展的经济、社会、人文等问题。

3."生物与环境的相互关系"的教育价值

学习生物与环境的相互关系时不应将视野局限于生命科学领域，而应从跨学科的视角引导学生深入研究"可持续发展"这样一个跨学科议题，让学生在真实情境中学习知识、运用知识，从而提升学生对跨学科概念的认识。教师应通过让学生收集植物、动物与环境的相互关系的大量数据和信息，发展学生的数据分析与整理能力、小组合作与交流能力，并让学生在数据分析的过程中提升科学思维能力。

(二)"生物与环境的相互关系"的学习内容结构与学习内容进阶

1. 学习内容结构

"生物与环境的相互关系"主要包括以下 4 项学习内容。[①]

①生物能适应其生存环境

②生物与环境相互作用、相互协调，实现生态平衡

③人的生活习惯影响机体健康

④人体生命安全与生存环境密切相关

本核心概念以环境为核心，①和②讨论生物与环境的关系，③和④讨论人与环境的关系。①从生物的视角出发，探讨生物对环境的适应，让学生认识到生物可以从外部形态和行为等方面适应环境。②从生物与环境的动态平衡视角探讨生物与环境的关系。③、④分别从个人行为和生存环境探讨人体健康。"生物与环境的相互关系"学习内容的结构关系如图 4-3 所示。

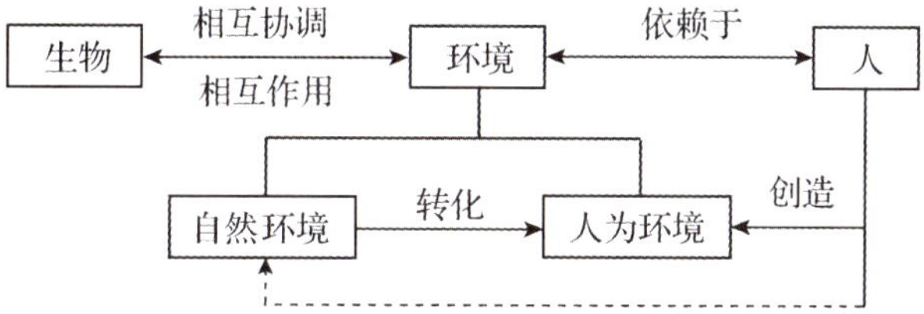

图 4-3 "生物与环境的相互关系"学习内容的结构关系

2. 学习内容进阶

"生物与环境的相互关系"的学习内容进阶如图 4-4 所示。[②] 可以看出，随着学段的增长，学生对生物与环境的相互关系的认识更加全面，具体表现在从事实性知识到解释性知识。

① 中华人民共和国教育部：《义务教育科学课程标准(2022 年版)》，18 页，北京，北京师范大学出版社，2022。

② 核心概念的学习内容进阶涵盖了整个义务教育阶段。为了能够更好地整体把握，本部分包含了 7～9 年级的课程内容。

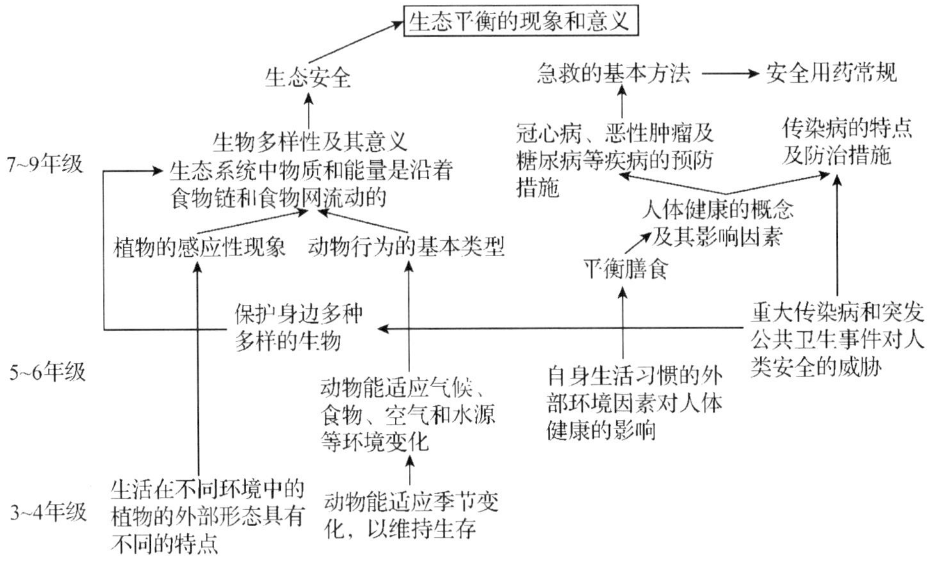

图 4-4 “生物与环境的相互关系”的学习内容进阶

“生物与环境的相互关系”的 4 项学习内容可以分为两条进阶主线，分别为生物与环境的关系和人与环境的关系。“生物与环境的相互关系”的进阶路径如图 4-5 所示。

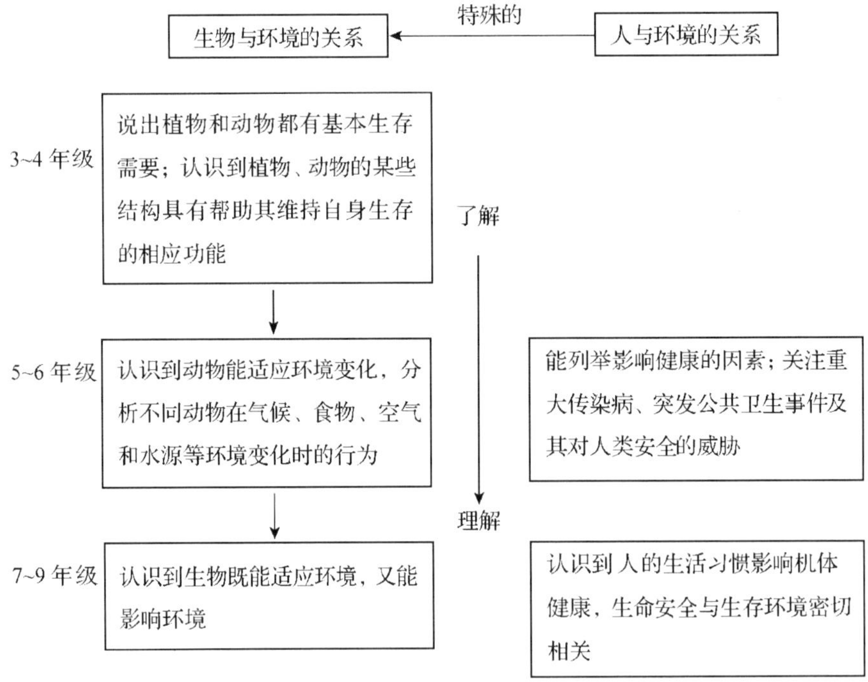

图 4-5 “生物与环境的相互关系”的进阶路径

下面对各项学习内容逐条展开分析。

(1)生物能适应其生存环境

任何生物个体生活在复杂的自然界中都必须接受各种各样的环境条件并受这些环境条件变化的影响，必然面临着各种各样的生存困难。生物在这些困难中生存和繁殖后代、延续物种，靠的就是自身所具备的很强的适应能力。因此，在探讨生物与环境的相互关系前，首先要讨论生物适应生存环境的具体表现。

认识生物适应环境的前提是学生已经具备认识动物、植物，能观察其外部形态特征的能力。因此，本学习内容的起点设置在 3～4 年级。3～4 年级学生应该能够对动物和植物进行观察，可以举例说出生活在不同环境中的植物的外部形态具有不同的特点，也对动物适应季节变化的方式有所了解。5～6 年级学生具备一定的分析能力，可以从不同环境变化的视角举例说出动物的行为。7～9 年级学生则可以从更为抽象的角度去描述动物和植物适应生存环境的表现，如植物的感应性现象、动物行为等。

(2)生物与环境相互作用、相互协调，实现生态平衡

生态平衡是生物维持正常生长发育、生殖繁衍的基本条件，是指在一定时间内生物与环境、生物与生物之间相互适应所维持的一种协调状态。当生态系统处于平衡状态时，物质、能量的输入与输出在较长一段时间内处于相对稳定的状态。当生态平衡遭到破坏时，便会出现各种各样的自然灾害。

这项学习内容在“生物与环境的相互关系”中既是最为重要的一条，又是最为抽象的一条。因此，学习内容设置在 7～9 年级。学生可以整合“生物体的稳态与调节”中的相关知识，理解生态系统中物质和能量的流动，进而理解生态平衡的现象与意义。学生理解生态平衡后便可进一步理解保护生物多样性的意义——生态系统的调节能力取决于生态系统中生物成分的样态，从而培养保护生物多样性的自觉性。

(3)人的生活习惯影响机体健康

人与环境之间保持着一种动态平衡的关系。例如，人体内某些微量元素的含量偏高或偏低，打破了人与自然的动态平衡，人体就会生病。一般情况下，食物如肉类、蔬菜和粮食等都含有微量元素，注意科学饮食对保持身体健康极为重要。除饮食外，规律的睡眠与运动同样有利于机体各种生理功能的发挥。5～6 年级学生只需要知道生活习惯会影响人体健康，应养成良好的生活习惯。7～9 年级学生需要进一步认识人体健康的含义，知道健康生活方式的意义并形成膳食平衡的观念。

(4)人体生命安全与生存环境密切相关

人体具有复杂的调节机能，能适应环境的异常变化。但如果环境出现了激烈的异常改变(如气象条件的剧变、自然的或人为的污染)，超越了人类正常的生理调节范围，就可能引起人体某些功能、结构发生异常反应，甚至呈现病理变化，导致人体患病或影响人体寿命。因此，人体生命安全与生存环境密切相关。5～6 年级学生能举例说出

重大传染病和突发公共卫生事件对人类安全的威胁，关注生存环境变化，提升保护生态环境的意识。7～9 年级学生则需了解生存环境改变带来的各种疾病，并了解用药安全、医疗急救的基本知识，以面对常见的生活情境。

(三)“生物与环境的相互关系”与跨学科概念的关系

本核心概念涉及“物质与能量”“结构与功能”“稳定与变化”三大跨学科概念。

生态系统是生物与环境组成的自然系统，生物与环境是一个整体。构成生态系统的生物体和无机环境等各种要素都以一定的方式相互联系、相互作用，并且遵循一定的运动规律。每个要素在维持系统的正常功能中都不可或缺，并具有特殊的意义。这些都显示出生态系统是协调统一的整体。生态系统内存在复杂的相互作用，表现为生物与生物的竞争与合作、生物对环境的影响和适应等。生态系统内复杂的相互作用可以使个体、种群、群落和生态系统各个层次保持较长时期的相对稳定。因此，本核心概念中渗透着强烈的“稳定与变化”的思想。

3～4 年级学生在学习生物能适应其生存环境时，可在教师的引导下理解此现象的意图，初步认识生态系统的稳定性。5～6 年级学生可以从自身的角度思考人与环境的关系，理解人的行为对生态系统的影响，以及生态系统对人的反作用，进而理解人与自然和谐相处的意义。7～9 年级学生进一步理解生物与环境的关系，可以在教师的引导下理解生态系统中每一个要素对其稳定性的影响，如动物在生态系统中充当消费者或分解者的角色，对促进生态系统的平衡与稳定起着重要作用；理解生态系统中复杂的相互作用有助于在稳定的条件下保持相对一致的生物数量和类型，但不断变化的条件可能会导致出现新的生态系统；最终理解生态平衡的现象和意义，知道保护生物多样性的意义，以及维持生态系统的生产力对地球生命的重要性。

生态系统的各个层次都有能量的流动和转换，食物链和食物网是生态系统中能量流动和物质循环的基础。每天太阳输送到地球的能量大约为 10^{19} 千焦，这些能量绝大部分都被地球表面的大气层吸收、散射和反射。大约只有 1%的能量以可见光的形式被地球上的有机物通过光合作用转化成化学能，固定在植物所制造的有机物中。这样太阳能就输入生态系统的第一营养级。生态系统中的能量还会从一个营养级流入下一个营养级。因此，教师应在学生学习生物与环境的相互关系时渗透“物质与能量”这一跨学科概念。其主要体现在让 7～9 年级学生学习生态系统中物质和能量传递的内容。

在本核心概念下，“结构与功能”跨学科概念的落实较学科核心概念“生命系统的构成层次”部分有了更进一步的提升。学生不仅要观察生物个体的结构与功能的关系，还要将视野扩展至周围环境，将生物的外部形态、行为表现与环境结合起来，进而理解环境对生物结构与功能的影响。这也体现了生命科学领域的“进化与适应”的思想。具体而言，3～4 年级学生在观察不同环境下植物的外部形态的不同特点以及这些特点对维持植物生存的作用时，应该提升对结构与功能的认识。5～6 年级学生在探索动物适应环境的方式时，也可以逐步深入理解其蕴含的结构与功能的关系。7～9 年级学生不仅可以发现动物、植物与环境的关系，还可以理解动物、植物习性背后的结构与功能的关系。

第三节
小学科学教材分析与使用

教材是课程内容在中观层面的具体表达，连接着课程标准与课堂教学，是科学教学的重要资源。教师只有充分认识教材的价值、挖掘教材背后的内涵和意义，才能创造性地用教材开展教学活动。

一、认识教材的重要价值

教科书是专业人士依据课程标准编写的学生用书。好的教材编写团队常常集合了课程专家、学科专家、学科心理学家、学科教师等各种类型的相关人员。他们依托各自的专业背景，对单元的架构、每一课的内容和活动的设计都进行了反复的推敲和试教。因此，教科书是可以信赖的教学资源，能够大大节省教师依据课程标准自行组织教学内容的精力和时间。此外，现在的教科书不再是科学知识加验证性实验的表达模式，而是包括许多学习活动的设计，能够为教师提供更加丰富的参考。

除了教科书外，一般教材还配备相应的教学具、活动手册、影像资料等教学材料。以教学具为例，小学科学与其他学科明显的区别是运用许多教学具，即便是在开设自然课时期也不例外。近年来，受建构主义学习理论的影响，教师加强了对教学具的研究与开发。国际上一些知名的小学科学课程都有成体系的学具箱，如美国的 FOSS (Full Option Science System)课程和 STC(Science and Technology for Children)课程、法国的“动手做”课程等。精心设计的学具可以帮助学生更好地理解那些抽象难懂的科学概念和科学探究过程，并能激发学生的学习兴趣，启迪学生的思维，培养学生解决问题的能力。因此，教材在编写的同时也会设计出一些具有教材个性的学具，如月相盒、人体骨骼拼图等，为学生学习科学提供了有力的支撑。学校和教师需要认识到学具对于学生科学学习的重要性，尽可能让学生自己动手，提升科学教育质量。活动手册也是教材的重要组成部分。它不仅为学生提供记录观察、实验数据的载体，还为学生提供活化、运用、整合、创造所学的机会。而这正是形成科学素养必不可少的条件。

教材还包括教师教学用书。教师教学用书能够帮助教师理解教科书和课程标准的联系，引导教师用好教科书，理解教科书的编写理念、框架和结构，理解教科书内容、活动的设计意图，是教师教学设计的重要帮手。

二、理解教材的编排线索

在传统理科教材中，知识的本体逻辑结构是串联内容的唯一主线。随着科学学习心理学的发展，使学习材料的组织符合学生的认知逻辑越发受到科学教育研究者的重视。现行的各版本科学教材吸收了建构主义、学习科学、多元智能、情境教学、科学哲学等一些理论和经验，围绕科学课程目标对内容进行主题式单元编排。编排线索主要包括以探究能力培养为主线、以统一概念为编排线索、科学知识与科学探究双主线、以儿童生活经验的扩展为主线等几种不同的类别。

（一）以探究能力培养为主线

采用该种编排线索的科学教材以苏教版、大象版和湘科版为代表。苏教版教材提出从儿童的生活逻辑出发设计教材单元，重视探究能力的培养，将探究作为逻辑主线之一，螺旋上升式地贯穿全套教材，强调科学学习的过程和亲身体验。大象版教材的编排方式是以能力培养为明线，以科学知识为暗线。大象版教材将认知能力分为感知科学、走进科学、探索科学、科学探究四个层次，将它们各自作为各年级教材的一级标题。湘科版教材以科学探究为组织的中心，以学生的自主探究为主线；将科学探究与学科内容进行穿插或融合，将科学技能与知识内容结合，在各分册中都有所侧重。

（二）以统一概念为编排线索

冀人版和京教版以统一概念为科学教材的编排线索。冀人版教材用四组统一概念，即性质与功能、运动与变化、作用与平衡、结构与系统来综合各个年级的教学内容。四组统一概念是一个相互联系、相互作用的整体，是一个由低到高、由易到难、由简到繁、由外部特征到内部结构，再到系统的认知体系。相似的是，京教版教材以科学主题统摄、基于科学观念构建教材内容，以能量、演化、变化的形式、尺度和结构、稳定性、系统与相互作用六大主题进行组织和展开。

（三）科学知识与科学探究双主线

教科版教材以四个领域的科学知识为经线、以科学探究的八个要素为纬线，以类似针织结构的方式编排内容，并将科学态度目标以及科学、技术、社会和环境目标要求渗透其间。

(四)以儿童生活经验的扩展为主线

人教、鄂教版教材从儿童发展的视角出发，以儿童生活经验的扩展为主线进行编排。该教材突出生活主题，以家庭—学校—家乡与祖国—地球与宇宙为线索，随着学生生活经验圈和视野的不断扩大，逐步展开教学内容的广度和深度。如图4-6所示，四个生活经验圈在低学段、中学段和高学段的四个学期中进行三轮循环。这样既落实了课程标准中将课程内容按低、中、高三个学段进行分级实施的要求，还便于按照学习进阶创建螺旋式上升的内容体系。①

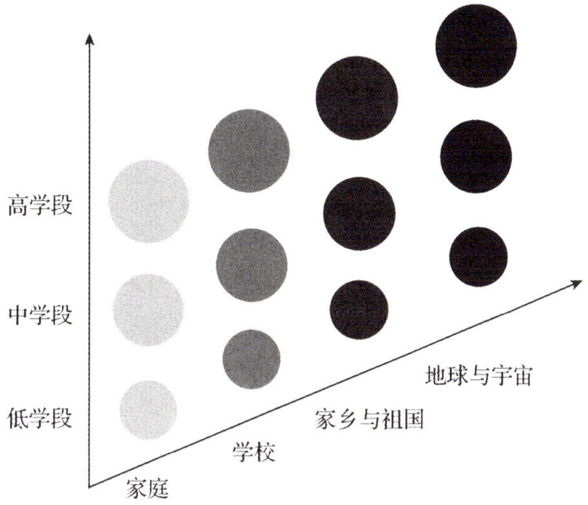

图4-6　学生生活经验圈的扩展、循环与进阶

三、把握教材的组织架构

按教材的三级架构来分析，各版本教材均采用了传统结构：册—单元—课。教师需要从整体上把握教材的组织架构，理解教材的编排意图，从而更好地使用教材。

(一)教材的单元架构

教材的单元部分以课程标准规定的由13个学科核心概念分解而成的学习内容为组织线索。单元用主题命名，主题的外延大于概念。主题既包括要学习的科学知识，又有机地整合了科学探究、工程实践或科学本质等目标。②

---

① 姚建欣：《新编小学科学教材的特点分析与后续册次修订建议》，载《课程·教材·教法》，2018(11)。
② 曾宝俊：《新编苏教版〈科学〉教材的编写透视》，载《江苏教育》，2019(25)。

比如，教科版教材一年级的“植物”单元，以“植物”这一主题进行命名，指向儿童对生物的认识。该单元围绕课程标准中的学科核心概念“生命系统的构成层次”，共编写了6节课的内容。各节课的内容联系紧密、层层递进，围绕“植物是生物，是活的、有生命的”，以观察、记录、交流为重点，通过各种有趣的科学活动，让学生的探究技能与科学概念得到协调发展。

除了以概念性知识为单元的组织线索外，科学教材还根据科学素养中的其他方面设计了特色单元。比如，苏教版教材专门设计了跨学科的STEM单元和有关科学本质的单元。苏教版教材的每册最后会安排一项名为“专项学习”的独立板块。专项学习是对科学探究和工程实践过程与方法的专门指导，1～6年级共安排了6次科学探究指导和6次工程实践指导，以螺旋式结构进行组织。

同时，科学教材单元的横向组织有着内在的线索。苏教版一年级教材的多个单元都与科学本质有关。串联这几个单元的线索是“世界是物质的”这一科学思想。

在单元的呈现方式上，各版本教材均以“单元导引”加“单元内容”为基本模式。绝大多数版本教材的单元导引以图片加文字的形式呈现。有些版本教材在文字运用上进行了精心设计。例如，苏教版、青岛版教材以科学诗词为引言，既能引介和概括单元核心内容，又能展现出科学与人文的融合。另外一种较有特色的形式是以驱动问题为导引(如人教、鄂教版和教科版教材部分单元)。“问题”作为人类好奇心的自然展现，是激发儿童探究兴趣的原动力。从驱动问题引出一系列学习活动，统领整个单元的核心议题，是当前英、美等国家开展探究教学的推荐范式。此外，部分版本教材还在单元结束处添加了“单元回顾”。例如，人教、鄂教版教材以概念图或思维导图的形式总结本单元核心内容之间的联系，帮助学生对所学内容进行再加工与整合。

(二)教材的课文架构

教材的课文架构是教材内容微观层面的组织，是单元内每一课的安排。课文架构既包括次级主题安排，也包括每一课内容及活动顺序的安排。次级主题(课与课)之间有一定的逻辑关联：有的是总分关系，有的是并列关系，有的是自然顺序，还有的是先抽象后具体或先具体后抽象。

每一课的组织线索是各种活动。各活动顺序的安排充分考虑儿童的心理特点和认知规律，由浅入深，由已知到未知，由具体到抽象，从行为到表象再到符号。由于每一课的组织以活动为主，因此三级目录的设计与安排不能用类似中学理科教材中内容结构的组织方式，各版本教材均采取以学习活动为主线的结构来组织内容。

在教材的三级架构上，不同版本教材各具特色，明显的差异在于栏目的设计。就现行的低学段教材进行统计，绝大多数版本教材设计了数量不等的栏目。对于这些栏目的应用，有的版本采用稳定出现的方式，每节课都用固定栏目来不断指导和强化科学探究的思路；有的版本则根据各节课的教学内容灵活选取某些栏目。

好的栏目设计能使课文始于适合学生生活经验和知识基础的学习情境，延续单元的驱动问题并聚焦到一个具体的科学探究或工程技术问题。随后，学生通过参与科学实践解决问题，在解决问题的过程中建构科学概念、训练科学思维、发展科学能力，最后进行拓展和应用。表 4-5 为部分版本教材的栏目设计。

表 4-5 部分版本教材的栏目设计

版本	主要栏目
人教、鄂教版	科学实践、拓展与应用、单元回顾
苏教版	观察、动手、记录、思考、交流、阅读、拓展
湘科版	活动、阅读、指南车信箱、拓展、安全警示等
青岛版	活动准备、活动过程、探究技能、拓展活动、知识乐园、科学殿堂、反思空间、方法指导
教科版	聚焦、探索、研讨、拓展
大象版	阅读、提出问题、观察、实验、描述、设计制作、活动、事实证据、表达交流、调查、得出结论、反思、拓展活动、迁移应用、游戏等
冀人版	情境与问题、探究与发现、应用与拓展

例如，教科版教材的每一课都按照聚焦—探索—研讨—拓展的方式开展，体现出科学探究和学生学习的过程。聚焦部分往往针对生活中常见的现象提出问题，引发学生的好奇心，指向本课要学习的内容。在探索部分，学生通过观察、实验、测量、比较等不同的方式，获取关于该问题的资料和信息。研讨部分基于所建立的经验和收集的证据，通过交流讨论解决指向主要概念的核心问题，让学生建立本节课需要掌握的科学概念。在拓展部分，学生将习得的概念进行迁移运用，以解决其他情境中的新问题，对概念进行强化和巩固。

关于冀人版教材的课文结构，有的以活动过程(任务、设计、方法、实施、结果、评价)为编写思路；有的以科学探究过程为编写思路；有的以知识的逻辑关系(是什么、为什么、怎么样)为编写思路；有的以思维特点和过程为编写思路；有的按照“综—分—综”或“分—综”的思路编写。① 该版本教材中的活动以高年级学生的逻辑思维发展和综合探究能力培养为依据进行设计，主要有三种形式。第一，按照科学探究的基本过程“提出问题—猜想与假设—设计实验方案—实验观察—分析实验现象—得出结论—交流评价”进行设计。第二，以某一探究的环节为主，分层设计。这类活动以培养学生的探究能力为主，从探究的深度和广度入手，按照一定的层次设计活动过程。第三，按照逻辑思维的过程进行设计。高年级很多活动内容是按照逻辑思维的过程和方法设

① 李进起：《怎样理解小学科学教材》，载《教育实践与研究》，2009(12A)。

计的，如通过比较—归纳—演绎的思路帮助学生学习概念。①

四、认识教材的呈现方式

教材的呈现方式即教学内容在教材中的表达形式。教材的呈现方式是教材的编写者与读者进行对话的重要途径。教材的呈现方式就是教材的形象，形象的背后隐藏着编者的教材观。对教材的呈现方式进行分析，能够发现教材如何服务于课程目标、体现课程理念，有利于教师更有效地开展教学活动。

(一)形式丰富的学习活动

教材的内容以各种各样的学习活动为载体展开，这契合了学生认知发展的直接性、表观性的特点。因此，各版本教材在内容呈现上突出的特色就是其学习活动。其中，数量最多且最核心的是科学探究活动，此外还有模拟活动、科学阅读活动、实地考察、养殖栽培、游戏等。教师不仅要带领学生开展各种学习活动，还应认识到教材中学习活动设计背后的意图，从而更有效地组织活动。

在各版本教材中，科学探究活动都是按学段螺旋上升组织的。低年级安排的活动多为通过直接观察就能获得答案的探究，如麻雀是如何走路的；中年级安排的活动多为通过实验找答案的探究，如纯水和盐水蒸发快慢的比较；高年级增加了通过查找资料获得答案的探究，如本地气候是否有变暖的趋势等。这与义务教育科学课程标准中的学习进阶相一致：学生的探究能力和思维发展都遵循由简单到复杂、由具体到抽象、由直接到间接的规律。

除科学探究活动外，教材中还有大量的模拟活动。一些涉及宏观自然现象的知识或抽象的概念是学生很难理解的，运用类比、模拟活动可以有效解决这些难题。例如，不少低年级学生会认为"白天天上没有星星"。为了纠正这一错误的概念，教材推荐使用类比策略，让学生用电量不同的小手电筒在天花板上模拟星空，再用投影仪模拟阳光，亲眼观察到满天的"繁星"在"阳光"的照射下慢慢"看"不到，却依然"存在"，进而纠正学生错误的概念。此外，教材中还设计了用沙盘模拟地形、用生态瓶模拟自然界的生态、用"解暗箱"模拟科学家在探究过程中遇到的困难等模拟活动。

针对低年级学生的心理特点，教材的学习活动中设计了很多研究性游戏。这是因为低年级学生尚不能做较规范的科学实验，还不了解变量控制、数据分析等科学实验概念。研究性游戏旨在让学生在游戏中有所发现，激发好奇心，体验发现的乐趣。例

---

① 李进起、张素先：《冀人版小学科学五、六年级教材特点及教学建议》，载《教育实践与研究》，2007(7/8A)。

如，苏教版教材一年级上册“走进科学”单元的滚小球活动就属于研究性游戏。

教材为学生提供了很多的活动机会，如校园生物大调查、用自制望远镜观察月亮上的阴影、养蜗牛、养昆虫、栽小葱等，以此丰富学生的直接经验。教师在活动中可以通过配套的活动手册对活动过程和收集的资料进行记录，让学生在直接经验的基础上建立科学概念。例如，苏教版教材的活动手册中还设计了许多迁移运用的作业。比如，苏教版一年级上册的“用双手创造” 单元中有关自然物与人造物概念的学习，除了教材提供的把自然物改造成人造物的例子，还要求学生再举几个把自然物改造成人造物的例子，让学生通过迁移运用加深对概念的理解。

活动是儿童学习科学的主要方式，活动经验是儿童建立科学概念的基础。因此，活动是课程设计、教材编写的有机组成部分。①

（二）“儿童本位”的语言呈现

新编的低学段教材充分落实了课程标准所建议的“图文并茂”：编排设计形式活泼，插图插画丰富多彩，照片、图表、文字等各类表征方式得到了综合运用，较好地创设了探究情境、承载了课程内容、展现了科学历程，能够为儿童科学概念的形成提供形象直观的表象支撑。

语言是教材知识内容的主要呈现方式之一。学生通过语言来进行科学学习，语言在学生的科学学习过程中起着非常关键的作用。通过语言的表述，教师能更准确地把握教材的内容，学生能更好地理解教材中创设的各类探究活动。各版本教材语言呈现的突出特点是关注儿童的主体性地位。教材是从儿童出发编写的，内容反映的是儿童自己的生活。

在句式的角度上，教材往往先用一般疑问句和祈使句激发学生的学习兴趣，在具体的探究活动中再运用卡通人物间的相互对话来发问，引导学生自主探究、体会尝试探究的乐趣，让学生对问题进行更多的思考并逐步养成良好的科学学习习惯，最后用陈述句来呈现科学知识和科学概念。

在叙述角度上，绝大多数的课文都采取第一人称叙述。“我们一起来……”等句式使学生感受到教材不是在独自表述教学内容，单方面地“发出声音”，而是像一位和学生共同学习的同伴，站在学生的角度上考虑各种科学问题，与学生成为一个共同的“学习团队”。也有一些课文采用第二人称，呈现出指导对话式的语言风格。例如，“关于猫和鸡，你还知道些什么?”“观察更多常见的动物，记录下你的发现”等。这种语言呈现方式仿佛一位教师在与学生进行对话，通过一系列问题来引导学生开展观察、实验、思考等探究活动，并通过简单的文字指导为学生的探究活动提供支持。

---

① 郝京华：《新编苏教版〈科学〉教材的编写理念与设计思路》，载《江苏教育》，2019(65)。

在语言风格上，各版本教材的表达都流畅清晰、简单明了，生动活泼、通俗易懂，贴近学生的生活，符合学生的认知习惯。此外，部分版本教材在单元导言中采用了科学诗词来引入本单元的内容。例如，“水”单元的导言是“你一定玩过水，滴一滴，捧一捧，舀一舀，抓不住，流得快，真好玩！你一定玩过水，一勺盐，一杯水，一根棒，倒一倒，搅一搅，真有趣！”我们可以发现，这首诗中包含水具有流动性、能够作为溶剂等物理性质，指向本单元要学习的科学知识；此外，这首诗中还包含研究水的方法，即需要用的药品和仪器，将科学实验的操作融入其中。朗朗上口的科学诗词契合了学生的学习规律，同时服务于要学习的科学内容，体现了科学与人文的融合。

另外，低年级教材都标注了拼音，方便学生学习。字体上除了有印刷体外，还有手写体。手写体主要用于从学生的角度写一些小组调查计划、调查结果等，使学生易于接受。

（三）“直观易读”的图片呈现

由于学生更易于接收图片呈现的信息，带有插图的教材的教学效果要优于纯文字性教材。内容丰富、形式多样、绘制精美的插图在激发学生学习兴趣、为学生的探究活动提供资料和指导、启发学生思考、培育学生的科学态度等方面都发挥了重要作用。

按照图片的产生方式，插图主要有实物图片、手绘图片和图表图片几种类型。实物图片多为拍摄的照片，以植物图片、动物图片为主；手绘图片包含卡通人物对话图片和描绘某一知识点的绘画图片；图表图片有表格、结构图和坐标图等。① 教科版教材的实物图片居多；湘科版教材有大量手绘的卡通人物对话图片，能够引发学生的兴趣；京教版教材较多采用概念图和图表，使用了大量的气泡图、思维导图、维恩图和柱状图等，对学生的思维培养起到很好的促进作用。②

关于插图的排布，插图与正文的排版主要有先文后图、先图后文、图文共处等几类。插图与学科基本结构、学生学习情境息息相关，体现了科学的形象、科学文化和科学观。根据插图设计基于学生的认知特点、科学课程的特点，教师应当认识到教材中插图的教学功能，运用插图来顺利展开教学活动，充分发挥插图的教学价值。

五、创造性地用教材“教”

尽管教材编写者花费了大量的精力和时间，但教材仍具有其无法避免的局限性。和单元目标的确定一样，课程内容和教学活动均是以假定的具有某些共性的学生群体

---

① 杨淑萍、刘珂、邵帅：《教科版〈科学〉图表分布及其教学功能实践》，载《教学与管理》，2017(14)。

② 诸莲红：《小学科学教材知识结构和呈现方式的比较研究——以上海科教版〈自然〉和北京教科版〈科学〉为例》，硕士学位论文，上海师范大学，2016。

为对象而设计的。例如，假定某个年级的学生都具有相同的思维特点、兴趣爱好、经验背景等。事实上，不仅不同地区的学生存在差异，而且同一个地区的学生也存在差异，即便是同一所学校同一个班级的学生也必然存在差异。因此，教材设计的活动或者内容有时可能无法适合所有的学生。

因为要顾及大多数学生的学习，教材选择的内容和设计的活动一般就低不就高。例如，认知过程的目标偏重的是记忆、理解和运用；活动设计偏重的是简单易行的、城乡学校都能做的。以各版本教材都有的“养蚕”内容为例，大多数教材都会安排如下内容：如何饲养蚕，如何观察蚕宝宝，如何测量蚕的长度，如何写观察日记，以及丝绸的发明及其与我们生活的联系等。若想安排高认知水平的活动，教材编写者就会有所顾虑。例如，不是所有的地区都有蚕、桑叶，高认知水平的探究活动不是每个学生都能完成的。

鉴于上述原因，教师不能“教”教材，而要用教材“教”，即要创造性地使用教材。教师需要基于现实的学生背景与需求，读懂教材、评析教材，进而超越教材。一位专业自主的教师不应该奉教材为圭臬，应该先对教材进行严格的审阅与批判。教师对于教材中的单元教学活动，应检视其是否包含重要的科学概念及过程技能，是否能培养学生的科学思考和解决问题的能力，是否符合学生的兴趣，是否能呈现好的探究问题与探究活动，是否真实且客观地呈现各种问题与情况，是否为学生提供批判性思考的机会，是否将知识与能力真实应用于生活中。评析教材可以从以下四个方面展开。

首先，与学习者特征的吻合度。教师需要考虑学生的兴趣、文化背景、已有知识与经验、认知发展水平等。例如，若教材涉及的某项内容使用的实验材料对于班级学生来说较为陌生时，教师可以选择当地生活中较为常见、亦能反映该教学知识点的材料进行实验。

其次，与现代学习理论的契合度。不同流派的现代学习理论从不同的视角揭示了人类学习的规律，对于教师理解教学具有根本的指导作用。例如，建构主义学习理论认为，学生是知识的建构者，他们需要带着已有的知识经验，主动参与到与物、与人的相互作用中，形成自己的理解。因此，教师需要理解、认可并内化现代学习理论，并以此为教学设计的重要依据。

再次，与科学本质的关联性。如前所述，学生科学本质观的培养已经成为科学教育的一个重要目标。当前各版本教材中对科学本质相关内容的设计还有不足之处。因此，教师需要选择合适的教学内容，基于学生的实际情况，融入科学本质的教学。

最后，根据对科学概念的运用评析教材。一般来说，教材还会注意编排科学概念在生产、生活中运用的内容。例如，“磁铁”单元会提及很多运用磁铁的装置，如冰箱、磁悬浮列车等。但有的教师认为仅认识磁铁的实际应用过于侧重达成相应知识目标，还可以针对磁铁相关知识点做一些应用性的尝试。于是该教师自制一台电报机，以“学习单”的方式介绍电报机的发明过程，再让学生应用所学的电磁铁概念以小组形式进行电报机制作活动，并设计电报机说明书。然后，该教师公开自制的电报机，供学生观摩及反思。

本章小结

科学内容是科学课程的载体，是实现科学课程目标和开展科学教学活动的纽带与桥梁。从国际科学教育发展的趋势来看，围绕“少而精”的概念组织课程内容、关注科学本质并在课程中整合工程学内容成为科学课程内容选择的共识。在此背景下，《义务教育科学课程标准(2022 年版)》选择 4 个跨学科概念、13 个学科核心概念，并将学科核心概念分解为学习内容，以内容要求的形式分学段进行具体阐释。

教材是课程内容在中观层面的具体表达，是教学的重要参考资源。我国目前出版了人教、鄂教版和苏教版等各版本小学科学教材。面对种类繁多的教材资源，教师必须学会正确分析和合理使用教材。教师不但要了解教材的重要价值，还要理解教材的编排线索，把握教材的组织架构，认识教材的呈现方式，并创造性地用教材“教”。

关键术语

科学课程内容｜跨学科概念｜学科核心概念｜科学教材

拓展阅读

1. 刘恩山．义务教育小学科学课程标准解读[M]. 北京：高等教育出版社，2017.

2. 林长春，黄晓．小学科学课程标准与教材研究[M]. 北京：高等教育出版社，2020.

练　习

1. 如何处理有限的课程容量与“无限”的科学知识之间的矛盾？请谈谈您的看法。

2. 教师应如何分析和使用教材？

第五章

小学科学教学设计

章结构图

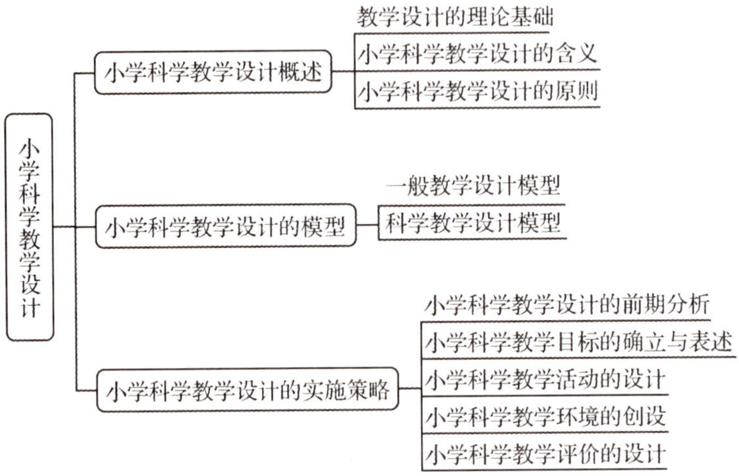

本章概述

本章首先阐述了教学设计的理论基础，介绍了小学科学教学设计的含义，并提出了小学科学教学设计的原则。然后在此基础上，本章着重介绍了四种一般教学设计模型和两种科学教学设计模型。最后从设计的前期分析、目标的确立与表述、活动的设计、环境的创设、评价的设计几方面分述了小学科学教学设计的实施策略。

章前导语

我们已经学习了小学科学课程的目标、内容等，那么怎样将这些要素有机组合起来才能更好地促进学生的科学学习呢？教学设计就是对各教学要素进行系统规划以形成教学方案的过程，需要教师将教学决策建立在规范化、合理化、有序化和技术化的基础上。

教学活动是实现教育目的的基本途径，有效的教学设计是落实教学目标、保障教学质量的必要条件。① 教学设计将教学活动建立在科学系统的方法论基础之上，使教学手段、教学过程成为可复制、可传授的技术和程序。教师借助优质的教学设计案例可

---

① 徐继存、周海银、吉标：《课程与教学论》，157页，济南，山东人民出版社，2010。

以迅速掌握教学的基本原理和方法，提高教学水平。[①] 教学设计既能够使教学理论和已有研究成果在实际教学中落地，也有助于教师将自己的教学经验升华为科学教学方法、策略，从而充实和完善教学理论，实现教学理论与教学实践的紧密结合。那么究竟什么样的教学设计才是科学优质的教学设计？教师要如何进行教学设计？

第一节
小学科学教学设计概述

虽然对教学活动进行计划和安排历来有之，但是早期教育家主要将精力放在探索教学的机制上，对整个教学过程及各阶段的设计、对教学中各要素的配置仅仅停留在经验阶段。为探索如何协调各教学要素，美国哲学家、教育家杜威萌发了科学地进行教学设计的构想，并提出应该建立一套与教学设计活动有关的理论知识体系，以便实现学习理论与教学实践的紧密结合。第二次世界大战之后，教育学、心理学、系统科学、传播学、信息技术学等相关知识综合应用于教学，为建立系统的教学设计知识体系奠定了基础。[②]

一、教学设计的理论基础

教学设计既是解决复杂教学问题的过程，又是传播教学信息的过程。它需要教师清晰地把握教学规律，考虑如何以学生易于理解的方式实现教学要素之间的有效协调，保证信息传播的有效性。基于此，系统理论为保证教学系统顺利进行和实现系统的整体功能提供了指导思想。传播理论指出教学是教育信息传播的过程，它为教师合理传递教学信息而实现师生有效互动提供了指导原则。学习理论和教学理论有助于保证教学设计的科学性。

（一）系统理论

系统方法就是运用系统的观点和技术，研究和处理各种复杂的系统问题的方法。系统方法侧重对系统的整体性分析，旨在从组成系统的各要素出发，探索解决问题的

① 罗文浪、戴贞明、邹荣等：《现代教育技术》，93页，北京，北京理工大学出版社，2015。
② 乌美娜：《教学设计》，13页，北京，高等教育出版社，1994。

方法及操作程序。[①] 教学是由学生、教学目的、教学内容、教学方法、教学环境、教学反馈、教师等成分构成的系统，教学过程本身也是引发和促进学生学习的系统。运用系统的观点来看待教学，有助于教师理解各教学要素的重要作用，掌握如何让各个成分有效地发挥作用。

系统理论强调反馈、有序和整体的基本原理。反馈原理指出，教学需要不断接收学生的反馈并从中获得调节和控制教学的依据，利用这些依据来优化教学。有序原理强调教学活动应该按照从感性到理性、从直观到抽象、从简单到复杂的顺序，循序渐进地启发学生的思维。教学系统内部各要素之间发挥着相互作用。要想使系统的整体功能大于各要素功能之和，就必须在保证每个要素都达到最优化的基础上，注意各要素之间的配合、协调，发挥系统的整体功能。

（二）传播理论

从传播学的视角来看，教学是一个信息传播的过程。传播理论阐释了教学信息传播过程中所涉及的要素以及各要素之间的动态相互关系。拉斯韦尔从谁、说什么、通过什么渠道、对谁、产生什么效果五个方面提出了经典的传播过程 5W 模型。[②] 与此对应，教学传播过程则包括教师传播什么，通过什么途径传播，对谁传播，有什么效果等要素。教师要想取得好的教学效果，必须遵循传播原理，分析学习内容、学习者，选择教学媒体并设计教学评价。教师在进行教学设计时还要预见教学信息传播过程中可能存在的干扰，通过合理安排教学内容、正确采用教学方法、选择合适的教学媒体等手段消除传播过程中的干扰，保证学生能够接收教学信息并引发知识、能力、态度和情感的变化。

教学过程是一个复杂的双向动态过程。根据贝尔洛提出的信源—信息—通道—受者（Source-Message-Channel-Receiver，SMCR）模型，教学信息传播者和接收者的传播技能、态度、知识水平、社会及文化背景等因素都会显著影响传播效果。[③] 另外，奥斯古德和施拉姆还将反馈环节加入 SMCR 模型，指出传播过程是一个双向互动的过程，信息传播者和信息接收者都是积极的主体。[④] 在教学过程中，教师并不是信息的主动输出者，学生也不是信息的被动接收者；学生需要对教师传递来的信息进行编译、解释和重新编码，而教师需要从学生的反馈中再次获得新的信息。因此，教学信息传播过程必须通过师生双方的互动才能运转起来。

---

① 何荣杰、张艳明：《课堂教学设计》，20 页，北京，北京邮电大学出版社，2014。

② 乌美娜：《教学设计》，30 页，北京，高等教育出版社，1994。

③ 乌美娜：《教学设计》，31 页，北京，高等教育出版社，1994。

④ 乌美娜：《教学设计》，32 页，北京，高等教育出版社，1994。

(三)学习理论

促进学生的有效学习是教学设计的出发点和根本目的。教师在进行教学设计之前必须深入理解什么是学习，学习是如何发生的。因此，学习理论是教学设计的根基。只有将教学设计建立在学习理论基础之上，使教学符合学生的需要，才能充分发挥学生的潜力，有效促进学生的学习和发展。

不同的学习理论流派从多样化的角度为教学设计提供理论支撑。行为主义学习理论主张将教学目标分解成若干相互关联的步骤，为学生提供特定的刺激以便引起学生正确的行为反应。行为主义学习理论强调以外显、可观察、可量化的行为变化为衡量学习效果的依据。这就要求教师在进行教学设计时依据学生的行为表现设置具体的目标，安排环境中的刺激，以便于学生做出恰当的反应，并及时对学生的行为进行强化。

认知主义学习理论认为，学习并非刺激和反应之间建立联结，而是学生积极主动地进行认知操作以形成新的认知结构。认知主义学习理论启示教学应该充分考虑学生当前的认知水平，教学活动的设计以促进学生认知水平的发展为根本宗旨，调动学生主动参与学习过程并在头脑中形成结构化的知识体系。

建构主义学习理论认为，知识并不是通过教师传授得到的，而是学生在一定的社会文化背景下通过主动的意义建构而获得的。因此，教师应该突出学生的主体地位，为学生创设真实有趣的情境，在问题情境中促进学生积极主动地思考。教师自身作为教学的主导者给予学生自主学习、协作学习、探究学习的机会和必要的指导。

(四)教学理论

教学理论中关于教学目的、教学方法、教学组织形式、教学媒体、教学环境、教学评价的具体阐述为教学设计提供了直接的科学依据。例如，科学教学以科学素养为核心教育目标。科学素养是情境、知识、能力和态度相互关联的结果。在进行教学设计时，教师既要关注科学知识，也要关注科学探究、科学态度以及科学、技术、社会与环境目标的达成，注重各方面目标的整合与平衡。有关教学理论对教学设计的影响详见本书前面的章节。

二、小学科学教学设计的含义

设计既包括为实现一定的目的，对事物进行组织和建模的动态过程，又包括以计划、蓝图或产品等形式呈现的结果。[1] 与一般设计活动类似，教学设计要注重目的性、计划性、系统性。与此同时，教学设计还强调理论与经验的统一。教学设计既以教学原理为基础，包含不可化约的科学要素，又是一个动态、延续、依据情境脉络变化时时创作的过程。[2] 在教育技术学、教育心理学研究的推动下，教学设计所依赖的原理从教学理论扩展到包括系统理论、传播理论、学习理论和教学理论在内的理论群。

教学设计是在实施教学之前，教师充分考虑学生的特点，将系统理论、传播理论、学习理论、教学理论与教师实践经验有机结合起来，对教学目标、教学内容、教学方法、教学过程、教学评价等教学要素进行规划和组织并形成设计方案的活动。[3][4] 结合小学科学教学的特征，小学科学教学设计是教师根据学生的认知发展特点和科学学习规律，以学生科学素养的培养为核心目标，结合教学设计理论与实践经验，对小学科学教学目标、教学内容、教学方法、教学过程和教学评价等诸要素进行组织以形成教学方案的活动。

小学科学教学设计是对教学目标、教学内容、教学方法、教学过程和教学评价等要素的有序组织和系统安排。教师的教育教学理论素养在某种程度上决定了其对授课内容的教学、学生学习的把握与洞察，也决定了其对教学过程的理解及其实践品质。要想使小学科学教学设计走向学科化与规范化，教师需要提升自己对学科知识的理解，以研究的心态对待教学设计，透视小学科学教学实践进行反思。[5]

强调小学科学教学设计的理论性和预设性，并不意味着忽视教师的经验和创造力。教学是一个创生的过程。教师会在日常教学实践过程中积累大量关于如何备课、如何上课、如何考评的态度、看法和信念，这些经验形成了教师教学智慧的基础。优秀教师的教学经验本身渗透了他们对教学理论的反思和内化，并体现在教学策略的选择、教学活动设计等教学设计的方方面面，对形成优质的教学设计具有重要的作用。

三、小学科学教学设计的原则

(一)系统性原则

教学设计是由教学内容分析、教学对象分析、教学目标确定、教学过程设计以及

---

① Norbert M. S., Thomas L., & Patrick B., et al., *Instructional Design for Learning: Theoretical Foundations*, Rotterdam, Sense Publishers, 2017, p. 7.

② 裴新宁:《透视教学设计观》，载《中国电化教育》，2003(7)。

③ 吴庆麟、胡谊:《教育心理学》，58页，上海，华东师范大学出版社，2018。

④ 莫雷:《教育心理学》，312页，北京，教育科学出版社，2007。

⑤ 黄晓、孙丽伟:《小学科学教学设计的规范化和学科化》，载《全球教育展望》，2014(4)。

教学评价设计等环节组成的有机整体。教师在进行教学设计时应有整体意识，在整个教学系统中协调各个子系统的作用，做到整体与部分的辩证统一、系统的分析与综合有机结合，最终达到教学系统的整体优化。

系统性原则要求教学设计保证活动线和问题链的系统性。一方面，聚焦话题、引导设计、组织制作、展示评价等教学环节需要层层递进。另一方面，教师设计的问题体系构成了一个系统。必要时，教师应将教学问题分解为学生可以通过探究解决的若干子问题，进而将大的任务分解为小的任务，并对应设计相关的教学活动。总体来说，教学设计要遵循系统性原则，从整体的视角出发，将教学各要素置于更大的系统中进行分析，关注各要素之间的联系，从而使各要素形成有机、统一的体系。

（二）连贯性原则

连贯性原则要求教学设计既要遵循学科的内在逻辑，又要尊重学生的认知逻辑，帮助学生以进阶的方式建构科学经验。

小学科学教学需要帮助学生建构以核心概念为框架的知识结构。这就要求教师基于事实性知识提炼科学概念，厘清课时内部、课时之间以及单元之间涉及的核心概念之间的联系，以连贯而有逻辑的方式勾画概念的"蓝图"。例如，"神奇的磁铁"一课包括两个科学概念："磁铁能吸引铁、镍等材料""磁铁能隔着一段距离吸引铁、镍材料"。很显然，第一个概念是第二个概念学习的基础。因此，在教学设计时，教师应当先开展磁铁吸引哪些材料的活动，再进行隔空吸物的活动。

另外，教师还需要深入思考并认真规划关键概念和活动的顺序，确定核心概念理解的水平，明确每一个阶段的学习任务。核心概念理解的进程并不像教师想象的那么快。学生需要时间和令人信服的证据来建构自己的理解，需要时间与新的观点做斗争，并尝试在各种情况下使用它们，直到它们成为看待事物的思维方式和思维习惯。

（三）层次性原则

学习是一个循序渐进的过程，小学科学教学设计还需要遵循层次性原则。教师要像搭台阶一样安排学习任务，让学生"跳一跳就够得着"，从较低水平的观察渐次推进到较高水平的联想、推理、分析、应用，从而逐步深化学生对概念的理解程度。

以"植物对环境的适应"一课为例，学生首先观察教师提供的仙人掌、绿萝的叶，尝试分析两种植物叶的不同与哪些因素有关，初步认识到植物叶的形态与其生存环境有关。然后，学生以小组合作的形式观察不同生存环境中常见植物根的形态特点，分析这种特点与其生存环境的关系。进而教师给出"植物的外部形态与生存环境相适应"的概念。之后，学生独立观察不同环境中植物茎的特点，并分析其与生存环境的关系，完成拓展活动“为植物找个家”。[1]上述教学活动从教师带领、学生小组合作到学生独立完成，从认识、理解到运用知识解决问题，从单一要素分析到多要素分析，由易到难，层层深入；在设计上具有整体性、逻辑性和层次性，符合学生认识事物的特点，使学生的学习更加顺畅。

（四）反馈性原则

教学设计具有动态性和生成性。教师所预设的课堂与实际教学不可能完全一致，因此教学设计需要借助反馈信息不断修改完善。

在课堂场域中，教师需要通过观察、巡视、提问等方式即时捕捉有关学生学习状态的信息，并以此实时调整教学活动，保证教学目标的达成。例如，教师可以通过观察学生的行为、表情、情绪、态度等方面了解学生的注意状态、认知状态及对概念的理解情况；判断所创设的情境是否有效地激活了学生的已有知识经验，问题是否能够有效引发学生的认知冲突和引导学生思考的方向，活动任务是否适宜学生的认知水平。教师由此能够获得反馈信息，从而有针对性地调整问题和任务，推动教学顺利进行。

教师不仅需要在课堂教学过程中借助形成性评价即时调整教学方案，也需要在一节课或一个教学阶段结束之后，结合评价结果反思教学效果，全面修正教学方案，使教学活动组织和实施更加适应学生的需要。

第二节 小学科学教学设计的模型

为指导教学设计，研究者开发了大量的教学设计模型。这些模型被广泛地应用于不同学段、不同学科的教学设计中。[2] 本节将介绍几类具有代表性的一般教学设计模型和小学科学教学设计模型。教师在进行教学设计时，可以根据不同的教学内容灵活选择合适的教学设计模型作为参考。

一、一般教学设计模型

一般教学设计模型包括系统分析模式、过程模式、史密斯和雷根模式、ADDIE 模

---

① 孙慧芳：《以学生为中心的科学课提问策略》，载《湖北教育(科学课)》，2020(6)。
② 盛群力：《现代教学设计论》修订版，332 页，杭州，浙江教育出版社，2010。

型等。

(一)系统分析模式

迪克和凯里是系统设计论的代表人物，他们提出了一种系统分析模式。借鉴工程管理科学的有关原理，系统分析模式是旨在说明教学设计开发、实施和评价的一种系统方法模型。这种模式将教学过程看作一个“输入”(input)—“产出”(output)的系统过程。其中，“输入”的是学生，“产出”的是受过教育的人。① 教学过程包括一系列步骤，需要从前面步骤中接收输入并向后续步骤输出。系统分析模式强调系统地分析输入—产出过程及对系统的组成因素进行全面分析、组合，借此获得最佳的教学设计方案。

系统分析模式如图 5-1 所示。该模式包括八个相互联系的组成部分。这些组成部分是教学设计人员用来设计、开发、评价和调整教学的一系列程序和技术。②

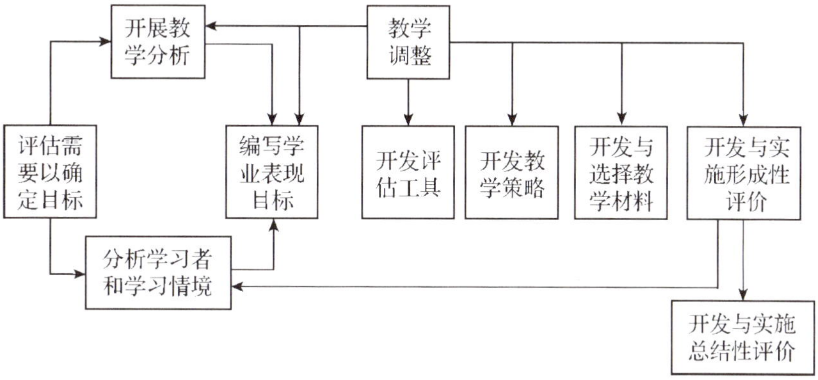

图 5-1　系统分析模式

(二)过程模式

过程模式由美国新泽西州立大学肯普教授提出，强调四个基本要素：①教学方案为谁而开发？——学习者的特征；②你希望学习者或受培训者学到或表现什么？——具体教学目标；③如何有效地学习学科内容和技能？——教学策略；④如何确定学习完成的程度——评价程序。各要素相互联系，构成了过程模式的总体框架。

过程模式(见图 5-2)将教学设计划分为如下环节：①确定学习需要和学习目的；②选择课题与任务；③分析学习者的特征；④进行学科内容任务分析；⑤向学习者阐明教学目标；⑥合理使用教学策略；⑦规划和使用教学资源；⑧提供辅助性服务；

① 杨小微、张天宝：《教学论》，330～331 页，北京，人民教育出版社，2014。
② 盛群力：《现代教学设计论》修订版，334 页，杭州，浙江教育出版社，2010。

⑨进行教学评价；⑩预测学习者的准备情况。①

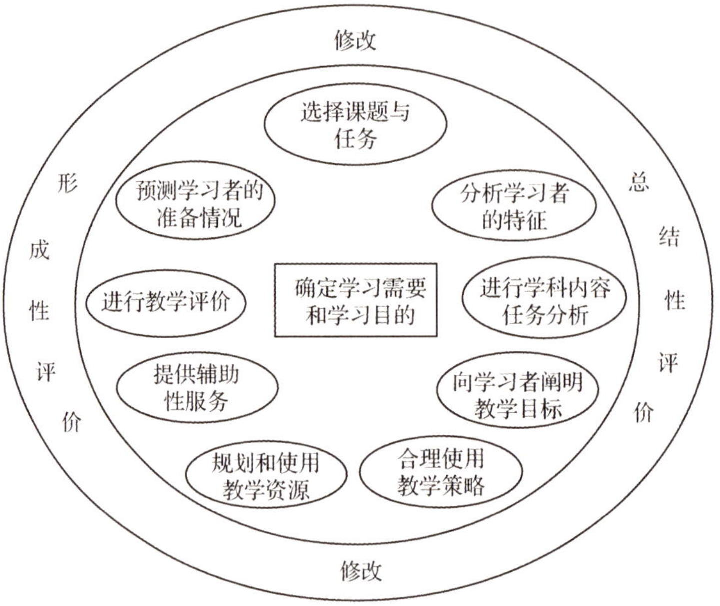

图 5-2　过程模式

过程模式将确定学习需要和学习目的置于中心位置，强调其是整个教学设计的出发点和归宿。各环节之间没有连线意味着教学设计可从任一环节开始，按任意顺序进行。而形成性评价、总结性评价和修改应该贯穿整个教学过程的始终。② 比起系统分析模式，过程模式更加灵活。教学设计人员可以根据教学情境的需要有侧重地设计教学方案。

(三)史密斯和雷根模式

1993 年，史密斯和雷根在系统分析模式的基础上提出了史密斯和雷根模式。该模式吸取了加涅对学习者内部心理过程的认知分析，并考虑了认知学习理论对教学内容组织的影响。

史密斯和雷根模式将教学设计划分为教学分析、策略设计和教学评价三个阶段(见图 5-3)。在教学分析阶段，教师需要对学习环境、学习者特征、学习任务进行分析，编写初步的测验项目。在策略设计阶段，教师需要确定教学的组织策略、传递策略、管理策略，并编写教学资料。组织策略是有关教学内容应按何种方式组织，教学内容应如何排列顺序以及具体教学活动应如何安排的策略。传递策略需要考虑教学信息以

---

① 何荣杰、张艳明：《课堂教学设计》，21～22 页，北京，北京邮电大学出版社，2014。
② 盛群力、褚献华：《现代教学设计应用模式》，365～382 页，杭州，浙江教育出版社，2002。

什么样的媒体形式、按照什么样的顺序传递给学习者以及教学过程如何开展有效的交互活动。管理策略需要考虑在教学过程中如何运用组织策略和传递策略，从而达到预定的教学效果。在教学评价阶段，教师进行形成性评价，并基于实际教学情况对教学计划予以修改。①

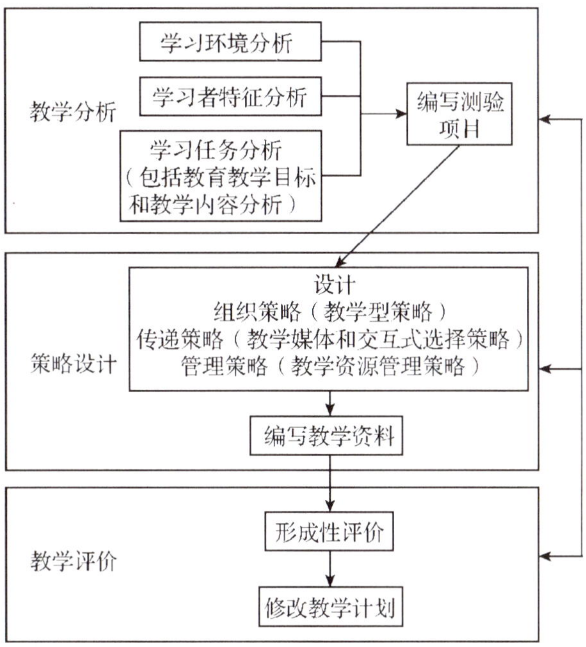

图 5-3　史密斯和雷根模式②

史密斯和雷根模式强调在教学设计时保证教学目标、教学策略和教学评价三者之间的一致性。③ 另外，史密斯和雷根指出，虽然该模式用线性的序列列出了教学设计的各项活动，但是实际的教学设计工作中多项活动的安排往往无先后顺序甚至要多次迭代。因此，教学设计无须过于拘泥于形式，而要根据实际情况进行有机安排。

（四）ADDIE 模型

ADDIE 模型（见图 5-4）是教学设计中较为通用的模式，在实践中得到了广泛的应用。ADDIE 分别表示 Analysis（分析）、Design（设计）、Development（开发）、Implementation（实施）、Evaluation（评价），代表了教学设计的五个阶段：①分析，即对涉

① 何荣杰、张艳明：《课堂教学设计》，23～24 页，北京，北京邮电大学出版社，2014。

② Patricia L. Smith & Tillman J. Ragan, *Instructional Design*, *3rd ed.*, Hoboken, NJ: John Wiley & Sons, Inc., 2005, pp. 3-16.

③ Patricia L. Smith & Tillman J. Ragan, *Instructional Design*, *3rd ed.*, Hoboken, NJ: John Wiley & Sons, Inc., 2005, pp. 3-16.

及教学的一系列问题进行分析，包括对学习目标任务、学习对象、现有资源条件的分析等；②设计，即制定具体的教学活动设计方案，运用教学策略对所要开发的教学设计的关键问题进行预设描述，包括教学目标、教学重难点、教学策略、教学流程及内容的设计等；③开发，即对相关教学素材资源进行开发，也就是对辅助性教学媒体资源进行开发；④实施，即开展教学和让学习者掌握学习目标；⑤评价，即对开发出的教学设计系统及受众的学习效果进行综合性的效果评价，从而发现存在的问题并及时调整完善。①

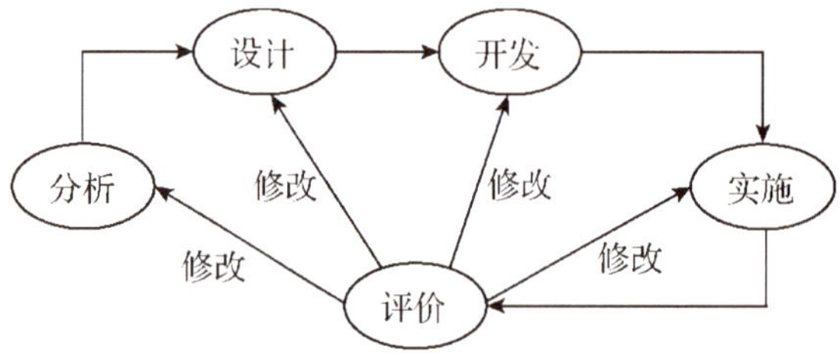

图 5-4　ADDIE 模型②

一方面，该模型的各个阶段之间彼此联系、相互支持，呈现了一种通用化的系统流程。另一方面，该模型并非一个线性模型，具有动态的循环结构。评价阶段渗透于其他四个阶段之中，为其他阶段的改进和质量优化提供反馈保证。上一阶段的输出结果可以作为起始值输入下一阶段，下一个阶段的输出结果也可以作为反馈信息以检测上一阶段。因此，ADDIE 模型具有动态发展性。③ ADDIE 模型形式简洁，克服了以往一些模型过于顺序化、不能对复杂情形灵活应对以及缺乏对评价环节的说明的缺点，概括和体现了教学设计模型的内核和共同特征，可扩展性强，操作性强。

二、科学教学设计模型

一些科学教育领域专家基于科学教育的特征，开发了一些专门应用于科学教育领域的教学设计模型。本节将介绍如下两个具有代表性的模型。

(一)追求理解的教学设计模型

威金斯和杰伊针对传统教学设计中活动导向的教学设计以及灌输式学习的教学设

① ［美]R. M. 加涅、［美]W. W. 韦杰、［美]K. C. 戈勒斯等：《教学设计原理》第五版修订本，王小明、庞维国、陈保华等译，26～31 页，上海，华东师范大学出版社，2018。

② ［美]R. M. 加涅、［美]W. W. 韦杰、［美]K. C. 戈勒斯等：《教学设计原理》第五版修订本，王小明、庞维国、陈保华等译，21 页，上海，华东师范大学出版社，2018。

③ 卜彩丽：《ADDIE 模型在微课程设计中的应用模式研究》，载《教学与管理》，2014(24)。

计误区，提出了追求理解的教学设计模型，即UbD模型。UbD模型主张教学设计应先确定预期的学习结果，再依据学习结果设置合理的评估方式，用于考核学生是否已真正获得理解，最后再综合考虑学习结果和评估方式来规划相关的教学活动。因此，该模型也被称为逆向教学设计。①

1. UbD模型在小学科学教学设计中的优势

UbD模型主张以大概念引导教学，强调基于理解的学习和基于问题的学习。该模型符合当前的科学教育基本理念，在科学教学设计中使用具有得天独厚的优势。

(1)以明确的大概念引导教学

UbD模型主张围绕大概念设定教学目标、基本问题以及预期结果。这与国际科学教育领域强调的观念一致。大概念是学科内容的核心，能将离散的主题和技能联结起来。② 基础教育阶段科学课程的学习应力图通过少数的大概念来统整学科知识，促进学生参与科学工程实践，实现对重要原理的深入探索，并发展学生的整合理解。在应用UbD模型进行教学设计时，教师可以在确定预期的学习结果目标后利用一个大概念来引导教学。具有明确的大概念的教学设计是指向学科核心的，能够将学生的科学前概念与将要学习的内容关联起来，能够激发学生有目的地思考和探究，加深学生对科学的理解。

(2)强调基于理解的学习

对所学知识的深度理解是学生得以发展的前提，追求理解是有效学习的关键条件。③ 理解是对知识的一种迁移，包括对知识和技能的有效应用以及对事物进行有意义的推断。小学科学教学强调学生对科学概念的理解和建构。这与UbD模型的特点一致。UbD模型提出了学生实现理解的六个目标。④

①能解释：利用归纳或推理，系统合理地解释现象、事实和数据。

②能阐明：演绎、解说和转述，从而提供某种意义。

③能应用：在不同的现实情境中有效地使用知识。

④能洞察：产生批判性的、富有洞见的观点。

⑤能神入：具有感受别人的情感和世界观的能力。

⑥能自知：知道自己的思维模式与行为方式是如何促进或妨碍了认知的。

(3)强调基于问题的学习

UbD模型将对问题的架构放在关键地位，提出了“基本问题”的概念。所谓基本问

---

① 葛丽婷、施梦媛、于国文：《基于UbD理论的单元教学设计——以平面解析几何为例》，载《数学教育学报》，2020(5)。

② [美]格兰特·威金斯、[美]杰伊·麦克泰格：《追求理解的教学设计》第二版，闫寒冰、宋雪莲、赖平译，36～231页，上海，华东师范大学出版社，2017。

③ 陈明选、邓喆：《围绕理解的学习评价——基于SOLO分类理论的视角》，载《中国电化教育》，2016(1)。

④ [美]格兰特·威金斯、[美]杰伊·麦克泰格：《追求理解的教学设计》第二版，闫寒冰、宋雪莲、赖平译，36～231页，上海，华东师范大学出版社，2017。

题是学科知识的核心，包括相关的核心大概念和核心思想，是学习核心内容必须解决的问题。UbD 模型主张使学生参与到各种各样的高阶思维活动中，以增强学生的学习能力，能激发学生对更多问题进行深度思考，对已有经验进行反思，让学生主动与科学前概念产生有意义的联系，进而为知识的迁移创造机会。基于问题的学习是科学教学中常见的模式，是培养学生科学素养的有力途径。①

2. UbD 模型的三个阶段

UbD 模型(见图 5-5)包含三个阶段：确定预期结果、确定合适的评估依据、设计学习体验和教学。

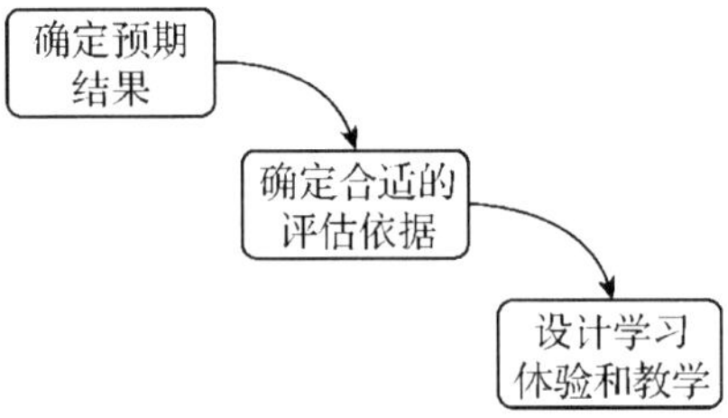

图 5-5　UbD 模型②

(1)确定预期结果

在确定预期结果阶段，教师要明确：学生在单元教学结束之后应该知道什么？学生能够做什么？什么内容需要学生深入持久的理解？学生需要掌握哪些知识和技能？这一阶段对整个教学设计的过程起着至关重要的作用，是后续两个阶段的前提和基础，起着根本的导向性作用。

(2)确定合适的评估依据

在规划教学活动之前，教师需要根据教学的预期结果，确定学习结果的评价依据。教师应在每个学习单元设置评估标准，利用这些评估反馈了解学生的学习情况，并进一步指导自身的教学。在这个阶段，教师需要选择合适的评估方式、设计真实的情境任务，并制定评估量表。③

(3)设计学习体验和教学

在这个阶段，教师需要安排相关的教学活动和学习体验，使其与预期目标及评估方式保持一致，确保学生通过设计的一系列教学活动获得真正的理解。UbD 模型提出了

① Savery J. R. & Duffy T. M., "Problem-Based Learning: An Instructional Model and Its Constructivist Framework," *Educational Technology*, 1995(5), pp. 31-38.

② [美]格兰特·威金斯、[美]杰伊·麦克泰格：《追求理解的教学设计》第二版，闫寒冰、宋雪莲、赖平译，36～231 页，上海，华东师范大学出版社，2017。

③ 吴新静、盛群力：《理解为先促进设计模式——一种理解性教学设计的框架》，载《当代教师教育》，2017(2)。

“WHERETO”教学计划要素(见表 5-1)，指导教师从七个方面评估教学活动设计的合理性。

表 5-1　“WHERETO”教学计划要素①

要素	含义	具体解释
W	学习方向(Where)和原因(Why)	确保学生了解所学单元的目标以及原因
H	吸引(Hook)和保持(Hold)	从一开始就吸引学生并保持他们的注意力
E	探索(Explore)和体验(Experience)，准备(Equip)和使能(Enable)	为学生提供必要的经验、工具、知识以及技能来实现表现目标
R	反思(Reflect)、重新考虑(Rethink)与修改(Revise)	为学生提供大量机会来重新思考大概念，反思进展情况，并调整自己的设计工作
E	评价(Evaluate)	为学生评估进展和自我评估提供机会
T	量身定制(Tailor)	设计满足不同背景学生需要的多元学习过程
O	为最佳效果组织(Organize)	组织教学以发挥参与性和有效性，促进学生的理解性学习

(二)学习目标驱动设计模型

科学教育研究者指出，基于项目的教学方法使科学学习更加有效，并且能够支持学生进行真正的科学实践。② 在此背景下，科瑞柴克等人提出适用于科学课程设计的学习目标驱动设计模型，即 LGD 模型。LGD 模型强调教学要关注学生的发展过程；通过一系列教学活动促使学生从已有的知识储备和迷思概念出发，在科学概念和科学探究等方面获得丰厚的学习成果。在项目开发和实施课程的过程中，LGD 模型确定了三个重要原则：一是要基于国家科学标准；二是确定学业表现以规定学习的目标；三是随时调整学习目标、教学活动和评估。

1. LGD 模型在小学科学教学设计中的优势

LGD 模型结合了科学教育中概念理解和学业表现的研究成果，能更好地为学生架构起认知发展桥梁。③ LGD 模型是基于科学学习的相关研究结果而开发的，更加强调科学探究过程在学生建构知识中的作用。该模型强调通过良好的探究材料，包括文本、实验和多媒体等的设计实现科学核心概念和科学工程与实践的同步学习，具有明显的学科针对性。

---

① [美]格兰特·威金斯、[美]杰伊·麦克泰格：《追求理解的教学设计》第二版，闫寒冰、宋雪莲、赖平译，36～231 页，上海，华东师范大学出版社，2017。

② Krajcik J.，McNeill K. L.，& Reiser B. J.，“Learning-Goals-Driven Design Model: Developing Curriculum Materials that Align with National Standards and Incorporate Project-Based Pedagogy,”*Science Education*，2008(1)，pp. 1-32.

③ 颜明慧、姚建欣：《学习目标驱动设计模型在高中物理教学设计中的应用》，载《物理教学》，2014(2)。

LGD模型主张通过学业表现来确定学习目标。学业表现是对学生科学概念学习和实践表现的描述。在学业表现评估中，科学实践和科学概念理解不是分离进行的，而是相互联系和相互支持的。此外，学业表现允许我们在不同的探究实践中看到相同的科学学习内容，在不同的科学学习内容中看到相同的探究实践，以此来创造一个更完整的学生理解的画面。①

2. LGD模型的三个阶段

LGD模型的核心思想在于促进课程标准与基于项目的教学方法紧密结合，将课程标准中的学习目标转化为真实课堂中的学业表现。LGD模型(见图5-6)包括三个阶段：学习目标设定、教学设计开发、教学反馈。

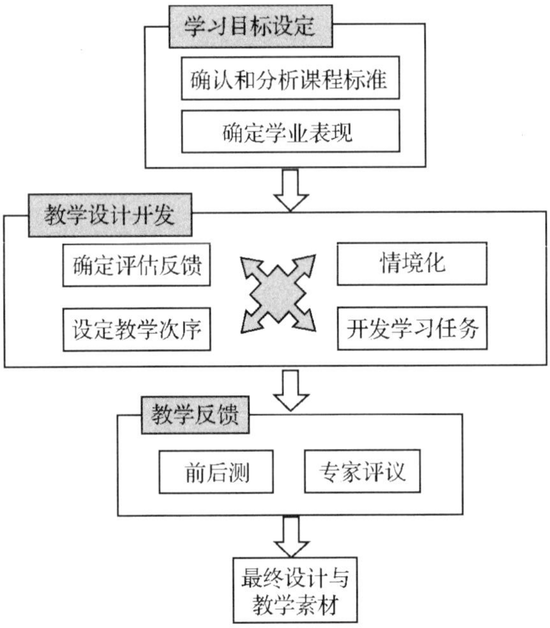

图5-6 LGD模型②

(1)学习目标设定

如何从内容标准走向学习目标是LGD模型的核心内容。首先，要对课程标准中的概念进行分析，对课程标准设计的活动明细化，为随后据此设计学业表现奠定基础。其次，根据对课程标准的解读确定学业表现。教学的目的是促进学生发展，所以学习

① Krajcik J., McNeill K. L., & Reiser B. J., "Learning-Goals-Driven Design Model: Developing Curriculum Materials that Align with National Standards and Incorporate Project-Based Pedagogy," *Science Education*, 2008 (1), pp. 1-32.

② Krajcik J., McNeill K. L., & Reiser B. J., "Learning-Goals-Driven Design Model: Developing Curriculum Materials that Align with National Standards and Incorporate Project-Based Pedagogy," *Science Education*, 2008 (1), pp. 1-32.

表现的确定要基于学生对生活中的现象的已有认识，包括正确认识和迷思概念，以及已经掌握的科学知识和探究技能。

(2)教学设计开发

教学设计开发主要包括四个任务：情境化、开发学习任务、设定教学次序、确定评估反馈。首先是情境化。它是指为学业表现设定具体情境。LGD模型提倡使用驱动问题来进行情境化。驱动问题阐明了需要通过理解科学原理才能解决的具体问题情境，好的驱动问题能激发学生的兴趣和好奇心。其次是开发学习任务。我们需要通过指定希望学生处理的认知任务来指导学习任务的设计。再次是设定教学次序。它是创建一个连贯的教学序列，以帮助学生理解和回答驱动问题。最后是确定评估反馈。我们还需开发与学业表现相一致的评估项目。这里的关键是，课程材料和评估是在一个迭代过程中设计的，既符合学业表现，也符合科学课程标准。利用学业表现来指导评估，确保了学习目标和评估证据都是根据科学思想来确定的。

(3)教学反馈

教学反馈是用各种来源的反馈来修改课程材料，收集有关课程材料有效性的不同方面的反馈和评估。

无论是一般教学设计模型，还是科学教学设计模型，每个模型均各有其特点和适用范围。教师可以根据教学内容灵活选择合适的教学设计模型，也可以融合几种教学设计模型进行再创造，设计出适合自己的教学设计模型。

第三节
小学科学教学设计的实施策略

作为学生学习活动的组织者和引导者，教师需要对教学过程的各个阶段进行总体谋划。本节将从小学科学教学设计的前期分析、小学科学教学目标的确立与表述、小学科学教学活动的设计、小学科学教学环境的创设、小学科学教学评价的设计几个部分进行阐述。

一、小学科学教学设计的前期分析

教师在进行教学设计之前需要分析若干直接影响教学设计的因素。其中较为主要的是学习内容分析以及学习者分析。

(一)把握教学内容的横纵关系，准确定位学习内容

学习内容分析是指对学习内容的范围、深度和学习内容的结构、内在联系进行分析。前者是为了确定学生应当认识或掌握的知识、技能等目标，也就是学生在特定课时需要达到的理解程度和能力水平；后者是为了明确学习内容中各个概念的相互关系。在分析学习内容时，教师要充分了解课程标准的设计意图，分析教材的编写特色和整体框架，明确教学内容在课程标准和教材中的地位和作用。在具体分析时，教师需要特别关注以下两点。

1. 从核心概念出发理解教学内容的纵向组织

小学科学教材一般采用大单元主题式的组织方式，每一单元又统摄若干课时内容。教师需要明确单元的核心概念，并对课时中的主要概念进行符合逻辑序列的整合，从整体上把握学习内容，从而帮助学生理解学习内容的逻辑序列，建立结构化的概念体系。教师还需要根据学生的情况对单元教学内容的教学序列进行适当调整，以使教学内容的逻辑更适宜学生的思维逻辑。

2. 从综合的视角出发挖掘教学内容之间的横向联系

《义务教育科学课程标准(2022 年版)》强调科学课程是一门体现科学本质的综合性基础课程，强调物质科学、生命科学、地球与宇宙科学、技术与工程四个领域相互联系，以帮助学生从整体上认识自然界。因此，教师在分析教学内容时，要用综合性的视角挖掘教学内容之间的横向联系。例如，能量是一个跨学科的概念，物态变化的实质是能量的转移。地球的各圈层之间频繁交换能量，大气循环和水循环实质上就是能量的不断流动和转化过程。从能量的形式到能量的转化，进而到中学的能量守恒，形成一个完整的能量学习体系。

科学素养的形成是长期的，学生只有通过连贯、进阶的科学学习与躬行实践才能形成科学素养。教师应该整体把握课程标准和教材的设计思路，明确科学概念的纵向、横向脉络以及其与其他学科的横向关联，为教学的有序展开打下基础。

(二)科学精准分析学情，充分了解学习者

教师在日常教学实践中对学生的分析被称为学习者分析或学情分析、学生分析、教学对象分析等。学习者分析主要包括学习者的起点能力分析以及学习者心理等方面的一般特征分析。

1. 分析学习者的已有经验，明确教学起点

学习者的已有经验是其在进行相关课程学习之前的知识和经验准备。教师了解学生的前概念，就有助于有针对性地制订学习计划。因此，探查和分析学生的已有经验尤为重要。英国科学教育协会在其网站专门开辟了一个模块介绍学生常见的迷思概念，

详细阐释了学生在各学科中存在的科学前概念、探测学生科学前概念的方法、课堂上引出学生科学前概念的方法。教师可以利用量表、调查问卷、访谈、科学论证等探查学生的前概念，进而更有针对性地确定教学起点。

2. 分析学习者的一般特征，确定教学策略

学习者的一般特征主要包括学习者的心理、生理和社会化等方面的发展特点，如认知发展水平、学习动机等。学习者的一般特征直接影响学习者对学习内容的建构方式及水平，影响教师对教学方法、教学媒体和教学组织形式的选择与运用。例如，由于低龄学习者的年龄限制，他们的阅读能力比较弱和写字速度比较慢，教师可以在教学设计中考虑使用一些视频资料，让他们用画图等方式填写实验记录单。又如，由于小学低年级学生以具体形象思维为主，教师在进行教学时应该让他们充分地感知，增加一些感性的学习材料。

二、小学科学教学目标的确立与表述

教学目标是组织教学内容、安排教学活动、开发教学资源及设计教学评价方式的导向与依据。设计教学目标时先要明确每一节科学课的教学目标定位，同时还需要清晰、规范地将其表述出来，以便于后续进行教学评价。

(一)厘清不同层级目标之间的关系

从课程目标到学段目标，再到单元目标和具体教学目标，教师在教学中需要基于教育目的在不同层次对教学目标进行分解。比如，科学课程目标包括确保每一个学生欣赏科学的魅力与神奇；让每一个学生能够批判性地思考和科学有关的问题；使学生具备追求科学技术事业的能力。学段目标的表述就比课程目标具体，如计划和执行一个调查来描述不同的材料，并根据其可观察的属性分类。单元目标常常是一组相互关联的目标。比如，“营养”单元的目标可能是知道有关营养的基本概念；了解均衡饮食的基本构成；了解自身的饮食习惯以及改进的方式；能应用有关营养知识为自己或他人搭配合理的食谱。具体教学目标是某节课需要达到的教学目标。比如，学生能自行思考影响盐溶解量的因素，并进行实验设计。

教师需要在不同层次对教学目标进行打磨，确保教学目标的可执行性。同时，教师要注意不同层次目标之间的衔接，通过较低层次目标的实现一步步达成较高层次的目标，最终达到培养学生的科学素养的目标。

(二)确定与表述教学目标

课程目标、单元目标是课程标准和教材给定的，但教学目标是教师在教学内容分

析和学习者分析的基础上确定的。有梯度、可实现的教学目标将为教学提供有力的依据。尽管教学目标的确定给予教师较大的自主权，但它不是单纯的经验行为。在确定与表述教学目标时，教师需要注意以下几个问题。

1. 指向学生的学习结果

教学目标必须指向学生的学习结果，而不是教师的教学行为，即要表述学生通过学习在科学知识、态度和能力等方面的变化。例如，学生通过实验收集证据，推理论证空气具有质量。

2. 与教学任务相区别

教学任务是达成教学目标的具体路径，而不是教学目标本身。教学任务的完成并不一定意味着教学目标的达成。例如，“让学生观察水果发电”只给出了任务，并没有阐释教学的具体目标。

3. 与教学内容紧密结合，避免抽象空洞

教学目标的表述需要结合具体的学习活动和内容，陈述科学知识、技能、情感等维度上的具体教学目标，切忌抽象空洞地描述教学目标。例如，培养科学探究能力、培养实事求是的科学态度等陈述均过于模糊、笼统，不利于教学目标的真正实现。相反，在进行“植物的根”这一课的教学时，我们可以将科学态度目标表述为：学生能根据体验和观察的结果，从结构与功能相适应的视角对植物的根的作用进行思考，体会生命科学领域的研究思想；通过对根的吸收水分的研究，学生体会科学研究的严谨性。这样的表述能具体清晰地反映当前内容在促进学生的科学探究和培养学生的科学态度方面的目标要求。

此外，教师还需要根据学生的不同水平设置不同层次的教学目标，使教学更具有针对性，实现因材施教的理念。

三、小学科学教学活动的设计

教师需要精心设计教学活动，为学生提供多样化的学习机会，引导学生积极思考、主动建构科学知识。在设计教学活动时，教师应立足教学重难点的分析，致力于深化学生对科学概念的理解，同时考虑学生科学能力的培育以及科学学习兴趣的培养，使教学活动兼具吸引力和有效性。

(一)教学活动的设计应立足教学重难点的分析

影响学习效果的往往是学习中的重难点部分。教学活动的重要作用之一就是要辅助学生有针对性地突破学习重难点。教师应该深入分析学生在学习过程中可能遇到的困难，选择与设计能够突出重点、突破难点的学习活动。例如，小学阶段“物质科学”领域的教学重点之一在于激发学生探究物质世界奥秘的好奇心，让学生养成基本的科学品质；通过物质科学的学习，学生可以逐步形成观察与实验意识和用事实说话的意识。因此，教师可以通过设计一些实验活动、探究活动、观察活动等引领教学。

又如，小学阶段地球与宇宙科学领域的教学内容较为宏观，往往难以通过直接讲授帮助学生理解。那么针对该领域的教学，教师可以考虑将模拟实验加入教学设计，促进学生对抽象概念的理解。模拟实验是指客观条件不允许对某些自然现象进行直接实验，只能借助间接的手段，先设计一个与需要研究的自然现象(原型)相似的模型，然后通过对模型的研究间接认识自然现象及其规律的实验。例如，在深秋的早晨，我们能在树叶和草地上看到露水。露水是怎样形成的？通过推测，我们分析出露水是大气中的水汽遇冷凝结而成的。在此基础上，我们建立实验模型：把一个冷的物体(铁筒中放入冰水，使物体表面温度明显低于气温)放在空气中，过一段时间看看冷的物体表面是否有水珠产生。通过实验发现，露水是空气中的水汽在遇冷时凝结而成的。又如，在学习“水在地表流动的过程中塑造着地表形态”这一概念时，学生很难通过图片理解不同地貌景观形成的过程。教师可以通过设计一个流水作用实验，用沙子堆出一个地表形态，再用水从上往下倒，然后让学生观察现象，理解降雨对地表形态的影响。

(二)教学活动的设计要与科学概念的建构保持一致

在小学教育中，学生的认知发展正处于具体运算阶段，其认知世界的方式正从行为把握、表象把握向符号把握过渡。学生是通过行动、操作来感知真实世界的。因此，教师要尽可能地为学生提供动手做的机会，通过直接经验的获得来促进学生对概念的理解。动手做的目的是更好地理解科学概念，理解和掌握认知自然界的科学方法。因此，动手不应只是纯粹的操作性活动，而应该与动脑的活动——理解科学概念和掌握科学方法的活动紧密联系在一起。

例如，混合小苏打和醋来模拟火山爆发是一个非常有趣的活动，学生也很喜欢。但科学活动不是简单的体验和操作，教师需要为学生设计合适的任务和问题来引导学生建构科学概念。在教学中，教师可以准备一些粉末，如玉米粉、糯米粉、小苏打、糖粉等，让学生用自己的感官系统地比较和对照这些粉末的异同。随后，教师问学生在液体(水、苹果汁、柠檬汁、醋、牛奶等)中加入粉末会怎样，并让学生进行预测和检验。通过这个活动，教师可以引导学生了解“不同的物质混合以后可能会发生变化”的概念。

在教学中，学生往往很难直接通过动手做来获得对教学目标的理解。这就要求教师发挥指导作用，帮助学生建立活动与科学概念的联系。同时，教师还需要通过学习任务设定、提问等方式引导学生通过活动掌握相应的概念。

(三)教学活动的设计应兼具吸引力和有效性

一个好的教学活动应该以激发学生的好奇心为出发点，同时要兼具吸引力和有效性。教师应尽量以趣味性、生活化的内容设计吸引学生，使学生深入了解主题，产生探究欲，从而主动参与到活动中来。

此外，教学活动的设计应帮助学生达到既定的目标，发展学生更高层次的技能以及更强的能力。例如，“我们应该如何预防流行感冒”与学生的生活紧密相关，能很好地激发学生的兴趣，同时还能引出更深层次的问题。学生可能会在此基础上提出“我们为什么会感冒”“细菌和病毒有什么区别”等问题。①

四、小学科学教学环境的创设

教师要为学生创设良好的学习环境，通过真实的情境、驱动性问题以及深入的对话，激发学生的学习动机，培养学生发现问题、提出问题的能力，支持学生理解、分析和解决问题，并促进学生习得新知识、形成可迁移的能力。

(一)提供真实的情境，促进学生的知识整合与迁移

真实的情境对于学生而言是客观的、互动的、复杂的、熟悉的，反映了知识在真实生活中的应用和存在方式。在设计教学情境时，教师可以从学生所熟悉的生活环境入手，挖掘生活中物品所蕴藏的教学价值，指导学生在真实情境中探索问题，让学生从生活化的教学活动中体会到学习科学的乐趣。例如，在学习“能量家族”内容时，教师可以帮助学生从生活中寻找资料，用具体的实验数据来说明能量大小与物体运动的关系，促使学生意识到能量的重要性，并能在新情境下应用概念。

教师还可以基于学生普遍关心的社会问题(如健康与疾病、科技前沿等)创设情境。这些情境不但能为学生提供解决复杂问题的机会，帮助学生建立科学课堂与实际生活之间的联系，还能实现基本概念和原理在社会情境中的迁移应用，以便学生更好地面对未来的挑战，从容地面对未来的生活，成长为具有社会责任感的公民。例如，在探究“垃圾如何分类”时，教师可以从学生常见的生活垃圾入手，帮助学生建立学习内容与真实世界的联系，让学生对此有生活经验，更容易卷入教学，同时还能让学生将学到的知识应用在日常生活中。

---

① 高潇怡、喻娅妮:《关注项目式学习中的驱动性问题》，载《中国教师》，2020(7)。

（二）设计适当的问题，驱动学生学习

在设计问题时，教师可以使用一些开放性问题，激发学生的学习兴趣，并为学生的学习活动提供指引。例如，在研究动物与环境的关系时，教师可以将问题设计为：为什么野生动物越来越少了？这样的开放性问题不仅需要学生收集关于濒危动物、影响动物生存的条件和因素等的知识，还需要学生提出观点、分析推理、给出证据，运用所学知识揭示问题，从而发展学生问题解决和推理等高阶思维能力。

提出的问题应能驱动学生投入学习，并避免过于枯燥。例如，在学习“食物与营养”单元时，教师提问：“营养均衡对人们的生活有哪些影响？”这样的问题虽然指向科学知识的学习，但是过于枯燥。相反，教师应提问：“如何设计出一份满足某些要求的营养食谱？”这样的问题不仅指向核心知识，还需要学生运用以往所学知识综合设计符合各种限制条件的食谱；既有趣味性，还能引发学生的高阶思考。

与此同时，设置问题时必须考虑学生的知识和能力水平，不仅要保证学生能够通过自主探究解决相关问题，而且要保证学生在实施探究中容易获取所需的资源和材料。

（三）设计对话环境，引导学生的思维方向

教师需要创设良好的课堂对话环境引发学生的深度学习。要想促进学生对知识的深度理解，课堂对话就需要有一定的思维容量和难度，不能仅仅停留在让学生回忆事实性知识和引导学生寻找正确答案的水平上。因此，教师要合理设计课堂对话来帮助学生澄清和分享自己的想法，促使学生反思他们做了什么，有哪些不明白的地方，还要运用问题和回应促使学生对自己的想法进行质疑，以便于让学生深入地审视自己的观点，从而帮助学生深化理解。另外，教师还应该给予学生更多的与同伴对话的机会，支持学生在执行科学探究任务时使用科学语言进行交流。

五、小学科学教学评价的设计

教师需要树立教学评价的意识，提高设计教学评价的能力，设计良好的教学评价方案来及时了解学生的实际表现，为学生提供有针对性的即时反馈，从而实现对学生学习的调节。

（一）依据教学目标选择合适的评价方式

小学科学教学评价有多种方式，包括纸笔测试、访谈、概念量表、开放性问题、科学日志、调查报告、研究报告、模型制作、概念图、科学会议、档案袋等。教师需要同时结合教学目标和各种评价方式的特征，合理地选择评价方式。例如，针对科学

概念的评价，适合使用测验、概念图、开放性问题、科学写作等方式；针对科学探究能力的评价，适合使用观察量表、科学日志、调查报告、研究报告等方式。不同教学目标维度适用的评价方式详见表 5-2。

表 5-2　不同教学目标维度适用的评价方式

教学目标维度	评价方式
科学概念	测验、概念图、开放性问题、科学写作等
科学探究	观察量表、科学日志、调查报告、研究报告等
科学态度	科学态度量表、科学写作、科学会议等
多维目标	模型制作、档案袋、科学会议等

(二)教学评价需体现水平差异和层次性

在教学评价中，教师需要对学生的表现水平进行多层次的划分。例如，四年级“声音高低的变化”一课的教学目标为：运用对比实验探究橡皮筋发出声音的高低，了解声音的高低与物体振动的关系。教师通过课堂表现及活动记录单，将学生的学业表现划分为以下三个水平的评价指标。

①水平一。不能准确描述橡皮筋发出高低不同的声音与皮筋的粗细、长短有关系。

②水平二。会设计实验探究皮筋的改变与声音高低的关系，能准确描述现象：皮筋细，声音高；皮筋粗，声音低；皮筋短，声音高；皮筋长，声音低。但实验意识还停留在现象上，没有发现声音的高低与皮筋振动的关系。

③水平三。设计皮筋发出高低不同声音的实验，能正确描述皮筋的改变与声音高低的关系：振动的变化引起声音高低的变化，物体振动越快，声音越高；振动越慢，声音越低。

(三)将科学记录单作为教学评价的有效工具

科学记录单能够如实反映学生的学习过程，可以作为常规的过程性评价方式。例如，在“认识叶”部分，教学目标为观察并描述叶的形态。教师可以让学生收集一些叶子，观察不同叶子的异同，并完成叶的数据记录单(见图 5-7)。[①] 借助记录单，教师可以了解学生的观察、测量技能，判断学生的观察记录与利用感觉器官观察到的是否符合、是否精确，学生是否记录了观察的细节等；同时也可以知道学生对叶子的大小、颜色、叶尖数量、叶脉数量等外部形态特征的认识。

① [美]阿瑟 · A. 卡琳、[美]乔尔 · E. 巴斯、[美]特丽 · L. 康坦特：《教作为探究的科学》，219 页，北京，人民教育出版社，2008。

叶的数据记录单	
姓名________	日期________
画出1号叶	画出2号叶
它是什么颜色的？ ________	它是什么颜色的？ ________
1号叶的长、宽各是多少厘米？ ________ ________	2号叶的长、宽各是多少厘米？ ________ ________
叶子有几个叶尖？ ________	叶子有几个叶尖？ ________
描述1号叶的叶脉。 ________	描述2号叶的叶脉。 ________

图 5-7　叶的数据记录单

在设计科学记录单时，教师需要考虑学生的年龄和认知发展特点。由于低年级学生尚未具备足够的阅读和书写能力，教师可以采用图示的方法；对于中年级学生，教师可以使用半开放的形式，为学生提供脚手架；对于高年级学生，教师要更多地设计开放性问题，给予学生独立解决问题和进行书面科学解释的机会。

本章小结

教学设计是将系统理论、传播理论、学习理论、教学理论与教师实践经验有机结合起来，在此基础上对教学目标、教学内容、教学方法、教学过程、教学评价等教学要素进行规划和组织并形成设计方案的活动。小学科学教学设计除了需要遵循一般教学设计的系统性、连贯性、层次性和反馈性原则，还需要结合学生的认知发展特点和科学学习的规律，对小学科学教学目标、教学内容、教学方法、教学过程和教学评价等诸要素有序、优化地安排，并最终形成教学方案。

很多研究者基于教学设计理论开发了大量教学设计模型，如系统分析模式、过程模式、史密斯和雷根模式、ADDIE 模型等。科学教育领域也形成了若干科学教学设计模型，其中追求理解的教学设计模型和学习目标驱动设计模型具有代表性。前者特别突出大概念对教学的引导作用，强调基于理解的学习，主张从问题出发进行任务设计。后者更加强调科学探究过程在学生建构知识中的作用，要求教师设计良好的探究材料以实现科学核心概念和科学工程与实践的同步学习。

在设计教学时，教师需要确定学习内容的结构及其深广度，充分了解学生的情况；具体表述教学目标并确定教学重难点；围绕教学目标设计教学活动，保证教学活动与科学概念的建构一致，并使其兼具吸引力和有效性；注意创设真实的情境，提出驱动性问题，营造对话环境。此外，评价是判断教学目标是否达成的关键环节。教师应该依据教学目标选择合适的评价方式、量规和工具，以真实反映学生的学习情况，为进一步提升教学效果提供依据。

关键术语

教学设计｜小学科学教学设计｜系统分析模式｜过程模式｜史密斯和雷根模式｜ADDIE 模型｜UbD 模型｜LGD 模型

拓展阅读

[美]约瑟夫·S. 科瑞柴科、[美]查琳·M. 克泽尼亚克．中小学科学教学：项目式学习的方法与策略[M]. 第五版．王磊，等，译．北京：北京师范大学出版社，2021.

练　习

1. 结合教学设计理论，谈谈您对小学科学教学设计基本属性的理解。
2. 小学科学教学设计中可以参考的教学设计模型有哪些？
3. 教学设计中应该注意哪些问题？

第六章

小学科学教学模式

章结构图

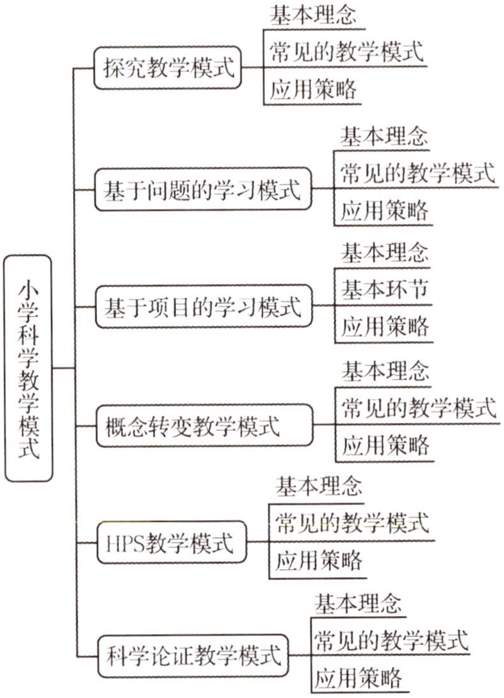

本章概述

本章重点介绍了探究教学模式、基于问题的学习模式、基于项目的学习模式、概念转变教学模式、HPS 教学模式、科学论证教学模式等几种教学模式，阐释了各教学模式的基本理念等，并在此基础上总结了各教学模式的应用策略。

章前导语

教学模式是以一定的教学理论或教学思想为基础，为实现教学目的，将特定的教学要素组织起来形成的一个完整的、可操作的程序性步骤。[1] 教学模式是连接教学理论与教学实践的桥梁与纽带，是教学理论指导教学实践的中介环节。它通过简明扼要的

① 马云鹏：《课程与教学论》，230 页，北京，中央广播电视大学出版社，2002。

象征性的符号、图式和关系的解释，反映理论的基本特征。其具体程序弱化了理论的抽象性，增强了科学性和可理解性。同时，教学模式使教师摆脱只凭经验和感觉来摸索教学的状况，能依据理论指导的教学程序展开教学活动。

教师在教学过程中需要依据教学任务的特征、学生的特点等因素选择合适的教学模式，从而确保教学的合理性。小学科学教育领域有很多教学模式，如探究教学模式、基于问题的学习模式、基于项目的学习模式等。这些教学模式的侧重点各有不同，但均在国际科学教育实践中得到了广泛的应用。本章将详细介绍小学科学教育领域中常见的教学模式，以期为一线教师的有效教学提供支持。

第一节
探究教学模式

探究教学模式是“在探究教学理论的指导下，在探究教学实践经验的基础上，为发展学生的探究能力，培养其科学态度及精神和按模式分析等方法建构起来的一种教学活动结构和策略体系”①。很多国家都在其科学课程标准文件中强调探究教学的价值。例如，美国《国家科学教育标准》明确强调探究教学在科学教育中的中心地位，倡导探究学习理念，促进学生主动探究。我国《义务教育科学课程标准(2022 年版)》也建议教师开展并指导学生进行探究学习。

早在 19 世纪，赫胥黎就提出应在学校科学教育中开展探究教学。他指出：“在教植物学的时候，学生必须亲自动手去触摸那些植物和解剖那些花朵；在教物理学和化学的时候……让他自己去感受一下一个物体对另一个物体的吸引力。”② 20 世纪初，杜威批判传统科学教学方法过于重视科学知识、概念和原理积累。他强调科学教育应注重过程和方法，并首次将“探究”这一术语引入科学教育。20 世纪 50 年代，探究教学的代表人物施瓦布明确提出科学教学应引导学生向科学家一样经历科学知识的探究过程，并总结形成了探究性的学习方法，使原本枯燥的讲授式的科学学习方法发生了革命性变化。20 世纪 90 年代，美国“2061 计划”和《国家科学教育标准》明确提出学科学的中心环节是探究，教师需要运用多种不同的策略来促进学生掌握知识与提高能力。③ 在这

① 高潇怡：《科学教育中的探究教学模式发展述评》，载《外国教育研究》，2007(3)。
② [英]托·亨·赫胥黎：《科学与教育》，单中惠、平波译，88 页，北京，人民教育出版社，1990。
③ [美]国家研究理事会：《美国国家科学教育标准》，戢守志、金庆和、梁静敏等译，2 页，北京，科学技术文献出版社，1999。

样的背景下，世界范围内开展了一系列探究教学的实验研究，也产生了探究教学的一般模式与代表性模式。

一、基本理念

探究既是科学教育的目标，又是科学教育的重要途径。作为科学教育的目标，教师应使学生掌握科学探究的方法、步骤，提高科学探究能力；作为科学学习方法，科学探究是实现掌握科学知识、培养科学态度等目标的重要途径。探究教学是“在自由创设的、有结构的、能促进学生认知与情感发展的教学情境中，让学生自己动手、动脑，主动获取科学知识和发展探究能力的一种教学方式”①。但探究教学不仅是让学生参与科学探究活动，还是让学生主动参与获得知识的过程，培养学生研究自然所必需的探究能力，使学生形成认识自然的基础——科学概念，培养学生探究未知世界的积极态度。②

探究教学通常包括以下环节：进行观察，提出问题；通过浏览书籍和其他信息资源来了解什么是已经知道的知识；制订调查研究计划；根据实验方面的证据评价已经知道的知识；用多种手段来收集、分析和解释数据；提出解答、阐述和预测；交流结果。③ 正确理解探究与探究教学是有效实施探究教学的重要基础。而片面的理解则容易违背探究教学的理念，陷入“做科学”的误区，也就是误将掌握事实性知识作为教学目标，将探究步骤模式化、程序化。

探究教学呼唤知识观、教师观、学生观和过程观都相应地发生转变。在知识观方面，探究教学强调教师既重视科学概念、原理、规律等陈述性知识，也关注程序性知识以及让学生形成对科学知识的正确认识。科学概念、原理等陈述性知识一直是科学学习的基本内容；而掌握探究的一般步骤，运用已有知识经验来计划、实施、调控探究过程的程序性知识则同样是探究教学重视的内容。此外，科学知识具有暂时性和可变性，探究教学正是通过让学生参与科学知识形成的过程来形成对科学知识的正确认识。

在教师观方面，教师应是具有探究和反思能力的指导者和学生学习的支持者、合作者。在探究教学中，教师应具备探究的能力，掌握探究活动的规律，能够指导学生进行科学探究并反思探究过程及结果。此外，教师还应引导、帮助、支持学生进行探究学习并自觉地融入学生的探究学习，与学生平等地交流、探讨。

---

① 丁邦平：《探究式科学教学：类型与特征》，载《教育研究》，2010(10)。
② 陈志伟、贾秀英：《中学科学教育》，253页，杭州，浙江大学出版社，2001。
③ 韦钰、[加拿大]P. Rowell：《探究式科学教育教学指导》，34页，北京，教育科学出版社，2005。

在学生观方面，学生是探究教学活动的主体；学生应是主动的、积极的探究者，而非被动的知识接受者。学生在经历类似科学家的工作过程中，主动发现问题、提出假设、制订并实施计划以解决问题。学生还是主动、积极的建构者。学生能够在科学探究的过程中，整合现有的知识经验，建构对科学知识的认识与理解。

在过程观方面，探究教学重视教学情境，注重结合知识产生的情境让学生理解科学知识，包括理解科学规律、科学变化、科学知识的产生过程等。① 此外，探究教学还注意学生在探究过程中与同伴的互动，鼓励学生彼此之间交流合作，完善对知识的建构与理解。

二、常见的教学模式

（一）一般探究教学模式

一般探究教学模式包括八个环节：发现问题、做出假设、制订计划、收集证据、处理信息、得出结论、表达交流、反思评价（见图 6-1）。

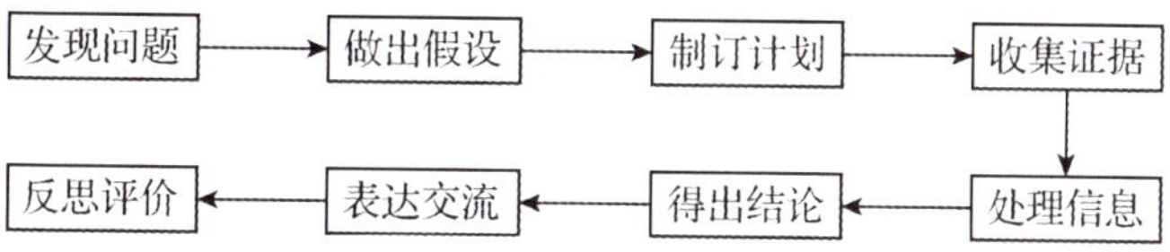

图 6-1　一般探究教学模式的八个环节

环节一：发现问题。教师通过设置真实的问题情境促使学生发现、形成问题。教师引导学生厘清问题的价值和探究方向。在形成问题后，学生在问题的驱动下开展后续学习。

环节二：做出假设。学生根据已有的知识经验并结合教师提供的资料，猜想问题的答案并做出假设。此环节的引导问题为：现象产生的可能原因有哪些？最可能的原因是什么？选择哪个或哪些原因进行探究？

环节三：制订计划。学生根据探究问题、探究材料等的特征选择合适的探究方式并有针对性地制订具体的计划。若有小组合作，在计划中需要做好人员的分工。

环节四：收集证据。学生按照拟订的探究计划来开展探究活动，并在活动的过程中通过记录数据或收集资料等方法来获取所需要的证据。

环节五：处理信息。学生在探究活动中获得具体的数据并对数据进行加工，从而将数据转化为支持问题解决的证据。例如，在“影响物体浮力的因素”探究活动中，直

① 韦冬余：《论施瓦布科学探究教学的基本内涵》，载《全球教育展望》，2015(4)。

接的观察结果是物体下沉或上浮，而对物体沉浮原因的分析还应思考物体的形状、质量等因素。

环节六：得出结论。此环节是在分析处理信息的基础上进行的。学生可以思考的问题为：结论与假设是否一致？哪些证据支持我们得出这个结论？这些证据对结论产生的论证过程是否合理？

环节七：表达交流。学生分享假设、结论与探究、数据分析的过程，其余同学可对分享的内容进行评价。

环节八：反思评价。教师协助学生回顾反思整个探究学习的过程并进一步总结经验，反思提高。

在具体的教学过程中，这八个环节并不是一成不变的。教师可以根据具体的情况，在合理的逻辑范围内调整或整合探究环节，避免陷入探究教学模式化、程序化的误区。

(二)5E 教学模式

20 世纪 50 年代前后，美国进行的生物课程改革(Biological Sciences Curriculum Study，BSCS)显著改善了学生对科学的态度和提高了学生的科学学习质量。① BSCS 项目成员罗杰·毕比等人于 1989 年开发出 5E 教学模式。该模式由引入(Engagement)、探究(Exploration)、解释(Explanation)、迁移(Elaboration)、评价(Evaluation)5 个首字母为 E 的环节构成。

5E 教学模式是对赫尔巴特、杜威等人教育思想的吸收、借鉴和改进。赫尔巴特四段教学法(明了、联想、系统、方法)和杜威的做中学(发现一个复杂的情况—澄清问题—提出假设—测试假设—修改测试—对解决方案采取行动)均指向教学目标的达成且具有环环相扣的步骤。5E 教学模式在此基础上将科学探究过程细分为 5 个环节。除了受赫尔巴特、杜威等教育家的影响，5E 教学模式还是对学习环教学模式的进一步拓展。② 学习环教学模式仅有初步探究、概念介绍、概念应用 3 个环节，对学生学习效果的评价、学生的认知冲突、学生的概念理解等重视不足。因此，5E 教学模式改进了学习环教学模式，增加了解释、评价两个环节。

1. 5E 教学模式的结构体系

结构体系是教学模式的构成要素或者阶段以及步骤的组合方式。5E 教学模式是由引入、探究、解释、迁移、评价五个基本环节组成的，其结构如图 6-2 所示。③

---

① Shymansky J. A.，“BSCS Programs：Just How Effective Were They?，”*The American Biology Teacher*，1984(1)，pp. 54-57.

② 高潇怡：《科学教育中的探究教学模式发展述评》，载《外国教育研究》，2007(3)。

③ 高潇怡：《科学教育中的探究教学模式发展述评》，载《外国教育研究》，2007(3)。

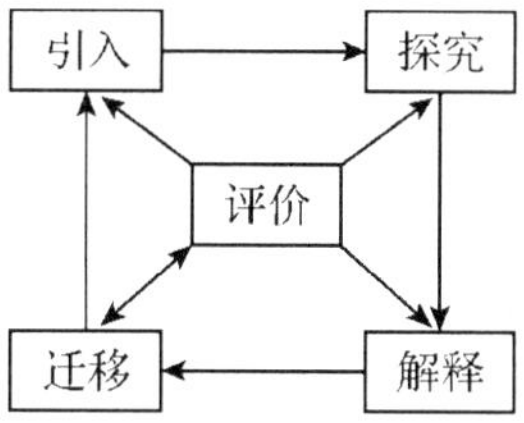

图 6-2 5E 教学模式的结构

(1)引入

引入是5E教学模式的起始环节。此环节旨在吸引学生的注意力。教师可通过设计情境、呈现科学现象等方式激发学生的学习兴趣和学习热情。同时，教师也应了解学生的原有知识经验并借助提问等方式引发学生的认知冲突。

(2)探究

探究是学生的自主活动环节，也是5E教学模式的中心环节。此环节为学生的后续学习做准备。学生围绕学习的核心概念并结合已有的知识经验、教师提供的材料制订探究计划，进行探究活动。

(3)解释

解释是5E教学模式的关键环节。首先，学生应根据结果解释自身对概念的理解。其次，教师规范地解释相关概念的内涵以引导学生更深入地理解概念。最后，学生在理解概念的基础上，进一步建构对概念的理解并用自己的语言解释概念。

(4)迁移

迁移是学生提高的环节。教师通过设置与所学概念相关的新情境来加深学生对概念的理解，拓展学生对概念的应用。

(5)评价

评价既是评价学生学习效果的环节，也是教师反思教学效果的环节。此环节一般通过结构性观察、学生访谈、基于具体评价内容的档案袋评价等方式来完成，做到定性与定量评价、形成性与总结性评价、自我与他人评价相结合。①

由于5E教学模式每个环节的目的不同，其对师生的要求也有所不同。5E教学模式的要求如表6-1所示。②

① 刘玉荣、靳建华：《"5E"教学模式在化学教学中的应用》，载《现代中小学教育》，2013(7)。

② Bybee R. W., "The BSCS 5E Instructional Model: Personal Reflections and Contemporary Implications," *Science and Children*, 2014(8), pp. 10-13.

表 6-1　5E 教学模式的要求[1]

教学环节	对教师的要求	学生表现
引入	①调动学生的学习热情；②了解学生的已有知识经验，激发学生思考；③明确教学目标，确立教学的规则和程序 注：教师应避免直接呈现概念的定义	①产生学习兴趣；②暴露已有知识经验；③产生认知冲突，陷入思考
探究	①提供足够的时间、合适的材料供学生探究；②倾听、观察学生的探究活动并适当地引导、解释 注：教师不宜直接给出关键信息	①基于已有经验进行探究并产生新想法；②探究、观察、解释现象
解释	①鼓励学生用自己的语言阐释概念并解释说明；②利用直接引入概念、演示等方法提供概念的规范性解释；③补充或纠正学生的解释	①根据已有经验和探究结果来表述定义和概念；②生生交流过程中进行批判性思考并质疑
迁移	①提供相关情境，使学生在新情境下应用所学概念；②提供替代性解释，加深学生对概念的理解；③在学生最近发展区内设置挑战活动，鼓励学生收集资料，完成挑战任务，拓展对概念的理解	①应用所学新概念解释新情境，加深对概念的理解；②与其他概念建立关联
评价	①组织学生对概念理解和能力进行自评与小组互评；②评价学生的学习效果 注：评价时避免仅考查学生掌握的陈述性知识	①评价自身的知识理解水平与技能提升水平，确保理解概念或提高技能；②提出后续探究的新问题

2.5E 教学模式的应用

(1)根据模式特征，选择适合的教学内容

5E 教学模式适合学习科学大概念或具有探究性质的科学内容。例如，在学习“沉浮”概念时，教师可利用生活中常见的现象和材料(硬币、泡沫)设计教学。探究影子长短与光源的关系也适合采用 5E 教学模式。

然而，5E 教学模式并非适用于所有的教学内容。在下列情境中，教师应谨慎考虑是否使用 5E 教学模式：①学习某项技能，如使用托盘天平；②在学生没有任何前概念的情况下学习新领域的内容；③引发学生兴奋的内容不利于教师进行课堂管理组织；

① 靳玉乐：《探究教学论》，110～116 页，重庆，西南师范大学出版社，2001。

④教学时间不充裕。[1]

(2)环节逻辑顺序固定，时长自由度高

5E 教学模式的结构体系是根据学生对知识理解应用的完整过程来设计的。各环节之间环环相扣，缺一不可。毕比等人的研究发现，去掉任何环节或者调整环节的前后顺序，教学效果都将打折扣。[2] 因而在使用 5E 教学模式时，教师应保证基本环节的逻辑顺序固定。当然，在保证顺序不改变的前提下，教师可根据教学内容的组织特征、学生的学习程度和时间等条件，重复某一个或某几个环节或增加、压缩特定环节的时间。例如，探究影子的长度与太阳位置的关系时，学生可分别在早晨、中午、傍晚三个时间段重复探究环节，待探究环节全部结束后进入解释环节。

在课时安排方面，毕比认为，若想达到良好的学习效果，5E 教学模式通常需要 2～3 周时间，但引入环节是非关键环节，可少于一课时；探究环节建议安排两课时，迁移环节建议安排三课时。[3] 但在实际教学中，5E 教学模式的课时安排相对比较灵活。教师可以发挥主观能动性，调整 5E 教学模式的课时安排。

三、应用策略

(一)正确处理学生探究与教师教授的关系

从历史的角度看，探究教学是在批判传统的讲授法的基础上形成的。在传统的课堂中，教师容易忽视学生的主体地位，单向地给学生灌输知识，使学生缺乏科学探究体验，只是被动地接受知识。传统的讲授法与当下的教育理念相背离，也与探究教学在教师观、学生观、知识观方面具有根本的差异。鉴于此，人们很容易将学生探究与教师讲授置于对立的关系，误认为探究教学应由学生进行完全自主探究，教师不能也不应该讲授内容。实际上，学生探究与教师讲授并非完全对立，二者各有优势，且优势互补。

正确处理二者的关系需要认识到学生探究与教师讲授各自的优势与不足。在探究教学中，学生有更多参与科学探究的机会，能够获得更多的科学探究体验，从而更好地理解科学概念、掌握科学方法技能、培养科学态度、发展科学思维等。但有的科学

---

① Fazelian P., Ebrahim A. N., & Soraghi S., "The Effect of 5E Instructional Design Model on Learning and Retention of Sciences for Middle Class Students," *Procedia-Social and Behavioral Sciences*, 2010(5), pp. 140-143.

② Bybee R. W., "The BSCS 5E Instructional Model: Personal Reflections and Contemporary Implications," *Science and Children*, 2014(8), pp. 10-13.

③ Bybee R. W., "The BSCS 5E Instructional Model: Personal Reflections and Contemporary Implications," *Science and Children*, 2014(8), pp. 10-13.

内容并不适合由学生进行探究学习，如光、电等概念、科学仪器的操作使用等。教师讲授则能够解决此类问题。此外，相比于学生探究学习，教师启发式讲授能够帮助学生在有限的时间内获得对知识的整体系统的认识。例如，小学高年级的地球与宇宙科学领域内容比较抽象，较难使学生直接感知。教师根据概念的逻辑顺序安排课堂教学并通过直接讲解帮助学生理解概念、构建概念体系，在较短的时间使学生了解较多的学科知识与研究方法，培养学生的思维能力与科学精神。①

探究学习并不是万能的，即便是探究教学也并不是要求学生在每个环节都要自主探究。教师需要适时地讲授内容，为学生搭建脚手架或者系统化地总结归纳所学内容，从而更好地帮助学生建构对知识的理解，形成较为系统的知识体系。所以，探究教学只有处理好学生探究和教师讲授的关系，使二者相辅相成，才能取得良好的效果。

（二）避免探究教学片面追求掌握探究技能

逻辑实证主义科学观认为，科学的本质是科学知识，科学知识来自纯粹的客观观察，利用科学方法可以获得科学知识和得出结论。在这种观点下，探究教学就是引导学生通过实验探索获得数据，通过归纳法总结科学结论。20 世纪中期以来，人们的科学观早已发生了改变，对于科学知识及其产生方式有了新的认识。但是目前仍有人持有较为朴素、片面的逻辑实证主义科学观。在这种朴素的科学观指导下，探究教学的目的进入了“做科学”的误区。“做科学”重在学习观察法、实验法等科学方法，培养学生的科学过程技能，将学生掌握程序化的操作流程或体验探究活动作为探究教学的目标，忽视探究在学生建构科学知识以及发展科学思维方面的作用。与“做科学”相对的是“学科学”。“学科学”强调学生建构科学理论、知识。探究教学应在“做科学”的基础上实现“学科学”，抓住科学探究本质，避免探究教学理解简单化、过程技能化。

探究教学应使学生经历真正的探究过程。② 例如，探究温度对物质溶解速度的影响时，教师引导学生提出问题，产生猜想与假设。在学生自行设计实验过程中，教师可以提供一定的帮助和指导，提醒学生注意探究的规范性。教师不可提前确定实验步骤，要让学生按照既定的步骤进行操作，否则探究教学会失去意义。

---

① 李霞、张获、胡卫平：《核心素养价值取向的小学科学教学模式研究》，载《课程·教材·教法》，2018(5)。

② ［美］阿瑟·A. 卡琳、［美］乔尔·E. 巴斯、［美］特丽·L. 康坦特：《教作为探究的科学》，25 页，北京，人民教育出版社，2008。

(三)灵活应用探究教学的基本环节

探究教学一般包括多个环节。但这并不代表所有的探究教学都应严格按照以上环节进行。事实上，科学家所采用的方法也不是固定的，没有一成不变的科学方法。因此在逻辑合理的情况下，探究教学的环节可以根据实际情况进行调整。

在教学过程中，师生互动、生生互动过程具有不确定性，这种不确定性恰恰是课堂生成的价值所在。探究教学过于模式化会不利于学生理解科学本质，容易导致学生误认为“科学知识是一个有待证明的假设，每个假设都能获得证明，科学知识是绝对正确的”①。另外，死板的教学程序会限制学生的发散思维发展，阻碍学生创造力的提升。因此，在探究教学中，教师可支持学生自觉、主动、合乎逻辑地进行环节的修正、重复、循环，以达到知识建构、能力发展、思维培养的良性探究状态。

(四)跳出探究必须动手做实验的认识误区

探究教学往往需要学生动手操作，制订探究计划，获取数据，得出结论。毕比指出，学生动手做实验是主要但不是唯一的探究教学形式。为此，毕比列举了一个具体的教学案例：一位教师通过让学生观察大量地球外层大气的紫外线图片，让学生“发现”大气层中的黑洞，并就“黑洞是如何形成的”引导学生用科学知识来支持做出的解释。经过几天的学习和研究，学生对这些黑洞的起源有不同的解释。例如，一组学生认为，这些黑洞是由许多来自太阳系其他地方的小型彗星进入地球外层大气造成的；另一组学生认为这些洞不是自然现象，而是由多种电子噪声造成的。

在上述案例中，探究问题是教师提出的；学生没有经历实验探究，而是分组查阅资料并进行分享。毕比基于以上案例，抛出疑问：“这些学生进行科学探究了吗？此种教学策略是否具有探究性？”实际上这是对探究教学本质的发问。探究教学的关键在于证据的收集、解释形成和求证的处理方式。因此学生围绕科学问题进行探究，收集了大量的资料，对资料进行了分析解释并得出结论。此过程符合探究教学的要求，甚至比探究物体形状与物体沉浮关系等已经给出探究方向的实验探究，更加具有启发性和探究性。由此，真正的探究教学应围绕科学问题展开，能够反映探究教学本质，不应唯实验活动判断探究教学。

(五)确定适合学生认知水平的探究教学

尽管探究教学有诸多优势，但同一班级的学生水平参差不齐，每个学生对不同领域知识的接受程度不完全一致，对探究教学方法的接受程度也不尽相同。教学难度过高或过低均不利于学生的知识建构、技能提升和态度培养，因而探究教学应基于学生

---

① 袁维新：《科学探究教学模式的反思与批判》，载《教育学报》，2006(4)。

的认知水平开展。探究难度既不宜过高导致学生失去信心和动力，也不能过低导致学生失去学习兴趣。处于学生的最近发展区的探究能收到最好的教学效果。在不同环节中，学生的自主探究程度如表 6-2 所示。①

表 6-2　学生的自主探究程度

基本特征	学生的自主探究程度			
1. 问题 学生探究科学性问题	学生自主提出一个问题	学生从所提供的问题中选择，或据此提出新的问题	学生探究的问题受教师、学习材料或其他途径启发，学生体会其含义或进行转化	问题直接由教师提供，或可以借助学习材料或其他途径获得
2. 证据 学生针对问题收集事实证据	学生决定什么是证据并进行收集	学生在他人的指导下收集某些证据	数据直接给出，学生进行分析	数据和分析方法直接给出
3. 解释 学生从证据出发形成解释	学生总结事实证据之后做出解释	学生在指导下收集证据并形成解释	已知使用证据形成解释的可能途径	证据已知
4. 评价 学生使解释与科学知识建立联系	学生独立考察其他事实来源，建立事实与已有解释的联系	学生在指导下明确科学知识的领域和来源	科学知识与事实间的联系被直接给出	
5. 交流 学生阐述和论证自己的解释	学生用合理的、符合逻辑的论证来表达解释	学生在引导下阐述并交流分享	学生在广泛的指导下进行交流	交流的步骤和程序被直接给出

在具体教学中，教师应根据学生的发展水平给予不同程度的指导。不过，探究教学并不追求每个环节都要实现学生的高自主状态，而是要让学生真正深入探究知识的过程，使学生通过探究建构科学知识、提高探究能力、培养科学素养和科学精神。

第二节
基于问题的学习模式

基于问题的学习模式是指把学习设置到复杂、有意义的问题情境之中，让学生通过合作解决真实的问题来学习隐含于问题背后的科学知识，形成解决问题的技能、自

① Ministry of Education，Singapore，Science Syllabus Primary，2014，p. 14.

主学习的能力的教学模式。[①]

基于问题的学习发源于医学教育。20 世纪 70 年代前，医学院普遍使用讲授式教学，使学生仅仅死记硬背书本知识通过考试，忽视临床应用，造成实践与理论知识的脱节，教学效果较差。[②] 为提高教学质量、解决理论与实践脱节的问题，加拿大麦克马斯特大学医学院教授霍华德·巴罗斯首次提出基于问题的学习，提倡让学生通过解决真实、有意义的问题进行学习。到了 20 世纪 90 年代，巴罗斯总结形成了基于问题的学习模式，在教育实践中收到良好的效果并将其广泛应用于教学中。现有研究表明，基于问题的学习有助于学生理解科学概念、提高探究能力、发展科学态度以及掌握有效的合作技巧。[③④] 基于问题的学习模式在科学教育领域也得到广泛的关注。

一、基本理念

基于问题的学习模式强调学生通过经历发现并明确问题、设计解决方案、解决问题的过程达到学习的目的。在基于问题的学习中，问题的设计是关键。在医学教育领域，医学生面临的问题情境往往是病人的各种症状，随后会根据病人的症状研讨、明确病人的病因(问题)，最终针对病因(问题)对症下药，解决问题。[⑤] 在科学教育领域，学生同样需要从问题情境中思考并明确问题。例如，针对"菜园蔬菜长势一般"的问题，学生首先探究菜园里的土壤和植物样本，阅读关于如何种植健康植物的知识，之后上网搜索，联系当地专家，并在不同条件下进行种植植物的实验，最终不仅解决了问题，还掌握了植物生长需要基本的条件等科学概念等。[⑥]

(一)基于问题的学习模式的基本要素

基于问题的学习模式在实施的过程中，容易出现与问题教学等模式相混淆、教师

① 张建伟：《基于问题解决的知识建构》，载《教育研究》，2000(10)。

② Bretz R. D. & Thompsett R. E.，"Comparing Traditional and Integrative Learning Methods in Organizational Training Programs，"*Journal of Applied Psychology*，1992(6)，pp. 941-952.

③ Batlolona J. R. & Souisa H. F.，"Problem Based Learning：Students' Mental Models on Water Conductivity Concept，"*International Journal of Evaluation and Research in Education*，2020(2)，pp. 269-277.

④ Hmelo-Silver C. E.，"Problem-Based Learning：What and How Do Students Learn?，"*Educational Psychology Review*，2004(3)，pp. 235-266.

⑤ Schmidt H. G.，"Problem-Based Learning：Rationale and Description，"*Medical Education*，1983(1)，pp. 11-16.

⑥ Torp L. & Sage S.，*Problems as Possibilities：Problem-Based Learning For K-16 Education*，*2nd ed.*，Alexandria，VA，Association for Supervision and Curriculum Development，2002，pp. 23-37.

角色模糊等问题。[①] 把握该模式的基本要素，有助于更好地开展基于问题的学习。

1. 问题情境

创设问题情境是基于问题的学习模式的首要步骤，也是学生学习的重要背景。在问题情境下衍生出的探究问题是学生后续学习的中心。因而，创设问题情境是此模式的重要环节与基本要素。

2. 问题

问题具有四条基本特征：①问题是劣构的和混乱的，学生很难从中立刻获得明确的探究问题；②问题经常随着新信息的添加而改变；③问题不是很容易解决的，也不是用一个特定的公式就能解决的；④问题本身并不导向一个唯一的答案。[②]

3. 师生角色

学生是积极的问题解决者和知识建构者，学生具有较高的学习自主性。在学习的过程中，学生之间的信息是共享的，学生共同完成问题的确立与解决，在沟通互动过程中建构对知识的理解。

教师主要是教练的角色。教师并不提供有关问题解决的直接信息，而是引导学生分享收集的信息并组织学生围绕问题展开讨论。此外，教师还不时激发学生思考，监控和评价学生在整个学习过程中的表现。

(二)基于问题的学习模式的特征

学生自主性、跨学科性和合作性是基于问题的学习模式的重要特征。[③]

基于问题的学习模式以学生为中心，给予学生充分的自主性。学生在教师的支持下，利用现有的知识经验发现问题，完成信息的收集、分享、整合，明确问题本质与解决方案，最终解决问题。在这一过程中，为更好地调动学生解决问题的兴趣，激发其内部动机，教师不宜直接提供解决问题所需要的信息。

基于问题的学习模式强调跨学科性。巴罗斯认为，在现实世界中，人们需要提取和利用多学科、多种来源的信息才能全面地理解并解决问题。因而基于问题的学习模式以真实世界为参照，重点强调学习的跨学科性。

基于问题的学习模式强调以小组方式开展学习，注重合作性。学生相互协作，在沟通中建构对知识的理解。教师要在学生学习过程中通过提问等方式让学生分享所搜

---

① Savery J. R.，"Overview of Problem-Based Learning：Definitions and Distinctions，"*Interdisciplinary Journal of Problem-Based Learning*，2006(1)，pp. 9-20.

② Torp L. & Sage，S.，*Problems as Possibilities*：*Problem-Based Learning For K-16 Education*，*2nd ed.*，Alexandria，VA，Association for Supervision and Curriculum Development，2002，pp. 38-43.

③ Savery J. R.，"Overview of Problem-Based Learning：Definitions and Distinctions，"*Interdisciplinary Journal of Problem-Based Learning*，2006(1)，pp. 9-20.

集的信息以及对信息的理解。

(三)基于问题的学习模式的目标指向

基于问题的学习模式指向建构综合知识体系、培养问题解决能力、培养自主学习能力、培养有效合作能力、形成内部动机五个方面。[①]

基于问题的学习不仅让学生学习科学领域中既定的事实、概念，还需培养学生对跨学科知识整合应用的能力，从而使学生在面对不同的问题情境时，能灵活运用知识体系中的相关概念、技能等来解决复杂的问题。

培养问题解决能力是基于问题的学习模式的重要目标，问题解决能力具体包括推理策略和元认知策略。推理策略即学生基于情境分析、推理出根源问题并借助推理策略一步一步解决问题。元认知策略是学生能够自主制订问题解决的计划并监控自身问题解决的步骤，不断评估预期目标是否达成，以及在学习过程中不断调整学习行为。

自主学习能力具体包括三个层次：第一，学生能够认识到自己的能力水平；第二，学生需要依据个人需求设定学习目标，以确保能够学到更多的知识；第三，学生能够制订相应的计划来实现个人目标，并在实施计划的过程中监督和评估目标的达成情况。

解决问题需要小组合作完成。因此，在解决问题的过程中，小组成员应克服分歧、达成统一、协商行动等，在沟通交流的过程中逐渐培养有效合作能力。

形成内部动机是基于问题的学习模式的最终目标。学生在真实的情境中体验解决问题的乐趣，从而逐步形成内部动机。

二、常见的教学模式

巴罗斯基于问题的学习模式与西尔韦基于问题的学习模式是两种典型的基于问题的学习模式。

(一)巴罗斯基于问题的学习模式

巴罗斯基于问题的学习模式包括五个环节：创建小组、形成问题、后续行动、小组汇报、学习反思。[②] 巴罗斯基于问题的学习模式的五个环节如表 6-3 所示。

---

① Hmelo-Silver C. E., "Problem-Based Learning: What and How Do Students Learn?," *Educational Psychology Review*, 2004(3), pp. 235-266.

② Savery J. R. & Duffy T. M., "Problem Based Learning: An Instructional Model and Its Constructivist Framework," *Educational Technology*, 1995(5), pp. 31-38.

表 6-3　巴罗斯基于问题的学习模式的五个环节

环节一：创建小组

1. 成员自我介绍
2. 创设小组合作氛围，确定小组角色(包括教师角色)

环节二：形成问题

1. 设置问题
2. 学生内化问题
3. 描述问题需要的信息、表现
4. 安排任务

观点(假设)	事实	学习问题	行动方案
学生猜测问题的起因、影响、可能性、解决方法等	通过调查后获得的信息	学生根据问题任务列出需要知道或理解的内容	根据解决问题任务的要求设计具体的行动计划

5. 利用问题进行推理

观点(假设)	事实	学习问题	行动方案
扩大范围或聚焦	综合和再综合	界定或调整学习问题	形成计划

6. 对预测结果的信念
7. 学习问题的形成与分配
8. 资源识别
9. 安排后续行动

环节三：后续行动

1. 资源的利用与评价
2. 重新审视问题

观点(假设)	事实	学习问题	行动方案
回顾	应用新的知识并再综合	如有必要，界定新问题	重新设计计划

环节四：小组汇报

环节五：学习反思

1. 提取和总结知识(定义、图表、列表、概念图、原理等)
2. 自我评估与小组评估

①假设、推理能力

②挖掘信息能力

③小组贡献度

④所学知识量

环节一：创建小组。这一环节主要是在教师的引导下划分小组。每个小组中的成员相互介绍，在彼此熟悉的基础上分配任务。这个环节应营造小组合作的氛围，有助于后续学习的开展。

环节二：形成问题。教师设计真实的问题情境，激发学生的问题意识。小组中的记录员需要在白板或学习单上记录小组讨论的问题等信息。教师可以通过提问的方式帮助学生逐渐明确问题，如“这个情境中存在的问题是什么”等。确定问题后，小组成员需要内化问题，将其转化为可研究的问题并分别在课后寻找相关的信息。最后，每个成员带着资料再次进行小组讨论，确定可研究的学习问题并制订小组计划。

环节三：后续行动。小组成员按照计划开展学习，讨论收集的信息，判断信息来源的可靠性、资料解读与理解的准确性。在该阶段，小组可根据行动进展重新审视学习问题，必要时可重新界定学习问题。

环节四：小组汇报。学生以小组为单位通过多种方式进行汇报。汇报的内容不仅是探究问题的答案，还是学生理解问题背后的关系和机制。①

环节五：学习反思。学生用图表、概念图等方式梳理所学内容，反思与总结学习过程，同时进行自我评价和小组评价。评价的内容包括假设、推理的能力，获取信息的能力，小组的贡献度，概括总结所学的知识。

巴罗斯基于问题的学习模式具有两条线索：一条是贯穿这个学习过程中的问题，从形成问题到解决问题再到反思问题，在解决问题的过程中实现对知识理解的深化；另一条是围绕学习问题的解决产生的一系列的探究活动，利用不同的途径解决问题，实现问题解决技能和方法的学习。

(二)西尔韦基于问题的学习模式

2004 年，西尔韦基于教育实践的需要，形成基于问题的学习模式的基本环节(见图 6-3)。②

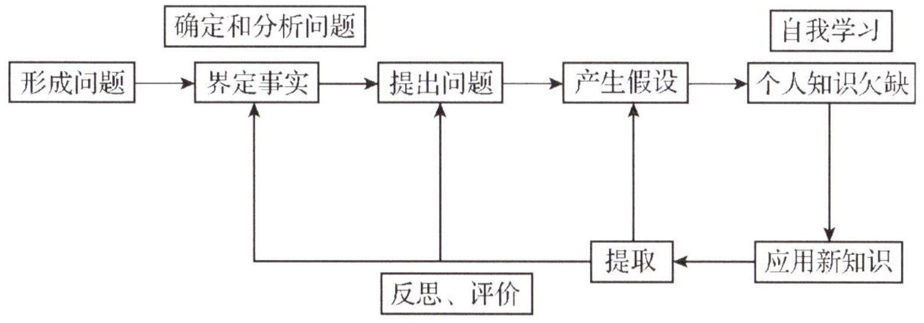

图 6-3　西尔韦基于问题的学习模式的基本环节

---

① 张建伟：《基于问题式学习》，载《教育研究与实验》，2000(3)。

② Hmelo-Silver C. E.，“Problem-Based Learning：What and How Do Students Learn?，”*Educational Psychology Review*，2004(3)，pp. 235-266.

西尔韦基于问题的学习模式与巴罗斯基于问题的学习模式相似，均需要在真实的问题情境中形成问题。在形成问题之前，小组成员首先需要在界定事实环节记录不熟悉的术语和未解决的问题，理解情境中的具体情况。在提出问题环节，学生进行头脑风暴，产生各种问题，并最终确定可研究的问题。科学问题有开放式问题和封闭式问题两种类型。开放式问题往往包含多个变量，如气球为什么会被吹大。封闭式问题更加具体，往往指向确定的答案，如气球的大小与气球的硬度有什么关系。① 在科学课堂中，封闭式问题更适合开展探究。在形成具体的、可探究的问题之后，小组成员在课下自主学习，收集相关的信息。在产生假设环节，学生共同讨论，初拟问题的解决方案，制订相应计划。小组讨论的最终方案需在班级内分享，教师和其他小组学生可提出疑问与修改建议。在整个过程中，教师给学生提供学习单，即脚手架。学生按照事实、观点、学习问题、行动计划四个方面记录小组讨论的内容，引导组内成员顺利解决问题。西尔韦基于问题的学习模式的学习单如表 6-4 所示。

表 6-4　西尔韦基于问题的学习模式的学习单

事实	观点	学习问题	行动计划
从情境中获得的信息	解决问题的假设	研究的问题	制订解决问题的计划
例如，某地区的化石燃料泄漏，问题发生的地区、泄漏污染	例如，减少存储量；提供安全存储培训；升级危险警告系统	例如，化石燃料安全存储的标准是什么；存储化石燃料的技术是否合格	例如，向有关部门了解相关情况

在西尔韦基于问题的学习模式中，事实在前，观点在后；而在巴罗斯基于问题的学习模式中，观点在前，事实在后。二者的区别在于，西尔韦基于问题的学习模式主要是针对课堂教学的设计。教师在设计真实情境时提供和呈现的信息较多，因而学生能够先判断事实，之后讨论形成假设。而巴罗斯基于问题的学习模式早期多应用于医学领域。医学生面对患者的病情所掌握的信息较少，往往先进行假设，再根据假设获取相关检查报告，收集相关的资料事实，最后确定问题。在小学课堂教学中，受学生认知发展水平和已有知识经验的限制，教师需要降低难度。

三、应用策略

基于问题的学习模式旨在提高学生自主协作学习的能力，发挥学生学习的主动性，在解决问题的过程中促进学生的深度学习。但基于问题的学习模式容易产生教学成本

① 张红霞：《科学究竟是什么》，14～15 页，北京，教育科学出版社，2003。

投入与教学效果产出不平衡、教学目标与学生已有发展水平不平衡等问题。在教学的过程中，教师需要注意以下三个方面。

(一)凸显问题的核心地位

在基于问题的学习模式中，问题是起点、焦点，也是教学的关键。问题既是触发学生学习的条件，也是具体的学习内容，最终也是反映学生学习效果的依据。在教学开始时，教师便为学生提供问题情境；学生需要根据已有的信息来预测造成现象的可能原因，由此形成问题。接着，学生需要围绕着问题来收集相关信息，与同伴一起共同研讨确定关键问题。随后，学生再以解决关键问题为目标来研讨、设计方案，在这个方案的基础上开展一系列的探究活动。最终，学生的学习效果以学生问题解决的程度和在问题解决过程中所掌握的内容为评价依据。可见，基于问题的学习模式的每一个阶段都是紧密围绕问题开展的。因而，在教学过程中，教师应紧紧抓住问题这一学习线索，引导学生逐步明确问题、制定方案、解决问题。

(二)关注问题情境的创设

问题是探究的起点，好的问题是在恰当的问题情境中产生的。因此，问题情境的设计将影响学生学习的方向，进而影响学生的学习质量。在基于问题的学习模式中，问题情境的设计需要坚持内容相关原则和真实性原则。

内容相关原则是指教师在设计问题情境之前，必须把握科学课程标准的要求，确定学生应学习的基本内容，应围绕学习目标与内容设计问题情境，牢记问题情境本身是帮助学生产生学习问题，切莫过于追求问题情境的趣味性。

真实性原则是指问题情境需与学生的生活实际密切相关。情境越真实，对学生知识理解与运用的要求越高。真实的问题情境有助于培养学生的内部动机，问题本身应对学生的个人生活与成长有意义。学生能因自身兴趣、挑战欲或满足感去解决问题、完成任务，在学习中体会乐趣。

(三)明确问题本身的设计要求

什么样的问题是“好”问题？什么样的问题值得解决？什么样的问题才能激发学生的学习热情？

第一，问题应该是劣构的、开放的。劣构的问题是没有明确答案、非课本上展示的问题。[①] 劣构体现问题的复杂性、多变性与真实性；学生不易从提供的背景信息

---

① Savery J. R., “Overview of Problem-Based Learning: Definitions and Distinctions,” *Interdisciplinary Journal of Problem-Based Learning*, 2006(1), pp. 9-20.

中寻找到答案，需要自由探究、收集资料来进行学习。当然，考虑到学生的认知水平有限，过于开放的问题不利于学生制订计划、实施探究，教师需要帮助学生逐步明确问题。

第二，问题应该是真实的。真实的问题更能够激发学生的学习兴趣，提高学生的参与度。例如，在教授“热传递”内容时，教师可从日常生活中加热食品的情境导入，从而激发学生提问：“火是怎样加热食物的”。

第三，问题应符合科学课程标准的要求且能够引出科学领域的概念原理。基于问题的学习模式的目标之一是帮助学生深化知识理解、建构知识体系。因此，问题也应以课程标准和教学内容为线索，围绕核心内容来设计。

第三节 基于项目的学习模式

基于项目的学习模式是围绕具体的学习项目，紧扣学科概念和原理，充分选择和利用最优化的学习资源，让学生在真实的情境中实践体验、内化吸收、探索创新，获得较为完整和具体的知识，形成专门的技能和得到充分发展的教学模式。①

基于项目的学习的历史可追溯到1590年兴起的项目方法(project method)，但项目方法并非正式的教学模式。1763年，法国巴黎皇家建筑学院为提高学生的培养质量，将通过工程设计考核作为获得从业资质的必备要求；而项目学习是备考的重要学习方式。在政策推动下，项目学习成为主流，大大提升了学生的操作能力，实现书本理论知识的实践转化。

1865年，罗杰斯将项目学习引入美国，作为课程的附加内容。之后经过伍德沃德等设计推广，该模式受到了普遍认可，逐渐由高校传播至基础教育阶段。同时在19世纪末，建构主义理论和杜威的经验主义理论强调学生已有的认知结构与知识的主动建构，关注学习与环境的交互作用，突出教育源于生活和经验，强调学生在真实的活动场景中活动、获取知识。两种理论滋养了基于项目的学习模式，使此模式以学生为中心，联系学生的生活经验，重视学生的动手操作能力、参与过程，通过项目主导的活动来解决问题、设计和创造产品。基于项目的学习也进入新的发展阶段，其内涵逐渐加深。② 1918年，克伯屈在哥伦比亚大学《师范学院学报》上发表《项目(设计)教学法：

---

① 胡庆芳、程可拉：《美国项目研究模式的学习概论》，载《外国教育研究》，2003(8)。
② 刘育东：《国外项目学习的历史沿革及发展趋势》，载《教育理论与实践》，2019(19)。

在教育过程中有目的活动的应用》。自此以后，基于项目的学习开始在美国的初等学校和中等学校推广、使用。

一、基本理念

（一）项目的类型

基于项目的学习是围绕项目开展的。根据任务的不同，项目一般分为以下三类：①构造或工程类项目；②实验、研究或测量类项目；③资料查询类项目。[①] 构造或工程类项目主要是让学生结合所学知识设计制作具体的模型、容器等产品。在小学科学技术与工程领域中，这类项目实施的关键在于设计，基于设计能够形成构成人工世界的产品。例如，建造小船模型、制作水火箭、火山模型等。实验、研究或测量类项目主要是让学生经历发现问题直至解决问题的探究活动，最终形成研究报告。例如，选择探究种子发芽的影响因素来进行实验、研究或测量。资料查询类项目主要是让学生围绕一个话题查阅材料，最终形成总结性报告或者其他产品。例如，学生可围绕全球气候变暖等社会性科学议题收集资料，总结全球气候变暖的原因、发展趋势等，并形成海报、宣传手册等产品。

（二）模式的基本特征

基于项目的学习模式具有五个基本特征：以项目为中心、有驱动性问题、参与建设性调查、以学生为中心以及具有真实性。[②]

1. 以项目为中心

基于项目的学习模式以项目为中心。除了通过项目创设情境、激发学习兴趣外，整个学习活动贯穿项目实施过程。

2. 有驱动性问题

基于项目的学习模式注重由问题驱动学生学习科学概念。驱动性问题与科学概念密切相关，促使学生为解决问题和学习科学内容而规划时间、设计产品。

---

① 张建伟、孙燕青：《建构性学习——学习科学的整合性探索》，82页，上海，上海教育出版社，2005。

② Thomas J. W. , *A Review of Research on Project-Based Learning*, San Rafael, The Autodesk Foundation, 2000, pp. 1-45.

3. 参与建设性调查

调查以目标为导向，包括调查、建构知识和解决问题等环节。在基于项目的学习中，项目的实施必须能够实现学生的概念转变与知识建构。项目对学生来说应有挑战性，才能促使学生在最近发展区内实现有效学习。例如，植树活动是一个项目活动，但让学生单纯参加植树活动并非基于项目的学习。

4. 以学生为中心

基于项目的学习能给学生自主权，让学生自由进行探究。教师并不强制项目以预定的方式结束，允许学生自主解决问题、完成任务。①

5. 具有真实性

首先，项目是结合现实生活中的真实挑战设计的。其次，项目允许具体情境的工作者协助学生完成任务。项目的问题解决方案有在现实世界中推广、使用的可能性。

(三)基于项目的学习模式与基于问题的学习模式的对比

基于项目的学习模式与基于问题的学习模式具有一定的相似性。首先，两种模式均受杜威的经验主义教育和建构主义理论的影响，强调学生的活动，重视学生的动手操作、实践体验。其次，两种模式都以学生为中心，尊重学生的主体地位。它们强调在教学过程中由学生自主探究、设计活动、完成学习任务，而教师应主要起到引导和辅助作用。再次，两种模式均基于真实、复杂、具有挑战性的情境开展教学，能培养学生对跨学科知识整合与运用的能力。最后，两种模式均以小组合作的方式开展学习。

虽然两种模式具有一定的相似性，但仍各具特色。在基于项目的学习模式中，学生通常会得到项目最终产品的规格说明或具体要求(建造火箭、设计网站等)，其学习过程更倾向于遵循正确的程序来制作完成最终产品。而在完成项目任务过程中，学生遇到的问题便是教学点。教师在教学点提供专业的指导、反馈、建议，促使学生更好地完成项目任务而非自主摸索，发现并解决问题。② 基于项目的学习模式和基于问题的学习模式的区别如表 6-5 所示。③

---

① Thomas, J. W., *A Review of Research on Project-Based Learning*, San Rafael, The Autodesk Foundation, 2000, pp. 1-45.

② Savery J. R., "Overview of Problem-Based Learning: Definitions and Distinctions," *Interdisciplinary Journal of Problem-Based Learning*, 2006(1), pp. 9-20.

③ Hmelo-Silver C. E., "Problem-Based Learning: What and How Do Students Learn?," *Educational Psychology Review*, 2004(3), pp. 235-266.

表 6-5 基于项目的学习模式和基于问题的学习模式的区别①

维度	基于项目的学习模式	基于问题的学习模式
时长	时间长(几周或者一年)	时间相对较短(几课时，一周或者几周)
问题情境	真实、复杂的问题情境	真实、复杂且劣构的问题情境
问题的地位	问题仅起到驱动作用	围绕问题学习，问题贯穿始终
教师的作用	指导者、支持者、合作者；直接为学生提供信息	导师；监督并为学生提供思路、方向，但并不直接提供信息
过程	经历确定问题、预测、观察、解释整个探究过程	经历界定事实、产生想法和学习问题、自我导向学习、回顾和反思的过程
合作	与同龄人或者专业人员协商；项目任务由小组合作或个人完成	小组协商观点，共同讨论定义、解决问题

二、基本环节

在基于项目的学习模式中，内容、活动、环境与结构是其基本要素。“内容”为在真实情境中呈现出的问题；“活动”为学生进行的探究活动；“环境”指支持学生完成学习活动任务的学习环境；“结果”是学生在项目学习结束后获得的物化的产品以及掌握的知识与技能。基于项目的学习模式的基本环节如图 6-4 所示。②

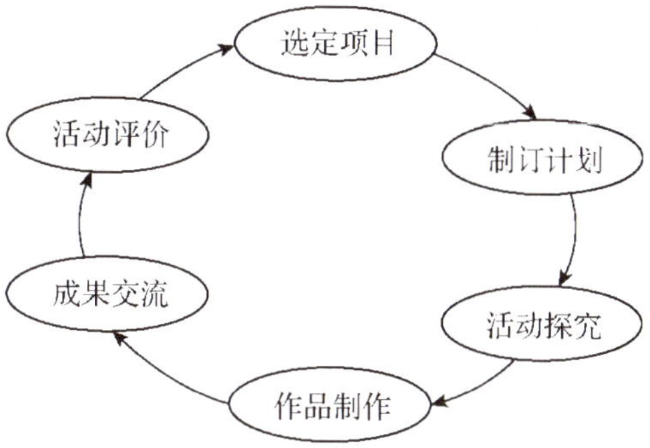

图 6-4 基于项目的学习模式的基本环节

(一)选定项目

教师为学生创设一个真实、复杂的社会情境，让学生从情境中发现问题，通过问题驱动来选定具体项目。教师不应把某个项目强加给学生，但教师可以评价学生所选

① Mills J. E. & Treagust D. F. , “Engineering Education-Is Problem-Based or Project-Based Learning the Answer,”*Australasian Journal of Engineering Education*, 2003(2), pp. 2-16.

② 刘景福、钟志贤：《基于项目的学习(PBL)模式研究》，载《外国教育研究》，2002(11)。

项目是否具有研究价值。

（二）制订计划

学生以小组为单位，根据选定的项目制订计划，并且与专业人士如教师等进行讨论。

（三）活动探究

活动探究是基于项目的学习模式的主体部分。学生以小组为单位进行探究，在探究的过程中收集信息、记录想法等，得到解决问题、完成项目任务的最佳方案。

（四）作品制作

学生根据已掌握的知识来制作产品，完成知识的应用和技能的掌握。作品形式多样，图片、调查报告等都可以作为产品。

（五）成果交流

各小组分享交流作品，取长补短，思考完成项目任务的最佳方案。

（六）活动评价

基于项目的学习模式强调通过多种方式评价学生。评价内容包括项目质量、学生小组合作表现、小组整体作品质量、时间安排、计划执行等方面。活动评价可由专家、教师、学生等多主体开展。

三、应用策略

（一）把握基于项目的学习的关键

基于项目的学习对教师的能力要求非常高。教师在策划项目、组织教材内容等方面面临挑战。教师策划的项目应符合课程标准的要求且明确学习内容。另外，由于基于项目的学习往往具有跨学科性，对学生的能力要求高，因此教师在教学中应设计基础性课程来帮助学生掌握基本的概念和技能。例如，当学生在STEM项目中建造运载小船时，学生需掌握物体浮沉的基本知识才能够更好地完成项目任务。

在基于项目的学习过程中，教师应把握以下几个方面。

1. 原则：培养学科知识

高质量的基于项目的学习重视学科领域知识和技能的掌握。教师需围绕课程标准的要求在确定教学内容后设计项目。因此，教师应认识到项目是促进学生建构知识和提升能力的手段而非最终目标。教师可以借助项目深入培养学生的高阶思维，引导学生学习学科领域的内容。

2. 真实性：创造相关经验

真实性是指项目与学生的生活关系紧密。教师设计项目时应充分结合学生的生活经验，从而充分调动学生的积极性。在确定项目前，教师可以与部分学生进行沟通，了解他们的兴趣点，以确保他们对项目有较强的探究欲。

3. 迭代：形成设计、反馈、反思和修改思路

学生在基于项目的学习过程中往往会遇到项目无法进一步实施的情况。因此，教师需要监控、评估各小组的学习进度，及时提供反馈，指导各小组对实施过程进行反思，必要时修改原先的设计方案，不断迭代，以高质量地完成学习任务。

4. 合作：建立学生学习共同体

合作是基于项目的学习的特征之一。为实现有效合作，学生需明确自己的角色和责任，共同设计和管理小组项目计划，并反思和完善合作成果。教师可以提供脚手架支持学生，监控小组的参与和交流，并在必要时进行干预。教师还可以提供模型、提示和其他资源，以确保学生形成有效合作的能力。此外，教师应在协作环境中培养学生的学习自主选择权和控制权。

（二）避免陷入项目导向的教学误区

基于项目的学习往往伴随学生物化的成果产生，但此模式不是为了形成一个作品，而是通过形成作品来帮助学生建构科学知识。若单纯为了让学生制作作品，缺少对项目背后的知识的思考与理解，将陷入项目导向的教学误区。项目导向的活动和基于项目的学习最大的差别在于项目的地位。在基于项目的学习中，项目一直处于核心地位，需要贯穿学习模式的始终。但在项目导向的活动中，项目仅在最后的知识迁移、应用中出现。

下面将结合两个教学案例来阐释基于项目的学习与项目导向的活动的区别。

基于项目的学习案例：教师的教学目标是让学生比较尼罗河流域文明和现代埃及的价值观。单元教学开始之后，学生分析尼罗河流域的一手资料和埃及政府的旅游宣传片。驱动性问题是一个社会随着时间的推移会发生多大的变化。学生将研究所得的数据制成了旅游宣传片。①

项目导向的活动案例：教师在介绍尼罗河流域的文明之后，要求学生根据课堂学

① 王淑娟：《美国中小学项目式学习：问题、改进与借鉴》，载《基础教育课程》，2019(11)。

习的内容来设计尼罗河流域的宣传手册。其驱动性问题是尼罗河流域的生活是什么样的。[1]

从以上两个案例可以看出，项目导向的活动仅仅是让学生在项目中应用所学知识。学生是在教师讲授完知识之后才设计项目的，且设计项目的活动在整个教学过程中所占的比例较少。学生主要依靠教师进行组织活动，较少有自主选择的机会。而学生在基于项目的学习中有多种选择，项目是贯穿整个教学活动的。因而，在使用基于项目的学习模式时，教师应避免流于形式，不应将教学重点置于动手操作的产品制作层面，而应促进学生深层次的知识建构。

第四节
概念转变教学模式

概念转变是学习过程中新旧经验相互作用的过程，是新经验对已有经验的改造与重构的过程。[2] 学生在日常生活和以往学习中已经获得了大量的科学常识与知识，他们倾向于带着已有的实践经验和自己对自然界的理解学习科学。[3] 教师应基于事实转变学生原有的错误概念，改变学生已有的认识，促进学生的科学学习。

科学哲学、心理学的发展为概念转变教学模式的形成奠定了基础。科学哲学的发展阐明了科学概念转变的必要性以及科学概念转变的过程；通过理论思辨的方式解释了知识是不断发展变化的，真理也是相对的、暂时的，科学的发展就是在科学家不断地挑战、改造或推翻重建已有理论过程中完成的。概念转变的心理学基础主要为认知心理学：认知心理学重视学习者原有的认知经验，通过学习实现知识的同化与顺应，实现新的知识经验的获得和旧有知识经验的改造，并通过新旧经验的相互作用来建构个人的知识体系。

1982 年，波斯纳等人基于皮亚杰的认知建构主义理论与库恩的“范式更替”理论提出概念转变(Conceptual Change Learning，CCL)模型，认为学生的概念转变具有概念拓展与概念重建两个方面。概念拓展对应概念深化，而概念重建则是在否定错误前概念(迷思概念)的基础上建立正确的概念。[4] 在波斯纳等人提出概念转变模型之后，科学教育研究者、认知心理学家和科学课程编制者开发出概念转变教学模式，有效指导教

---

① 王淑娟：《美国中小学项目式学习：问题、改进与借鉴》，载《基础教育课程》，2019(11)。
② 蔡铁权、姜旭英、胡玫：《概念转变的科学教学》，74 页，北京，教育科学出版社，2009。
③ 邓峰、钱扬义：《国外几种科学概念转变教学模式简介与评析》，载《中学化学教学参考》，2007(4)。
④ 袁维新：《科学概念的建构性教学模式与策略探析》，载《教育科学》，2007(1)。

师进行科学教学，促进学生的科学学习。

一、基本理念

（一）概念转变的基础

概念转变的基础是学生拥有一定的可以进行概念转变的前概念。前概念即学生在日常生活中对客观世界中各种事物形成的自己的看法并且养成的独特的思维方式。通俗来讲，前概念即学生在教学之前固有的知识和经验。

学生前概念中与科学概念相悖的被称为迷思概念。造成学生形成迷思概念的原因大致可以概括为以下四种。

①日常生活经验和日常概念的干扰。

②知识的负迁移。学生受到所学知识的影响，造成概念理解的偏差。例如，学生学习了太阳东升西落的规律，误认为太阳围绕地球转。

③对词语的曲解或者错误理解。学生因认知水平有限容易曲解或者错误理解抽象的、言简意赅的概念，产生迷思概念。

④知觉系统的特性可能导致表象产生偏差或失真，造成错误认识甚至形成思维定势。

迷思概念具有个体差异性、相似性、顽固性、隐蔽性等特征。① 迷思概念的个体差异性是指不同生活经历、学习背景会对学生的概念认知产生影响，进而形成不同的迷思概念。例如，对于同一概念，部分学生有迷思概念，而其他学生却没有；或者学生对概念理解的错误程度也有区别。迷思概念的相似性体现在：针对一些科学概念的迷思概念在学生中具有一定的普遍性。例如，“雪糕产生的向下方的冷气是雪糕融化产生的”“电流通过灯泡以后就被用掉了”“地球是平的或地球是平坦的球”。迷思概念具有顽固性，往往需要教师或学生自身反复修正才能实现真正的转变。迷思概念的隐蔽性表现在迷思概念长期存在于学生的认知结构中。只有在产生认知冲突时，学生的迷思概念才会被暴露出来。

（二）概念转变的条件

在概念转变教学中，教师应帮助学生理解新概念并将新概念纳入已有概念的图式或调整原有的概念，顺应新的概念。波斯纳等人归纳指出，概念转变需要满足以下四个条件。

---

① 陈华彬、梁玲：《小学科学教育概论》，80～88页，北京，高等教育出版社，2003。

①对已有概念不满。学生认识到已有概念无法解释现象或者已有概念违背了某些标准要求，因而产生不满的情绪。

②新概念具有可理解性，即个体理解新概念如何解释经验事实，理解新概念背后的机理。

③新概念具有可信性。新概念的可信性具有两种情况：一是新概念与已有概念之间存在一定的联系，即新的概念与各方面的知识需要达到一定的一致性；二是新概念在逻辑分析上具有合理性。

④新概念具有有效性，即新概念能够成功解决问题，解释和预测各种现象。

概念转变除了受已有概念和新概念的特征影响之外，还与学生的其他概念有关。这些概念共同构成了概念生态圈，并最终影响学生的概念转变过程与结果。概念生态圈具体包如下几个方面。

①反例(anomalies)：已有概念无法解释的具体事例，直接引发个体对已有概念的不满。

②类比和隐喻(analogies and metaphors)：提供一种新的理解方式，使新概念更具有可理解性，从而在新旧概念之间建立联系。

③认识论信念(epistemological commitments)：大多数知识领域中判断正确解释的标准。学生需要对新概念在现象解释上的合理性做出判断，以确定新概念的可接受性等。

④形而上的信念与观点(metaphysical beliefs and concepts)：用于决定新概念是否被接受。

⑤其他领域的知识(other knowledge)：新概念必须比其他领域的知识或者相对立的概念更具有价值，并且新概念需要与已有概念建立联系。

二、常见的教学模式

为指导教师顺利开展概念转变教学，促进学生的科学学习，研究者提出了各种各样的概念转变教学模式。其中，在教学中应用较为广泛的有OERAR模式、NN三步教学模式、OF四阶段教学模式。

(一)OERAR模式

1986年，德赖弗和奥尔德姆提出OERAR模式。OERAR模式包含五个环节(见图6-5)：定向(Orientation)—引出(Elicitation)—重建(Restructure)—应用(Application)—回顾(Review)。① OERAR 模式取五个环节的英文首字母而命名。②

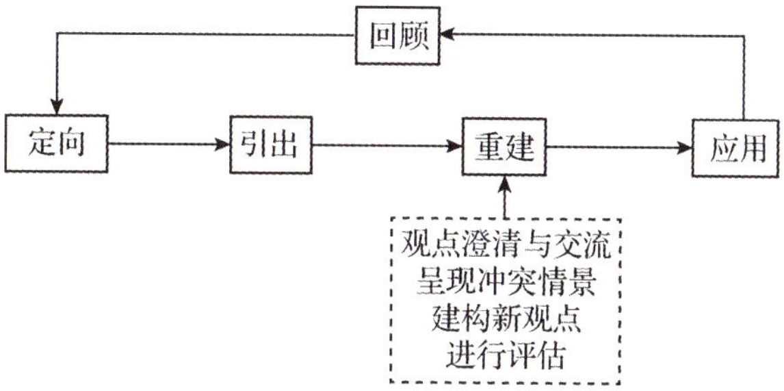

图 6-5　OERAR 模式的五个环节

在 OERAR 教学模式中，定向是学习前的适应环节。在该环节，学生需理解学习的目的，产生对所学主题的兴趣与学习动机。在引出环节，教师通过讨论、思维导图、写作等方式帮助学生表达已有的观点。在重建环节，教师使用合适的教学策略(如小组讨论、提供认知冲突情境、随堂演示等)促进学生形成正确的观点。在应用环节，学生在各种熟悉的和新的情况下应用观点，以巩固和加强已学概念。在回顾环节，学生通过学习日记等方式反思整个学习过程中自身观点的变化过程。

(二)NN 三步教学模式

美国密歇根大学努斯鲍姆、诺维克提出的 NN 三步教学模式，致力于促进教学过程中学生的概念转变。由于两名研究者的姓名首字母是 N，并且此模式仅有三个环节，因而被命名为“NN 三步教学模式”③。NN 三步教学模式的基本环节如图 6-6 所示。

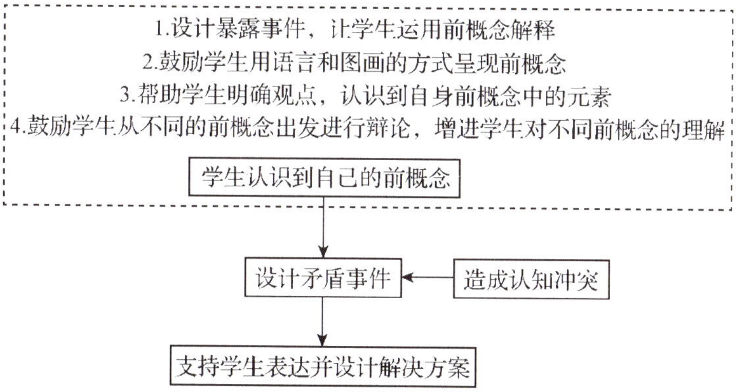

图 6-6　NN 三步教学模式的基本环节

① 邓峰、钱扬义:《国外几种科学概念转变教学模式简介与评析》，载《中学化学教学参考》，2007(4)。

② Driver R. & Oldham V. , “A Constructivist Approach to Curriculum Development in Science,”*Studies in Science Education*, 1986(1), pp. 105-122.

③ Nussbaum J. & Novick S. , “Alternative Frameworks, Conceptual Conflict and Accommodation: Toward a Principled Teaching Strategy,”*Instructional Science*, 1982(3), pp. 183-200.

学生认识到自己的前概念是NN三步教学模式的关键环节。努斯鲍姆指出，可以通过四个步骤增进学生对前概念的认识：①设计暴露事件，让学生运用前概念解释。②鼓励学生用语言和图画的方式呈现前概念。③帮助学生明确观点，认识到自身前概念中的元素。④鼓励学生从不同的前概念出发进行辩论，增进学生对不同的前概念的理解。在设计矛盾事件时，教师应提出一些学生的前概念无法解释的事件或现象，使学生产生认知冲突。在支持学生表达并设计解决方案时，教师应支持学生寻找解决方案，鼓励学生清楚表达新的概念，从而帮助学生实现概念转变。

(三)OF四阶段教学模式

奥斯本和弗赖伯格以电学为单元，提出OF四阶段教学模式。该模式以奥斯本和费雷柏名字的首字母命名。该模式具有四个环节：准备、聚焦、挑战和应用。[①]

①准备。教师确定学生的前概念，并对学生的前概念进行分类。教师可以从科学史等的角度寻找与学生的前概念相似的观点，并从中考虑转变学生概念的证据。

②聚焦。教师通过创建适当的情境来激发学生的学习兴趣。学生根据已有的知识概念来思考现象，描述和解释自己的观点并提出与概念相关的问题。

③挑战。教师引导学生探索正确的科学概念，转变已有的错误观念。教师可以提供示范的步骤以及科学家的观点来帮助学生理解新的观点，也可以邀请学生对比其他同学的观点，寻找合适的证据来判断观点的合理性，从而转变自己的前概念。

④应用。学生在新的情境应用所学概念。例如，教师创设新的问题情境，鼓励学生使用所学概念来解释该问题，帮助学生进一步明确新的概念。

由上可见，不同的概念转变教学模式通常包含以下五个要素：①创设问题情境，激发学生的学习兴趣；②暴露学生的前概念；③产生认知冲突，进行概念转变的学习；④应用概念；⑤回顾与反思。教师在教学实践中可以根据教学内容的性质及班级学生的具体情况，选择适合自己的概念转变教学模式进行教学。

三、应用策略

(一)重视引发学生的认知冲突

创造认知冲突以暴露学生的前概念是概念转变教学的重要任务。教师可以鼓励学生表达观点，暴露自己的前概念，从而让学生认识到自己前概念的存在；之后鼓励学生将自己的前概念与科学概念进行对比，让学生认清个人认识与正确的科学概念之间

---

① 蔡铁权、姜旭英、胡玫：《概念转变的科学教学》，93～94页，北京，教育科学出版社，2009。

存在差异，从而产生认知冲突。教师也可以通过小组讨论的形式，帮助学生认识到其与同学的想法存在差异，并进一步产生克服冲突、开展探究的欲望。①

（二）营造促进概念转变的课堂情境

概念转变是一个复杂的动态过程。即便满足概念转变的条件，概念转变也不一定能够完成。纳德尔森等人依据动态概念转变模型（见图 6-7）（Dynamic Models of Conceptual Change，DMCC）指出，概念转变需要经历信息识别、信息加工和信息处理三个过程。此外，概念转变要经历接触信息、信息加工、过程参与、概念转变四个环节，每个环节出现问题都会导致概念转变的失败。纳德尔森等人还揭示出学生的参与动机以及外在客观因素将影响概念转变的效果。②

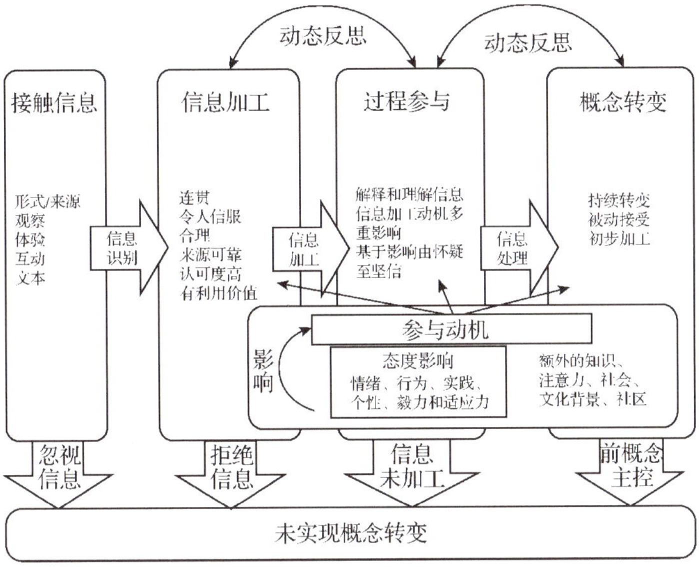

图 6-7　动态概念转变模型

学生的学习动机、态度、注意力以及认知会受到课堂情境的影响。③ 教师应营造促进概念转变的课堂情境，间接促进学生的概念转变。

---

① ［英］P. H. Scott、［英］H. M. Asoko、［英］R. H. Driver：《“为概念转变而教”策略综述》，郭玉英、卢俊梅译，载《物理教师》，2003（5）。

② Nadelson L. S.，Heddy B. C.，& Jones S. H.，et al.，“Conceptual Change in Science Teaching and Learning：Introducing the Dynamic Model of Conceptual Change，” *International Journal of Educational Psychology*，2018（2），pp. 151-195.

③ Pintrich P. R.，Marx R. W.，& Boyle R. A.，“Beyond Cold Conceptual Change：The Role of Motivational Beliefs and Classroom Contextual Factors in the Process of Conceptual Change，” *Review of Educational Research*，1993（2），pp. 167-199.

1. 弱化控制欲，提高学生的控制信念

学生的控制信念影响学生概念转变的质量。控制信念是学生对自身能够控制周围事物的发生和变化的信念。当学生相信自己能够控制行动后果，事情成败归因于自身时，学生更能进行知识的深加工并使用元认知策略，更好地理解科学概念。① 因而，在课堂中，教师可以为学生提供一定的选择和控制自身学习活动的机会。比如，教师设置难度不同的学习活动，让学生根据自己的实际情况选择活动。

2. 减少外部奖励，促使学生专注学习内容

教师应减少鼓励学生竞争或单凭外部奖励来激发学生学习兴趣的行为，避免学生形成以表现为中心的学习目标取向，忽视科学知识本身。研究表明，当学生专注于理解学习内容时，更容易使用深入的加工策略，如精致化和元认知与自我调节策略，促进概念转变。而当学生更关注个人在班级中的表现时，尤其是与其他同学竞争、比赛时，学生即便有较高的专注程度，对内容的概念性理解也并不理想。②

概念转变教学十分关注学生的前概念并基于学生已有概念设计教学，以引导学生完成概念转变的过程。因此，教师需要准确掌握学生的前概念，并且根据学生的前概念设计冲突事件。但由于学生的前概念具有隐蔽性、顽固性、普遍性等特征，教师需要进行诊断性评估。

第五节
HPS 教学模式

HPS 是历史(History)、哲学(Philosophy)、社会学(Sociology)的缩写。顾名思义，HPS 教学模式即将科学史(History of Science)、科学哲学(Philosophy of Science)、科学社会学(Sociology of Science)等内容融入科学教学，使学生能够更加全面地认识科学、学习科学内容，把握科学本质。科学教育专家马修斯指出，科学教育的目的一方面在于传播科学知识，包括对科学事实、科学规律、具体学科相关知识的传播；另一方面在于对科学本质的追问，而学习科学史、科学哲学、科学社会学的相关知识本身

---

① Pintrich P. R., Marx R. W., & Boyle R. A., “Beyond Cold Conceptual Change: The Role of Motivational Beliefs and Classroom Contextual Factors in the Process of Conceptual Change,” *Review of Educational Research*, 1993(2), pp. 167-199.

② Pintrich P. R., Marx R. W., & Boyle R. A., “Beyond Cold Conceptual Change: The Role of Motivational Beliefs and Classroom Contextual Factors in the Process of Conceptual Change,” *Review of Educational Research*, 1993(2), pp. 167-199.

就是追问科学本质的一个侧面。①

19 世纪末，新教育运动代表德国科学家马赫指出，科学教育应该让公众在掌握科学知识的同时，学会理解科学、运用科学以更好地指导未来的发展。1917 年，英国政府要求进行科学史和科学哲学的教学。科学哲学家库恩也肯定了科学史与科学哲学在科学教育中的价值，并认为两者的融合是理解科学的全新视角。在库恩的科学范式的影响下，科学史与科学哲学正式融入科学教育体系，并改变了公众的传统科学教育理念。

20 世纪 80 年代以后，随着技术的革新，科学的社会功能被放大，人们在享受科技带来便利的同时，也意识到需要解决科技所带来的问题（如环境污染等）。这为科学社会学融入科学教学奠定了基础。于是，学者开始关注科学社会学尤其是科学知识社会学（Sociology of Scientific Knowledge，SSK），尝试用社会学的视角解释科学与科学的技术内容。孟克和奥斯本率先将社会学融入科学教育体系。从此，集合了科学史、科学哲学、科学社会学的 HPS 教学模式最终形成。

HPS 教学模式有助于将科学史、科学哲学以及科学社会学的相关内容融入科学教育，促进学生理解科学本质，促进学生理解一个现象研究发展过程，并且理解科学究竟是什么，科学是如何产生的，科学方法的优缺点以及科学与社会的关系等。而且，HPS 教学模式强调培养学生的理性和思维能力，帮助学生建构科学知识，把握科学过程与方法，培养科学精神和科学态度。

一、基本理念

HPS 教学模式的核心目标是让学生理解科学。理解科学包括三个方面的内涵：①理解科学知识；②理解科学方法或研究方式；③理解科学推动社会进步的作用或科学的社会功能。实际上，HPS 教学模式反映出科学本质观的诸多内容，如科学知识观、科学探究观、科学事业观等。

（一）科学史还原科学的发展历程

理解科学首先要了解科学发展的历史，这是 HPS 教学模式的价值取向之一。科学基本史料是学生理解科学的重要途径。科学的发展过程很大程度上是科学知识的累积过程。以往人们对科学持有错误的观点，认为科学是固定的科学知识，忽视了科学本身具有发展性。HPS 教学模式则是从历史的角度来还原科学的发展历程，增加学生对系统化科学知识的掌握和理解。通过对科学史的学习，学生能够从基本的历史演变中把握科学发展的进程和规律，认识到科学家也会犯错，科学知识、科学方法、科学精

① 张晶：《HPS(科学史、科学哲学与科学社会学)：一种新的科学教育范式》，载《自然辩证法研究》，2008(9)。

神等都是在历史过程中孕育生成的。因此，科学史并不是单纯用以调动学生学习积极性的内容，它更重要的价值体现在帮助学生掌握科学发展历程，增进对科学的理解。

(二)科学哲学强调科学本质的理性分析

科学哲学思辨启发学生进行形而上学的思考，领会诸如“科学是什么”“科学是客观存在还是主观信念”等问题，纠正学生对科学本质的错误认识。恰如科学史所呈现的科学发展历程，科学哲学的主要任务是让学生从这一发展历程中进行思考与追问，从而形成对科学知识、科学方法以及科学事业的理解。

(三)科学社会学坚持科学的社会建构

默顿于20世纪40年代指出，科学家应该具备四种精神气质：普遍性(科学的评判标准是事先确定的，不受非科学的人为因素的干扰)；共有性(科学发现是科学家合作的产物，归科学共同体所有)；无私利性(科学研究的出发点是推动科学发展，而不是获取个人私利)；有理性的怀疑性(科学家要敢于对科学发现提出疑问)。[①]默顿的研究拉开了从社会学视角研究科学及其本质的序幕。人们意识到科学不是对世界的客观解释；整个科学发展的过程不仅具有科学本身发展的逻辑，还是科学与社会、政治、文化、经济等耦合的结果。

科学社会学的主要任务是使学生理解科学与技术的本质。一方面，科学社会学能够让学生理解科学的社会功能，理解科技是一把双刃剑，更进一步理解科学、技术与社会系统之间交织的关系。另一方面，科学社会学能够让学生认识到科学与技术对社会的反作用。这就是科学的社会建构。例如，科学技术的发展反过来会影响社会、塑造新的社会关系。

二、常见的教学模式

(一)融合教学模式

蒙克和奥斯本的融合教学模式是较受认同的 HPS 教学模式。融合教学模式共有六个环节：演示现象、引出观点、学习历史、设计实验、科学观点与实证验证、反思和评价(见图 6-8)。[②]

---

① 张晶：《HPS教育研究》，4页，北京，科学出版社，2017。

② Monk M. & Osborne J., “Placing the History and Philosophy of Science on the Curriculum: A Model for the Development of Pedagogy,” *Science Education*, 1997(4), pp. 405-424.

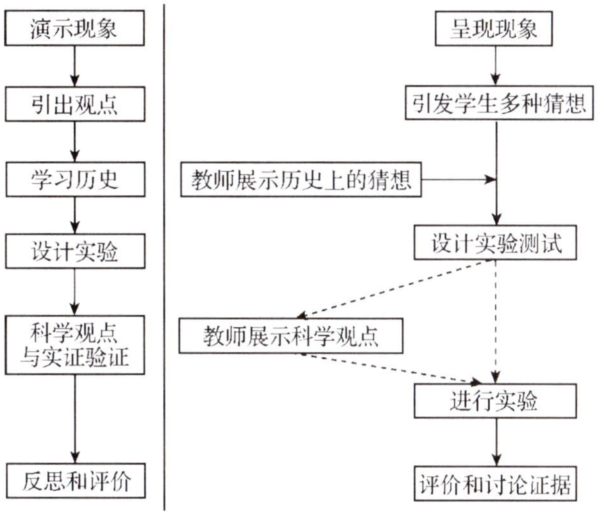

图 6-8 融合教学模式的六个环节

环节一：演示现象。教师通过演示或者呈现现象将学生的注意力吸引到学习主题上并借此突出问题。

环节二：引出观点。学生从情境中猜测现象产生的原因，并可采用概念图、讨论等方式记录或表达观点。

环节三：学习历史。教师展示相关的早期科学家的想法并提供当时经济、社会和政治情况的背景资料；举一个与科学家观点冲突的例子，让学生讨论不同观点以及观点的支持性证据或背景信息。

环节四：设计实验。教师展示不同时期人们对同一事物的多种猜想，组织学生以小组讨论的形式判断各种猜想的正误，并设计可以用来验证各猜想的实验测试。

环节五：科学观点与实证验证。教师提供科学家经过一定的科学实验验证的现象解释。学生根据实验设计验证观点。

环节六：反思和评价。学生小组内讨论对证据的解释是否合理，最后进行汇报。

融合教学模式是一种基于科学本质的科学史教学模式。使用该模式的前提是所学的内容是科学史上科学家曾经研究过的相关主题，如植物的光合作用等。在科学史的学习过程中，学生认识到科学家也会犯错误，这些错误受制于科学方法的使用和社会背景等。学生能够进一步理解科学知识具有暂定性，科学依赖实验数据等科学本质。融合教学模式将科学史和科学哲学的学习与科学大概念的学习有机融合。整个教学过程既是知识学习的过程，也是问题解决的过程，以使学生更好地理解科学本质。

(二)对话教学模式

马修斯提出的对话教学模式也是一种广泛使用的 HPS 教学模式。与融合教学模式相比，对话教学模式更侧重对观点的论证，在批判和反省中理解科学本质。对话教学模式是在探究的过程中师生围绕科学本质进行对话、讨论、反思，从而领悟科学本质的教学模式。对话教学模式的五个环节如图 6-9 所示。

图 6-9　对话教学模式的五个环节①

环节一：定向参与。在教师创设情境后，由教师或学生提出问题，学生自主自问、进行探究活动。

环节二：提出假设。教师根据整理的材料形成假说并设计方案。

环节三：实验探究。学生多以小组合作的方式进行探究，根据设计方案进行实验调查，记录数据并对数据进行分析、处理，思考假设与结果之间的关系。

环节四：引导反思。此环节是对话教学的核心环节。教师引导学生就探究结果、探究过程、探究效果进行反思。例如，我们知道什么？我们为什么知道？

环节五：对话拓展。小组分享交流对科学本质问题的理解并且与教师交换意见。师生对话、生生对话，共同完成 HPS 教学。

（三）IHV 教学模式

IHV(Interactive Historical Vignettes)教学模式又叫互动历史小故事教学模式。该模式由万达西提出。在 IHV 教学模式中，每个历史小故事都是根据科学家的真实经历形成的。但故事的选择方面应该指向科学本质，培养学生正确的科学观，让学生认识到科学家也会犯错误，科学需要不断的挑战。

IHV 教学模式的环节包括如下几方面。①选择科学家。②收集科学家的相关资料。③确定能够引导出科学本质观点或特殊科学事实的科学家事件。④围绕科学本质观与科学家事件撰写故事。基本的规范要求是介绍科学家以及科学史事件发生的背景，陈述事件发生的整个过程。⑤学生预测故事的发展和结局。⑥以引导的方式接续故事，讨论非科学的观点及 IHV 与当今科学的关系。②

洪振方对互动历史小故事进行了修改，形成了新的 IHV 教学模式的基本环节(见图 6-10)。

---

① 袁维新：《HPS 教育：一种新的科学教育范式》，载《教育科学研究》，2010(7)。

② 蔡铁权、姜旭英：《科学课程与教学研究》，39 页，杭州，浙江大学出版社，2008。

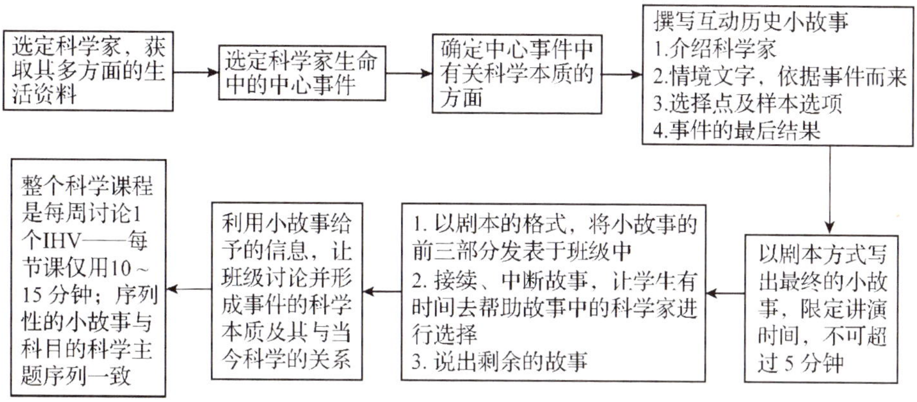

图 6-10　IHV 教学模式的基本环节

三、应用策略

HPS 教学模式强调引领学生探索科学概念的发展过程，了解科学知识的不确定性与可变性；展现科学方法的变化历程，激发学生的内部动机，促进学生理解科学本质。教师在应用 HPS 教学模式时应该注意以下问题，以保证教学的有效开展。

(一)避免割裂科学史、科学哲学、科学社会学

HPS 教学模式倡导将科学史、科学哲学、科学社会学纳入科学教学，提升学生对科学本质的理解，培养学生的科学素养。HPS 教学中科学史、科学哲学、科学社会学的教学不是附加任务，也并非学科的简单拼凑，而是强调学科之间的有机联系，即利用科学史、科学哲学、科学社会学的视角来认识、理解、解决科学本质观所涉及的问题。

马修斯认为科学哲学无处不在；师生思考和解释概念内涵和应用条件的过程都蕴含着丰富的科学哲学内容；而概念内涵的形成、应用条件的归纳与历史的发展、社会环境条件均具有密切的联系。因而 HPS 教学模式应合理安排主题，将科学史、科学哲学和科学社会学的内容融入科学教学。

(二)充分发挥科学史在促进学生理解科学方面的作用

在 HPS 教学中，科学基本史料是体现科学方法和科学精神的载体。回顾科学史上科学家的研究与发现，能帮助学生理解科学是如何发展。教师应以故事的形式引入科学史，介绍科学史上科学家的发现来激发学生的学习兴趣。可以说科学史是一种教学情境、教学材料。

科学史除了激发学生的学习兴趣外，还具有以下功能。第一，科学史能够呈现科学概念发展与精致化的过程，促进学生理解科学概念，理解科学知识具有不确定性、发展性、可变性的特征。第二，科学史能够展现科学方法的改变历程，使学生更深入地理解科学方法的本质。第三，科学史能够使学生感受到科学家也会犯错误，科学家针对现象提出问题并尝试解决问题。

（三）精心设计适合学生的 HPS 教学

根据皮亚杰的认知发展理论，小学生的思维多停留在具体运算阶段，思维的抽象性较弱。因此，有学者反对在小学阶段使用 HPS 教学模式。事实上，HPS 教学中科学史、科学社会学甚至科学哲学的元素本身也具有进阶性。在小学阶段引入科学史，能够更好地激发学生的学习兴趣，并让他们感受到科学学习与生活的相关性。因此，HPS 教学完全是可行的。当然，教师需要把握 HPS 教学的要点，基于所教年级学生的认知发展特点与知识储备，适宜地引入 HPS 教学。

第六节 科学论证教学模式

科学论证（Scientific Argumentation）是基于科学的理论和概念对数据、证据进行分析、解释，产生个人的观点并且能在观点评估的过程中合理地辩护与反驳。科学论证能够促使个体使用科学理论，依据证据论证观点，评估观点形成的过程和理解并参与科学知识传播、论证的过程。①

20 世纪中叶，科学教育专家认为“科学即探索与实验”。科学探究的重点为探究的程序、假设的验证、答案的获得等，论证并未受到重视。随着人们对科学的认识的加深，学界开始认识到，科学是基于证据的思想、解释与辩护。② 学生不应只是接受科学知识与训练科学技能，更应具有批判性推理和论证能力，培养科学思维。研究发现，中小学科学课堂较缺少对学生论证能力的培养，学生的论证能力较为欠缺。③

在这样的背景下，科学论证在科学教育中的重要地位得以确立。科学论证是当下国际科学教育关注的重要内容。例如，美国《科学教育框架》明确将基于证据的论证作

---

① Duschl R., *The Role of Moral Reasoning on Socioscientific Issues and Discourse in Science Education*, Dordrecht, Springer, 2003, pp. 139-161.

② 李雁冰：《科学探究、科学素养与科学教育》，载《全球教育展望》，2008(12)。

③ Kuhn D., *The Skills of Argument*, Cambridge, Cambridge University Press, 1991, pp. 1-24.

为八大科学参与实践活动之一。

一、基本理念

尽管论证的思想可追溯到古希腊时期，但直至1958年图尔敏《论证的使用》一书的出版，学者们才开始关注非正式逻辑推理。图尔敏论证模型(TAP模型)是科学教育领域有关论证教学、评价学生论证能力早期研究的常用模型。TAP模型(见图6-11)将论证分为六个部分：观点(Claim)、数据(Data)、理据(Warrant)、支撑(Backing)、反驳(Rebuttal)、限定(Qualifier)。

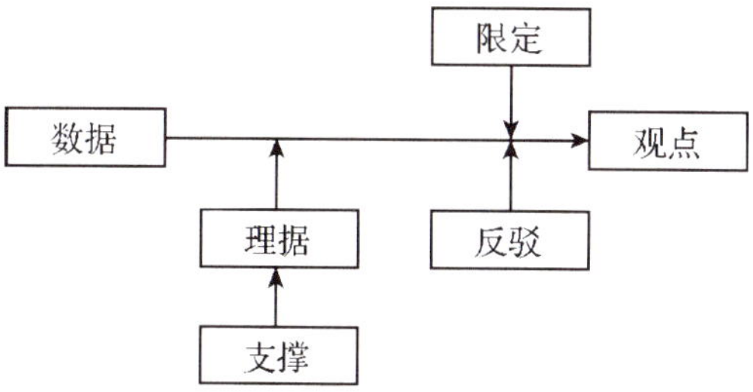

图6-11　TAP模型

麦克尼尔在对小学生进行论证教学干预研究时，综合考虑小学生的认知发展水平、知识储备水平等，改进了TAP模型，剥离出论证的核心要素——观点(Claim)、证据(Evidence)、推理(Reason)，形成CER模型。观点是对论证问题的回答，是对论证内容的看法。构建和捍卫观点的证据可以来自学生直接探究和观察的结果，也可以来自书本。推理是要建立观点和证据之间的联系，即解释证据为何和如何支持主张。推理的内容通常包括科学原理或科学理念，学生应用这些原理或理念来解释数据。之后麦克尼尔等人在已有的CER模型的基础上增加了反驳(Rebuttal)，形成CERR模型(见图6-12)。反驳主要是提供证据和推理来揭示相对立的主张的漏洞。作为模型的高阶元素，反驳也被认为是论证能力的评价标准之一。①

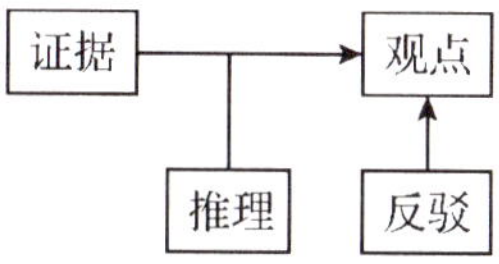

图6-12　CERR模型

① 郑颖、梁平、张军朋：《高中物理科学论证能力的内涵及其认知表现层次》，载《物理教师》，2018(5)。

二、常见的教学模式

科学论证教学不断发展，逐渐形成了结构式、社会科学式、浸入式三类论证教学模式。结构式论证教学模式关注论证结构知识的学习与运用，即以论证为学习的内容，使学生理解论证的结构特点以及在新的情境中运用所学结构来进行论证。由于结构式论证教学模式存在模式化、刻板化的特征，因而其逐渐淡出人们的视野。社会科学式论证教学模式主要是围绕社会科学议题，如全球气候变暖等，了解持有不同意见的、具有不同角色的人的观点，并思考观点、证据、论证的合理性与说服力。小组和班级内进行分享交流，再通过口头论证的方式进一步深化学生对科学本质的理解，以及对科学、社会、技术之间的关系的理解。[①] 浸入式论证教学模式则是将论证活动整合在科学知识学习过程中，促进学生学习与理解科学论证。社会科学式和浸入式契合当下的科学教育目标，并且尤以浸入式最具发展前景。本部分主要介绍较为典型且能在小学阶段应用的几种浸入式论证教学模式。

（一）科学写作启发式模式

1. SWH 模式

基斯等人于 1999 年开发了科学写作启发式(Science Writing Heuristic)模式，简称 SWH 模式。SWH 模式在探究活动中渗透科学论证且借助书面论证将学生的论证显性化。为保证教学有效开展，为师生分别设计的指导单贯穿整个模式的实施过程。[②] SWH 教学模式的指导单如表 6-6 所示。

表 6-6　SWH 教学模式的指导单

教师指导单	学生指导单
设置教学情境，通过学生表现探索学生的前概念	开始的想法：我的问题是什么
设计实验前活动，包括信息写作、观察、头脑风暴和提出问题	实验：我做了什么
参与实验活动	观察：我看到了什么
协商活动 1：指导学生写下有关实验活动的个人理解	观点：我能推断什么

---

① Sadler T. D., Chambers F. W., & Zeidler D. L., "Student Conceptualizations of the Nature of Science in Response to a Socioscientific Issue," *International Journal of Science Education*, 2004(4), pp. 387-409.

② Keys C. W., Hand B., & Prain V., et al., "Using the Science Writing Heuristic as A Tool for Learning from Laboratory Investigations in Secondary Science," *Journal of Research in Science Teaching*, 1999(10), pp. 1065-1084.

续表

教师指导单	学生指导单
协商活动 2：指导学生小组分享和比较对数据的理解、阐释	证据：我如何得出观点，为什么得出这样的观点
协商活动 3：知道学习比较小组的科学观点与教科书或其他材料观点的异同	阅读：我的想法和其他想法的异同
协商活动 4：个人的反思与写作	反思：我的想法改变了吗
利用概念图探索学生概念的转变	

SWH 教学模式的基本环节如图 6-13 所示。

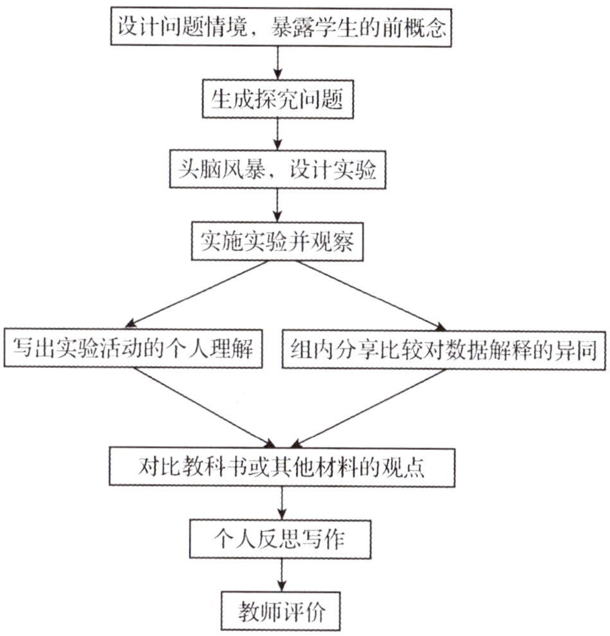

图 6-13　SWH 教学模式的基本环节

环节一：设计问题情境，暴露学生的前概念。教师先掌握学生的前概念，再开展后续的教学活动。

环节二：生成探究问题。学生围绕学习主题生成探究问题。问题可以取材于日常生活，以激发学生的好奇心。

环节三：头脑风暴，设计实验。学生围绕问题制订实验计划、形成假设。

环节四：实施实验并观察。学生写出个人对研究数据的理解并在组内分享，讨论并形成对数据解释的统一的观点。

环节五：对比教科书或其他材料的观点。学生需阅读教科书以及其他权威材料中对实验问题的相关解释，并将其与小组的观点比较。

环节六：个人反思写作。学生反思学习过程，整合、加工知识并以反思写作的方式将思维外显化，思考想法是如何改变的，问题是如何解决的。

环节七：教师评价。教师根据学生的反思性写作过程中的学业表现进行总结与评价。

2. STWH 模式

陈等人在 SWH 模式的基础上增加了谈话(Talk)环节，提出了 STWH 模式。①STWH 模式旨在解决口头论证和书面论证割裂的问题，使谈话和写作相互交织。谈话可以分享、解释和传播科学思想；而写作可以提炼和巩固科学思想。光靠谈话不足以形成论点，还需要书面论证的材料来增强和支持论点的整体性。谈话与写作同时发生，效果最佳。STWH 模式的基本环节及师生指导单如表 6-7 所示。

表 6-7　STWH 模式的基本环节及师生指导单

基本环节	任务	教师指导单	学生指导单
探索大概念，生成探究问题	提出可探究的问题 制造认知冲突，对问题产生不确定性	借助概念图、非正式的谈话了解学生的前概念，预设基本探究问题	问题：我的问题是什么 问题：我的问题与学习内容有什么关系
设计探究计划，观察并收集数据	收集和分析数据并进行初步论证 在小组内进行初步讨论与写作	参与指导学生探究活动的数据收集工作	测试：我做了什么 观察：我观察到什么
参与公开讨论，辩护观点与证据	公开讨论，私下修改 建构和批判论证 参与小组讨论和全班讨论，写出初步的论点 利用不同的观点调节认知冲突	利用谈话来组织小组学生进行书面讨论 利用对话反思书面论点	观点：我的观点是什么 证据：我的数据如何支持我的观点
阅读并与专家进行信息比较	证明和评估论证 将论证与专家观点进行比较	将科学思想与课本、网络资源、杂志、其他媒体进行比较	阅读：我的观点与别人的相比如何 写作：如何表达相似和不同的观点
写作反思	将论证与大概念、科学理论联系起来 写下并反思所学内容	与学生讨论想法是如何改变的，组织学生的以写促学活动，帮助学生反思所学内容	反思：我的观点是怎样改变的

① Chen Y., "Using the Science Talk-Writing Heuristic to Build a New Era of Scientific Literacy," *The Reading Teacher*, 2019(1), pp. 51-64.

相较于SWH模式，STWH模式同时强调学生的口头论证和书面论证。例如，在形成研究问题时，学生需要将提出的问题列在白板上，并通过小组合作对可探究和可研究的问题进行分类，确定课堂中可探究的问题。在公开讨论分享时，学生同样边说边写或者根据文本介绍思路，做到口头论证与书面论证同步进行，加深知识建构。

（二）ADI论证教学模式

ADI(Argumentation-Driven Inquiry)论证教学模式是以论证驱动的探究学习。此模式在探究教学中渗透论证教学。ADI论证教学模式的基本环节如图6-14所示。[①]

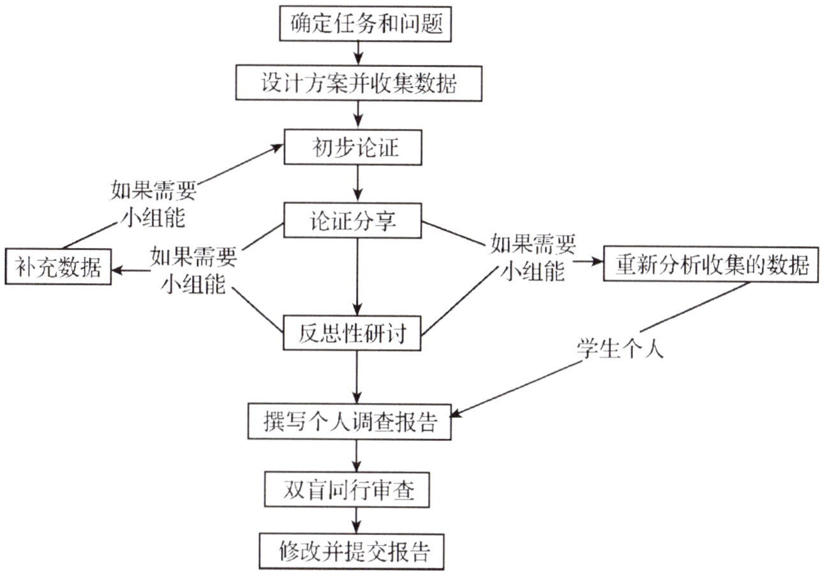

图6-14　ADI论证教学模式的基本环节

环节一：确定任务和问题。教师设计情境，激发学生的学习兴趣、问题意识。学生根据已有的知识经验和教师的协助确定探究问题。

环节二：设计方案并收集数据。学生以小组的方式围绕问题设计探究计划。学生需经历方案设计、方法选择、数据收集等过程，通过这些过程模拟科学家的活动。

环节三：初步论证。学生先提出一个由观点、证据和推理组成的论点并与同学分享讨论。证据可以是多种形式的，如探究过程中观测的数值(温度、质量等)或者对情况的描述、推断等。学生需要解释证据，如观测数值随时间的变化趋势、对照组与实验组之间的差异等。

---

① Sampson V., Grooms J., & Walker J. P., "Argument-Driven Inquiry as a Way to Help Students Learn How to Participate in Scientific Argumentation and Craft Written Arguments: An Exploratory Study," *Science Education*, 2011(2), pp. 217-257.

环节四：论证分享。学生以小组为单位进行分享，其他组需要从观点的合理性、有效性等方面对分享进行评价。在分享过程中，小组成员轮流到其他小组观摩，同时本小组需留一名组员为其他观摩小组解释本组的论证过程。

环节五：反思性研讨。学生根据其他小组的评价建议对论点、论据以及论证的方式进行充分的反思，体验到科学实践的真实性。

环节六：撰写个人调查报告。本环节整合书面论证形式，鼓励每个学生思考学到了什么、如何学到以及为什么得出这样的观点。调查报告涉及三个问题：①你想做什么？为什么想这么做？②你做了什么？为什么这么做？③你的观点是什么？在呈现形式方面，学生应以表格、图表的形式清晰呈现调查报告，并在制作表格的过程中梳理想法。

环节七：双盲同行审查。学生撰写调查报告后上交给教师。教师隐去报告的作者信息后，分发给不同小组。由其他小组对调查报告的质量进行评价并提出改进意见。此环节旨在为学生提供更多的反馈意见，鼓励学生思考、制定、使用适当的论证评价标准，并培养学生的元认知能力。

环节八：修改并提交报告。学生对应修改建议继续完善调查报告，完成后提交给教师评分。

三、应用策略

(一)合理选择论证教学的内容

科学论证教学模式虽然能够提高学生的论证能力，促进学生对科学内容知识的理解，但是并非所有的科学内容都适用科学论证教学模式。

第一，教学内容应具有论证价值与可论证性。例如，围绕科学概念与原理形成的议题可作为论证内容。这类议题往往是学生在日常生活、学习中容易产生错误概念的内容。教师通过论证可以实现学生的概念转变，加深学生对科学概念和原理的理解。若教学内容本身并无论证的必要性，如学习托盘天平等仪器的使用方式等，则不适用科学论证教学模式。

第二，科学论证教学中一般都融入了科学探究活动。因此，科学论证教学也应考虑科学探究教学的要求，保证教学内容具有探究的必要性与可行性。

第三，对于基于社会科学议题的教学模式，内容选择更具特殊性。教师可通过日常生活、查阅新闻报纸等途径收集与学生知识背景相符、学生能够驾驭的社会科学议题。

（二）关注论证教学情境的设计

创设适宜的问题情境是有效开展科学论证教学的重要前提。问题情境的设计应该具有真实性，即贴近学生生活的情境且能调动学生学习的积极性与主动性。问题情境设计应暴露学生的前概念，帮助教师掌握学情，精准抓住学生的学习生长点。问题情境还应使学生产生认知冲突，学习的发生源于调节认知冲突或消除认知心理的不平衡。学生在认知冲突的驱动下，产生求知欲，从而推动科学论证教学的顺利进行。

环境也是情境设计的一部分。论证的发生需要有一个自由、安全的论证环境，从而让学生勇于表达观点，进行真正的论证。应该明确课堂中学生与教师的身份：学生是课堂中合理的知识观点的生成者，教师是学生学习的支持者。教师应以学生为中心，构建学生有准则、有自主性、自我负责的课堂环境。教师还可以延长论证的时间，鼓励学生去反思自身理解、想法、立场的变化；构建学习共同体，让学生在小组解决问题的过程中完成使用数据、设计项目、撰写报告等活动任务。①

（三）有效设计并利用论证图

论证图在促进论证和批判性思维发展中起到重要的脚手架作用。论证图能够将学生内隐的思维活动和推理过程外显出来，实现论证过程的可视化，既能够帮助学生厘清个人的论证思路，也能够为教师提供评价的材料。

诺瓦克和高恩提出的论证三角图（见图 6-15）（Argumentation Vee Diagram，AVD）是一种有代表性的论证图。② 论证三角图要求学生基于问题，从正向、反向两个方面提出尽可能多的观点，以进行综合考量。但学生并非一定选择正、反观点，可以选择中立观点。

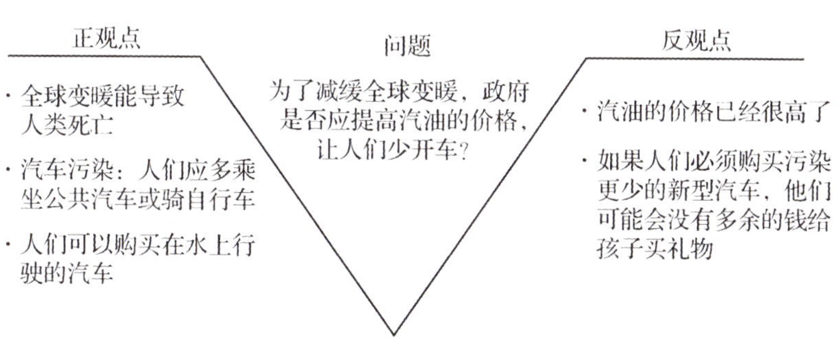
正观点
·全球变暖能导致人类死亡
·汽车污染：人们应多乘坐公共汽车或骑自行车
·人们可以购买在水上行驶的汽车
问题
为了减缓全球变暖，政府是否应提高汽油的价格，让人们少开车？
反观点
·汽油的价格已经很高了
·如果人们必须购买污染更少的新型汽车，他们可能会没有多余的钱给孩子买礼物

图 6-15　论证三角图

① Jiménez-Aleixandre M. P., & Erduran S., *Argumentation in Science Education*, Dordrecht, Springer, 2007, pp. 91-115.

② Nussbaum E. M., Sinatra G. M., & Owens M. C., *Perspectives on Scientific Argumentation*, Netherlands, Springer, 2012, p. 26.

教师还可以将 AVD 与辅助学习单相结合来辅助教学。教师就科学论证的合理性与可能性、创造性的问题解决方案以及是否有其他的解释或相反的证据等提出疑问，让学生综合考虑正、反双方的观点和推理，从而形成一个整体综合的论点。表 6-8 为 AVD 的辅助学习单。

表 6-8　AVD 的辅助学习单

选项	圈出是或否	哪一个论点
哪一个论点不太重要	是　否	
哪一个论点不可能	是　否	
论证的问题是否有创造性的解决方案	是　否	
解决方案具有可行性吗(考虑成本)	是　否	
你能想到其他的可能的论点或者反驳的证据吗	是　否	

本章小结

教学模式在指导教师开展教学实践、实现教学目标、提升学生科学素养方面发挥着重要的作用。当前，探究教学模式、基于问题的学习模式、基于项目的学习模式、概念转变教学模式、HPS 教学模式、科学论证教学模式等已经被广泛应用于科学教育实践中。这些教学模式提出了系统化的教学环节，能够为教师教学提供支架。如前所述，每个教学模式各有侧重。教师应在教学中基于教学目标、教学内容与学生的特征等选择合适的教学模式，以更好地开展教学。

关键术语

教学模式｜探究教学｜5E 教学模式｜基于问题的学习｜基于项目的学习｜概念转变教学｜HPS 教学｜科学论证教学｜策略

练　习

1. 谈一谈探究教学模式应用过程中存在哪些误区，教师应该如何避免陷入这些误区。

2. 基于问题的学习与基于项目的学习有哪些区别与联系？

3. 谈一谈在选择教学模式时应注意哪些问题。

第七章

小学科学教学方法

章结构图

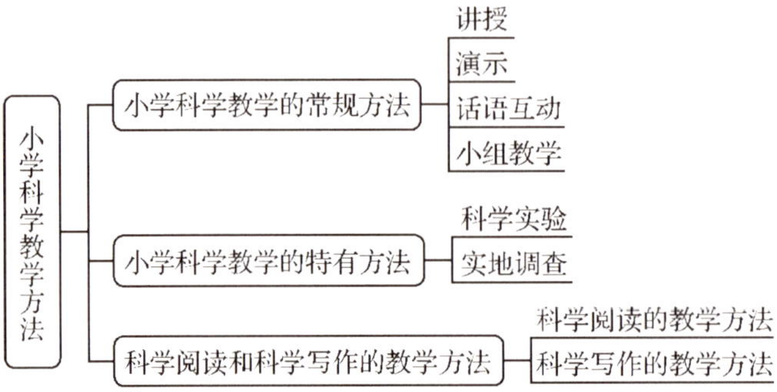

本章概述

本章主要介绍了三大类可供教师在教学实践中使用的教学方法：一是小学科学教学的常规方法，包括讲授、演示、话语互动和小组教学；二是小学科学教学的特有方法，包括科学实验、实地调查；三是科学阅读和科学写作的教学方法。

章前导语

教学方法是为达到教学目标，运用教学手段，在教学原则的指导下，师生共同围绕教学内容相互作用的一整套行为方式或具体操作程序。小学科学教学方法是指在小学科学教学活动中，教师为了达成教学目标，根据教材的特点和学生的认知规律，结合学校实际情况和教学情况，所采用的教学手段和教学方式。小学科学教学方法除了具有教学方法的一般特性外，亦关注小学科学教学的学科性和对象性。它旨在提高教学效率，让学生体验科学、热爱科学，通过亲身经历来激发对科学的兴趣，从而培养学生的科学素养。

第一节 小学科学教学的常规方法

讲授是小学科学教学中常用的方法。尽管新的教学方法层出不穷，但没有哪种方法能够替代讲授在课堂教学中的重要作用。同时，演示、话语互动、小组教学也是小学科学教学的常规方法。

一、讲授

讲授是介绍教学内容、澄清科学概念和定义科学术语的一种有效方法，可用于传授新知识，也可用于巩固旧知识。讲授能在较短的时间内向学生传授大量系统的科学知识，能够充分发挥教师在教学中的主导作用。而且，讲授是其他教学方法运用的基础，能为其他方法的运用搭建支架。

(一)讲授在小学科学教学中的应用情境

有些教师认为，学生在讲授教学中比较被动，容易陷入机械的学习。仅利用对科学事实的陈述和讲解并不能帮助学生发展其生成和应用的科学理解的能力，容易使学生丧失学习的主动性。因此，讲授被认为有着很大的缺陷。事实上，讲授的局限性并不在于教学方法本身，而在于教师对讲授的滥用。讲授经常被不恰当地用来代替其他形式的教学方法。① 例如，教师用讲授和演示代替科学实验。这就剥夺了学生动手做实验的机会。

在小学阶段，学生天生就活跃好动，注意力持续时间很短，并且受到有限的已有知识和经验背景的限制。教师在讲授时需要充分考虑这些因素的影响。要想发挥讲授的有效性，教师就要利用学生现有的知识，以逻辑的方式呈现信息，选择适当的演示手段，关注和促进课堂讨论，帮助学生构建新的理解。②

在以下情境中，教师适合以讲授开展教学。第一，教学的基本目的是传达信息，如阐释科学概念、讲授科学知识等。第二，教学任务较重，大部分学生无法在有限的课堂时间内通过科学探究等方式掌握所教内容。此外，其他教学方法的运用往往需要结合讲授，为学生提供方向性的介绍或活动后的总结与提升。例如，教师在组织学生进行科学实验之前，需要直接讲授实验所涉及的科学概念和原则，说明实验的操作流程和每个步骤对应的科学原理。在演示某些科学现象之后，教师需要对其中涉及的科学概念和原则进行充分的解释。

可见，教师应根据实际情况有选择性地讲授。

---

① Ausubel, D. P., "In defense of Verbal Learning," *Educational Theory*, 1962(4), pp. 230-233.

② 袁维新:《科学教学通论》，117～120 页，北京，人民出版社，2013。

(二)讲授在小学科学教学中的使用策略

1. 事先自我检查

教师在讲授前需进行自我检查，对自己把握不准的知识点进行学习和巩固。同时，教师需要掌握一定的教学知识，即知道如何讲授科学知识，包括解释科学概念和原则的多种方式、提供有说服力的例子、使用隐喻和类比等。① 教师需要提前备课，确保以符合逻辑的方式组织讲授的过程；在课前准备好讲义，并选择合理的图片、视频等需要呈现给学生的视觉化教具，设计好板书。视觉表征有助于学生更好地理解科学知识，并能改善学生的学业表现。②

2. 掌握学生的科学前概念和学习难点

教师在教学前需要了解学生的科学前概念，从而认识到学生在学习特定科学主题时可能遇到的困难。③ 例如，学生会认为夏季炎热、冬季寒冷的原因是夏季地球距离太阳最近，冬季距离最远；学生在学习四季形成的原因时往往只关注到地球的公转，而忽视或很难理解地轴的倾斜。教师需要在掌握学生的科学前概念和学习难点的基础上，有针对性地进行教学设计，以实现学生的概念转变。

3. 有效设置导入

教师在导入时需要明确教学目标和待解决的问题，提示学生需要注意哪些内容，帮助学生为获取和理解讲授中的信息做好准备。教师可以使用说明、比较和提问的方式来导入，建立起科学内容与学生生活的联系。说明性的导入是教师通过将新的授课内容与学生已有的科学知识相衔接来引入新授课。比较性的导入是教师采取与生活中事物类比的方法来引入新授课。④ 在提问式的导入中，教师可以设置具有多种不同答案的开放式问题来引发学生的思考和探索。这些问题需要围绕科学主题、贴近学生的生活实际、符合学生的兴趣。例如，在讲授“振动产生声音”这一主题时，教师可以通过阐述生活中的现象并提问来导入：一辆卡车从我身边隆隆地驶过，我感到走廊在振动。你们站在噪声附近的时候感觉到振动了吗？你们能够找出更多振动和声音同时发生的现象吗？⑤

4. 在讲授中引入隐喻和类比

讲授常用于科学概念和原则的教学。学生在学习科学概念时往往会对一些抽象的

---

① Gage N. L. & Berliner D. C., *Educational Psychology*, *5th ed.*, Boston, Houghton Mifflin, 1992.

② Hartley J., "Lecture Handouts and Student Note-Taking," *Programmed Learning and Educational Technology*, 1976(2), pp. 58-64.

③ Shulman, L., "Knowledge and Teaching: Foundations for the New Reform," *Harvard Educational Review*, 1987(1), pp. 1-21.

④ Good T. & Brophy J., *Looking into Classrooms*, *6th ed.*, New York, Harper Collins, 1994.

⑤ [美]Selma Wassermann、[美]J. W. George Ivany:《新小学科学教育》，宋戈、袁慧译，47 页，北京，北京师范大学出版社，2006。

科学知识产生困惑和误解；教师可以在讲授中引入隐喻和类比来促进学生对科学概念和原则的理解。

类比是利用两类对象中相似的属性，推导出一个对象可能具有另一类对象具有的属性，即利用已掌握对象的某一属性去理解把握另一个对象的类似属性的思想方法。[①]例如，教师可以用“水流”来类比“电流”。隐喻是用一种事情或经验去理解另一种事情或经验。又如，教师在讲授人体循环系统时会将其比喻成一个国家的交通系统。人体循环对于学生来说是一个新的知识，但交通系统是学生日常生活中总能接触到的熟悉事物，可以为他们学习人体的类似概念提供一个切入点。[②]

通过隐喻和类比，教师可以利用学生熟悉的日常事物或学生已有的先验知识来映射需要讲授的目标概念或原则，帮助学生建立新知识与先验知识之间的联系，从而促进学生对科学概念的理解。教师在讲授中引入隐喻和类比能帮助学生克服前概念，促进学生的概念转变。[③] 另外，在讲授中使用隐喻和类比能促进学生直觉思维和创造性思维的发展，直觉思维和创造性思维对于学生的科学学习具有重要的价值。[④]教师在讲授时引入隐喻和类比，既能打破讲授的枯燥和机械性，也能培养学生的想象力和创造力。

5. 规范使用科学语言

教师在讲授时需要合理地使用科学语言，帮助学生更好地表征和表述事物的状态与变化。描述科学问题的词汇可被分成三类，包括称名词汇、过程词汇、概念词汇。科学词汇分类如表 7-1 所示。[⑤]

表 7-1　科学词汇分类

名称	介绍	举例
称名词汇	给可见的事物命名的名词	蜘蛛、温度计、电流表、量筒、金属
过程词汇	特指一个过程的词汇	溶解、生命周期、呼吸、冷却、蒸发、能量转移、辐射、蒸发、渗透、动态平衡
概念词汇	有关抽象概念的名词	能量、密度、加速度、酶、物种、群落

① 袁维新：《科学教学通论》，315 页，北京，人民出版社，2013。

② Chiappetta E. L., Thomas R. K., & Alfred T. C., *Science Instruction in the Middle and Secondary Schools*, *4th ed.*, Upper Saddle River, Merrill, 1998, p. 138.

③ Brown D. E. & Clement J., “Overcoming Misconceptions via Analogical Reasoning: Abstract Transfer versus Explanatory Model Construction,” *Instructional Science*, 1989(4), pp. 237-261.

④ [美]布鲁纳：《教育过程》，邵瑞珍译，154 页，北京，文化教育出版社，1982。

⑤ [英]珍妮·弗罗斯特：《科学教学法》，138 页，赵宝钢等译，重庆，重庆大学出版社，2015。

称名词汇大多介绍的是学生日常生活可见的事物。学生能很快地理解此类词汇，但往往需要一定的时间来掌握和运用。教师在讲授时可以创设此类词汇使用的情境，通过一些可视化的方式(如图片、实物等)帮助学生快速记忆和掌握此类词汇，并在讲授中多次重复提及以强化学生的记忆。过程词汇介绍的是一系列的科学现象和事件。教师需要结合讲授与演示、实验等多种方法，让学生理解该类词汇的含义和具体过程。概念词汇涉及一些抽象概念性，如能量等。教师可以通过在讲授中引入隐喻和类比等方法帮助学生理解抽象的科学概念。

6. 高效组织讲授流程

讲授的主要特点是以有序的、有逻辑的方式呈现内容。由于学生的信息处理能力尚处于发展阶段，因此教师需要设计简单且符合学生认知发展特点的组织结构。例如，采用总分结构，由一个主要的科学概念引出多个从属概念的介绍；按照时间顺序或因果关系来展示科学现象或思想；利用一个中心统一的理论来展示不同思想间的关系等。

教师在讲授的过程中需要对所讲授到的重要思想或某个问题做出小结。在讲授某个科学概念或原则之后，教师需要用精要的语言对其进行陈述，加深学生的印象，建立所讲授的各内容间的联系。另外，在讨论、演示、实验等教学活动之后，教师也需要对其中所涉及的科学内容进行小结。

在讲授的最后，教师需要对所讲授内容给出结论，总结主要观点，并提出附加问题，从学生对这些结论性问题的回答判断讲授的效果。同时，教师可以在给出结论时为学生的未来学习埋下伏笔，通过引申或附加问题让学生进一步思考，从而引出下次课的主题或者帮助学生建立本节课与其他活动的联系。

7. 其他讲授技巧

教师在讲授时需要注意讲授的时间、语言艺术、非语言行为、视觉教具的使用等，确保讲授的启发性和直观形象性。

讲授时间很大程度上取决于学生注意力维持的时间。需要注意的是，当学生出现坐立不安、说话、走神以及其他类似行为时，说明学生已经达到了注意力维持的极限，教师需要考虑停止讲授。

在讲授时，教师的声音、语调、语速、节奏等都会影响讲授的有效性。教师可以通过改变语速、音量和音调来强调重要的观点；使用停顿来强调重要的陈述，让学生有时间回答问题；发音清楚，避免使用“嗯”等语气助词和多次重复；保持适当的讲授速度，让学生充分理解讲授内容。

教师呈现的身体姿势、面部表情、眼神交流等非语言行为有助于保持学生的兴趣和注意力，提高他们的课堂投入度。① 例如，教师用手指出黑板或屏幕上的关键点；引导学生一起拍手；在教室中走动；与学生保持眼神交流，随时观察学生的反应；展示个性特征，如幽默风趣的语言、对科学好奇的态度等。

教师还可以使用视觉教具来加强讲授效果。投影仪、幻灯片、图表、图片和实物模型等的使用可以为学生提供更加直观、形象的感受。

二、演示

演示是指教师通过给学生展示实物、直观教具、示范性实验或采用现代化教学手段等方式开展教学的方法。在讲授中引入演示，可以使学生获得直观、典型的感性认识。这与学生身心发展特点相吻合，有助于吸引学生的注意力，激发学生的科学学习兴趣。

(一)演示在小学科学教学中的优点

1. 激发学生思考

教师向学生展示一个新奇的现象或事物，吸引学生的注意力，让学生参与到现象观察和问题回答中来。为了营造出科学探究的氛围，教师需要围绕所展示的科学现象或事件提出待研究的问题，通过演示违反学生直觉的现象来引起学生对其背后的科学原理的探究兴趣。例如，教师可以演示用摩擦过的梳子吸起小纸片的科学现象或者用摩擦过的梳子使水流弯曲的现象等。这些违反学生直觉的现象会立刻引发学生的好奇心，从而引发学生的认知冲突，促进探究活动的发生，进而促进学生更高层次的思考和有意义的学习。当适当地呈现这些现象时，学生将能更好地记忆信息，即使是一个简单的陈述也能引发学生的探究兴趣。

2. 解释科学概念或原理

教师使用精心设计的材料进行演示，通过讲授澄清和解释观点时，有助于加深学生对概念的理解。例如，在学生观察到月食现象后，教师可以使用日、地、月三者相对位置的模型来解释月食现象产生的原理。又如，教师在介绍云的形成时，可以借助实验设备演示从缺少条件无法形成云到最终形成云的整个过程，以此来向学生阐明形成云的必要条件。

3. 引导学生高效地获得知识

教师在课堂上运用演示时，可以在相对于动手做实验更短的时间内传递大量系统

① Wilen W., Ishler M., & Hutchison J., et al., *Dynamics of Effective Teaching*, *4th ed.*, Des Moines, Addison Wesley Long man, 2000, p. 98.

化的信息，引导学生高效地获得大量的知识。教师还可以通过演示代替学生实验，从而省去了安装和拆卸设备、收集材料和指导的时间。另外，若因实验设备和材料稀缺以及实验具有危险性等无法满足学生的实验需求，教师也常常需要利用演示来介绍实验。

(二)演示在小学科学教学中的使用策略

教师在运用演示时应根据教学目标明确演示的目的，指导学生尽可能调用多种感官感知演示对象和演示过程。为了增强演示的效果，教师要在演示过程中配以适当的讲授，帮助学生把由观察获得的感性认识上升为理性认识，从演示结果中获得规律性的结论和认识。

1. 演示前的准备

在演示前，教师需考虑所教科学主题是否适合进行演示，以及考虑演示是否是解决某个问题的最佳方法，通过实验或阅读等其他方法是否能达到更好的教学效果。

教师需要提前检查并确保用于演示的材料和设备可用。教师在选择演示材料时，可以首先考虑与学生实际生活相关的事物，吸引学生的注意力，帮助学生建立生活与科学之间的联系。例如，教师可以用一把梳子和小纸片来演示静电现象，而不是使用精密的物理仪器。为确保演示顺利进行，教师最好在课前利用相同的设备和材料进行预先设计和练习，并准备好备用的演示设备和材料，如额外的电池、滑轮和玻璃器皿等。

2. 演示的步骤

演示必须按照有逻辑和有组织的方式进行，应避免造成长时间的停顿或延误。在演示的过程中，教师可以通过制造悬念来吸引学生的注意力，如让学生猜测进行某一步操作后可能引起何种现象。教师可以通过以下步骤进行演示。第一，利用提问吸引学生的注意力以及了解学生的掌握情况。第二，在演示过程中进行简短的、定期的回顾。教师可以让尽可能多的学生参与到演示中来，如请一位学生重申演示的目标、描述演示的程序。第三，进行阶段性的小结，帮助学生理解演示过程涉及的科学内容。

教师要在最后总结整个演示的过程，帮助学生对所阐述的概念或原理形成新的理解。教师应引导学生参与对日常生活中应用这一概念或原则的讨论。这将使教学与学生的实际经验产生联系，并使演示的目的得到更好的理解。教师还应提出问题以促进学生的对话和有意义的学习。

3. 演示的技巧

为了进行有效的演示，教师需要做到以下几点。

①选择符合课程或单元内容的演示。

②围绕单个概念进行演示，以免造成概念混淆。

③确保所有材料和设备都处于良好的工作状态，并做好相应的安全预防措施。

④清理无关材料的演示，确保所有学生都能清楚地看到演示过程。

⑤语速适中，确保所有学生都能清晰地听到教师的发言。

⑥选择合适的时机介绍演示的目的。

⑦在演示过程中要注意同时用语言描述演示的步骤。

⑧利用提问来激发学生的思考，引导学生得出结论并展开进一步的调查。

⑨为演示预留足够的时间以达到预期的效果，并注意保持学生的注意力和兴趣。

⑩以讨论结束演示，可将演示与日常生活中的应用联系起来。

三、话语互动

教师在教学时应关注与学生的话语互动，重视学生的反馈并及时调整自己的教学方法和进程。对于教师讲授的科学内容，学生往往会有不同的理解。教师需要关注学生的不同观点和看法，及时给予反馈、引导讨论，从而引发学生自主性、探索性和协同性的学习。

（一）话语互动的几种策略

如何引导学生进行讨论，促进师生、生生间的话语互动，是每位教师需要掌握的技能。奥斯本介绍了六种话语互动的策略：提问、推进、联系、解释、共建、评论（见表 7-2）。①

表 7-2　奥斯本的话语互动策略

提问	教师使用开放式提问帮助学生生成富有成效的科学话语；教师需要提出一个有多种可能有效的答案的问题；这类问题通常没有唯一的标准答案，并且具有生成性，能凸显出学生的差异并引发认知冲突
推进	教师通过推进式的反馈话语鼓励学生进行详细推理；教师可以通过运用推进的技巧来培养学生的思维，提出一些能引导学生进一步思考的问题
联系	教师将两位学生的回答联系起来进行批判性评价；联系的一个主要功能是识别不同观点间的差异，进行比较，鼓励学生从中识别有误的观点，并在正确的观点上形成自己的思考
解释	学生提供延伸的解释，并以证据支持自己的主张；教师通过提供问题之外的证据来进行解释的行为可以促进学生的理解

① Osborne J., Borko H., & Fishman E. J., et al., "A Impacts of a Practice-Based Professional Development Program on Elementary Teachers' Facilitation of and Student Engagement with Scientific Argumentation," *American Educational Research Journal*, 2019(4), pp. 1067-1112.

续表

共建	教师通过请学生阐述、解释或扩展他人的观点，引导学生参与概念理解和认知的过程；这种讨论可以促进学生朝着获得更好或更有价值的概念、答案、命题和判断前进
评论	学生对他人的观点提出疑问或批判；这种科学对话支持学生相互提问，或向教师提问，或提出反驳等言语行为

教师可以通过以下几种方法引导学生进一步思考。①扼要总结。教师总结已说的话以澄清不明确或不完整的观点。②再引导。教师通过进一步追问来引导学生澄清观点。③重述。如果学生的回答不够清楚，教师可以重新表述学生的话语以明确他们的观点。④他人重述。教师可以鼓励学生重述他人的话语来看其是否准确理解。①

这里还有一些其他的策略能够帮助教师引导学生展开讨论：①重申学生的话；②鼓励学生复述他人的推理；③鼓励学生总结讨论的内容；④鼓励学生批评其他同学的想法；⑤促使学生在他人的基础上进一步增加观点；⑥要求学生提出证据支持自己的观点；⑦利用等待时间让学生思考和回答；⑧要求学生澄清自己的观点；⑨鼓励学生对可能情况做出预测。

（二）促进小学科学课堂话语互动的策略

为了帮助教师改善课堂讨论的情况，鼓励师生、生生之间更好地对话，让更多的学生参与讨论，增加课堂话语互动，本部分总结了如下几种策略。

1. 提问

教师提问直接影响学生回答的质量。问题可分为高水平、中等水平和低水平三个层级(见表 7-3)。高水平的问题需要复杂的思考，如评估、综合或应用；中等水平的问题需要理解概念；低水平的问题需要回忆，回答时往往不需要理解对方的想法。

表 7-3　问题的三个层级

低水平
记忆：让学生识别、定义、回忆概念和原理
中等水平
理解：让学生澄清概念，针对观点举出例子，对群体进行分类，总结概括观点
高水平
应用：让学生对原理进行实践 分析：让学生区分、辨别不同的观点，并解释不同的原因 评估：让学生判断评价他人的观点 创造：让学生根据所学原理设计新的实验

① Michaels S., Catherine O'Connor, & Resnick L. B., "Deliberative Discourse Idealized and Realized: Accountable Talk in the Chassroom and in Civic Life," *Studies in Philosophy ond Education*, 2008(4), pp. 283-297.

在科学教学中，一些教师常常担心在课堂上遇到的多重答案，不确定的回答，试探性的回答、意见和判断以及有分歧的答案等会耽误教学进度甚至导致无法解决问题，因此避免使用开放性和发现性问题。然而，开放性和发现性问题能促进学生自主探究，是科学教育中需要频繁使用的问题。教师在教学时应该多使用高层次的提问，多准备开放性和发现性问题。开放性问题具有生成性或生产性，它们能突出不同学生间认知的差异并引发学生的认知冲突，从而促进学生间更深入地谈论和思考。[①][②] 教师可以使用一个自我检查表，记录每堂课中自己所提的问题，从而对自己的提问进行评估和反思。

2. 预留等待时间

等待时间指的是教师在提问后等待学生回答的时间，也指的是学生的回答和教师的回应之间的时间。有部分教师不愿意在课堂上等待学生回答，觉得教学内容安排紧凑，无法放慢速度，又或是认为思考快节奏的问题能保持学生学习的积极性。研究表明，随着等待时间的增加，学生的回答在时长、数量和质量上都有所改善。这在一定程度上能增加学生的自信心。通常不爱回答的学生也更愿意给出回应，更多的学生会参与到问题的讨论中。教师等待 3～5 秒的效果最显著，这段时间可以让学生思考、反思、详细阐述答案。[③] 因此，教师应把握好提问后给学生预留的等待时间。

3. 追问和推进

教师可以通过推进式的反馈话语鼓励学生进行推理，通过追问和探索去厘清学生的思想，发现问题，帮助学生进一步思考。比起简单地评价学生的回答是“好”还是“不好”，教师可以问一些富有成效的后续问题，如你是怎么知道的或者你能告诉我更多吗，甚至简单地问一句为什么。[④] 追问是改善课堂讨论的一个有效的方法。追问要求学生详细阐述他们的答案来解释他们的推理或提供更多的细节。这种方法对于识别学生的先入之见和可能的误解特别有用，有助于学生澄清理解和形成新的想法。

4. 复述和共建

教师可以考虑在课堂上使用复述和共建等对话技巧来引导学生进行讨论。例如，如果一个学生的回答表达得不够清楚，教师可以将其回答复述一遍，总结其核心观点，以澄清不明确或不完整的观点。教师还可以通过复述帮助学生更好地思考和理解，鼓

---

① Chin C. & Osborne J. , “Supporting Argumentation through Students' Questions: Case Studies in Science Classrooms,” *Journal of the Learning Sciences*, 2010(2), pp. 230-284.

② King A. , “Enhancing Peer Interaction and Learning in the Classroom through Reciprocal Interaction,” *American Educational Research Journal*, 1990(4), pp. 664-687.

③ Tobin K. G. & Capie W. , *Wait-time and Learning in Science*, Burlington, NC, Carolina Biological Supply, 1981, p. 2.

④ Mercer N. & Howe C. , “Explaining the Dialogic Processes of Teaching and Learning: The Value and Potential of Sociocultural Theory,” *Learning, Culture and Social Interaction*, 2012(1), pp. 12-21.

励学生彼此交谈，并帮助学生提出新问题。

共建是指让一个学生复述另一个学生刚刚说过的话，然后与最初说这句话的学生讨论其是否准确或有何不同观点。共建可以评估学生在多大程度上理解了彼此的观点。教师可以通过让学生阐述、解释或扩展他人的观点，引导学生参与概念理解和认知的过程。在这种对话中，师生、生生之间需要积极互动。①

5. 澄清和证明

教师要鼓励学生提供更多的证据来支持、解释自己的观点，以进一步澄清自己的观点。研究表明，通过提供问题之外的证据来解释的行为可以促进学生的理解。② 因此，教师要鼓励学生分享、拓展和澄清自己的观点。

6. 评论

教师需要对学生的发言进行评价。目前课堂教学中常见的是教师对学生的回答直接进行评价。教师也可以通过其他方式对学生的回答进行评价、总结。例如，教师可以请几位学生各自表达自己的观点，随后将他们的观点联系起来进行综合评价。这样学生能在自己和他人的观点上建立联系，形成连贯的思考。③ 教师应引导学生识别不同观点间的差异，进行比较，鼓励学生从中识别有误的观点，并在正确的观点上形成自己的思考。

此外，教师可以让学生对他人的观点提出疑问或批判。这种话语互动支持学生相互提问，或向教师提问，或提出反驳等。鼓励提问和质疑的课堂氛围有助于传达一种对知识的认知立场。这种立场认为所有的知识主张都需要证明，并支持学生批判性思维的发展。

四、小组教学

在进行科学探究时，学生往往会进行合作互助，共同完成学习目标。小组教学是指教师根据教学目标进行精心设计，将学生划分成若干小组，指导组内成员通过沟通互动共同完成任务的一种教学方法。

要提高小组教学的成效，教师需要考虑到教学实际，依据学习内容、学生的认知水平等实际情况，选择合适的方式来开展小组教学。同时，教师需要学会运用恰

---

① Golding C.，“Epistemic Progress：A Construct for Understanding and Evaluating Inquiry，” *Educational Theory*，2012(6)，pp. 677-693.

② Chi M.，“Active-Constructive-Interactive：A Conceptual Framework for Differentiating Learning Activities，” *Topics in Cognitive Science*，2009(1)，pp. 73-105.

③ Alexander R.，*Towards Dialogic Teaching*：*Rethinking Classroom Talk*，England，Dialogos，2005，p. 26.

当的小组教学的策略，让学生小组相互支持并对自己的学习和团队中他人的学习负责。

(一)小组教学的准备

1. 创设合作的氛围

如果学生缺乏小组合作的意识和经验，很可能导致小组教学的失败，影响组内所有成员的学习效果。因此，为学生创设一个合作的环境，逐步引导学生进入小组合作的状态至关重要。为了鼓励学生之间的合作，教师可以让成对的学生形成小组，为他们提供特定的指导。例如，教师可以要求学生和他们的伙伴比较他们观点的异同。在学生适应了两两一组的合作之后，教师可以进一步将学生分成每组人数更多的合作小组。除了课堂上的合作之外，教师可以考虑将学生的小组合作扩展到其他的环境中。例如，鼓励学生与其他班级的学生讨论合作，参与年级、学校的各类活动，体验合作的氛围。

2. 建立小组

教师在进行分组时需要考虑多方面的因素，包括小组的成员构成、规模、分配方式、团队身份、动态变化等。

(1)小组的成员构成

小组的成员构成会影响学生在群体中的互动学习效果，小组合作在有适度差异的异质性群体中最有效。[①②] 异质性是指小组成员在能力、个性和先前经验方面有适度的差异。当学生与知识稍微丰富或观点稍微不同的同伴合作时，他们的最近发展区会得到更多的拓展。然而，如果学生之间的差异太大，组成小组后可能会出现问题。例如，阅读能力很强的学生在与阅读能力较弱的学生合作时可能会感到沮丧。

教师的工作是确定哪些学生适合形成一个小组，并帮助所有学生学会接纳和宽容，学会与不同的人合作。教师可以通过调查、实验等方式比较所在班级不同分组方式的学习效果，确定适合的方式。教师应该预测任何可能出现的问题。例如，男生负责所有任务而将女生排除在外，非主导群体被排除在决策之外等。

(2)小组的规模

小组的规模会直接影响小组教学的效果。对不同年龄段的学生，适宜的小组规模存在差异。例如，年龄较小的学生处于以自我为中心的发展阶段，且容易在小组中分

---

① Blumenfeld P. C., Marx R. W., & Soloway E., et al., "Learning with Peers: From Small Group Cooperation to Collaborative Communities," *Educational Researcher*, 1996(8), pp. 37-40.

② Leonard J. & McElroy K., "What One Middle School Teacher Learned about Cooperative Learning," *Journal of Research in Childhood Education*, 2000(2), pp. 239-245.

散注意力，所以两人小组的效果比较理想。①

小组的规模也和具体学习任务的需要有关，教师需要根据实际情况调整小组的规模。3～4 人的小组在小学中较为理想。将学生分为 5 人及以上的小组后，教师可能会遇到纪律管理和某些学生被群体排除在外等问题。教师的责任是发现并及时解决这些问题，帮助学生学习如何在不同规模的小组中合作。

(3)小组的分配方式

选择小组成员时，需要决定是由学生自愿组成小组还是由教师进行分配。在学生自由分组时，不习惯小组学习的学生可能会倾向于选择自己熟悉的朋友，这样会导致出现注意力的分散、游离课堂之外和形成小集团等问题。但是，学生选择自己熟悉的朋友为小组成员时，也可能因为他们有更多共同的目标和语言，从而有更好的任务表现。② 教师需要根据班级的实际情况，选择是否让学生自愿分组。

教师可以选择随机分配小组成员，因为学生会认为这是一种更为公平的分配方式。教师也可以根据教室的物理布局来分组，如把班级分成四个象限。还有一种方式是建立兴趣小组，如将想要探究同一个问题的学生分为一组。

(4)小组的团队身份

团队身份可以帮助团队形成融洽的氛围和小组凝聚力。学生需要同伴的认可和小组的归属感。因此，在学生间建立团队认同感是很重要的。教师可以让学生通过拟定小组名称、设计小组口号、制作小组标志、建立线上聊天群等方式形成团队认同感。

(5)小组的动态变化

在通常情况下，完成一个学习任务时都会保持小组成员不变，成员间将会建立起相互理解的默契。然而，有时学生可能会对与相同的成员一起学习感到厌烦，小组可能会因为长时间没有新观点的碰撞而失去活力。为此，教师可以引导学生参与不同的小组，生成不同的合作体验，产生新的观点，发展他们与不同小组成员合作的技能等。

为了让学生收获在不同小组中合作的经验，教师可以设计不同层次的小组。非正式的小组用于完成短期的任务，如快速的头脑风暴。这样的群体可能只存在几分钟。正式的小组可能在完成任务期间始终存在。学习任务小组可以在整个学期存在，让学生在小组内相互评价、支持和促进共同学习。

---

① Edwards C. & Stout J., "Cooperative Learning: The First Year," *Educational Leadership*, 1990(4), pp. 38-41.

② Strough J. & Cheng S., "Dyad Gender and Friendship Differences in Shared Goals for Mutual Participation on a Collaborative Task," *Child Study Journal*, 2000(2), pp. 103-126.

（二）小组教学的策略

1. 培养协作技能

教师需要帮助学生体验不同的小组合作，培养他们的协作技能。大多数学生在表达观点、科学论证、独立工作以及如何应对他人的质疑和批评等方面需要接受教师的引导。

（1）培养决策和管理技能

在小组合作中，学生需要学会自主确定学习任务目标和做好成员分工、时间调度等工作。教师可以提供任务目标表、分工表、时间计划表等，帮助学生明确小组的总目标和子目标，做好分工和实践的计划与追踪，从而实现小组的整体决策和正常运转。

（2）确保学生间建立信任

教师可以通过一些破冰活动来引导小组成员进行交流，促进组员间的相互了解。在此基础上，教师鼓励每个学生找准自己在组内的定位，使用一些技巧来鼓励每位学生积极分享自己的想法。例如，教师可以给每个学生一定数量的代币。学生每表达一次看法就需要支出一个代币，一旦代币用完也就不能提出更多的观点，直到整个小组成员都完全支出了自己的代币。这个方法可以促使每个学生都参与到小组讨论和合作中来，帮助每个学生都为小组做出贡献。小组中出现不同意见、产生冲突的情况经常发生。教师可以引导学生在小组合作前确定可以使用和不能使用的短语列表，规避一些带有嘲讽性、侮辱性和针对性的语言，并引导学生学会用证据来支持自己的观点。

（3）培养交流技能

首先，教师要教学生积极地倾听他人的观点。教师可以要求学生复述其他组员的观点、解释他们是否认同、总结谈论过程等，帮助学生集中于他人的发言。教师也可以引导小组内部制定一些规则，如做笔记、讨论纪要、不打断他人发言等。其次，教师需要引导学生在发言前充分思考，厘清观点的逻辑，帮助学生掌握清楚表达观点的技巧，如打腹稿或列发言提纲等。

2. 让所有学生平等参与

教师应引导学生理解小组合作需要每一个组员的共同努力和参与。教师应引导小组确立一个共同的目标，为整个合作的推进指明方向。教师需要引导学生进行组内讨论，自主确立学习目标。在这个过程中，教师可以让每个学生先写下自己的观点，然后在组内进行分享、讨论和决定。

组内进行劳动分工时会出现部分学生总是承担更大的工作量，或向团队贡献更多的信息的情况。教师需要引导学生理解公平分工对于小组的重要性，确保学生之间相互倾听和沟通，而不是单独工作。

3. 反思和过程监控

教师要鼓励学生对学习进行反思，如学会了什么，是如何学会的，在合作过程中所要应用的技能有哪些等。小组的过程监控就是对小组合作工作的反思。例如，描述成员的哪些行为是有效的，哪些行为是无效的；讨论哪些行为可以坚持，哪些行为必须改变等。反思与评价能使小组成员间保持良好的工作关系，保证学生获得反馈信息，提高学生的元认知和认知水平。

除了注意对小组合作进行过程监控外，教师还应注意对全班的小组合作过程定期监控。教师要随时观察小组活动，分析小组活动中存在的问题和有效的做法，在及时向本小组反馈的同时把意见反馈给各个小组。教师有计划、有系统地对各个小组的工作进行观察，收集每个小组的具体资料，从而方便最后对全班的小组合作进行总结。

第二节 小学科学教学的特有方法

科学学习不只是为了习得知识。学生需要亲历问题提出、实验、数据解释、假设和测试等过程，从而了解科学本质、提高科学素养。科学实验和实地调查可以让学生通过亲身体验获得一手经验，以一种自主探究的思维方式参与科学学习，在真实的科学探究活动中确定自己的问题、设计探究程序并实施，从而得出结论。科学实验和实地调查可以让学生了解科学家如何开展工作，为学生构建科学知识体系提供具体、真实的经验。参与科学实验和实地调查有助于增强学生的实验技能、动手操作能力、科学探究意识和对科学研究的兴趣等。

虽然科学实验和实地调查得到了很多科学教育工作者的肯定和提倡，但是在小学科学教学实践中的应用也存在若干问题。例如，一些在学校开展的实验是无目的、琐碎的、缺乏计划性的；实验课的时间通常太短，学生不能完成他们的实验；考虑到安全等问题放弃实地调查。教师应根据课程、学生、设施、现有的材料等认真制定科学实验和实地调查的规划，了解科学实验和实地调查实施的技巧，以达到特定的教学目的。

一、科学实验

科学实验是在教师的指导下学生运用一定仪器、设备进行独立作业，观察事物和过程的发生，探求事物的规律，以获得知识和技能的方法。采用实验进行教学有助于学生直观地了解事物之间的因果联系以及事物发生发展过程的规律，促进其对科学概念和原理的理解。

（一）科学实验的教学程序

教师必须仔细规划实验活动，在开始实验前激发学生的兴趣，并确保学生做好实验的准备，在实验过程中为学生提供引导和支持，并在实验后进行彻底的讨论。此外，对于高年级的学生，教师可以支持他们自主设计实验并实施；教师作为顾问适时为他们提供参考意见。

1. 实验前开展讨论

教师应在实验前向学生说明或与学生充分讨论为什么要做实验、如何做实验等。在讨论中，教师应向学生解释将要进行的实验与所学习的科学主题之间的关系。若实验的目的是检验一个科学原理，那么在实验前教师必须向学生讲授该原理的相关知识，让学生明确实验的过程和目的。若实验的目的是通过探究得出一个科学结论，那么实验前教师不应给学生呈现由他们自己发现的原则或观点，而是向学生说明如何进行实验或实验中应注意的问题。

实验前的讨论必须让学生对他们在实验中要做什么有清晰的认识，从而确保学生集中注意力，不会偏离学习主题。教师要充分确保和发挥学生在实验设计和实验操作中的自主性，防止学生只是按照给定的实验步骤进行机械的操作。当然，如果涉及特殊的设备或者困难的程序，教师应该提前进行演示，让学生充分理解。

2. 实验中提供指导

教师在实验中应为学生提供明确的实验指导，可以使用口头提示或者分发书面材料，也可以同时使用多种指导方式。教师的口头提示应当是适当、简明且清楚的。教师在学生实验过程中不能一次性进行大量的口头说明；而应对某一个具体的步骤给出明确的提示和指导，并确保每次的口头提示足够简洁，让学生能够记住。教师可以将重要的提示总结并记录到黑板上，让学生能够时刻并清晰地看到。教师也可以选择分发书面的实验指导材料，包括科学实验的手册、针对某具体实验的流程说明以及实验记录表等。不管采用哪种指导和提示的形式，教师都应将实验活动分解为几个步骤，为每一步提供一套简短的指示。

3. 实验后组织讨论

在学生完成实验后，教师需要组织学生进行讨论。在讨论中，学生需要呈现并分析他们的实验数据和结果，讨论得到相同或不同结果的原因，将实验与所学习的科学主题联系起来。实验后讨论可以帮助加深学生对科学内容的理解，拓宽学生对科学实验的认识，并帮助学生总结参与科学探究过程的经验。

实验后讨论为学生提供了一个很好的机会，让他们能够集中讨论与实验活动相关的重要学习成果。例如，当实验的目标针对的是科学概念时，教师可以检查学生先前的错误概念是否通过实验发生了改变等。教师可以让学生阐述他们在实验前对某一科学概念的观点，以及经过实验后他们根据自己的经验和收集到的数据而得出的新的观点。教师可以采用让学生构建概念图的方式，帮助他们呈现各科学概念之间的关系。同时，教师也能组织学生讨论他们进行实验时所涉及的科学过程技能，并推测科学家和工程师可能如何进行这项实验。教师应基于实验后讨论的结果决定是否让学生重新进行部分实验。

(二)科学实验的教学技巧

教师必须认真规划和组织他们的实验教学活动，重视实验与学生实际生活的关联、实验的逻辑结构、学生记录和报告数据的方法、实验课堂管理和学生实验结果评价等各方面因素，从而充分发挥科学实验的价值。

1. 确保实验联系生活

为学生提供熟悉的实验环境、研究对象和实验材料，将实验置于真实的生活情境中，既能激发学生的学习兴趣，又能证明科学概念和原理在日常生活中的适用性。教师可以通过让学生将生活中容易获取的材料带到课堂，激发学生学习的主动性和积极性。例如，在制作水果电池、手工蜡烛等实验中，学生会显示出浓厚的兴趣，并很少质疑这项实验的价值或其蕴含的科学原理等。此外，当实验关注学生熟悉的日常事物，如彩虹是如何形成的时，学生会将自己的前概念应用到实验中，并通过实验转变他们对科学概念的理解。①

2. 进行适当的实验指导

如前所述，教师在实验过程中，通过口头提示、书面指示或回答学生问题的形式为学生提供实验指导。在学生数量较多的情况下，教师经常在实验前期为学生提供大量的指导，以便于课堂管理。然而，整个实验过程中过多的指导容易限制学生

---

① Tamir P., "Meaningful Learning in the School Laboratory," *American Biology Teacher*, 1988(8), pp. 477-482.

的自主性和积极性。因此，在学生掌握基本的实验技能之后，教师应让学生自己设计实验程序，进行自主探究，通过多次练习逐渐掌握科学实验的完整程序，提升动手实践能力。

3. 引导学生记录和报告实验数据

学生需要教师的引导来记录和报告实验数据与结果。教师可以采用发放完整的实验手册、单独印刷的实验记录表等策略来帮助学生记录实验流程和数据，或者让学生在笔记本上进行记录。无论采用何种形式，教师都需要确保学生的记录的准确性和简明性。如果让学生在记录和报告上投入过多时间和精力，会引起学生对实验活动的消极态度。

实验记录报告的内容因实验主题和学生参与程度的不同而存在差异。一些实验侧重实验技能的练习，几乎不需要书面记录。例如，使用天平、显微镜、分度瓶、滴定管、电压表等方面的能力训练只要求学生熟练掌握操作技能；而书面报告结果方面则要求不高。在学生自主进行的开放式实验中，学生需要报告实验的主题、流程、数据收集的程序与实验结果等。此时，教师需要对学生的实验报告给予充分的说明和指导。

4. 维持实验课堂的管理和纪律

在实验课堂中需要注意的一些基本要素包括座位安排、分组、纪律和监督学生活动等。教室的课桌或者实验室的桌子不应安排得过于拥挤，要方便学生和教师移动，并确保教师能够清楚地看到每一位学生或每一个小组的工作台。教师要对实验的材料和设备进行管理，按照实验步骤呈现材料；材料不要一次性分发给学生，否则会造成学生的注意力被材料分散、课堂混乱的情况；实验结束后将使用过的设备或材料归还到原处。

教师必须在实验前向学生说明实验应遵守的规则，包括行为、安全、设备和材料的使用方法等。教师可以引导学生参与规则的制定过程，从而加深学生对规则的理解，促使学主动遵守规则。

教师需要根据实验内容、设备和材料等的实际情况，安排学生进行个人实验或小组实验。在小组实验前，教师需要明确每个学生的角色，如组织实验的协调者、管理设备和材料的经理、记录数据和实验过程的记录员、负责动手操作的操作员、归纳和报告实验结果的汇报者等。教师要让学生在不同实验中轮流扮演不同的角色，确保学生能体验到各个角色的工作。在小组实验过程中，教师在维持课堂秩序的同时也应保持与学生的互动，确保所有学生都能得到关注。

5. 对学生的实验进行合理评价

教师可以考虑使用以下几种方式对实验进行评价：纸笔测验、实验报告、笔记、实践考试、实验操作等。对学生实验成绩的评价可以从以下维度展开：研究问题的适切性、实验设计的合理性、实验技能和科学过程技能的掌握情况、数据收集和报告的严谨性、结果解释的合理性、实验报告的完整性、实验中规则的遵守情况。

教师可以通过有关实验教学主题的纸笔测试来评估学生的实验成绩。这种方式可用于确定学生掌握科学概念和科学过程技能的情况。实验报告和记录可以用来评估学生记录数据和报告结果的能力。教师可以通过直接观察来评估学生在实验中的操作行为。

二、实地调查

实地调查能够为学生提供真实的学习经验，让他们更好地理解所生活的自然和技术世界，提升他们的科学素养和对科学的兴趣。因此，教师应该考虑将实地调查纳入常规教学。

(一)实地调查的教学准备

实地调查可以让学生到真实的情境中研究无法在课堂上呈现的自然或人为的科学实物或现象。例如，学校的花园、植物园、污水处理厂、发电站、观测站、医院、野生动物保护区等都是学生可以参观和开展田野调查的场所。教师需要根据科学教学的目的和学生的实际特点进行合理选择和提前规划。

1. 分析教学目标和内容

当教师考虑将实地调查纳入课程时，他们必须检查课程内容并决定哪些实地考察的经历与课程直接相关。实地调查需要大量的时间来安排和开展，所以教师必须基于课程目标和内容进行合理选择和规划。教师需要在课程规划时思考这样一个问题：哪些科学主题应该通过引导学生进行实地调查来教授？如果教师能确定一个学生应该在课堂之外学习的主题，那么就需要进行充分的前期准备来实现课堂外的实地调查。

2. 事先调查可能进行实地探究的场所

教师可以根据课程目标和内容列出可供学生进行实地调查的场所清单来开始规划，从学校内开始，包括学校操场、树林、花坛等，再到学校周边的街道、社区、小型企业、博物馆、小型工厂等场所。表 7-4 列出了实地调查的场所和对应的科学主题。

表 7-4 实地调查的场所和对应的科学主题

学校内外部	场所或情境	对应的科学主题
学校内部	暖气和冷气系统	温度、凝结、融化
	电气系统	电压、电流
	食堂	食物、营养、健康
	草坪、花坛	植物、昆虫、光照对植物的影响
	旗杆	测量、太阳位置
学校外部	街道	车辆的运动
	超市	物体的分类、标签
	自来水工厂	水的净化、管道
	电力工厂	电的来源和作用、发电机
	消防站	燃烧与熄灭、简单的器械
	河流	沉积物、能量、河床的运动
	山林	土壤、生态环境

3. 提前咨询并获得考察许可

在学校内部的实地调查通常很容易安排，但往往也应该向学校管理部门咨询，以便了解学校的相关政策并确保学生的安全。若需要在学校以外的场所进行实地调查，教师应提前咨询学校相关联系人和目的地场所联系人，获得双方的许可，并了解校外活动的责任分配。大多数学校的政策要求教师提交书面申请，包括目的、地点、出发和返回时间、学生姓名等，通常还需要家长的书面许可。

（二）实地调查的教学实施

教师需要提前制订计划，并针对实地调查进行事前的教学，在调查过程中为学生提供指导、咨询，并在回到教室后安排后续活动来最大限度地实现实地体验的价值。

1. 准备

教师在准备阶段需要对学生进行事前指导，以确保学生清楚调查的具体任务。教师需要提前介绍实地调查的思路，让学生能够在调查时集中精力。

2. 进入实地调查现场

在现场一切都必须按计划进行，确保调查的时间和学生的安全。教师需要让学生在指定区域集合，并再次强调调查的程序和需遵守的规定，让学生尽快适应新的环境。若是在校外的商业和工业场所，一般都有专门的负责人员引导学生来观察和熟悉工作场所。教师需要让学生清楚自己在调查中扮演的角色和调查的任务，并且在调查过程中关注学生，及时提供指导、建议，参与学生的讨论。

3. 回到教室

回到教室后，教师应开展适当的后续活动，以确保充分实现调查的目标。教师应该给学生时间梳理和总结调查结果，并对调查结果进行分享。

实地调查可以持续几个小时、几天，甚至几周、几个月。大学、博物馆、天文台、自然保护区、海洋研究站等通常都能让学生进行实地调查，并由专门的科学家或工作人员进行引导。许多科学机构都愿意提供学生参观和体验的机会。教师需要更多地关注相关信息，来拓展学生科学学习的可能性。

第三节
科学阅读和科学写作的教学方法

一、科学阅读的教学方法

阅读是儿童学习与吸收知识不可或缺的工具与媒介。科学阅读是区别于语文等其他阅读的一种具有互动性和建构性的过程和活动。① 从小学科学教学的视角来看，科学阅读是一种对科学教学具有重要意义的方法和工具。教师借助科学文本，包括科学普及读物、科学文章、科学童话、科学故事等来进行教学，以促进学生的科学学习。②

在小学科学教学中，阅读扮演着重要的角色，学生的科学阅读能力直接影响着他们的科学学习。科学素养不仅包括科学的实质性内容，还包括在所有阅读过程中所需的概念、技能、理解和广泛的价值观。③ 在科学学习中，通过探究建构意义和在阅读学习中通过文本建构意义虽有所区别，但两者的核心都是经历过程，即都希望学生能够描述事物、说明事物、解释证据、得出结论、做出假设并验证。

科学阅读对于学生的科学学习具有重要意义。首先，科学阅读有助于学生在自身的前概念基础上，通过文本信息形成正确的科学概念。其次，科学阅读有助于学生发展科学本质观。学生可以通过阅读科学发现过程的史实资料，借助对科学发现过程的

---

① Mallow J. V.，"Reading Science,"*Journal of Reading*，1991(5)，pp. 324-338.

② 蔡铁权、陈丽华：《科学教育要重视科学阅读》，载《全球教育展望》，2010(1)。

③ Norris S. P. & Phillips L. M.，"How Literacy in Its Fundamental Sense is Central to Scientific Literacy," *Science Education*，2003(2)，pp. 224-240.

了解，体会科学本质以及科学探究方法和科学精神。最后，科学阅读有助于提升学生的科学态度。学生从科学阅读中不仅能收获科学知识，还能通过阅读积累养成科学分析问题的习惯，学习科学的探究方法，从而培养积极的科学态度。

(一)科学阅读的三种交互因素

若要使科学阅读有效地融入科学教学，教师需要掌握科学阅读的重要因素和相关教学策略。科学阅读的三种交互因素为学生、氛围和文本特征。[①]

1. 把握学生的已有知识经验

学生是科学阅读的主体。教师在实施科学阅读前，需要关注学生的已有知识经验、已有阅读策略。教师应该帮助学生认识到已有知识在科学阅读中的重要性，并且引导学生在阅读过程中建立起新知识与已有知识的联系。教师需要认识到学生具有的迷思概念，通过三个阶段促使学生转变迷思概念：探测认知结构，了解已有概念；引发认知冲突，解构迷思概念；应对认知冲突，建构科学概念。[②]

2. 创设鼓励阅读的课堂氛围

积极的科学阅读氛围应该以学习者、知识、评价和学习共同体为中心。[③] 学习者中心要求教师在科学阅读课程设计的过程中，利用学生的已有知识经验去建构将要学习的科学概念。知识中心要求教师帮助学生认识文本中的科学观点。教师可以采取一些阅读策略来帮助学生了解文本中所呈现的科学概念的内涵和关系，引导学生从阅读中建构科学知识网络。评价中心是指通过学生的自我评价和教师的评价来监测和管理学生的科学阅读过程。学习共同体中心是指学生之间的交流互动。教师需要引导学生进行分享式阅读，相互交流从阅读中收获的科学知识，使学生在一种合作、友好的环境中开展科学阅读。

3. 合理选择阅读文本材料

教师还需根据学生的年龄特征和学习内容挑选合适的阅读文本。教师应关注文本中的科学词汇是否属于学生已掌握或需要学生掌握的范围。文本的结构(如内容的组织方式、布局、文字提示、插图等)以及文本内容的逻辑性和条理性等都需要仔细考察。

---

① 蔡铁权、陈丽华：《科学教育要重视科学阅读》，载《全球教育展望》，2010(1)。

② 蔡铁权、姜旭英、胡玫：《概念转变的科学教学》，91页，北京，教育科学出版社，2009。

③ National Research Council, *Inquiry and the National Science Education Standard: A Guide for Teaching and Learning*, Washington, D.C., National Academies Press, 2002, pp. 24-27.

(二)科学阅读教学的类型与策略

1. 以科学概念为中心的科学阅读教学

以科学概念为中心的科学阅读教学指科学阅读的目的是科学概念的学习。科学概念的学习需要学生形成某类事物的科学表征，能够识别该事物的属性并能够推广和区分。教师可以通过以下两种策略来安排以科学概念为中心的科学阅读教学。

(1)概念定义图

概念定义图(concept definition mapping)以一种图形组织的形式来帮助学生理解概念的本质属性、特点等，如图 7-1 所示。该策略适合在通过若干实例来学习、归纳特定科学概念的特征的科学阅读情境中使用。教师可以让学生在阅读材料之前确定概念定义图，在阅读后再进行修改和完善；也可以在科学阅读之后再让学生确定概念定义图。

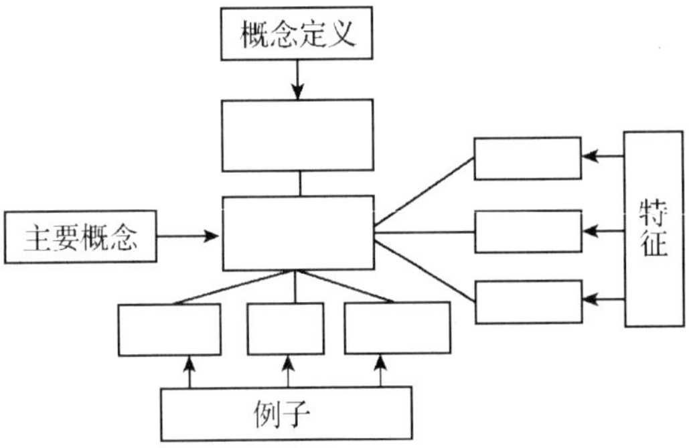

图 7-1　概念定义图

例如，关于“昆虫”这一主要概念，教师可以引导学生举出几个常见的例子，包括常见的蝴蝶、蜻蜓、蟑螂等；归纳昆虫的主要特征，包括“头上有一对触角”“身体分为头、胸、腹”“有单、复眼和口器”“一般长有两对翅膀”“三对足分别长在三个胸节上”等，如图 7-2 所示。

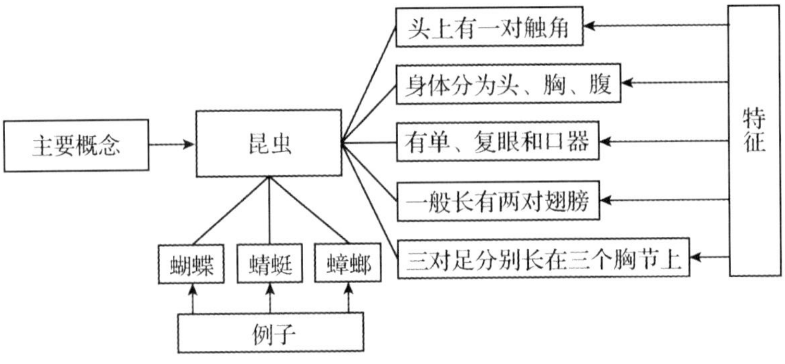

图 7-2　“昆虫”的概念定义图

(2)VOC 策略

VOC(Vocabulary of Context)策略主要用来帮助学生分析科学文本中科学概念的内涵。该策略往往通过给学生呈现反映科学概念关键特征的典型例子，让学生以回答问题的方式实现对科学概念的记忆和运用。[①] 教师可以通过一系列的提问来帮助学生将实际生活和已有知识与新的科学概念建立联系，实现深层次的理解。例如，在文本中这个概念出现在哪个句子中；联系上下文猜测这个概念是什么意思；通过询问朋友、家长、教师或查询资料，写出这个概念的确切定义；用自己的话写出对这个概念的理解；选择一种方式来记住这个概念，如画图，联系实际故事、歌曲，联系其他科学概念等；说说为什么会选择这种方式来记住这个概念。

例如，在阅读一段有关昆虫的科学文本后，教师可以引导学生使用 VOC 策略完成如下的写作。

①在文本中这个概念出现在哪个句子中。

昆虫属于节肢动物，身体中的神经器官、血管器官、呼吸器官、排泄器官等和其他的动物都不相同。

②联系上下文猜测这个概念是什么意思。

昆虫的身体是分节的，有的小动物不属于昆虫。

③通过询问朋友、家长、教师或查询资料，写出这个概念的确切定义。

所有昆虫的主要特征为具有三对脚；它的身体可分为头、胸、腹三部分；头部具有触角，口，单、复眼；触角是嗅觉器官；口是摄食器官；单、复眼是视觉器官。昆虫的胸部分为前、中、后胸，每一胸节都长有一对脚。翅膀长在中、后腹上，脚或翅膀是昆虫的运动器官。昆虫的腹部由很多腹节组成，上面的重要器官是生殖器。

④用自己的话写出对这个概念的理解。

昆虫的身体分为头、胸、腹三部分，长有三对脚，一般长有两对翅膀。

⑤选择一种方式来记住这个概念。

画一张图片；将这个概念与听到过的故事、歌曲或者新闻联系起来；将这个概念与在其他文本中看到的概念联系起来。

蚂蚁的身体可以分为三部分，它有三对脚。有的蚂蚁长有两对翅膀，它是典型的昆虫。

⑥说说为什么会选择这种方式来记住这个概念。

因为我们曾经在课堂上用放大镜观察过蚂蚁，所以对它比较了解。

---

① Mary Lee Barton & Deborah L. Jordan, *Teaching Reading in Science: A Supplement to Teaching Reading in the Content Areas Teacher's Mannual*, *2nd ed.*, Aurora, Mid-Continent Research for Education and Learning, 2001, p. 64.

2. 以信息为中心的科学阅读教学

以信息为中心的科学阅读教学指科学阅读的目的是让学生掌握科学材料中提供的信息、内容，如科学家的故事。在开展以信息为中心的科学阅读教学过程中，教师可以借鉴以下几种阅读策略。

(1)DR/TA 阅读策略

DR/TA(Directed Reading/Thinking Activity)阅读策略要求教师事先确定阅读目标，随后通过四个问题帮助学生在阅读过程中深入思考和组织观点。教师需要让学生在阅读前思考：我已经知道什么，我认为我知道什么，我认为我将学到什么。阅读后，教师要让学生思考：我已经学到了什么。

例如，在"昆虫"概念教学中，在学生进行科学阅读后，教师可以运用 DR/TA 阅读策略，让学生进一步了解"昆虫"这一概念。有的学生通过这一阅读策略总结了以下内容。

①我已经知道什么？

有的很小的动物不属于昆虫。

②我认为我知道什么？

昆虫的身体是分节的。

③我认为我将学到什么？

什么是昆虫？昆虫有哪些特征？为什么有些动物属于昆虫，有些不是？

④我已经学到了什么？

昆虫的身体分为头、胸、腹三部分，它们长有三对脚。一般的昆虫长有两对翅膀。

(2)PLAN 阅读策略

PLAN(Predict，Locate，Add，Note)阅读策略主要包括四个步骤：预测、标记、补充、记录。根据所需学习的内容，教师将所要掌握的知识以提纲的形式在阅读之前呈现给学生。根据提纲，学生预测每部分内容自己是否已掌握，并分别做好标记。在这一过程中，主要目的是唤起学生的已有知识。接下来，教师需要引导学生在逐步深入的阅读过程中，对每一部分的内容进行补充、解释。在阅读结束后，教师需要引导学生对整个阅读过程中学到的科学知识进行总结。

另外，还有 K-W-L(What I know-Want to learn-learned)模式，WEE(Wondering，Exploring，Explaining)模式，学习日志(learning log)等阅读策略可供教师在以信息为中心的科学阅读教学中使用。

3. 对反思性质文本的科学阅读教学

反思性质文本主要是指文本内容存在多种争论，需要学生通过对多方面意见的讨论和综合，对其中的问题做出自己的判断，如关于资源开发、科技运用等方面的阅读材料。关于这一类型文本的科学阅读，教师可以采取的策略主要是讨论网，如图 7-3 所示。教师可以绘制讨论网，让学生在阅读过程中完成这份图表，并得出自己的观点。

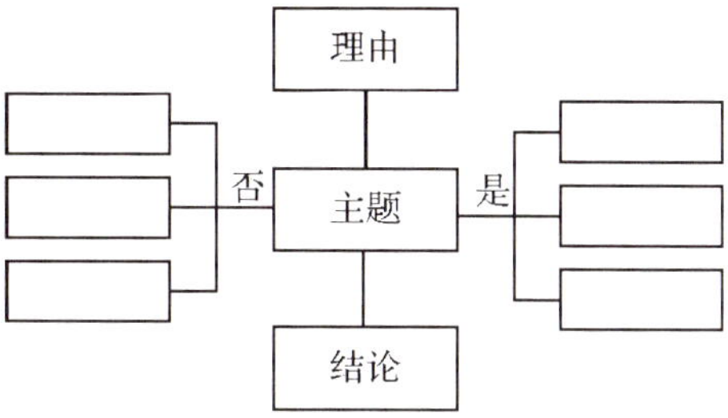

图 7-3　讨论网

(三)科学阅读教学的技巧

1. 问题引导

教师需要在阅读过程中尽可能地提出各种各样的问题，使阅读过程变得活跃。表 7-5 列出了阅读前、阅读中、阅读后用于引导学生的若干问题，供教师在实践中参考使用。

表 7-5　阅读前、阅读中、阅读后用于引导学生的若干问题

阅读前 我阅读这篇文章的目的是什么？我想学到什么？ 我如何使用文本结构来学习(标题、单条问题、关键词)？ 这篇文章的哪些部分最有可能包含与我的学习目标相关的信息？ 我对文章内容的最初感受是什么？ 这篇文章与我已经知道的科学知识有什么联系？
阅读中 哪些是重要信息？ 关键词在哪里？ 主题句在哪里？ 作者的写作目的是什么？ 最后一句或最后一节的内容是关于什么的？ 我认为接下来会发生什么？ 我对文章的最初感受是什么？这些感受正确吗？如果没有，有什么新想法？ 这篇文章的内容和我想要回答的问题有什么关系？
阅读后 我是不是重读了那些不清楚的部分？ 文章中有哪些重要信息？ 我的想法是如何被证明的？为什么？ 我怎样才能总结文章内容呢？ 我理解了文章的内容吗？

2. 自我监控和评估

另一种科学阅读教学的技巧是帮助学生学会监控和评估自己的阅读。表7-6罗列了引导学生监控和评估自己的若干问题。

表7-6 引导学生监控和评估自己的若干问题

监控 我是否找到了与阅读目标有关的信息? 我需要重读章节吗? 我同意作者所说的吗? 我在寻找不熟悉的术语的定义吗?
评估 我同意文中的观点吗? 提出的证据有说服力吗? 对例子清楚了吗? 内容可信吗? 我能相信这些材料吗? 我对这篇课文有什么感想?

二、科学写作的教学方法

科学写作(science writing)是指学生通过文字或图表等载体，进行解释、组织、回顾、反思或联结科学概念的书写活动。科学写作既是将自己的理解和思维具体地呈现出来的过程，也是将新的科学知识通过自己整合建构而达到学习目的的过程。① 学生在写作过程中对写作内容进行解释加工、组织统整以及反思评价等。这些认知活动会激活学生原有的相关科学知识、理念，联结处于最近发展区的科学知识、理念，从而让学生在写作过程中获取与建构新的科学知识与理念。②③

科学写作不同于一般写作，它更强调使学生在写作过程中专注于科学概念和科学思维过程的描述或表达，将新学习的内容与学生头脑中的已有知识联系起来，在这种联系中建立个人的科学理解。④ 与一般写作相比，科学写作形式更为灵活多样，对语法、修辞等的要求也没有那么苛刻；它专注于科学知识的表达、科学思维与推理等的描述，能有效地将写作整合、融入科学学习。⑤

---

① 蔡铁权、陈丽华：《科学教育中的科学写作》，载《全球教育展望》，2010(4)。

② 陈凯：《美国高中化学教科书中的"科学写作"分析与启示——以〈化学：概念与应用〉为例》，载《化学教育》，2013(11)。

③ 陈凯、马宏佳：《科学写作教学研究述评》，载《高等理科教育》，2018(1)。

④ 蔡铁权、陈丽华：《科学教育中的科学写作》，载《全球教育展望》，2010(4)。

⑤ 汪明、李洁：《科学写作：科学教育之有效路径》，载《当代教育与文化》，2014(2)。

科学写作应用于教学中，能够有效促进和支持学生对认知学习策略的使用①，有助于学生掌握科学概念与学科知识②，提升学生的科学推理能力③。

(一)科学写作的类型

在小学科学教学中，教师应根据教学内容的不同引导学生进行不同类型的科学写作。例如，进行实验或探究活动后，教师可以让学生写一篇完整的科学报告，包括目的、原理、过程、观察记录、推论及讨论等。教师也可以让学生以写故事的方式呈现关于某一过程或一系列事件的知识，如让学生写一篇有关染色体或细胞的一生的记叙文。又如，就生态环境系统让学生想象到沙漠、森林或海洋旅行，结合可能会看到的景象与其中的生物写一篇游记。而针对某些具有争论性的科学议题，可让学生选择一个观点，写一篇阐明观点的演说稿，或者写一篇作为班级辩论的辩论稿。此外，配合教学主题，可以让学生制作宣传手册。例如，在学习生物多样性主题时，配以图形、文字，让学生制作维护生物多样性的宣传手册。科学写作的类型是多样的。当然这些类型并不是各自独立的，在科学写作过程中可以相互交叉使用。④

(二)科学写作教学的模式

1. 问题引导式科学写作教学

在学生开始实验报告的写作前，教师先与学生进行简短的讨论，内容包括目标设定、产生想法、表达想法间的相关性。这种做法可以激发学生主动思考实验的目的与意义，并将讨论和想法融入实验过程。教师依照五个方面提供实验报告写作框架：初始问题(如实验目的)；焦点问题(如该报告的意义)；发展问题(如讨论对实验报告的影响)；架构问题(如应对实验中出现的新信息)；反思问题(如报告中哪些是重要的)。科学课堂上还可以应用一定的写作框架，包括叙述、报告、过程记录、解释、阐述、论述等。此类模式先由教师进行范文的框架分析，然后由师生共同对所分析的体裁进行模仿写作，最后由学生选择特定研究主题进行独立写作。

2. 启发式科学写作教学

启发式科学(Science Writing Heuristic，SWH)写作教学为学习者提供了一个启发

---

① Bangert-Drowns R. L.，Hurley M. M.，& Wilkinson H. B.，"The Effects of School-Based Writing-to-Learn Interventions on Academic Achievement：A Meta-Analysis，"*Review of Educational Research*，2004(1)：29-58.

② Ellis R. A.，"University Student Approaches to Learning Science through Writing，"*International Journal of Science Education*，2004(15)，pp. 1835-1853.

③ Keys C. W.，"The Development of Scientific Reasoning Skills in Conjunction with Collaborative Writing Assignments：An Interpretive Study of Six Ninth-Grade Students，"*Journal of Research in Science Teaching*，1994(9)，pp. 1003-1022.

④ 蔡铁权、陈丽华：《科学教育中的科学写作》，载《全球教育展望》，2010(4)。

式思考模板，以指导科学活动开展和科学论证的写作。① 该模式能通过规范的科学论证促进学习者建构科学理解，引导学习者理解自己的实验室活动和科学思维的联系。该模式提示学生如何生成问题、提出主张及其证据，还促使他们将实验结果与同伴和教科书、互联网或其他来源的信息进行比较，也提示学生反思自己的想法在实验活动中是如何改变的。

(1)教师的教学历程

教师引出学生的先备知识；让学生通过讨论产生与主题有关的问题；引导学生进行实验活动；开展综合讨论与教学后的反思。在这一过程中，学生进行的科学写作主要有：在实验过程中，学生通过实验和观察完成个别写作；学生小组讨论分享写作；学生通过将实验与其他教科书、资料、教师的讲解做比较，进行写作；学生进行个人反思，并向同学、教师等表达自己的写作内容。

(2)学生的学习模式

在讨论或组织写作内容时，学生的思考步骤如下。

①初始的想法：我的问题是什么？

②假设：我要怎么做？

③观察：我看到了什么？

④推论：我的主张是什么？

⑤证明：我怎么知道？为什么我有这些主张？

⑥阅读：我的想法与科学的想法的差距在哪里？

⑦反思：我的想法有哪些改变？

该模式通过引导学生启动先验知识与经验、观察与收集资料、讨论、提出假设、验证、参考比照其他资料、反思学习经验、进行小组讨论与写作，让学生一步一步建构出自己对科学概念的理解。

3. 递进式科学写作教学

递进式科学写作教学强调学生的推理能力培养，由教师提出一个明确的写作方向，再通过想法的衍生逐渐逼近想要实现的写作目的，最终让学生完成写作任务。这种模式的特点是利用想法的提示，让学生能有方向性的表达。递进式科学写作教学主要包括五个环节。①新想法：这个结果的起因和实际的利益是什么？②改进或修正：我解释后会增加些什么？怎样组织会比较简明？③精致或细化：如何说明，可举哪些例子？④目的：我的目的是什么？这篇文章描述的主题是什么？⑤联想：联想到哪些事物或

① Keys C. W., Hand B., & Prain V., et al., "Using the Science Writing Heuristic as a Tool for Learning from Laboratory Investigations in Secondary Science," *Journal of Research in Science Teaching*, 1999 (10), pp. 1065-1084.

相关属性？如何联结它们的关系？

(三)科学写作教学的策略

教师在进行科学写作教学时，首先需要恰当地选择写作的主题和形式，以学生科学素养的提升为出发点和落脚点，分析问题并设定目标。在写作前，教师可以通过提供真实的写作任务，设定真实的情境，为学生提供真实的受众来引导学生思考如何表达自己的观点。在写作过程中，教师需要为学生的写作搭建脚手架，包括使用KWL表格、概念图等写作工具支持学生的科学写作。教师应当将科学写作本身视为学生学习的过程，将评价的重点与科学写作的目的相结合，重视学生在写作过程中对信息的处理、解释、转换和内化，对写作的结果进行理性和客观的分析和看待。此外，教师可以综合运用多种评价方式进行评价，如通过学生自我评价、同伴互评、写作过程阐述等方式，帮助学生进一步反思和总结写作的过程，将写作过程的意义最大限度地显性化。

1. 使用KWL表格进行写作

KWL表格可以运用在不同的写作活动和写作教学中。教师可以依据该表格揭示学生的先前知识并帮助学生设立未来学习目标。[①] 依据此表格的写作实质上是“写作—反省—校正—再组织”此种循环的写作历程。这样的写作文本内容联系会更加密切，论证也更具说服力。频繁使用此种模式能发展学生的推理技巧、促进学生理解知识论证过程，扩展学生对科学本质的概念，能使学生更具有科学素养。

2. 使用概念图为写作搭建脚手架

学生会主动地建构对概念的理解，并且在此过程中展开推理。[②] 在学生写作时，初稿到终稿的演进反映了学生的心智过程，产出的草稿可作为接续写作的脚手架。[③] 基于此，使用概念图可以为学生的科学写作过程搭建脚手架。概念图分为非结构概念图(学生在写作前用来记录想法的工具)和结构概念图(依据意义原理所发展出的结构式顺序图)。教师在教学中将组成文本阶段的写作过程打散成较小、较易处理的步骤，使用两种概念图引导学生写作。图7-4和图7-5分别是关于“物质的燃烧”这一概念的非结构概念图和结构概念图。

---

① Hand B., Lawrence C., & Yore L. D., “A Writing in Science Framework Designed to Enhance Science Literacy,” *International Journal of Science Education*, 1999(10), pp. 1021-1035.

② Osborne R. J. & Wittrock M. C., “Learning Science: A Generative Process,” *Science Education*, 1983(4), pp. 489-508.

③ Vygotskiy L. S., *Thought and Language*, Cambridge, MIT Press, 2012.

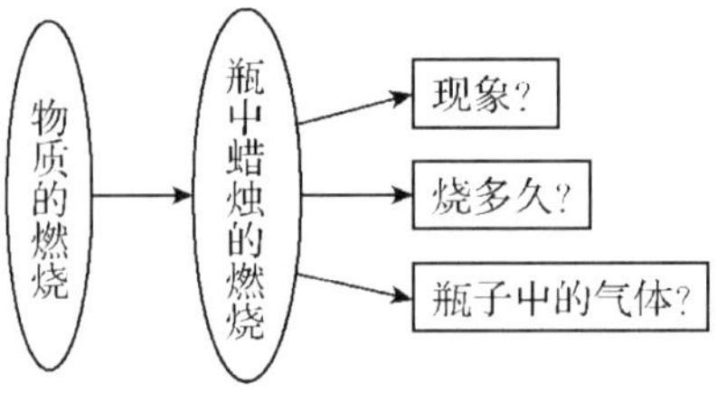

图 7-4 “物质的燃烧”的非结构概念图

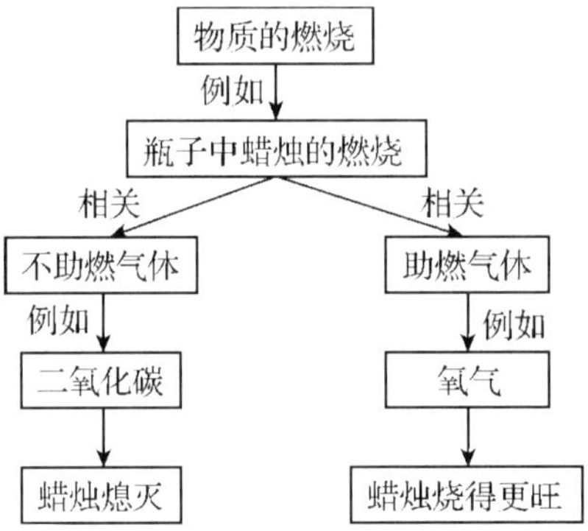

图 7-5 “物质的燃烧”的结构概念图

3. 使用科学笔记本策略进行写作

教师可以使用科学笔记本策略来鼓励学生在每次科学实验、实地调查等活动后，梳理整个活动过程并撰写活动报告。同时，教师还可以让学生在小组或班级中交流汇报自己的写作成果。通过这种互动经历，学生拥有了真实的听众与读者，不仅练习了学术交流的口语表达，也学到了必要的科学写作技巧。

4. 科学写作修改的策略

教师可以使用下面的策略来帮助学生进行写作的修改。一是构建科学写作共同体，利用同伴的反馈来进行修改。同伴以一种解释性阅读的方式给予反馈，能使学生对科学写作的内容做出更“专家化”的修改，更倾向于对写作进行整体修改，重新组织信息。二是冷置后再修改。所谓冷置后再修改即让学生先把自己所写的东西放置一段时间，然后再拿出来重新阅读、修改。之所以这样做，是因为经过一段时间的冷置后，学生再看自己的科学写作时，能跳出写作时的思维框框，从而像看别人的科学写作一样，从中找到更多的问题与不足。①

① 汪明、李洁：《科学写作：科学教育之有效路径》，载《当代教育与文化》，2014(2)。

本章小结

教学方法是教师在教学过程中所采用的教学手段和教学方式。讲授、演示、话语互动、小组教学是小学科学教学不可缺少的常规方法；科学实验、实地调查有助于加深学生对科学概念的直观理解，培养学生的实践操作能力和科学态度；此外，将科学阅读和科学写作融入小学科学教学也是有效促进学生科学学习的方法。教师应根据教学目标、内容和学生的经验水平选择合适的教学方法，以更好地达成教学目标。

关键术语

教学方法｜科学前概念｜科学语言｜话语互动｜差异事件｜科学论证｜科学实验｜科学写作｜科学阅读

练　习

1. 谈一谈对小学科学教学方法的理解，在课程设计与实施过程中如何选择和使用不同的教学方法来实现教学目标。

2. 在小学科学教学时，有哪些方法能够促进师生间的话语互动?

3. 谈一谈对科学阅读和科学写作融入小学科学教学的理解，举例说一说将如何使用这两种方法进行教学。

第八章

小学科学课程与教学评价

章结构图

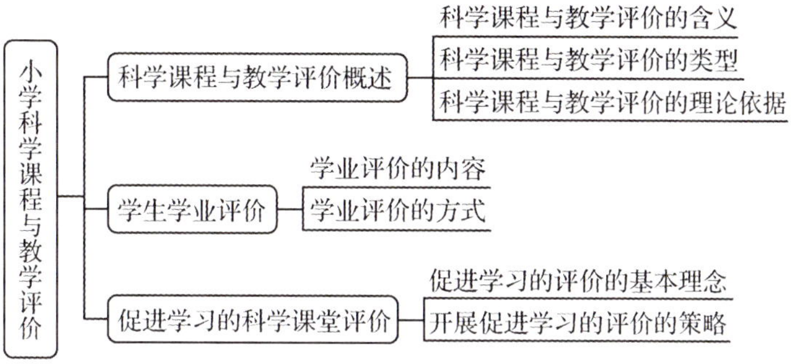

本章概述

本章主要阐述了科学课程与教学评价的含义、科学课程与教学评价的类型、科学课程与教学评价的理论依据，重点介绍了学业评价的内容和方式以及促进学习的评价的基本理念和开展促进学习的评价的策略。

章前导语

你或许对下面的情境并不陌生。教师在课堂中问道："形成闭合回路的条件是什么?"学生纷纷举手，教师听到满意的回答后说道："真棒，我们来给这位同学鼓鼓掌吧!"如何让评价反映课程实施的真实效果，让评价带动教学、改善课程质量、促进学生学习是评价研究与教育改革实践的热点和难点。学生需要什么样的评价？教师应该如何实施评价？科学课程与教学评价的价值导向应该与科学教育的总目标一致，那么你认为应该评价什么？又应该如何评价呢?

评价是课程与教学实施过程中的关键一环，也是基础教育课程与教学改革的瓶颈。科学课程与教学评价既是监测、判断科学课程与教学实施质量的必要手段，也是改进教师科学教学实践、促进学生科学学习的有力支撑。如何以评价来引领和支持以素养为本的科学教育实践，是小学科学课程与教学亟待解决的问题。要实施有效的科学课程与教学评价，既需要熟悉科学课程与教学评价的基本内涵与理论依据，又需要理解并运用学生学业评价、科学课堂评价的方法与技术。

第一节
科学课程与教学评价概述

课程与教学评价是指利用科学的方法系统地收集资料信息，依据课程与教学的目标或一定的价值标准，对课程与教学进行分析和判断的过程。随堂测验、单元检测、期末考试、全国统一考试等都属于课程与教学评价。本节将对科学课程与教学评价的含义、类型和理论依据进行介绍。

一、科学课程与教学评价的含义

评价泛指衡量具有特定属性的客体对于主体需要的意义，也就是对人或事物之于自身需要的价值做出判断。对课程与教学进行评价即对课程和教学的价值进行判断和评定。小学科学课程与教学评价是指不同评价主体(如教师、学生、家长、教育专家、教育行政人员、社会人士等)依据一定的科学课程和教学价值标准和原则，采用诸多手段和技术收集、处理与分析信息，从而对小学科学课程和教学进行价值评判的活动。①

广义的科学课程评价是指运用一定的手段和途径，对科学课程的规划、实施以及相应结果做出价值判断的过程。因此在广泛的意义上，科学教学评价从属于科学课程评价，是其重要组成部分。科学课程评价的内容主要包括科学课程标准、科学教材、科学课程实施中教师的“教”以及学生的“学”等方面的评价。例如，可以从课程内容的难度、适切性、与课程标准的一致性等角度对科学教材进行评价。而狭义的科学课程评价一般特指对科学课程标准的评价。

科学教学评价是指根据一定的标准或指标体系，运用科学有效的手段和方法，收集教学过程中的相关资料和信息，对科学教学活动及教学效果进行价值判断的过程。②教学评价的对象不仅包括教学过程、教学内容、教学方法手段、教学环境、教学管理诸因素，也包括学生的学习和教师的教学工作。例如，我们可以通过观察和分析课堂互动中教师和学生之间的动作、表情和言语交流，从而对课堂中教师的“教”和学生的“学”予以价值判断。

评价在本质上是从表现或事实当中寻找证据并进行推理的过程，它以认知、观察和

---

① 刘德华：《小学科学课程与教学》，249页，北京，中国人民大学出版社，2009。

② 彭蜀晋、林长春：《小学科学课程与教学》，254页，重庆，西南师范大学出版社，2005。

解释这三个基本要素为支撑。认知是指在一个学科领域里关于学生如何呈现知识和发展能力的模型。也就是说，在评价之前需要应用相关的学习理论来判断和选择需要评估的重要知识和技巧。观察意味着评价者要以观察者的身份捕捉并记录学生行动的任务和情境。这些任务和情境要能给学生提供说和做的机会，在设计这些任务和情境时要注意加强与学习认知模型和评估结果的推理模型的联系。解释是用收集到的观察数据进行推理的方法和工具。例如，用于大规模标准化测试的方法可能需要借助一定的统计模型来使用。这三个基本要素之间是相互联系、相互影响的。可见，每一次的评价活动都需要经过专门的设计，并涉及认知、观察、解释三个基本要素，从而保证评价的有效性、公开性和公平性。

二、科学课程与教学评价的类型

评价需要贯穿教学活动的始终。按照评价在教学中运用的时机，评价可以分为诊断性评价、形成性评价以及总结性评价。不同的评价类型服务于不同的评价目的。教师需要在教学各阶段适当使用以上三种类型的评价，以达成教学目标。

（一）诊断性评价

诊断性评价通常是在教学之前实施，用以了解学生在学习新知识之前已经具备的基础知识或技能。诊断性评价也指对经常表现出学习困难的学生所做的评价，用以对学习困难学生的问题行为及其原因进行诊断。

建构主义理论和概念转变理论认为，学生并不是空着脑袋走进教室的；在日常生活以及以往的学习中，他们已经形成了大量的经验，其中有些与科学的理解基本一致，有些却与当前科学理论对事物的理解相背离。这些科学前概念是科学学习的基础，也是学习过程中的关键。教学的重要目标之一是促进学生朴素的、非科学的甚至错误的概念发展为科学、正确的概念。通过诊断性评价，教师可以弄清楚学生头脑中的科学前概念，进而通过有效的教学模式、策略来促进学生科学前概念的转变。

教师可以通过测验题、概念卡通图、访谈、绘图、实物操作、出声思维等方式探查学生已有的知识或技能基础。其中，二段式测验是探查学生概念理解的有效方法，概念卡通图是目前探查低年级学生科学前概念的重要方式。1986 年，特莱格斯特开发了二段式测验工具来评估学生的科学前概念。① 二段式测验由两部分组成：第一部分是题目和简单的答案；第二部分是学生做出选择的理由。只有学生对两部分的选择都正

---

① Treagust D., "Evaluating Students' Misconceptions by Means of Diagnostic Multiple Choice Item," *Research in Science Education*, 1986(1), pp. 199-207.

确，才表明学生确实对该题持有正确的概念。概念卡通图通常是3～4个卡通人物对某一问题展开讨论；不同卡通人物的观点对应一种科学前概念，并以卡通气泡框的方式呈现。这两种方式对科学前概念的探查程度较高，有益于充分挖掘学生对现象的理解程度。

（二）形成性评价

形成性评价又称过程性评价，是指在教学过程中实施的，以反馈信息、改进教学为主要目的的评价。形成性评价在对学生学习的质量和水平进行评价的同时，也对学生的学习方式以及动机等与学习密切相关的非智力因素进行全面评价，以即时反馈促进评价过程与教学过程的融合。① 教师在进行形成性评价时需要从学生本身、同辈伙伴、教师、家长等不同的角度获得学生学习效果的信息，深入学习的不同方面和不同层次对学习进行描述和评价，以深度描绘学生的学习质量。

在实施形成性评价时，教师可以合理利用观察、提问、报告、实地考察、自我评估、建模或模拟等策略来评价学生对科学知识的理解程度以及学生科学探究的态度和能力。

观察：在学习过程中观察学生的态度、与他人沟通的能力以及过程性技能。

提问：它可以检查学生对知识的理解程度和科学态度。开放性的问题可以显示学生的知识应用能力。

报告：它能够展示学生的科学沟通能力，以及他们对科学知识的理解和应用。

实地考察：它可以展示学生的计划、调查和数据收集技能以及对科学知识的应用能力。

自我评估：它可以让学生对自己的学习进行反思，列出他们所知道的和他们关注的问题。

建模或模拟：它可以让学生阐明理解的程度，并进行科学交流。

学生作品集：学生选择的作品样本可以显示他们的理解范围和进展时间。

解决问题：它可以展示学生的调查分析技能和科学知识的应用能力。

概念图：识别和联结关键词可以显示学生对某一话题的理解程度。

纸笔测试：它能够展示学生对科学知识的理解程度和应用能力。

项目研究：学生可以在项目研究的过程中展示出计划、组织和调查技能。项目研究能够显示出学生的分析、解释和与他人沟通的技能。

实践调查：在实践活动中，学生表现出调查研究、预测和操作技能。实践调查报告可以显示出学生与他人沟通和得出结论的技能。

同伴互评：它能够展现学生与听众交流的能力。

---

① 高凌飚：《过程性评价的理念和功能》，载《华南师范大学学报（社会科学版）》，2004(6)。

创造性写作：它能够展现学生的理解程度、对科学知识的应用程度以及与他人沟通的技能。

档案袋：教师对学生作业样本点评的注释能够显示学生的过程性技能。

捆绑活动：收集、分析和组织活动有助于学生理解和展示过程性技能。

绘画：它能够显示学生的理解程度和与他人沟通的能力。

（三）总结性评价

总结性评价又称终结性评价，是指一个教学阶段结束后，以判断教学效果以及学生学业表现为目的的评价。例如，学校举行的期中或期末考试就属于总结性评价。教师通过总结性评价对学生一个阶段的学业表现进行综合评定，来检验该阶段教学目标的实现程度。

在以提升学生的科学素养为导向的科学教育目标下，总结性评价旨在对学生的科学素养进行全面、综合的判断。根据评价的主体，总结性评价可以分为内部评价和外部评价。内部评价是学校中的教师、学生、教育管理者等对课程与教学进行的评价。外部评价包括由家长、相关考试机构、相关专家、科学教育团体、上级教育管理机构进行的评价。

三、科学课程与教学评价的理论依据

目标是评价的依据和准绳，课程与教学评价的结果刻画了课堂教学和学业表现的现有水平与预期目标之间的差距。教育目标分类理论、SOLO 分类理论等为划分学生的能力要素和水平提供了重要的理论支持。

（一）教育目标分类理论

教育目标分类理论由美国心理学家、教育家布卢姆等人提出，为评价者提供了一种按质量等级层次对教育目标进行分类的方法。

布卢姆等人将教育目标分解为三个主要领域：认知领域、情感领域和动作技能领域。1956 年，布卢姆率先提出认知领域的教育目标分类，根据复杂程度划分出记忆、领会、运用、分析、综合和评价六大目标。1964 年，克拉斯沃尔等人将情感领域的教育目标按照价值内化的程度分为接受或注意、反应、价值的评估、组织和个性化五大目标。关于动作技能领域的教育目标分类较多。1972 年辛普森提出的分类系统应用较为广泛，将动作技能领域的目标分为感知、准备、有指导的反应、机械动作、复杂的外显反应、适应和创新七大目标。

2001 年，安德森等人对布卢姆教育目标分类理论进行了修缮，将认知领域的教育目标分成知识维度与认知过程维度。其中，知识维度从具体到抽象依次为事实性知识、概念性知识、程序性知识和反省认知(元认知知识)；认知过程维度按复杂程度不断加强的顺序依次为记忆、理解、运用、分析、评价和创造。[①] 布卢姆教育目标分类理论可以有效评价学生的学习行为，是目前应用较广和影响较大的理论。

布卢姆教育目标分类表可以用于拆解和分化教学目标、教学活动和教学评估等方面的内容、程序或步骤，从而考察教学活动、教学评估与原定教学目标是否具有一致性或有所偏离。例如，关于“学生应理解水蒸气的形成原理”的教学目标，教师可以通过抓取“理解”这一关键词，与认知过程的第二个维度“理解”类目相联系。而“原理”显然与概念性知识有关。因此，这一教学目标应填入“2-Bb”单元格(表 8-1 的目标 1)。“运用原理对生活中水蒸气的现象进行解释”的教学目标符合认知过程中的第三个维度“运用”，属于“3-Bb”单元格(表 8-1 的目标 2)。该表为处理掌握知识与发展学生能力的关系提供了具体可操作的路径和方法，有利于保障教学评价的科学性和有效性。

表 8-1　布卢姆教育目标分类表[②]

知识维度		认知过程维度					
		1	2	3	4	5	6
		记忆	理解	运用	分析	评价	创造
A 事实性知识	Aa 术语知识						
	Ab 具体细节和要素的知识						
B 概念性知识	Ba 分类或类目的知识						
	Bb 原理和概括的知识		目标 1	目标 2			
	Bc 原理、模型和结构的知识						
C 程序性知识	Ca 具体学科的技能和算法的知识						
	Cb 具体学科的技术和方法的知识						
	Cc 决定何时运用适当程序的标准的知识						
D 反省认知	Da 策略性知识						
	Db 包括情境性的和条件性的知识在内的关于认知任务的知识						
	Dc 自我知识						

① [美]L. W. 安德森等：《学习、教学和评估的分类学：布卢姆教育目标分类学修订版》，皮连生主译，26～27 页，上海，华东师范大学出版社，2008。

② [美]L. W. 安德森等：《学习、教学和评估的分类学：布卢姆教育目标分类学修订版》，皮连生主译，41～55 页，上海，华东师范大学出版社，2008。

（二）SOLO 分类理论

SOLO 是指可观测的学习结果结构。SOLO 分类理论根据所观察到的学习结果的结构复杂程度，将学习者的学习结果由低到高划分为五个层次：前结构、单点结构、多点结构、关联结构和抽象拓展结构。前结构表现为学生基本上无法理解和解决问题，或者被材料中的无关内容误导，给出的回答明显与问题无关。单点结构表现为学生在回答问题时只能涉及单一因素，仅凭这一因素作答。多点结构表现为学生意识到了许多因素与所问的问题相关，但是仅表现为罗列各因素，且并未将这些因素建立关联。关联结构表现为学生知道许多因素与所问的问题相关，并将这些因素关联起来作答。抽象拓展结构表现为学生能够对问题进行抽象概括，从理论的高度分析问题，而且能够超越问题本身的因素，依靠扩展的范围和规则来为问题提供一个完满的回答。①

SOLO 分类理论提供了一种测量学习质量的方法，即 SOLO 分类评价法。SOLO 分类评价法以 SOLO 分类理论为依据划分项目等级，进而分析学生解决一个问题时所达到的思维高度。例如，在小学科学物质科学领域的学习中，单点结构层次一般要求学生观察、描述、辨别生活中一些常见物体的状态或实验现象，处于这一层次的回答中只包含单一的线索。多点结构层次要求学生在了解物体特征的基础上，描述物体的性质。关联结构层次需要学生能够比较物体的性质，并根据性质等对物体进行分类。抽象拓展结构需要学生分析物质变化的本质原因，能够应用物质变化的规律解决问题。上述几个层次分别代表了学生对于某项具体知识的掌握水平。教师根据分类能够准确地评价学生对该项知识内容的掌握情况。因此，SOLO 分类评价法为评价学习质量提供了一种有效、操作性较强的方式，可以帮助教师进行教学诊断，也可以向学生提供有效的学习反馈。

（三）学习结果分类理论

加涅的学习结果分类理论将学习结果分为五大类，即智慧技能、认知策略、言语信息、动作技能和态度。智慧技能使个体能应用符号或概念与他们的环境相互作用，如识别出一个矩形的对角线。智慧技能构成了正规教育的基本的和广泛的结构，根据其复杂程度可分为辨别、具体概念、规则和定义性概念、高级规则、问题解决五个层次。认知策略是支配个体自身的学习、记忆和思维行为的技能，如运用表象连接来学习与英文单词相对应的外文单词。言语信息是一种我们能够陈述的知识，它是“知道什么”或陈述性知识，如从记忆中回忆出教学事件的能力。动作技能是外显的人类技能之

① ［澳］约翰·B. 彼格斯、［澳］凯文·F. 科林斯：《学习质量评价：SOLO 分类理论（可观察的学习成果结构）》，高凌飚、张洪岩译，27～35 页，北京，人民教育出版社，2010。

一，如跳绳、书写等。态度的作用是放大个人对某些人、事物或情况的积极的或消极的反应，如选择阅读某种小说。① 将学生的学业表现归类于学习结果的五大类型，有效地解释了课堂教学中学生的学习过程与行为，有利于评价者把握学生的学习掌握情况，并以此为进一步设计教学的依据。②

（四）多元智能理论

多元智能理论由美国心理学家加德纳提出。该理论认为，智能是在某种社会和文化环境的价值标准下，个体用以解决自己遇到的真正难题或生产及创造出某种产品所需的能力。③ 多元智能理论认为个体具有八种智能，即语言智能、数学逻辑智能、音乐智能、空间智能、身体运动智能、人际交往智能、自我认知智能和自然智能。④ 这八种智能在不同个体身上组合的方式不同，导致个体之间的智能差异和不平衡发展。从评价的角度来看，如果在适当时机给予适当的教育，一个人就能发挥出自己的优势智能，而优势智能也会带动其他智能的同步发展。因此，不存在智能水平高低的问题，而只存在智能类型和学习类型的差异问题。⑤

加德纳的多元智能理论提倡多元化的评价观，即采取多种方式，在多种不同的真实学习与生活情境下，对学生进行全面、综合的评价。其中，评价标准、评价方式、评价主体都应是多元的。它还主张通过评价了解学生的强项与弱项并因材施教，使评价成为促进学生充分发展的有效手段。⑥

第二节
学生学业评价

学生学业评价是指对学生的学习进展和行为变化的过程及结果的评价。⑦ 小学科学课程要求通过学业评价鉴定学生的学习所得，进而确保课程实施的质量，促进学生科

① ［美］R. M. 加涅、［美］W. W. 韦杰、［美］K. C. 戈勒斯等：《教学设计原理》第五版修订本，王小明、庞维国、陈保华等译，50～54 页，上海，华东师范大学出版社，2018。

② 姚晓春：《小学科学课的建构：探究式教学设计的理论与实践》，5 页，上海，华东师范大学出版社，2018。

③ 张二庆、乔建生：《小学科学课程与教学论》，31 页，北京，北京师范大学出版社，2016。

④ 陈杰琦、［美］玛拉·克瑞克维斯基、［美］朱莉·维恩斯：《多元智能的理论与实践：让每个儿童在自己强项的基础上发展》，方钧君译，12～13 页，北京，北京师范大学出版社，2015。

⑤ 彭香：《小学科学有效学习评价》，25 页，北京，北京师范大学出版社，2016。

⑥ 陈杰琦、［美］玛拉·克瑞克维斯基、［美］朱莉·维恩斯：《多元智能的理论与实践：让每个儿童在自己强项的基础上发展》，方钧君译，42 页，北京，北京师范大学出版社，2015。

⑦ 李森、陈晓端：《课程与教学论》，250 页，北京，北京师范大学出版社，2015。

学素养的发展。因此，学业评价既是课程与教学评价中的关键部分，也是衡量课程与教学质量的重要指标。本节将对学业评价的内容、学业评价的方式进行具体阐释。

一、学业评价的内容

学生经过小学阶段的学习后应能初步从整体上认识自然世界，理解科学、技术、社会与环境的关系，发展基本的科学能力，形成基本的科学态度和社会责任感，树立正确的世界观、人生观和价值观，从而为今后学习、生活以及终身发展奠定良好的基础。基于此，我们可以从科学知识、科学探究、科学态度、STSE 这几个维度综合评定和判断学生的学业表现。

(一)科学知识维度

科学知识学习的目标不是让学生获得孤立的、碎片化的科学事实，而是让学生在理解科学概念、规律、原理的基础上形成对客观事物的总体认识，形成初步的科学观念。科学观念不仅包括科学、技术与工程领域的一些具体概念，如对物质、能量、结构、功能、变化的认识，还包括对科学本质的认识以及科学观念的应用。① 科学知识维度的评价不是考查学生对碎片化知识的记忆，而应着重考查学生对学科核心概念以及跨学科概念的理解。《义务教育科学课程标准(2022 年版)》打破了物质科学、生命科学、地球与空间科学、工程与技术四个领域的界限，围绕学科核心概念描述了 1～2 年级、3～4 年级、5～6 年级学生在科学知识维度应该达成的目标。科学知识维度的评价就是要考查学生对科学本质的认识情况，考查其是否能够掌握与认知水平相适应的科学知识，是否初步形成基本的科学观念并能用于解释有关的自然现象、解决简单的实际问题。

科学知识维度的评价要摒弃孤立考查识别科学事实、原理、定律的做法，在真实的情境中考查学生对知识的理解和应用。脱离了情境的知识是机械的、空洞的、抽象的，知识的理解不应脱离一定的情境。因此脱离情境的评价很难真正评价学生对知识的理解程度，情境越开放越能考查学生的高阶认知能力。

另外，科学知识维度的评价要充分考虑学段特点。低年级学生对科学概念的理解水平主要体现在：通过观察与描述事物的外部现象或物体的基本特征，能初步认识事物并尝试与生活建立联系。因此科学知识维度的评价不宜采用过于复杂开放的情境。《义务教育科学课程标准(2022 年版)》使用不同的动词描述了学生学习应达成的目标。

---

① 中华人民共和国教育部：《义务教育科学课程标准(2022 年版)》，4 页，北京，北京师范大学出版社，2022。

例如，1～2 年级科学知识维度的学习目标是，能描述太阳升落、季节变化和月亮形状变化等自然现象，说出天气变化及其对人类生活的影响，知道地球是人类和动植物的共同家园。教师应充分理解“描述”“说出”“知道”等行为动词所指的学生表现预期，合理地评价学生。

（二）科学探究维度

科学探究是科学素养的核心组成部分。小学阶段的科学探究目标主要在于体验科学探究的过程，发展科学过程技能和科学探究能力，增进对科学探究的理解。

要评价学生的科学探究表现，必须给学生提供动手做的材料，让他们在动手做的过程中经历科学探究的全过程，从而使科学过程技能外显化。美国科学教育学者奥斯特伦在《科学探究过程技能评价手册》（*Science Process Skills: Assessing Hands-On Student Performance*）中为每一水平的每一过程技能都设计了评价单、活动材料和活动过程。① 儿童在发展早期倾向于用感官来认识世界，通过观察、交流、估计、测量、收集数据、分类、推断、预测、制作模型等方式解决问题。因此这九种过程技能可以作为一级和二级的水平引入。随着认知能力的发展，儿童能够根据物体的多种特定或物体的抽象特征进行分类，能够对数据进行解释、制作图表、形成假设、控制变量、下操作性定义以及探究。此时，这些过程技能连同上述九种过程技能可以作为三级到六级的水平引入。教师可以先从观察技能开始，通过开展活动，确定学生在某一过程技能上的发展水平。随着发展水平的提升，观察的复杂程度增大，涉及的科学知识范围增加。例如，为评价二级水平的观察技能，教师可以为每个学生提供五个不同的坚果，请学生从五个坚果中选择一个，让学生通过看和触摸进行观察，描述其颜色、形状、大小、质地和其他特征；将挑选出来的坚果和另外四个坚果放在一起，让学生把这个坚果重新找出来，让学生说明是根据什么挑选了这个坚果。为评价四级水平的观察技能，教师可以让学生通过看、听、闻、摸来感知贝壳，描述贝壳的颜色、形状、大小、结构、声音和气味，记录自己的观察结果，画出贝壳并上色。为评价五级水平的观察技能，教师可以让学生通过看、听、闻、摸来观察糖块，描述糖块的颜色、形状、大小、质地和气味。除此之外，教师还应该告诉学生利用尺子判断糖块的长、宽、高，用杯中水来判断糖块是否能够溶于水。到了六级水平的观察技能，观察对象从纯净物变成混合物，并需要学生通过搅拌、击打等方式改变观察对象的形状、大小后再进行观察。教师可以选择淀粉和水的混合物，请学生通过看、闻、摸来观察，并描述其颜色、质地、形状、气味。教师可以让学生进行如下操作，观察并记录现象：分别以快速和慢速将手指伸进混合物，然后用拳头轻打混合物，用手拿出一些混合物并尝试将

---

① 参见[美]Karen L. Ostlund：《科学探究过程技能评价手册》，王春华主译，北京，高等教育出版社，2004。

它捏成团，最后将混合物倒回容器。①

此外，科学探究维度的评价还要关注学生的科学探究能力。学生的科学探究能力可以分解为提出问题、提出假设、制订计划、收集证据、处理信息、得出结论、表达交流和反思评价八个要素。美国教师沃尔弗德、安德森等人开发了一种用于开放性作业的评分工具——PTA(Primary Trait Analysis)。② PTA量表的基本假设是任何一种行为表现都会有一系列的基本要素。这些要素是构成学生学习的某些知识、技能或学生行为表现的基本单元，对这些要素进行评定就能对学生的总体表现进行评价。利用PTA量表评价学生的科学探究能力能够为教师提供具体明确的反馈信息，诊断学生在某具体要素方面的优势和欠缺之处。在评价时，学生在每个评价指标上能做到得1分，不能做到得0分。表8-2为科学探究能力评价表。

表8-2 科学探究能力评价表③

科学探究能力的要素	科学探究能力评价指标	得分
提出问题	能较为明确地描述所要探究的问题	
	能在教师的引导下提出问题	
	能根据学习材料和观察提出合理的探究问题	
	能根据已提出的问题提出新的问题	
提出假设	能提出与探究问题相关的假设	
	提出的假设有明确的根据，并加以分析、猜想与假设	
	能发现自己或小组成员提出的猜想中的不合理之处	
	对猜想和假设有科学、合理的预测	
制订计划	针对猜想与假设有自己的实验方案构想	
	能制定完整的实验方案，且方案正确、可行	
	明确实验所需要的装置与器材	
	确定可能会影响实验结果的变量	
收集证据	进行实验操作和收集数据	
	实验操作和收集数据的方式正确	
	重复相同的实验操作过程及记录收集到的数据	

① [美]Karen L. Ostlund：《科学探究过程技能评价手册》，王春华主译，23～147页，北京，高等教育出版社，2004。

② [美]Barbara E. Walvoord、[美]Virginia Johnson Anderson：《等级评分——学习和评价的有效工具》，国家基础教育课程改革"促进教师发展与学生成长的评价研究"项目组译，59～70页，北京，中国轻工业出版社，2004。

③ 李娜、任新成：《用PTA量表评价中学生物理科学探究能力》，载《物理通报》，2013(8)。

续表

科学探究能力的要素	科学探究能力评价指标	得分
处理信息	描述的实验现象或记录的数据，能为探究的问题提供证据	
	对实验数据进行合理分析处理	
得出结论	能根据实验现象和数据得出实验结论	
	能与中心问题联系起来并加以论述	
	能发现自己和小组成员分析与论证过程中的错误	
表达交流	与小组其他成员交流合作，进行探究	
	清楚自己的观点和其他成员的观点，并表明自己的看法	
	能虚心听取教师和其他同学发言，并积极交流讨论	
	能写出基本完整的探究报告	
反思评价	能正确评估自己的实验过程的优劣	
	能对假设和实验结论的差异进行分析	
	发现探究活动中未解决的问题，对新的问题有自己的思考	
	能根据实验过程中的问题改进实验方案	

除了培养科学探究能力，学生还需要对科学探究的具体特征有基本的了解。施瓦茨和莱德曼等人开发了 VOSI(Views of Scientific Inquiry)问卷，2014 年和 2018 年又分别对该问卷进行了修订和国际范围内的大规模测评，对全球 18 个国家或地区小学毕业生的科学探究观进行了全面调查。①② VOSI 问卷将科学探究分为八个层面，通过八个问答题来调查学生对科学探究的看法，用了解、模糊、朴素和不清楚四个等级来评价学生的科学探究观。表 8-3 为科学探究层面及问卷项目。如果学生的回答与目标完全一致，则评为了解；如果学生只是做出了部分解释或者回答中有明显的矛盾，则评为模糊；如果学生的回答与目标相互矛盾或没有提供相应的证据，则被评为朴素；如果学生的回答与目标完全不相关，则被评为不清楚。

---

① Lederman J. S., Lederman N. G., & Bartels S. A., et al., "Meaningful Assessment of Learners'Understandings about Scientific Inquiry—The Views about Scientific Inquiry (VASI) Questionnaire," *Journal of Research in Science Teaching*, 2014(1), pp. 65-83.

② Lederman J. S., Lederman N. G, & Bartels S. A., et al., "An International Collaborative Investigation of Beginning Seventh Grade Students' Understandings of Scientific Inquiry: Establishing a Baseline," *Journal of Research in Science Teaching*, 2019(4), pp. 486-515.

表 8-3　科学探究层面及问卷项目

科学探究层面	问卷项目
科学调查都始于一个问题但并不一定都是为了检验假设	1a，1b，2
科学调查不存在一套单一的步骤和顺序(没有单一的科学方法)	1b，1c
探究过程以探究问题为指导	5
执行相同步骤的科学家可能不会得出相同的结论	3a
探究过程可能会影响结论	3b
研究结论必须与收集的数据一致	6
科学数据与科学证据不同	4
解释是结合收集的数据和已知的知识得出的	7

(三)科学态度维度

科学态度是科学素养的重要维度，是学生科学学业表现之一。对科学的积极情感包括对科学及科学家的喜爱、将科学探究作为一种思考方式、采取科学的态度、对科学及科学相关活动的兴趣、从事科学相关领域工作的倾向等。加德纳将科学态度区分为“科学的态度”和“对科学的态度”。前者包括无偏见、诚实、质疑等从事科学研究的态度；后者则包括对科学的兴趣、对科学家的态度、对科学中社会责任的态度等。①《义务教育科学课程标准(2022 年版)》要求学生在小学高年级阶段应该做到不盲从，不迷信权威，能以事实为依据做出独立判断，面对有说服力的证据愿意调整自己的想法；善于有依据地质疑别人的观点，乐于尝试运用多种思路和方法完成探究和实践；就科学问题在认识上的分歧，乐于与他人进行沟通交流和辩论，基于证据反思和调整探究活动。②

PISA2006 基于克劳普弗的定义，从对科学的兴趣、对科学探究的支持和对资源和环境的责任三个方面，基于真实的情境对学生的科学情感、态度和价值观进行评价。其中，对科学的兴趣表现为对科学和与科学相关的问题和事业的好奇，愿意获得额外的科学知识和技能，使用各种资源和方法表明愿意寻求信息，并对科学有持续的兴趣，包括考虑与科学相关的职业。对科学探究的支持意味着学生能认识到考虑不同的科学观点和论据的重要性，能用事实信息和合理的解释支持科学探究，在得出结论时思维

① Gardner P.，“Attitudes to Science：A Review，”*Studies in Science Education*，1975(1)，pp. 1-41.

② 中华人民共和国教育部：《义务教育科学课程标准(2022 年版)》，14 页，北京，北京师范大学出版社，2022。

具有逻辑性和严谨性。对资源和环境的责任意味着具有维护可持续环境的个人责任感，理解个人行动对环境的影响，表现出采取保护自然资源的行动的意愿。例如，利用让学生了解来自水库或湖泊的水资源如何经过处理成为家庭中的自来水，评估学生对学习关于水的科学问题的兴趣。[①]

对科学态度的评价更多是使用调查问卷，一般采用李克特量表，使用若干道题目对某一科学态度的某几个方面（如内在动机、自我概念等）进行测评。

（四）STSE 维度

STSE 维度主要考查学生对科学、技术、社会与环境相互关系的了解，对科学研究和技术应用需要考虑的伦理道德的理解，以及热爱自然、珍爱生命、保护环境、节约资源的意识和社会责任感等。[②] 科学、技术、社会与环境之间不是相互割裂的关系，而是牵一发而动全身的关系。例如，科学发现会催生新的技术，而新技术的应用又为科学研究提供了手段和工具。科学与技术共同促进了农业、交通、卫生保健和通信等领域的发展，对人类社会和自然环境都产生了深远影响。它们之间任何一个因素的变化都可能会导致整个系统发生变化，其中既有预期的效果，也有意想不到的结果。该维度与科学知识、科学探究和科学态度三个维度紧密相连，强调科学学习的实际价值所在，即把所学习到的科学知识和具备的能力及态度运用到解决日常生活及社会上与科学、技术相关的问题中。

评价学生对科学、技术、社会与环境的认识，必须借助能够体现科学、技术与社会关系的实例，包括科学史问题、典型的技术设计问题和当代重大的社会性问题方面的案例等。[③] 教师可以选择科学家的个人事件、经典的技术革新案例、环境保护、能源开发、人口增长、自然灾害、现代通信技术、基因工程、新材料、空间探索以及生活中的技术产品等主题，对学生的 STSE 掌握情况进行评价。

二、学业评价的方式

学业评价有多种方式。根据评价的媒介，学业评价可以分为纸笔测验、表现性评价、计算机测评。纸笔测验具有成本低、检测方便等优点，但因测验情境缺乏真实性，其有效性很难保证，容易陷入以考查科学知识为主的误区。例如，科学探究能力中的

---

① OECD, *Assessing Scientific, Reading and Mathematical Literacy: A Framework for PISA 2006*, OECD Publishing, 2007, p. 126.

② 中华人民共和国教育部：《义务教育科学课程标准（2022 年版）》，14 页，北京，北京师范大学出版社，2022。

③ 袁运开、蔡铁权：《科学课程与教学论》，281 页，杭州，浙江教育出版社，2003。

某些维度及科学态度，不易通过纸笔测验客观全面地进行评价。表现性评价更注重学生在具体任务中的过程表现，可弥补纸笔测验的不足。计算机测评以其巨大的数据库优势能更好地结合学生的实际，有些不能通过纸笔测验考查的交互式内容可通过计算机测评实施。

不同的评价方式各有特点。教师应结合评价的目的、内容要素、规模以及不同评价方式的特点，合理地选择评价方式。

（一）纸笔测验

纸笔测验一直是学业评价的主要手段。纸笔测验是通过试卷把不同领域的内容，以不同的作答形式呈现并记录学生的相关发展情况。① 研发纸笔测验工具时，教师要根据课程标准的要求，确定考查的维度，完成题目指标估测。常见试题类型包括选择、连线、实验探究以及简答等。教师应掌握基本的测试原理，从区分度、内容效度和信度等方面估测题目的指标，保证题目能够覆盖能力模型中的不同维度、不同水平，从而确保试卷的适标性、科学性、有效性、客观性。

在新的科学教育理念的影响下，纸笔测验呈现出以下新特征：强调以科学素养为目标导向，题目涵盖科学素养的具体维度，考查科学知识、科学探究、科学态度等在多元情境下的综合体现；倾向于从现实世界、生活场景中选择任务，以真实情境中的问题解决为载体考查学生的科学素养，而不是考查学生对彼此之间缺乏关联的碎片化知识的记忆；注重以学习进阶为参照确定问题所考查的认知水平，确定评分标准和解释评价结果，从而诊断学生科学学习的进展情况，而不是根据经验或知识逻辑结构确定题目和选项。

（二）表现性评价

表现性评价要求学生在特定的真实情境中运用已有知识或能力完成一项任务或解决一个问题，据此获得学生在科学知识、科学探究、科学态度等方面的发展情况。表现性评价体现了学习目标的多维度性。测评任务或问题不是单一的，需综合考虑甚至跨领域解决。科学写作评价、工作单评价、创造性表演是几种典型的表现性评价方式。

1. 科学写作评价

科学写作能够促进学生的学习与反思，是诊断学生的科学前概念及了解学生的概念转变特点、评价学生科学探究能力的有效工具。科学写作评价有学生自评和教师评价两种方式。教师可以引导学生从制订计划、撰写和修正三个阶段对自己的写作过程

---

① 张佳、彭新强：《上海 PISA 夺冠与课程改革之间的关系》，载《复旦教育论坛》，2015(2)。

和作品进行评价与反思；也可以针对写作任务自己编制写作评价量表，或参考国内外写作评价量表，结合教学目标、教学内容进行修正，发现学生在学习过程中存在的问题及其对知识的掌握程度。①

教师一般可以从主题、观点、组织结构、表达四个方面来评价学生科学写作的质量。评价结果可帮助教师诊断学生在学习中存在的问题，帮助学生监控自己的学习过程，养成良好的学习习惯和思维习惯，同时还能丰富科学学习过程性评价的内容，进而为教师开展科学教学活动提供参考。

2. 工作单评价

工作单评价要求学生将探究的过程与结果记录在工作单上。活动结束后，教师根据工作单对学生的学习情况进行评价。工作单虽然没办法让评价者看到学生探究过程的细节，但其仍然保留了主要的探究信息，易于操作，是学生动手探究的可靠指示。②

根据提示程度的不同，工作单可以分为开放性工作单、结构性工作单、引导性工作单三种。开放性工作单即无提示性工作单，只给出探究问题并要求学生把探究过程和结果写在工作单上，不提供探究框架，让学生自主决定探究的途径。开放性工作单为学生创造性的发挥提供了很大的空间。但是由于探究过程充满了变化和不确定性，评分者的一致性难以达成。

结构性工作单给出探究问题以及探究框架，要求学生按照提示的结构来描述探究的过程和结果。结构性工作单须呈现探究所需要的材料清单、设计学生需要完成的探究任务和具有一定提示结构的指导语等。

引导性工作单即充分提示性工作单，给学生提供详细的提示，一步一步地引导学生探究并要求学生把过程和结果写在工作单上。引导性工作单的探究程度最低，评分者的一致性容易达成。表 8-4、表 8-5 和表 8-6 分别为开放性工作单示例、结构性工作单示例和引导性工作单示例。③

表 8-4　开放性工作单示例

用科学论证来支持你对以下问题的答案： 哪个地区的生物多样性最高？

① 刘翠、庄启亚、陆青等：《科学写作评价在中学科学学习中的应用》，载《教育测量与评价》，2013(8)。

② Shavelson R. J., Ruiz-Primo M. A., & Wiley E. W., "Note on Sources of Sampling Variability in Science Performance Assessments," *Journal of Educational Measurement*, 1999(1), pp. 61-71.

③ 转引自潘苏东、赵美玲：《运用工作单评价学生的科学过程技能》，载《教育测量与评价》，2010(3)。

表 8-5　结构性工作单示例

任务：设计并建造一个迷宫，在不接触物体的情况下移动物体并使其穿过迷宫。 1. 发现问题：你需要解决什么问题？ 2. 研究：利用网络或图书馆资源研究使物体运动的各种力。 3. 头脑风暴：小组合作头脑风暴后获得三个或更多的想法来解决这个问题。记住标准和约束条件。 4. 制订计划：通过考虑下面的问题制订一个计划。你将使用哪种力来移动物体并使其穿过迷宫？这些力会如何影响迷宫的设计类型？提出步骤。 5. 设计、建造并实验：画出迷宫的设计，并使用教师提供的材料建造迷宫。进行最后的实验，在不接触物体的情况下在迷宫中移动物体。 6. 评估并更新设计：满足标准和约束条件了吗？你有什么方法可以改善迷宫的设计？更改设计。

表 8-6　引导性工作单示例

1. 把钩码一个一个地悬挂在橡皮带下。 2. 测量橡皮带的长度。 3. 在表中记录结果，然后描图。 4. 根据所描的图来解释橡皮带的长度是怎样改变的。

在进行评价时，教师需要根据探究水平划分评分等级，按照每个评分等级的层次进行赋值。例如，在探究“哪个地区的生物多样性最高”的任务中，按照主张、证据、推理三个要素划分论证水平。若学生的回答包含正确的主张、两份证据以及推理，则赋 4 分；若回答只有正确的主张和两份证据，没有推理或者推理错误，则赋 3 分；若学生提出正确的主张，但只提供一份证据，或者提供两份证据但其中一份是错误的，则赋 2 分；若仅仅只有正确的主张则赋 1 分。

3. 创造性表演

创造性表演既是一种艺术形式，也是有效的评价工具。创造性表演需要学生充分发挥想象力和创造力，用直观、形象、清晰的方式展示他们对抽象概念的理解，让教师和其他同学感知到他们对概念的理解。设计、呈现、观察和讨论创造性表演的过程除了以具身的方式帮助学生建构概念的意义，还能激发学生的课堂参与热情。例如，在研究气压时，学生都知道如果气体被加热，它的体积会变大。教师让学生站在教室里一个被隔开的区域里，告诉学生他们都是独立的空气分子。当教师要求他们模仿气体被加热时的变化时，有的学生就会从蜷缩姿势到慢慢地伸展手臂和腿，从而展示他们模拟单个空气分子随着温度的升高而膨胀的过程。教师根据学生的表现，能够发现学生头脑中存在的错误观念，即他们认为加热时分子本身会变大，而不是分子间隔变大，进而采取措施帮助学生转变错误观念。教师还可以让学生通过坐和起模拟波长、振幅的改变以及共振现象等，以便于了解学生对波的构造以及为什么不同长度的物体会发出不同声音的理解水平。①

（三）计算机测评

随着科学技术的进步，测评方式也在不断发展，计算机测评开始成为国际大规模测评的发展方向。计算机测评以计算机为测评载体，以更具真实性、交互性和吸引力的题目与多样化的方式评估学生的学习和发展。与纸笔测验和表现性评价相比，计算机测评既能在数字仿真实验室、虚拟评价环境中评价学生的表现，允许学生在计算机上进行自主科学探究，采集并分析相关虚拟实验数据，也可以用试题评价学生的知识和认知能力等学业表现。另外，计算机测评还能够快速调取与学生能力水平相符合的试题，其测试速度和准确程度都高于传统测试方式。目前，国际大型测评项目 PISA 和 TIMSS 均采用了计算机测评。

目前，数字技术特别是机器学习技术正在越加广泛地被应用到表现性评价中。在大规模测评时，学生会创建大量的数据。但由于数据量大、数据结构复杂，研究者无法使用传统方法分析，转而开始使用数据科学技术来分析这些数据。其中，机器学习技术能够用于对大数据进行分析。有监督的机器学习算法可以用于对海量数据的自动评分，从而探测、评价学生概念理解、概念转变的过程②，科学探究能力③，批判性思维等④，以支持适应性学习，跟踪学生学习过程中的自我调节、自动反馈等行为。

---

① Kulm G. & Malcom S.，*Science Assessment in the Service of Reform*，Washington，D. C.，American Association for the Advancement of Science，1991，pp. 338-341.

② Ross H. N.，Minsu H.，& Elijah M.，"Transforming Biology Assessment with Machine Learning：Automated Scoring of Written Evolutionary Explanations，"*Journal of Science Education and Technology*，2011(2).

③ Wang C.，Liu X.，& Wang L.，et al.，"Automated Scoring of Chinese Grades 7-9 Students' Competence in Interpreting and Arguing from Evidence，"*Journal of Science Education and Technology*，2021(2)，pp. 1-14.

④ Lamb R.，Hand B.，& Kavner A.，"Computational Modeling of the Effects of the Science Writing Heuristic on Student Critical Thinking in Science Using Machine Learning，"*Journal of Science Education and Technology*，2012(2)，pp. 283-297.

第三节
促进学习的科学课堂评价

课堂评价是在课堂层面实施的评价，是根据课堂教学的目标要求，运用一定的方法系统地收集信息，对教学活动及结果进行分析和评定的过程，主要包含对教师教学质量和学生学习效果的评价。小学科学课堂评价是以学生科学素养的发展、教师教学水平的提高和科学课程的改进为目标，由评价主体依据一定的事实材料，对小学科学教学过程和教学结果进行价值判断的过程，是一种过程与结果并重的评价。①

课程实施的效果取决于课堂教学的质量。长久以来，基础教育领域就一直存在"什么是一堂好课的标准"的争论。随着新一轮基础教育课程改革的推进，基础教育领域又出现了"教学如何有效"的争论。伴随着课堂教学研究的不断深化，现代课堂教学的活动—实践性、社会—交往性、文化—价值性逐渐凸显，"以学生为中心""以促进发展为指向"成为课堂教学评价的价值导向。② 英国的布莱克和威廉教授认为课堂教学评价的首要目的在于促进学生的学习。他们提出了促进学习的评价(Assessment for Learning，AfL)理念，又被称为"学习性评价"或"为了学习的评价"。③ 促进学习的评价强调评价不只发生在相对完整的教学阶段之后，还是发生在教学过程中，从而使评价直接指向基础教育改革的核心——学生在课堂上的学习。在促进学习的评价理念的引领下，小学科学课堂评价应该与学生的学习交融在一起，在学习过程中对学生的学情以及学业表现进行评价。

一、促进学习的评价的基本理念

促进学习的评价是依据学习进阶、学习目标和成功标准确定目标，然后获取、解释学生学习的证据，进而诊断差距、给予反馈、进行教学调整，最后以缩小学生当前

---

① 徐燕、马永双、叶宝生：《小学科学课堂教学评价的研究》，载《课程·教材·教法》，2010(5)。

② 郝志军：《中小学课堂教学评价的反思与建构》，载《教育研究》，2015(2)。

③ Black P. & Wiliam D.，"Assessment and Classroom Learning，"*Assessment in Education*，1998(1)，pp. 7-74.

水平与潜在发展水平之间差距的过程。①

从评价的定位来看，促进学习的评价是教学过程的一个有机组成部分。教师在课堂上通过讲评作业、提问、观察等方式收集学生活动的信息，需要随时评估和了解学生在学习过程中的理解情况和存在的困惑。因此课堂评价不是教学过程结束后的事情，而是贯穿整个课堂教学过程的。促进学习的评价认为，正是在评价和反馈的驱动下，课堂教学逐渐从一个环节顺利过渡到下一环节。② 这种评价理念打破了泰勒的传统评价模式，将评价与教学视为唇齿相依、彼此间不断转化的两个方面。③

从评价的功能来看，促进学习的评价是指导教学、做出教学决策的基础。教学活动离不开课堂评价；课堂教学不是执行备课阶段指定的教学方案的过程，而是一个需要不断做出决策的过程。要做出有效的决策，需要依据从课堂中获取的信息，尤其是关于学生学习的信息，并根据评估所得的信息及时调整教学活动或任务。这就要求将教师的角色从内容的传授者和分数的分配者转变为学生思维和学习数据的仔细收集者和分析者。换言之，教师需要通过不断关注、支持和监控学生的问题、发言和反馈来把握学生学习的进展。在整个教学过程中使用促进学习的评价有助于帮助学生获得更深层次的概念性知识，从而带来持久的理解。④

从评价的目的来看，促进学习的评价不是选拔性评价，其核心功能在于促进学生的学习。促进学习的评价是情境化的、精细化的。在特定的教学情境中，教师需要针对特定的问题、学生的学习状况，持续地、及时地发现问题，调整自己的教学。学生的一言一行都能成为评价的对象，帮助教师了解学生的掌握情况。当教师发现班级相当一部分学生对特定内容难以把握时，可以考虑暂停学习新的内容，并设计教学活动，就学生的知识盲区进行有针对性的教学。⑤

从评价的方法来看，教师可以采用协商式对话、启发式提问、小组讨论、结果展示和比较等方式收集学生在学习过程中种种表现的证据，以此了解学生的掌握状况；让学生不断地观察、解释、说明和论证，引发不同学生之间的讨论和反省，从而了解到学生内在的思考和疑惑。此外，教师还可以利用课堂录像或录音，或者设计恰当的课堂观察记录表，对学生的课堂表现进行观察和记录；也可以让某个小组成员对小组讨论情况进行记录；还可以设计表格，让学生对自己的建构过程进行反思和记录，尽

---

① Heritage M., *Formative Assessment: Making It Happen in the Classroom*, Thousand Oaks, Corwin Press, 2010, pp. 10-11.

② 杨向东：《把评价贯穿于整个教学过程》，载《人民教育》，2015(20)。

③ 王少非：《课堂评价》，8～15页，上海，华东师范大学出版社，2013。

④ Keeley P., *Science Formative Assessment: 75 Practical Strategies for Linking Assessment, Instruction, and Learning*, Thousand Oaks, C. A., Corwin Press, 2008, p. 16.

⑤ [美]国家研究理事会行为、社会科学及教育中心，[美]《课堂评价与国家科学教育标准》编委会：《课堂评价与国家科学教育标准》，熊作勇、何凌云译，19页，北京，科学普及出版社，2006。

可能完整地收集学生个体或小组的表现证据，为开展合理的课堂评价以及后续的教学改进奠定基础。表 8-7 为课堂观察记录表示例。①

表 8-7　课堂观察记录表示例

目的：描述课堂中基于 SSI 的教学实践
说明：在课堂观察时填写此表
第一部分：背景信息
观察者：________　教师：________　学校：________
年级：________　主题：________
观察时间：________　起止时间：________至________
第二部分：课堂说明
男生数：________女生数：________
课堂环境设置(空间、座位安排、环境等)
____
第三部分：课程实施
说明：请在你观察的类别中做标记，并提供有关项目的描述或例子。(0＝未观察到，1＝观察到一次，2＝观察到两次及以上)

观察点分数	分数
教学目标	
(1)教师促进了概念性科学理解	0　1　2
(2)教师将科学内容与现实世界联系起来	0　1　2
(3)教师考虑了与问题相关的 NOS 主题	0　1　2
(4)教师关注问题的风险和好处	0　1　2
(5)教师关注问题的社会层面(如政治和经济)	0　1　2
(6)教师注重高阶实践(如论证、推理和科学建模)	0　1　2
教学策略	
(1)教师为高阶练习提供脚手架	0　1　2
(2)教师为学生提供学习反思的机会	0　1　2
(3)教师将学生所学的知识与已有知识联系起来	0　1　2
(4)教师首先提出问题，并继续关注问题	0　1　2
(5)教师利用现有媒体将内容与问题联系起来	0　1　2
(6)教师评估学生的概念性科学理解(总结性或形成性)	0　1　2
(7)教师评估学生的高阶实践(结论性或形成性)	0　1　2

① 杨向东：《把评价贯穿于整个教学过程》，载《人民教育》，2015(20)。

续表

教师角色	
(1)教师扮演了学习促进者的角色，而不是权威	0　1　2
(2)教师了解与问题相关的科学内容	0　1　2
学生角色	
(1)学生从事高阶实践	0　1　2
(2)学生讨论了问题的社会性	0　1　2
(3)学生评估了问题的风险和好处	0　1　2
(4)学生收集或分析了与问题相关的科学数据	0　1　2
(5)学生直面问题的伦理性	0　1　2
教室环境	
(1)课堂环境是协作互动的	0　1　2
(2)学生和教师相互尊重	0　1　2
总计	

资料来源：Topcu M. S.，Foulk J. A.，& Sadler T. D.，et al.，“The Classroom Observation Protocol for Socioscientific Issue-Based Instruction：Development and Implementation of a New Research Tool，” *Research in Science and Technological Education*，2018(3)，pp. 302-323.

二、开展促进学习的评价的策略

美国评价专家斯蒂金斯提出，要想使评价能有效地促进学生的学习，教师必须在教学之前清楚表述学生应当达到的成就目标；让学生在教学过程中一开始就知道这些目标；能将这些对学生的期望转化成评价任务，并能运用准确反映学生成就的评分程序；运用课堂评价来树立学生对学习的信心，促进学生对自己的学习负责，从而为终身学习奠定基础；将课堂评价结果转化为对学生的形成性反馈，从而为他们提供关于如何改善的专门化建议；基于课堂评价的结果不断地调整教学。学生则应该与教师紧密合作来审视评价结果，了解自己的进步之处并对之承担责任，主动与教师和家长交流其成就状况和进步之处。①

促进学习的评价是从提高教与学的有效性出发，采用教与学的方法进行的评价。它着眼于学生的学习动机、学习策略、思维方法和学习能力等多个层面，要求教师从确定并分享学习目标、确定评价问题和任务、选择评价方法、提供有效的反馈等方面

① [美]Richard J. Stiggins：《促进学习的学生参与式课堂评价》第四版，国家基础教育课程改革“促进教师发展与学生成长的评价研究”项目组译，20～35页，北京，中国轻工业出版社，2005。

入手，转变自己的工作方式，采取有效改进教学和促进学生学习的一系列评价策略。

(一)确定并分享学习目标

促进学习的评价期待通过评价促进学生的学习。如果学生事先知道评什么，他们就会有更明确的努力方向，并在所要评价的目标上有更大的投入，从而学得更好。促进学习的评价理念主张教师将学习目标提前告知学生，让学生知道教师期待他们在完成任务的过程中学习什么以及完成任务后他们的学习会达到什么程度。

学习目标的确定要依据《义务教育科学课程标准(2022年版)》的目标要求，从科学知识、科学探究、科学态度以及STSE等方面全面评价学生。同时，《义务教育科学课程标准(2022年版)》是对各阶段学生表现水平的概括性描述，教师应该根据学情和教材进一步细化学习目标。学习目标应该尽量用第一人称表述，描述学生在学习过程中要学到什么。例如，“我将能够说出植物从种子萌发成幼苗，再到开花、结果的过程”。学习目标还应该包括用以表征目标的实现指标，这些指标能够引领学生逐步达成目标。例如，生物体的多样性与共同性相统一是生命科学领域的关键经验。教师可以引导学生调查校园中的生物种类和数量，认识到地球上生活着不同种类的生物，发展学生基于证据的推理能力。其中，科学探究维度的学习目标可以表述为“我将学会分析、解释校园中生物种类和数量的数据”，实现指标可以逐级细化为“我将能够说出校园中哪个区域的物种多样性最高”(主张)；“我将能够运用数据证明校园中不同区域物种的多样性”(证据)；“我将能够解释校园中某个区域物种多样性最高的原因”(推理)。

如何与学生分享学习目标？首先，教师需在一节课开始时就提醒学生所设立的学习目标。这样可以帮助学生专注于学习内容。教师还要直观地展示学习目标，让学生在活动时随时可以看到学习目标。其次，教师可以让学生参与确定实现指标。教师应帮助学生参与确定实现指标，调动学生的积极性。最后，教师要依据学生的个体能力差异确定学习目标和实现指标。处理学生差异的关键是设置宽泛而有意义的学习目标。这样的学习目标更具包容性，允许不同的学习者可以以不同的速度或水平朝着同样的目标努力并完成相同的任务。①

(二)确定评价问题和任务

促进学习的评价采用一系列方法来促进课堂中的互动，让教师可以通过学生分享的想法发现学生的知识盲区。② 要实现这个目的，教师需要设计评价任务，并运用高质

① [英]伊恩·史密斯：《分享学习目标(小学版)》，剑桥教育(中国)译，34页，北京，教育科学出版社，2010。

② [英]伊恩·史密斯：《提更好的问题(小学版)》，剑桥教育(中国)译，3～4页，北京，教育科学出版社，2010。

量的问题引发学生展开讨论和思考，发展学生的理解能力。

评价任务既要指向学生当前的水平，又要指向学生对知识的掌握、探究和态度的提升，以便于教师借助活动任务检验学生当前的认识水平，并激励学生达到期待的认识水平。在小学科学课堂上，评价任务应该考查学生对主要概念的理解和运用、对科学探究方式的了解和科学探究能力表现，是否拥有正向的态度以及对科学、技术、社会与环境相互关系的了解。例如，围绕"观察蚕的生长"这一主题，教师可以让学生观察和分析蚕的结构，解释这些结构如何满足蚕自身的需要；观察两百余只蚕的生长过程，测量蚕每天长大的尺寸并将数据记录下来，发明一种能够展示大量蚕每天生长情况的方法，探索生物在个体和种群水平上数量增长的区别和规律；使用数据来解释动物的生长和变化，知道同一种生物的个体之间并非完全相同。[①] 教师可以通过该任务考查学生对动物结构与功能之间关系的认识，对动物具有独特而多样的生命周期的理解，分析解释数据并根据数据进行解释、论证以及沟通交流的能力。

评价任务总是包含一组相互关联的问题。问题是思维发展的源泉和动力。高层次的问题能够鼓励学生展开讨论和思考，展现其理解状况和能力水平。因此教师需要提前设计评价任务中的问题。教师应该围绕学习目标确定问题的层次，从一些简单的封闭式问题开始，逐渐让学生解决复杂的、需要深层次思考的问题。此外，教师还可以鼓励学生通过头脑风暴想出问题所有可能的答案；鼓励学生与同伴一起思考、对比分析不同的观点；甚至还需要准备一些追问的问题来回应学生的回答。例如，在"发明一种能够展示大量蚕每天生长情况的方法，探索生物在个体和种群水平上数量增长的区别和规律"这一任务中，教师可以设计"我们怎么确定将哪些数据合并，将哪些数据完全呈现出来""我们怎么用不同的图形表示相同的数据""为什么特别长和特别短的蚕的数量很少"等问题。另外，教师在表达问题时尽量采用讨论和对话的语言，注意倾听学生的回答，留出等待和思考的时间。

(三)选择评价方法

在课堂上，诊断性测验、当堂作业、小组讨论或者师生谈话等都可以成为评价信息的来源。例如，教师可以通过采集学生的课堂记录单，收集有关学生提出的观点、生成的数据、对数据的讨论以及推理、解释和论证过程的信息，进而了解学生的思维水平和概念发展情况；采集学生的实验报告，了解学生探究的全过程；也可通过观察学生的实验操作情况，了解学生的实验设计和实验技能的水平。此外，教师还可以借助一些信息化技术手段进行评价信息的收集和信息资料的分析处理。比如，使用智慧

---

① National Research Council, *Developing Assessments for the Next Generation Science Standards*, Washington, D.C., National Academies Press, 2014, p. 69.

笔直接将学生的记录、答题情况传入终端进行计算机统计；对重点小组或学生的课堂表现进行摄像，后期通过行为编码进行教学效果分析等。

选择性反应评价、论述式评价、表现性评价和交流式评价是几种基本的促进学习的评价方法。① 这些方法都能够在不同程度上评价学生对科学知识、科学探究、科学态度以及科学、技术、社会与环境之间关系的认识水平。

选择性反应评价是指以客观试题和纸笔测验的形式，要求学生回答一系列问题，让其从中选出正确或最佳的答案。评价成绩的指标就是答对题目的数目或者比例。教师可以借助选择题、判断题、匹配题、填空题等考查学生对科学事实、概念、原理的掌握程度，也可以考查学生依据证据进行分析、比较的能力。例如，教师让学生分析哪个例子说明有电作用在物体上了，或者让学生比较不同玩具运动形式的差别，给出几个选项，但只有一个是正确的。不过，这种方式无法判断学生的推理过程，只能判断学生观点的准确性。选择性反应评价还可以探测学生的科学态度。选择性反应评价范例如表 8-8 所示。

表 8-8 选择性反应评价范例

蒜黄和蒜薹是人们经常吃的两种蔬菜。妈妈说，它们其实都是大蒜的叶子，只是颜色不同。这是怎么回事呢？妈妈告诉小红，蒜黄是因为大蒜发芽后见不到光形成的。真的是这样吗？你对这个问题是怎么想的呢？请在下表相应处打钩。

选项	a. 非常像我	b. 大多时候	c. 有时候	d. 一点不像我
A. 我对这样的问题很感兴趣				
B. 我不确定妈妈说的对不对				
C. 我想亲自实验看看真相				
D. 遇到研究困难，我很容易放弃				

论述式评价要求学生用书面的方式写出思考和解答的过程。教师阅读书面材料，然后根据特定的评分规则进行评分。论述式评价可以测量学生对具体的事实、概念之间关系的理解，要求学生运用语言来组织主张、证据和推理。论述式评价借助少量题目就能获得大量信息。但其需要成熟的评分规则，且需要耗费较长的时间。表 8-9 为论述式评价任务与规则。

① ［美］Richard J. Stiggins：《促进学习的学生参与式课堂评价》第四版，国家基础教育课程改革“促进教师发展与学生成长的评价研究”项目组译，73～75 页，北京，中国轻工业出版社，2005。

表 8-9 论述式评价任务与规则

评价任务	评分规则
科学问题：校园里哪个区域的物种多样性最高 我的解释(图或表)	4 分：包含解释的所有部分(正确的主张，两份证据，推理) 3 分：包含正确的主张和两份证据，但推理不正确或没有推理 2 分：包含正确的主张和一份正确的证据或一份正确的证据和一份不正确的证据 1 分：包含正确的主张，但没有证据或包含不正确的证据和推理，或没有推理
提出主张：写出一个完整的句子回答上面的问题	B 区域的物种多样性最高
给出理由：写出想提出的科学概念或定义	因为 B 区域动物的种类和数量最多，所以 B 区域的物种多样性最高；物种多样性是物种种类和数量的结合，不能只看一个方面。有最高的动物丰富度和较多的动物数量。
给出证据：观察数据，寻找两个证据来回答科学问题	1. B 区域动物的种类最多 2. B 区域动物的数量最多

资料来源：National Research Council，*Developing Assessments for the Next Generation Science Standards*，Washington，D. C.，National Academies Press，2014，p. 109，p. 111.

表现性评价是学生个人或小组按照正确的步骤执行某种操作或者以适当的方式完成某个任务(如科学成果展)。教师观察学生的表现或操作结果，然后根据他们的表现水平做出判断。教师可以通过观察学生解决问题的过程或者通过其学习成果推断其探究能力和科学态度。表 8-10 为表现性评价任务。

表 8-10 表现性评价任务

任务：按压式瓶装洗手液是如何将液体压出来的呢？如果给你们准备两根吸管、一个矿泉水瓶，允许你们再增加 3 种生活中常见的材料，请你们根据按压式瓶装洗手液的原理制作一个小喷壶。最后，请将你们的设计制作过程，拍摄成一段不超过 6 分钟的小视频上交。注意：视频要求连续拍摄，不能有停断、剪辑等痕迹。
所需材料： 设计图： 科学原理：

这项任务需要学生利用课下时间与小组同学一起完成。表 8-11 可用于评价学生的任务评价表。

表 8-11　任务评价表

评价项目	任务完成分值				备注
	0	1	2	3	
识别任务	1. 没有识别任务	2. 仅识别任务的一项要求	3. 识别了一部分任务	4. 能正确识别任务	
设计图纸	1. 没有设计	2. 做出的设计没有对应任务的要求	3. 做出的设计对应任务的部分要求，只满足部分材料需求，无尺寸参数	4. 做出的设计对应任务的要求，且有材料说明及尺寸参数	
分工合作	1. 没有明确分工	2. 有分工，但没有考虑每个人的优势	3. 有明确分工，但没有共同分担困难	4. 有明确分工，遇到困难积极分享合作，共同完成任务	
最后成果	1. 没有按要求完成任务	2. 只完成部分任务，如没有录制视频；或仅只录制视频，没有实物和设计图标	3. 完成任务，但某些项目仅是最低层级，如实物完成效果与介绍不相符	4. 完成任务，各部分项目完整，有新的创意	

交流式评价是教师在课堂上收集学生日常学业信息较为直接的方法。教师通过课堂上的提问和回答、面谈、协商、对话、倾听课堂讨论和口头测验等考查学生对科学知识的理解、科学探究能力以及情感倾向，并相应地调整教学。如果教师知道考查目标与指向该目标的问题，就能通过交流在各个层次上评价学生分析问题和解决问题的能力。交流式评价目标与问题见表 8-12。

表 8-12　交流式评价目标与问题

考查目标	引发问题
分析	______的各个部分是怎么共同起作用的？ 如何把______分解为各个部分？ ______的成分包括什么？ 在______中，有效的成分包括什么？
综合	根据你对______和______的了解，如果______你会怎么样？ 你需要把哪两种知识结合起来才能解决这个问题？

续表

考查目标	引发问题
比较	______和______有哪些相同之处？ 这些事物有什么共同点？有什么不同点？ 界定______之间的相同点(不同点)。
归类	这一点和那一点是如何对应起来的？ 下面这些事物应该归入哪一类？ 对下列事物进行归类，并规定类别的名称。
归纳和演绎	把每一项和它对应的类别进行连线。 如果满足这些条件，结果会怎样？ 根据你对______的认识，解决这个问题。 ______的结果会是什么？ 这个例子的主要观点是什么？
评价	陈述你对例子的看法并说明理由。 你认为这是一个高质量的设计吗？ 为什么？ 证明或反驳______。

资料来源：[美]Richard J. Stiggins，《促进学习的学生参与式课堂评价》第四版，国家基础教育课程改革“促进教师发展与学生成长的评价研究”项目组译，209页，北京，中国轻工业出版社，2005。

促进学习的评价是评价双方共同参与、双向交流、彼此反思的对话式评价过程。交流式评价能够充分调动学生参与课堂评价的积极性。教师可以以辩论等形式，让学生担任主持人、发言人、记录者，让学生相互提问、出声思考、相互评价，让学生在交流和倾听的过程中判断不同观点间的差异，收集证据捍卫或调整自己的观点，从而促进学生的学习，提高学生应用已有知识的能力。

(四)提供有效的反馈

反馈是课堂评价中促进学习的决定因素，也是教师容易忽视的活动。促进学习的评价中，教师可以通过口头反馈、作业批改等途径帮助学生缩小现有水平与目标水平间的差距，支持和促进学生学习。

要想通过反馈促进学生对科学知识的理解，第一，教师要关注学生并参与到学生的学习过程中去。教师可以通过询问学生的观察感受、查看实验计划、倾听讨论过程等方式参与到学生的学习过程中。

第二，教师要少批判，多进行解释和诠释。教师的反馈往往表现为三种取向：评价取向、解释性取向和诠释性取向。评价取向的反馈主要是诊断和纠正学生的误解；解释性取向的反馈主要是获取并理解学生当前发展水平的信息；诠释性取向的反馈主要是教师积极参与学生的学习过程，与学生不断协商其理解及其含义。① 研究表明，一些教师倾向于以直接性反馈快速做出结论性的论断，将学生回答错误的原因归结为缺乏知识、粗心或者不够努力，而较少对学生的答案进行解释。这样的反馈方式并不利于学生的学习获得。② 在教学中，教师要成为评价信息的解释者和诠释者，关注学生选择答案的理由或者得出答案的推理过程，抓住评价信息中能够评价学生理解力的方面，结合证据对学生掌握的知识、学生的推理和态度进行合理、准确的解释。在这种互动中，教师不断思考如何改进教学以满足学生的学习需求，并在他们最初的想法和需要达到的科学理解之间架起一座桥梁。

第三，教师的反馈应积极、具体，且与学习目标相联系。积极指的是反馈的方式和目的是积极的；教师要用正面的态度认可学生的回答和表现。教师还可以运用重复学生的回答、质疑学生的回答、对学生的回答进行追问、提示学生等方式或者适当运用笑容、眼神、手势、皱眉等表情动作等帮助学生审视自己的观点，进而澄清认识。具体指的是反馈要能够为学生的进步提供明确的指示；教师要指出学生需改进的地方以及改进的建议，避免泛泛而谈。例如，在探究植物生长所需要的基本条件时，教师进行如下反馈——“你已经知道植物的生长需要水和阳光。不过，只要有水和阳光植物就能生长吗？那为什么盐碱地不适宜植物生长呢？”会比直接评价学生“你说得还不全面，再想想”更有利于学生对知识点的掌握。反馈与学习目标相联系是指反馈要聚焦于设定的学习目标，以保证学习过程的连贯性。例如，某节科学课的学习目标是学生了解降落伞的工作原理，能够描述摩擦力中的空气阻力。教师期望学生能够说出什么是摩擦力，以及摩擦力使降落伞安全落下的原因。在学生用降落伞模型完成实验、记录实验结果后，反馈时应该强调实验结果有力地解释了空气与降落伞摩擦后产生的摩擦力使降落缓慢发生。这样的反馈聚焦了学习目标，有助于学生了解自己学习的进展及存在的问题。③

（五）促进学生的同伴评价和自我评价

促进学习的评价鼓励学生积极参与评价过程。一方面，学生要能够通过评价判断自己在学习目标中所处的位置，发现自己在学习过程中存在的问题，分析形成的原因，并通过自我反思，自觉地运用学习策略引导自己确定正确的学习方向。另一方面，学

① Talanquer V., Bolger M., & Tomanek D., "Exploring Prospective Teachers' Assessment Practices: Noticing and Interpreting Student Understanding in the Assessment of Written Work," *Journal of Research in Science Teaching*, 2015(5), pp. 585-609.

② 苏荟、何静：《小学科学教师课堂教学行为调查与分析》，载《教育探索》，2019(4)。

③ [英]伊恩·史密斯：《让反馈更有效（小学版）》，剑桥教育（中国）译，18页，北京，教育科学出版社，2010。

生还要能够为同学提供支持和反馈，通过积极合作学会如何学习，从而能够承担自己学习的责任。

课堂有限的教学时间使教师不可能为每位学生提供全面、细致的反馈。如果学生只依靠教师的反馈信息，获得的反馈较为有限。因此，教师应该鼓励学生以小组学习的形式交流自己的观点，并对同组其他同学的观点进行评价。此外，在同伴评价时，学生之间更容易畅所欲言并坦诚地分享自己不理解的难题，从而加深对科学概念的理解，形成科学学习兴趣和正向的态度。教师在组织学生的自我评价和同伴评价时需要注意以下事项。

首先，创设学生自我评价和同伴评价的课堂氛围。教师需要先行展示平等的对话方式，鼓励所有的想法都应该得到分享，让学生感受到错误可以被接受甚至对学习更有利。教师还要为同伴学习确定基本规则以构建学习共同体，避免小组讨论时出现个别学生领导、其他学生遵从的状况。

其次，帮助学生形成质量观念。学生必须知道什么是好的，才能够做出价值判断。教师可以经常与学生一起讨论评价标准(如什么是可以研究的科学问题，什么是好的实验设计，什么样的结论是可靠的，什么样的论证过程是合理的，什么样的数据是可靠的)，促进学生对评价标准的理解。教师还可以将评分标准以及对应的案例呈现给学生，让学生讨论案例有哪些优点和需要改进的地方。

最后，帮助学生在课堂中养成自我评价和同伴评价的习惯。教师要围绕学习目标组织问题，让全班学生定期讨论自己在学习过程中体验到的成功或困难，获得的帮助以及取得的收获、启发。教师还可以鼓励学生用相机、学习日志等方式记录自己学到的东西以及获得的想法和感受。①

本章小结

评价在本质上是从表现或事实当中寻找证据并进行推理的过程。小学科学课程与教学评价是指不同评价主体依据一定的科学课程和教学价值标准、原则，采用诸多手段和技术收集、处理和分析信息，从而对小学科学课程和教学进行价值评判的活动。科学课程评价的内容主要包括对科学课程标准、科学教材、科学课程实施中教师的“教”以及学生的“学”等方面的评价。科学教学评价主要包括对教学过程、教学内容、教学方法手段、教学环境、教学管理以及学生的学习和教师的教学工作等方面的评价。根据评价在教学中运

① ［英］伊恩·史密斯：《促进学生的自我评价(小学版)》，剑桥教育(中国)译，32页，北京，教育科学出版社，2010。

用的时机，评价可以分为诊断性评价、形成性评价以及总结性评价三种。20世纪50年代以来，布卢姆等人的教育目标分类学、SOLO分类理论等为划分学生能力要素和水平提供了重要的理论支持。

小学科学学业评价主要是对学生的科学知识、科学探究能力、科学态度以及STSE进行综合的评定与判断。根据评价的媒介，学业评价可以分为纸笔测验、表现性评价、计算机测评。在以学生发展为中心的价值导向下，小学科学课堂评价倡导促进学习的评价，依据学习进阶、学习目标和成功标准确定目标，然后获取、解释学生学习的证据，进而诊断差距、给予反馈、调整教学，最后缩小学生的当前发展水平与潜在发展水平之间的差距。

促进学习的评价要求教师从确定并分享学习目标、确定评价问题和任务、选择评价方法、提供有效的反馈等方面入手，转变自己的工作方式，采取有效改进教学和学生学习的一系列评价策略。

关键术语

小学科学课程与教学评价｜科学课程评价｜科学教学评价｜诊断性评价｜形成性评价｜总结性评价｜可观测的学习结果结构｜科学学业评价｜纸笔测验｜表现性评价｜促进学习的评价

拓展阅读

1. National Research Council. Developing Assessments for the Next Generation Science Standards [M]. Washington, D.C.: National Academies Press, 2014.

2. National Academies of Sciences, Engineering, and Medicine. Seeing Students Learn Science: Integrating Assessment and Instruction in the Classroom[M]. Washington, D.C.: National Academies Press, 2017.

3. [韩]高思静，[新加坡]阿曼达·S. 卡雷恩，[新加坡]马努·卡普尔. 真实问题解决和21世纪学习[M]. 杨向东，许瑜函，鲍孟颖，译. 长沙：湖南教育出版社，2020.

4. [美]琳达·达令-哈蒙德，[美]弗兰克·亚当森. 超越标准化考试：表现性评价如何促进21世纪学习[M]. 陈芳，译. 长沙：湖南教育出版社，2020.

5. [美]马克·威尔逊. 基于建构理论的量表设计[M]. 黄晓婷，编译. 长沙：湖南教育出版社，2020.

6.［美］鲍勃·伦兹，［美］贾斯汀·威尔士，［美］莎莉·金斯敦. 变革学校：项目式学习、表现性评价和共同核心标准[M]. 周文叶，盛慧晓，译. 长沙：湖南教育出版社，2020.

7.［美］琳达·达令-哈蒙德. 新一代测评：超越标准化考试，促进21世纪学习[M]. 韩芳，译. 长沙：湖南教育出版社，2020.

练　习

1. 选择一个大概念，根据SOLO分类理论设计试题来测评学生对概念的理解程度。

2. 结合小学科学课堂教学谈谈如何在课堂上开展促进学习的评价。

第九章

小学科学课程资源的开发与利用

章结构图

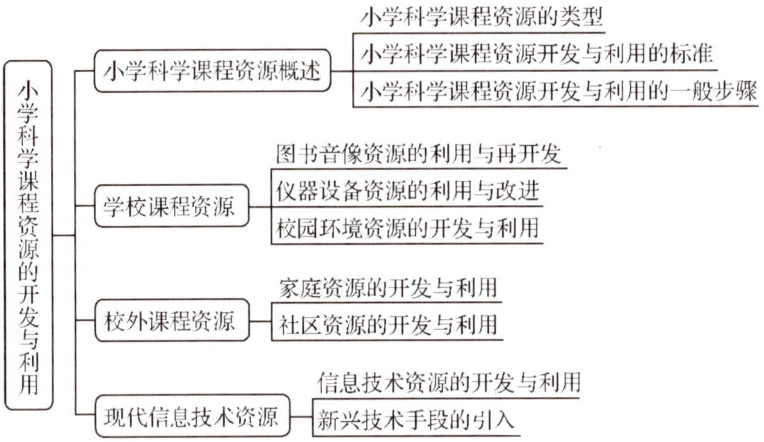

本章概述

本章围绕小学科学课程资源的开发与利用进行了阐释，重点介绍了小学科学课程资源的类型、开发与利用的标准和一般步骤；重点介绍了图书音像资源、仪器设备资源及校园环境资源；还介绍了家庭资源和社区资源的开发与利用；最后介绍了信息技术资源的开发与利用和新兴技术手段的引入。

章前导语

在前面的章节中，我们对小学科学课程与教学有了宏观的把握，讨论了小学科学教育中的一些基本理论，掌握了一些小学科学教学的实践策略与方法。除此之外，教师在进行教学设计、教学实践时还需要一定的资源支撑。那么，小学科学课程资源包括什么？有哪些不同类型的小学科学课程资源？我们如何在教学中充分发挥课程资源的效果？我们如何根据实际的课程目标开发和利用课程资源？

课程资源是开展科学教育活动的重要支撑，是保障科学教育质量的重要条件。课程资源的丰富性与适切性影响着科学教育目标的实现程度。① 教学过程中合理使用课程资源，将会很大程度上提高学生学习科学的兴趣和质量。教材编写者、教学研究人员、教师和有关人员应有意识、有目的地开发和利用各种小学科学课程资源。本章将在概述小学科学课程资源的基础上，着重介绍几类常见的小学科学课程资源，并给出若干资源开发与利用的建议。

第一节 小学科学课程资源概述

小学科学课程是一门综合性、实践性课程，强调从学生熟悉的日常生活出发，通过动手实践活动让学生掌握科学探究的具体方法和技能，理解基本的科学知识，发现和解决蕴藏于生活中的科学问题。这决定了小学科学课程资源具有多样性、生活性、地域性和生成性等特征，也为学校和教师灵活地选用和配置小学科学课程资源提供了基础。小学科学课程资源是在实现小学科学课程目标的过程中，有助于进行小学科学教学活动的可供利用的一切信息、人力、物力以及自然资源的总和。它包括学校、家庭、社会等多个方面的资源，由人、资料、工具、设施、活动等因素构成。② 下面将对小学科学课程资源的类型、开发与利用的标准及一般步骤进行详细阐释。

一、小学科学课程资源的类型

小学科学课程资源包括有助于进行小学科学教学活动的多方面资源：既有来自自然界的，也有来自人类社会的；既有物质形态的，也有精神形态的。③ 在科学教学实践中，教师可以利用不同类型的资源，而学生亦可在教师的指导下利用这些资源独立学习。教师应该了解小学科学课程资源的不同类型及其价值，根据不同教学目标来选择合适的资源。下面将从资源的性质、存在形态和空间分布三个方面来介绍小学科学课程资源的类型。

小学科学课程资源系统中的部分要素是自然环境和社会环境本身所具有的、可以

① 朱慕菊：《走进新课程——与课程实施者对话》，214～216页，北京，北京师范大学出版社，2002。
② 张二庆、乔建生：《小学科学课程与教学论》，8页，北京，北京师范大学出版社，2016。
③ 张二庆、乔建生：《小学科学课程与教学论》，8页，北京，北京师范大学出版社，2016。

被直接加以利用的资源，而有些则是为了达成一定的教育教学目的而特意开发出来的资源。按照课程资源的性质，小学科学课程资源可以分为自然课程资源和社会课程资源。前者指自然界本身存在的可直接使用的课程资源，如山川河流、地形地貌、树木森林、动植物等；后者指人类创造的课程资源，如科技馆、图书馆、实验室、海洋馆、动物园、植物园等。

按照课程资源的存在形态，小学科学课程资源可以分为物质形态的课程资源和精神形态的课程资源。前者指以实物化形态存在的资源，如图书、教具、场馆等；后者指社会生活方式、价值规范、社会风气、校风、班风、家风、人际关系等资源。①

按照课程资源的空间分布，小学科学课程资源可以分为学校课程资源、家庭课程资源、社区课程资源三大类。凡是学校范围之内的课程资源均属于学校课程资源，包括教材与教学参考用书等图书资料、实验室、校园景观、科普知识宣传栏等；家庭课程资源主要包括家居设备、家养动植物、家庭科普藏书等；社区课程资源主要包括各类科学场馆、社区自然环境、工厂、高校科研院所等。

二、小学科学课程资源开发与利用的标准

课程资源的开发实质上就是寻找一切有可能进入课程，能够与教育教学活动联系起来，并且有助于课程目标达成的条件或素材。课程资源的利用实质上就是对课程中的资源赋予教育教学价值。课程资源的开发是利用的前提，利用是开发的目的。② 课程资源的开发与利用必须反映教育目的、社会发展需要、学生发展需求、学习内容的整合逻辑和师生的心理逻辑，同时要注意资源的科学性、适宜性和经济性等特征。基于资源本身具备的特征和小学科学教学活动的组织与开展需求，教师可以参考以下几个标准来进行课程资源的选择、开发与利用。

（一）课程资源应具有教育意义

教师需要明确课程资源是提高学生学习效果的辅助条件和工具，应充分考虑资源是否对学生的身心发展起到促进的作用，是否符合科学课程标准，是否有利于激发学生的学习动机和提高学生的学习兴趣，是否有利于科学教育中教与学活动的开展和实施。

（二）课程资源应具有科学性和适宜性

教师应确保课程资源所包含的教育知识和内容正确无误，不存在产生歧义或有科

① 徐继存、段兆兵、陈琼：《论课程资源及其开发与利用》，载《学科教育》，2002(2)。
② 张二庆、乔建生：《小学科学课程与教学论》，96页，北京，北京师范大学出版社，2016。

学性错误的情况；教师还需确保课程资源的开发和利用能够适宜学生的不同能力水平、不同学习风格等。

（三）课程资源的选择应允许学生深入探讨科学主题

课程资源应能够为学生提供参与直接的、目标明确的科学探究过程的机会，为学生通过观察、实验、调查和合作学习得出结论并解决问题提供空间。①

（四）关注课程资源的生成性

教学中出现的超出教师预设之外的新问题、新情况便是生成性的资源。教师要建立新的资源观，要善于发现和使用生成性的资源，使精心预设与动态生成相辅相成，使课堂更具创新性、灵活性和开放性。②

（五）课程资源的选择应注重生活性和地域性

学生的科学学习随时随地都在发生，课程资源的选择应与学生的日常生活相联系。同时教师要考虑到学生所处家庭、社区、地区的独特资源，因地制宜，发挥当地的资源优势。

（六）充分考虑课程资源的技术性

在选择课程资源时，教师需要明确该资源的结构、开发利用的难度及开发后利用的技术要求，是否能够在现有的教学条件和环境中方便地使用。

（七）注重对课程资源使用有效性的评估

促进学生学习、提高学生的学习成效是使用课程资源的最终目的。在教学中应用课程资源需要关注和强调针对学生学习成效的判断和评估。选择和使用课程资源的同时，要考虑运用何种类型的评价方式来判断学生的学习效果。

三、小学科学课程资源开发与利用的一般步骤

小学科学课程资源的开发与利用要基于学生的年龄特点，从教学的实际需求出发，探寻能够为小学科学教学活动提供支持和辅助的资源，促成小学科学课程目标的达成。

---

①　［美］Joseph S. Krajcik、［美］Charlene M. Czerniak、［美］Carl F. Berger：《中小学科学教学——基于项目的方法与策略》，王磊等译，408页，北京，高等教育出版社，2004。

②　许丹艳：《小学科学生成性教学的探讨与实践》，载《科学大众（科学教育）》，2014(1)。

一般来说，小学科学课程资源的开发与利用需要经过以下几个步骤。

（一）明确课程目标

课程资源开发与利用的目的是促进课程的实施和学生的学习。因此，课程资源的开发与利用要依托具体的课程目标。为了实现具体的课程目标，教师需要分析和考察课程内容，认真设计每节课的教学过程，调动有助于实现课程目标的课程资源，寻找适宜、可用、优质的课程资源。

（二）积累课程资源

教师作为课程资源的开发主体，首先要对本学科常用和有效的课程资源有较为清晰的了解。结合教学需求，教师需要对周围潜在的课程资源进行考察，注重在平时对各类课程资源的积累。例如，科技图书、图片、网站、视频资料等信息资源，校园内的花鸟鱼虫、树木园林等实地资源，都是可利用的课程资源。

（三）筛选课程资源

教师需要对课程资源进行筛选和评估，在对有关资源加以甄别的基础上，选择具有开发和利用价值的资源。课程资源的选择要有利于学生科学素养的培养，符合学生身心发展的特点，能够满足学生的兴趣爱好和发展需求；课程资源的选择应考虑与教师的现实教育水平相适应；课程资源应该贴近学生的实际生活、易于在教学过程中运用。在筛选出较为符合的课程资源后，教师需要从课程资源与课程目标的相关程度、课程资源的优越程度、课程资源开发与利用的难度与条件等方面对课程资源进行评估，为课程资源的进一步开发与利用创造条件。

（四）应用课程资源

课程资源的运用效率不仅取决于课程资源本身的内容和质量，还取决于教师的教学水平、对课程资源的把握程度等。教师需要树立运用课程资源的意识，提升自身课程资源开发与利用的能力，结合实际教学情境和学生的已有知识经验设计活动，以充分挖掘课程资源所蕴含的教育教学价值。

（五）检查与评价课程资源开发与利用的效果

教师需要根据课堂上学生的学习情况，如兴趣、精神状态、创造性思维活动等因素来判断运用课程资源开展教学的情况，并据此随时调整教学的方式，从而确保教学目标的实现。此外，一个阶段的教学活动结束后，教师应对所运用的课程资源的整体效果进行系统评估和反思，考察教学效果与目标的一致性程度。

第二节
学校课程资源

学校是教学活动的主要场所，小学科学课程资源的开发与利用需要以学校为中心展开。校内课程资源是课程资源建设的基础和重点，是保证学校课程实施质量的重要条件。将校园里可供使用的资料、设备、场地等充分地整合起来，为学生提供多样的学习资源，拓宽其学习渠道和视野，有利于培养学生的科学学习兴趣，让校园成为学生学习科学的乐园。

一、图书音像资源的利用与再开发

课程标准和教材是课程资源的组成部分。此外，班级图书角、学校图书馆、影音室内的各类藏书、报刊、音像资源等均是学校的课程资源。

(一)图书音像资源

教师对课程资源的开发和利用，要建立在对课程标准和教材充分理解的基础上。教师要积极主动地从“教教材”向“用教材教”转变，使课程标准和教材成为支持教学的课程资源，而不会束缚教学。教师在使用课程标准与教材的过程中需要审慎地解读，从资源的视角看待并加以利用，不可将其理解为操作指南。目前我国小学科学教材主要有人教、鄂教版和教科版等版本。这些不同版本的教材有其各自的优势。教师在使用当地统一规定的科学教材时可参考借鉴其他版本的教材内容。

除教材之外，教室图书角、学校图书馆拥有丰富的科学藏书、科普报纸杂志、教材教辅等纸质资料。阅读科学图书不仅有利于学生积累和掌握科学知识或科学概念，还为其从文本中感受科学本质、进行科学探究提供了机会。

图书音像资源的优点在于科学性强、结构清晰、逻辑归纳性强、重复利用率高，且使用方便、耗费较少。但其在篇幅、信息存储、更新速度等方面常常会受到限制。利用图书资料指导学生开展阅读活动的前提在于，教师要对学校图书馆的科学类藏书有一个较为全面的了解，持续关注藏书数目的变化；同时向学生介绍学校科学图书的所属位置及查找、借阅的方法，培养学生查找图书、获取信息的基本技能。

(二)图书音像资源的利用与再开发

教师一般可以采取以下几种方法对图书音像资料加以利用。

首先，引导学生结合学习目标，有针对性地开展科学阅读。科学阅读不是漫无目的地浏览文字，只有遵循一定的目标来开展阅读活动才能有效提升阅读效果。以丰富科学知识为导向的阅读活动需要结合学生的兴趣并根据课程内容让学生自主选择读物。以熟悉科学语言为导向的阅读活动需要让学生感受科学语言的严密性、精确性和逻辑性等，比较科学文本与文学性文本的差异，从而学习科学语言的特征和要素，发展学生组织和运用科学语言的能力。以提升科学推理、科学探究等能力为导向的阅读活动需要让学生在阅读中模拟科学探究的过程，通过批判地提出问题、运用策略进行探究，利用证据进行论证，就像真正的科学家一样思考和讨论。

其次，让学生查找并收集相关资料，深化对科学知识、科学概念的认识和了解。在利用图书资源查找各种资料之后，教师应指导学生进行筛选、鉴别、记录、整理和加工。

此外，教师可以将教辅资料、科学图书等资源带进课堂，运用科学文本材料进行教学设计，开展教学活动。例如，教师可以基于图书资源开展科学知识竞赛、科学阅读分享、科普读书会等活动，以激发学生学习科学的兴趣。

二、仪器设备资源的利用与改进

小学科学课程是一门需要学生进行科学探究的实践性课程。教师需要带领和指导学生开展大量的观察实验、动手操作等活动。仪器设备资源是开展科学教学、进行科学实验的物质基础。利用各类仪器设备开展探究活动，有助于学生在亲身实践中动手操作、动脑思考，在感知、体验和内化中培养对科学的兴趣与热情。教师应当充分利用学校里的各类仪器设备、科学教室和实验室，物尽其用。

(一)仪器设备资源

开展科学实验教学所需要的直观教具包括各类仪器、标本、模型、挂图等。直观教具通过直接地展示和呈现视觉信息，使教学内容变得清晰、可视化且易于理解，在学习和回顾教学内容方面能够发挥其他资源不可替代的作用。注重对每种教学器材特点的挖掘，拓宽其使用途径，才能最大限度地保证每种器材的使用率。

作为实施探究教学、培养学生的实践能力与创新精神、全面提高学生的科学素养的重要教学场所，科学实验室是教师开展科学实验教学研究的主阵地。教师有必要参与科学教室、科学实验室的建设和管理，充分利用实验室进行教学，让实验室成为学生学习科学的重要场所。

（二）仪器设备资源的利用与改进

为了确保实验的效果和成功率，教师有必要对已有的器材设备进行改进和创新，也可以根据教学需要，结合所处环境、知识基础和教学艺术特点，亲自动手设计、制作和开发构造简单、经济实用的直观实验教具。自制小学科学实验教具要求我们在生活中积极收集和储备资源，将其改造利用、变废为宝。比如，一个塑料水瓶能成为一些实验项目的结构性材料。教师可以将其改造为容器、漏斗、种子发芽盆等。以下列举了几种开发和改造教具的方法。

1. 缺点列举法

该方法要求发现并列举出教具所存在的缺陷，进而提出改进或革新的建议。教师可以针对教具的不同属性，从不同的角度来寻找缺点。例如，从实验器材的物理和化学性能的角度，或是从实验方式、方法、教师演示和学生观察等角度发现并提出问题。而后从认识和技术两个层面分析造成缺点的原因，从而提出克服缺点的各种方案并进行评估，选择最优方案予以实施。

【案例分享】

摆的研究①

1. 定课题

在小学科学教材“时间的测量”单元“摆的研究”一课中，学生需要对摆的速度（如摆的轻重、摆线长短、摆幅大小）进行分组研究。如果采用教材中的实验器材进行研究，可能会出现各种各样的问题，影响实验教学效果。为此，教师确定以“摆的研究改进方案”为课题进行研究。

2. 列缺点

学生在实验中出现了以下几种情况。

情况1：在用回形针做的挂钩上逐个增加钩码。当加到2个以上的钩码时，由于钩子不够长，钩码在摆动过程中容易掉下来，并且摆的重心会偏移，对学生实验有一定的影响。在改变摆锤时，有的学生竖着挂。这样的数据对研究问题有影响。

情况2：在改变摆线长度的过程中，学生需要用直尺来测量线的长度。要想测量准确比较困难，并且需要大量的时间。

情况3：学生在进行证明摆幅大小的实验时，只能改变摆线与摆锤的角度，获得的

① 王强：《小学科学实验教学论》，284～285页，北京，人民教育出版社，2015。

是模糊的数据。这与科学的精神不相符，不能获得科学数据以说明问题。

3. 找原因

在情况 1 中，由于钩码的挂钩太短，学生在操作时容易掉落；在情况 2 中，摆线的长度不易测量，且误差较大；在情况 3 中，由于摆幅的控制较为困难，不易进行实验。

4. 提方案

鉴于上述实际情况，对原有的实验器材提出了以下改进方案。

将盒子当摆锤，可以打开盒子往里面加螺帽改变摆锤的重量，并且尽量消除其他干扰因素。

将摆线通过小孔穿过 PVC 塑料管，在 PVC 塑料管上量出 10 厘米的一段并做标记；在 PVC 塑料管上夹上凤尾夹，根据移动距离等长原理可以简单地移动凤尾夹，使它对应数字就能得到相应的白线长度。只要用几秒钟时间就能解决更改摆线长度这一难题，大大提高了效率。

2. 希望列点法

这是一种主动型的创造发明法。希望点的列举需要大胆的想象和奇特、新颖的构思，有时还要融合原事物的实质和总体。例如，引导学生在一个直筒的塑料瓶上贴上刻度，就能制作一个操作便捷的雨量器。

3. 模拟法

这一方法为教师提供了研究模拟实验的思路。其要点在于，根据教学要求和学生的认知特点确定研究对象；剖析研究对象，略去次要因素，提炼需要学生掌握的本质特征；选择学生熟悉的、与研究对象有共同特征的实验进行模拟。不但要使模拟实验形似，还要强调模拟实验和研究对象的共同点，从而创设正确的实验情境。

【案例分享】

日食和月食的成因模拟实验①

1. 实验目标

让学生具体了解日食、月食的形成原因；采用模拟实验的方法，让学生独立去研究日食和月食的成因；培养学生的空间想象能力。

2. 实验器材

用乒乓球制作的小地球仪，用橡皮泥或黏土制作的小月球(直径约为 1 厘米，球上

---

① 王强：《小学科学实验教学论》，289～290 页，北京，人民教育出版社，2015。

插一根铁丝)，蜡烛，火柴，白纸。

3. 实验步骤和方法

(1)交代模拟实验的原型

①用点燃的蜡烛表示太阳，把小地球仪放在离蜡烛10～15厘米处，可以看到“地球”被“太阳”照亮一半。在“地球”的背“日”方向放一张白纸，在白纸上可以看到“地球”的影子。

②手执铁丝，使“月球”在“地球”的附近，可以看到“月球”也被照亮了一半。在“月球”的背“日”方向放一张白纸，也可以看到“月球”的影子。当“月球”运动时，它的影子也跟着移动。

(2)模拟日食、月食的形成过程

①模拟日食的形成：使“月球”绕“地球”转。当“月球”转到“太阳”和“地球”中间，三个天体在一条直线上时，“月球”的影子正好投射在“地球”上。这时，在黑影部分的人就看不到太阳了，即发生了日食。

②模拟月食的形成：当“月球”转到“地球”的背“日”方向，进入“地球”的影子里时，可以看到“月球”全变黑了，这时发生了月食。

(3)模型还原，总结规律

教师演示完后，把模型还原，总结日食、月食的形成规律。

三、校园环境资源的开发与利用

除了图书音像资源和仪器设备资源以外，校园内还有很多可以开发和利用的课程资源，包括校内的场所和设施、人文资源，以及与科学教育密切相关的各种校内活动等。

(一)场所和设施资源的开发与利用

校园环境资源的开发本身就极具创造和开拓的性质，有利于激发师生在校园环境中发现和创造科学元素，提高创新精神和实践意识。一方面，教师需要在科学教学中融入校园中可以发掘的各类自然资源。比如，认识植物的名称、科属和生活习性，了解植物的多样性；观察校园内的鸟类、蚂蚁、蚯蚓、蜘蛛和蜗牛等动物，了解它们的外形特征和生活习性等。另一方面，教师需要充分构建和利用校内的各类场所和设施，如书画走廊、黑板报、宣传栏、生态园、实验室和科学基地等，使其成为学生学习科学的一方天地。

例如，在校园一角开垦荒地并播种植物、饲养动物，开设自然共生型的校园生态园，让学生自由地进出和学习，观察、研究动植物的生长过程；在生态园中放置或掩埋一些树枝、木头等，让学生观察和记录树枝和木头腐烂的情况，制作堆肥，认识自然界里的物质循环等。

又如，建设校园内的科学基地。科学基地可以分为室外与室内两个部分。室外部分可设计为包含动物饲养区、植物观赏区、学生试验田三大区域在内的综合科学园。园内可布置亭台、楼阁、假山、池塘、小溪等。池塘中可饲养金鱼、锦鲤、乌龟、甲鱼等动物，以及水草、浮萍、荷花等水生植物。动物饲养区可饲养一些当地的家禽，如鸭、鹅、鸡等；植物观赏区可种植适宜在当地生长的花草树木。学生试验田可按班级分区域布置，师生可根据季节变化种植一些适合当地气候的瓜果蔬菜。室内部分可根据办学条件自由地布置地质矿物馆、虫类馆、天体馆等场馆。

（二）人文和活动资源的开发与利用

校内的人文资源具体来说包括广大教师和学生在教学互动的过程中动态生成的知识、技能、方法、情感、态度和价值观等方面的成果，是更加鲜活和细致的素材性课程资源。在科学教学的过程中，教师是决定课程资源选取、开发和利用的主体，教师自身的科学素养、教育理念、教学知识掌握水平等决定着课程资源的选取范围、开发与利用程度及其效果。其中，教师自身对科学的态度在很大程度上影响着学生的科学态度和兴趣，进而影响学生的科学学习。因此，教师要养成积极的科学态度，创设和谐的课堂氛围，通过与学生一起参与科学活动或参加科学讲座、教学研讨会等方式来加深对科学的认识，并不断提高自身的教育教学能力、教育科学研究能力以及课程资源开发能力。①

学生是决定课程目标实现范围和水平的关键性因素。学生的已有经验、思维方式、身体发展、情感态度等是课程资源的重要组成部分，应该得到足够的关注与重视。② 其中，学生在课堂教学前往往已经积累了一定的前科学概念，这是影响学生科学学习的一个决定性因素。教师要密切关注学生的前科学概念，并在此基础上提供有针对性的指导与帮助，从而使学生实现概念转变以不断建构新的科学概念。课堂的科学学习是在师生互动、生生互动过程中不断建构的，可能出现的教师预设之外的新问题、新情况都可以被灵活地开发为生成性的课程资源。由于时间、精力等方面的限制，教师并不能掌握各个领域的所有知识经验，因此教师要尊重学生、认可学生、鼓励学生大胆交流，充分利用学生已有的科学经验推动教学进程。

此外，与科学教育密切相关的各种校内活动，如实验实习活动、座谈讨论、科学讲座、科学表演、科学社团活动、科技制作比赛等，都可被开发为课程资源。

---

① ［美］Jean D. Harlan、［美］Mary S. Rivkin：《儿童早期的科学经验——一种认知与情感整合的方式》，张宪冰、李姝静、郑洁等译，9页，北京，北京师范大学出版社，2006。

② 何军华：《课程资源开发与利用中存在的问题及对策》，载《当代教育科学》，2003(6)。

第三节
校外课程资源

教育需要学校、家庭、社会三方的通力协作，单独依靠学校进行教育而忽略其他两方面的影响有悖于儿童发展的规律。小学科学教育更是如此：学生的科学学习随时随地都在发生，家庭作为学生科学学习的重要场所含有丰富的可供开发和利用的资源，而社区也为学生提供了大量接触科学的机会。校外课程资源对于充分实现课程目标具有重要价值，是学校课程资源的重要补充，起着重要的辅助作用。所以，开发和利用课程资源必须坚持校内为主、校外为辅的基本策略。本节将从家庭资源、社区资源两部分来介绍校外课程资源的开发与利用。

一、家庭资源的开发与利用

家庭蕴含着丰富的科学资源。教师需要充分发掘家庭的科学资源，引导家长为学生创设科学学习的环境，营造学生充分表达科学观点的氛围，激发学生在日常生活中探究科学的兴趣，帮助学生更好地学习科学。

（一）图书音像资源

相比于教科书，科学图书、音像资源以其丰富多样的内容、生动的表征形式和易于获取等优势来吸引学生的注意力，激发学生科学学习的兴趣，更有助于学生理解科学知识，拓宽视野。[①] 作为课堂学习的补充和延伸，教师可以充分利用学生家庭中已有的科学图书和音像资源，帮助学生通过阅读、观影等方式加深对科学概念的理解、对科学过程与方法的认识和对科学的历史、科学家传记等资料的广泛学习。

教师可以通过设计一些活动让学生充分地利用家庭已有的图书音像资源。例如，在学完某个科学概念或某单元内容后，留下课后作业让学生从家庭已有的科学图书和音像资源中查询相关资料。又如，设计一节专门的课让学生将自己最爱的一本科普读物或观看过的科学音像资源带到课堂中来与全班同学分享。此外，教师可以为学生提

---

① Hu X.，Leung F.，& Chen G.，"School，Family，and Student Factors behind Student Attitudes Towards Science：The Case of Hong Kong Fourth-Graders，"*International Journal of Educational Research*，2018，pp. 135-144.

供可供参考的课外阅读书单、节目观看单等，鼓励学生通过书籍、报刊、互联网等多种渠道了解科学。

当前家庭中较为常见的科学图书包括科普读物、科学故事书、科学绘本等。教育部基础教育课程教材发展中心于2020年发布了《中小学生阅读指导目录(2020年版)》。其中，小学学段的自然科学类阅读书目见表9-1。

表9-1 小学学段的自然科学类阅读书目

推荐学段	图书名称	作者
1～2年级	小彗星旅行记	徐刚
	嫦娥探月立体书	马莉等/王晓旭
	趣味数学百科图典	田翔仁
	来喝水吧	[澳]葛瑞米·贝斯
3～4年级	少儿科普三字经	亚子/金平
	中国国家博物馆儿童历史百科绘本	中国国家博物馆
	昆虫漫话	陶秉珍
	中国儿童视听百科·飞向太空	《飞向太空》编委会
	异想天开的科学游戏	高云峰
	万物简史：少儿彩绘版	[英]布莱森
	蜡烛的故事	[英]法拉第
5～6年级	国家版图知识读本	《国家版图知识读本》编撰委员会
	大国重器：图说当代中国重大科技成果	贲德
	中国历史上的科学发明：插图本	钱伟长
	中国儿童地图百科全书·世界遗产	《世界遗产》编委会
	小学生食品安全知识读本	刘烈刚、杨雪锋
	海错图笔记	张辰亮
	每月之星	陶宏
	寂静的春天	[美]蕾切尔·卡森
	空间简史	[意]托马斯·马卡卡罗、[意]克劳迪奥·M.达达里
	BBC科普三部曲	[英]伊恩·斯图尔特、[英]约翰·林奇、[英]保尔·罗斯等
	昆虫记	[法]让·亨利·法布尔

(二)实物材料资源

营造支持性的科学学习环境往往需要多种物质材料，仅仅依靠学校和教师可能难以实现。家庭拥有的各方面的材料和工具可以为课堂教学服务、为学生个体学习服务。教师在开发和利用家庭资源时，必须认真考虑和规划有结构的材料，根据教学目标和内容来组织资源。

家庭中的玩具可以作为学生科学学习的重要资源。合理地利用玩具，让学生在动手动脑相结合的探究过程中学习符合自身认知发展水平的科学，能产生良好的教学效果。选择玩具时需注意玩具的趣味性、科学性和探究性。首先，所选择的玩具要能激起学生强烈的探究兴趣，可以让学生从家庭中挑选最喜欢的玩具来进行探究。其次，所选择的玩具不仅要蕴含一定的科学概念或能表征常见的科学现象，而且要具有一定的教学意义。例如，小磁铁可以作为学生探究概念“相同的磁极相斥，不同的磁极相吸”的工具；鼓、摇铃、汽笛等振动声学类玩具可以帮助学生探究“声音因物体振动而产生，通过物质传播”等科学概念；风筝、遥控飞机等飞行类玩具能为学生理解力与运动、能量转换等科学原理提供参考。最后，所选择的玩具必须具有可探究性，能让学生提出值得探究的问题并经历一定的科学探究过程。例如，学生可以利用玩具车来探究力与物体运动的关系。又如，学生可以使用乐高类的拼装玩具来经历设计、制作、修改和展示等过程。

此外，日常家居中的各类生活物品也可以成为学生科学学习的资源。一方面，家庭的生活用品可以为课堂教学补充丰富的材料和工具。例如，探究酸碱性时可以让学生从家里带来食醋、具有酸味的水果、酵母、消毒液等，将其作为测量酸碱度的补充材料；而带来的鸡蛋壳等可作为探究酸碱溶液对生物体影响的材料。又如，将学生带来的洋葱等作为利用显微镜观察生物体细胞的材料。另一方面，教师可以引导学生注意家庭生活中蕴含的科学概念与现象，并结合课堂所学的科学知识去探究和解释这些概念与现象。例如，在学习食物的营养结构后，教师可以为学生留下探究自己家庭食物结构是否合理、如何调整的任务来引导学生充分利用家庭资源学习科学。

另外，家庭养殖的动植物也是培养学生科学素养的资源。教师可以让学生长期观察、记录动植物的属性特征、生长过程等信息，在相应的学习单元分享他们的经验，并将课堂所学的科学知识运用到动植物的养殖过程中。

(三)引导家长开发与利用家庭资源

开发与利用家庭资源离不开家长的支持，让学生与家长在家庭环境中共同探究是巩固课堂所学内容、拓展科学学习范围的重要途径。

1. 引导家长有意识地为学生创造科学学习的氛围

教师要引导家长有意识地为学生提供科学学习的机会和条件，营造良好的科学学习的氛围。教师可以通过家校沟通的渠道，让家长意识到科学学习氛围营造的重要性，并根据家庭的实际情况给家长提出一些切实可行的建议。例如，鼓励有条件的家长与学生一起进行科学探究，在日常生活中激发学生学习科学的兴趣；而对科学了解较少的家长也可以通过购买科学教育类书籍、参观科学场馆等方式营造科学学习的氛围。此外，教师可以邀请具有科学专业背景的家长参与到学校课程建设中，如开展科学主题讲座等，丰富学校的科学课程资源。

2. 引导家长与学生共同参与到科学学习的过程中

教师可以帮助家长通过引导学生进行科学阅读、与学生进行科学游戏、与学生共同探究生活中的科学现象等方式参与到学生的科学学习过程中。让学生在家长的帮助下学习栽培、观察花草的生长，学着照料宠物、观察宠物，或者进行一些简单的科学小实验等都是家庭常见的科学学习方式。例如，教师可以让学生与家长一起种植一盆花，通过整理花盆、播种、浇水、施肥等一系列的过程，记录植物的发芽、开花、结果等生长发育过程；并提醒家长引导学生进行持续的观察和记录，体验科学活动的过程和方法。在这个过程中，学生可能会遇到如何确定浇水量、什么时候施肥等问题。教师可以为家长提供支持，以帮助家长与学生在家庭中完成一些科学小实验来探究并解决问题。需要强调的是，让家长树立在生活中引导学生学习科学的意识是帮助家长充分利用家庭资源的前提。教师需要与家长保持沟通。

3. 让家长为学生利用社区资源学习科学提供机会

家庭外的社区蕴含着丰富的科学学习资源，家长需要为学生利用社区资源学习科学提供机会。一方面，家长要多带孩子到大自然中去观察和体验。家长可以通过登山、露营、田间采摘、游览公园等活动为孩子提供密切接触大自然的机会，激发孩子对大自然与生俱来的好奇心，培养孩子探究的兴趣和热情。另一方面，家长可以陪同孩子去参观科技馆、博物馆等。这样既使孩子开阔了眼界，又使孩子增长了知识。

二、社区资源的开发与利用

社区中蕴藏着丰富的科学教育资源，如存在于社区中的动植物、地形地貌、自然景观等自然资源；工厂、农场、科技实验基地、植物园、动物园、图书馆、科技馆、博物馆、科研院所等场地资源；社区中的科技工作者、科研人员、医生、教师、工程师、技术工人等人力资源。下面将重点从场馆资源和其他社区资源两方面展开介绍。

(一)场馆资源

场馆资源不仅包括科技馆、博物馆、天文馆、美术馆等，也包括动物园、植物园、历史遗址、自然保护区等与文化、科学技术教育相关的场所。各类场馆资源为沟通学校教育与校外教育、提升学生的科学素养搭建了良好的平台。下面将重点介绍三类场馆，并提出场馆课程资源开发与利用的建议。

1. 科技类场馆

科技类场馆是指包括科技馆、天文馆、科学中心等与科学教育有关的旨在提高公民的科学素质、培养创新人才的场馆，一般以动态演示型和参与体验型展品为主，帮助观众在玩乐和亲手操作中理解科学。① 科技类场馆是十分重要的小学科学课程资源。合理开发与利用科技类场馆资源能够激发学生的科学学习兴趣，帮助学生更加直观地经历科学探究过程，培养学生的科学精神。

科技类场馆的展教内容涵盖了自然科学、工程技术等各个学科领域。其所提供的科普展教手段包括馆内的常设展览、短期展览、科学表演、科学实验、动手制作、兴趣小组、冬令营或夏令营、科普讲座、科学家与公众对话、科普特效影视放映、网络科普和馆外的巡回展览以及进校园、进社区、进乡村等活动。② 这些展教手段能够为小学科学课程提供不同方面、不同层次的支持和补充。其中，科技馆展品、科学表演、科普特效影视和场馆课程等资源值得教师参考和利用。

(1)科技馆展品

展品是科技类场馆主要的、具代表性的教育资源，是实现科技类场馆教育功能的重要物质基础。展品不仅承载了科学知识信息，还蕴含了过程与方法、情感态度价值观层面的信息。参与体验型展品再现了将科学研究与观察、劳动生产相结合的科技实践活动，为学生创造了探究式学习的情境。基于展品实物的体验式和探究式学习能让学生充分获得来自展品的直接经验。

以中国科技馆的“科学乐园”展馆为例，馆内设有“人体探秘”“健康成长”“山林王国”等 9 个展区。在学习人体器官时，教师可以带领学生走进科技馆人体探秘展区参观展品“气体交换站——肺”。该展品由两块透明屏幕、肺部模型和驱动装置组成，可供学生观察和动手操作，以了解肺的组成和功能，知道肺的工作方式，提高保护心肺的意识和能力。教师可以充分利用这类外观造型独特、操作功能多样的科技馆展品，来激发学生主动交流和积极互动的兴趣，帮助学生通过更加直观的观察和操作来学习

---

①　陈筠、王俊卿、徐敏：《自然科学博物馆场馆运行与公共安全研究》，12 页，北京，中国科学技术出版社，2020。

②　程东红：《中国现代科技馆体系研究》，9 页，北京，中国科学技术出版社，2014。

科学。

此外，科技馆的一些展品资源能够为小学科学教学提供补充，帮助学生建构对生活中无法直接接触的科学原理或现象的直观认识，从而促进他们对某些较为抽象的科学概念的深入理解。例如，教师可以利用中国科技馆的虚拟展品“嫦娥奔月”“航母虚拟漫游”等来帮助学生理解地球与宇宙科学领域中的相关概念。[①] 伴随着虚拟现实技术的日趋成熟，越来越多的科技馆将虚拟现实技术应用于馆内的实际展品展览中。保持对科技馆展品的持续关注能够帮助教师更好地在小学科学教学中开发和利用此类资源。

(2)科学表演

科技类场馆往往会为观众提供科学表演类节目。场馆演员往往借助表演道具，利用语言和肢体动作，将科学知识、科学实验和科学精神相融合而艺术性地呈现出来，让观众在观看表演的过程中学习科学知识、感受科学精神。当前科学表演主要有科普剧和科学秀两种形式。

科普剧将生动有趣的科学知识和科学实验以舞台艺术的形式呈现出来，配以相应的剧情，让学生跟随表演体验科学探究的过程，参与科学实验互动。科学秀是借助实验器材(如试管、烧杯、酒精灯等)进行的科学实验和科学原理演示活动。一方面，教师可以带领学生前往科技馆观看相关科普剧、科学秀；另一方面，教师也可以尝试在科学教学中利用戏剧表演的形式培养学生的思想、情感和行动能力。

(3)科普特效影视

科普特效电影是科学教育、电影艺术和高科技的有机结合体。与其他的科普形式相比，它通过模拟风、雨、电、烟雾和震动等环境效果，能够充分调动观众的听觉、视觉和触觉等多种感觉器官，让观众获得直观和生动的观影体验。近年来，通过球幕、巨幕、4D、动感等方式放映科普特效电影逐渐成为全国各地科技类场馆的重要科普手段。我国超过90%的省级科技馆都建有特效影院。[②] 除了实体科技馆的特效电影院，数字科技馆网站的科普影视库也为小学科学教学提供了海量的资源。教师可以基于教学内容调查、发掘和利用科技场馆或在线的科普特效影视资源来为学生的科学学习提供支持。

(4)场馆课程

随着场馆教育功能的不断凸显，有的场馆根据自身特色设计开发了大量针对学校需求的教育活动课程。这也是教师可以参考和使用的课程资源。例如，波士顿科学博物馆开发了丰富的工程教育课程资源。其中，“The Engineering is Elementary”课程项

---

① 周荣庭、黄钺、丁献美：《基于沉浸式媒介的科技馆科学传播模型建构与对策》，载《自然科学博物馆研究》，2016(3)。

② 杨波：《浅谈如何利用科普电影开展生态文明教育》，载《自然科学博物馆研究》，2016(S1)。

目(简称 EiE 课程)已在美国各小学得以广泛推广和应用。EiE 课程旨在激励学生像工程师一样思考，遵循工程设计的过程，运用科学探究来解决问题。EiE 课程含有 20 个工程学习单元，辅以工程主题的全世界范围内的电子故事书、供学生动手操作的材料工具包，以及教师教学使用的《教师指南》等数字化资源。表 9-2 为 EiE 课程学习单元概览。

表 9-2　EiE 课程学习单元概览

EiE 课程工程学习单元	
有趣的声音：听见动物的声音	在盒子里思考：设计植物的包装
坚硬如岩石：复制文物	很长的路要走：设计降落伞
奇妙的机器：让工作更容易	刚好路过：设计模型
工作进行时：改进玩面团的流程	吸引力显而易见：设计磁悬浮系统
泥中插棍：探测地形	亮起来：设计照明系统
捕捉风：设计风车	没有骨头：设计膝关节支架
无处不在的水：设计滤水器	最棒的小虫：设计手持授粉器
黏性情况：设计墙壁	到达另一边：设计桥梁
尝试冒险：设计潜水器	一个令人震惊的想法：设计报警电路
正在烹饪的你：设计太阳能烤箱	绝佳的解决方案：清理泄漏的石油

2. 博物馆

博物馆是科学教育不可替代的关键场所。有别于科技类场馆，博物馆主要承担了文物和标本的储存、收藏和保护功能，是兼具宣传教育和科学研究双重性质的机构。博物馆中的专题陈列、教育活动为科学教育提供了丰富的抓手和载体。

例如，上海自然博物馆在原有静态动植物标本陈列的基础上，大量地加入了采用声光电、新媒体等技术的展项。其展示形式包括互动类、剧场类、大型秀场类等。并且它专门设置了专门的教育活动区——自然博物馆"探索中心"，植入了科学中心的思想，有利于为参观者带来更加丰富的博物馆学习体验。北京自然博物馆现陈列古生物、动物、植物和人类四大主题内容，以生物进化为主线，以生物多样性为主要展示内容，共同构筑起一幅地球上生命发生发展的全景图。馆内还设有三个专题展览：恐龙世界、走进人体和水生生物。此外还设计了一个互动式探索自然奥秘的科普教育活动场所——探索角，让学生在动手动脑中走近科学、探索自然。为了更好地普及科学知识，北京自然博物馆还开展了小小讲解员、博物馆奇妙夜、生物兴趣班等各具特色的科普教育活动。① 北京自然博物馆的门户网站上还公布了"探索角""锺健讲堂""博士有话说"

① 孟庆金：《走进自然历史博物馆》，9 页，北京，北京科学技术出版社，2010。

“赛先生来了”等活动的相关信息，可供浏览和学习。

与此同时，新媒体的出现为博物馆展示宣传、拓展教育功能提供了新的途径和手段。许多博物馆通过设置少儿版网站以建构完整的教育体系，为学生、教师和家长提供系统化、细致入微的科学知识和指导。① 美国纽约大都会博物馆网站有专门的含有博物馆的卡通地图、视音频等数字资源，非常适合学生浏览和学习。英国的大英博物馆网站专门开设学习栏目，为不同需求的访问者提供周到的求知服务。其中，服务学校和教师的栏目和服务青年人的栏目含有丰富的课程资源。我国首都博物馆早在2001年就建立了国内首个独立的博物馆少儿版网站。该少儿版网站针对10～16岁儿童下设活动场、游戏区、百宝箱、小手艺、知识堂等栏目，结构完整、内容丰富、设计新颖，充满童真童趣。

3. 自然类场馆

动物园、水族馆和植物园等自然类场馆是师生在校外获得自然和地球科学领域课程资源的重要场所。这些科学学习场所的突出亮点在于将动植物置于与其自然栖息地高度相似的环境中进行展示，突出了环境的生态特征，使参观者感受到保护生态环境的意义和价值。同时，动物园和水族馆为游客提供了与动物进行互动的机会，让游客可以从中获得许多积极的情感体验，加强他们与自然之间的联系，并反思自身与自然的关系。

作为中国现代动植物园和博物馆的发祥地，北京动物园是我国规模较大、动物种类较全的城市动物园之一。除了园内丰富多样的动物资源之外，北京动物园还十分注重开展“保护教育”工作。2017年，北京动物园开展了以动植物生态保护为主题的生态教育活动，主题展览贯穿一年四季。通过开展冬季生肖文化展、夏季科普营日、春秋两季科普宣传、动物课堂和校外实践等活动，北京动物园力图构建连接城市人群和野外生态的纽带，呼吁人们化关注为保护，付诸保护动物的实际行动。此外，北京动物园的门户网站“保护教育”栏目除了设置“动物知识库”“植物知识库”和“动物趣味知识”之外，定时发布“线上动物课堂”“线上昆虫微讲堂”等保护教育动态，向公众科普水獭、孔雀、蚯蚓等动物的相关知识，图文并茂、趣味十足。

4. 场馆课程资源的开发与利用

场馆学习和校内科学教育相辅相成。场馆课程资源的开发旨在充分挖掘和利用场馆中展品、人力和环境等各种课程因素的教育教学价值，以丰富学生的体验，促进学生建构自身知识且获得情感上的陶冶与提升，从而实现特定课程和活动的目标。一方面，场馆通过与学校合作，将学生视为必要的教育对象，使教育活动更为具体、实际，

① 北京市科学技术协会信息中心、北京数字科普协会：《创意科技助力数字博物馆》，21页，北京，中国传媒大学出版社，2012。

可以充分发挥场馆资源的效用，更好地完成场馆为社会服务的任务。另一方面，学校通过与场馆合作，使教学环境更能吸引学生，扩大学生的活动空间，激发学生的学习动机，补充教学资源。前往场馆实地参观学习、开展馆校合作等方式都是对场馆资源的有效利用。

(1)场馆实地参观

场馆学习是非正式学习的一种重要形式。组织游学项目、参观各类场馆等场馆学习是学生获得科学学习体验、理解科学知识和概念的有效途径。为了提高场馆学习的质量，保证学生在场馆中科学学习的效果，教师可以从参观前、参观中和参观后着手准备和实施。

在前往实地参观之前，教师应做好组织管理和活动内容两个方面的准备。在组织管理方面，首先，获得学校管理部门的批准，征求学生家长的同意，将实地参观目的、参观地点和时间等信息告知家长。其次，增加对场馆的熟悉程度，必要时可以通过提前到达现场踩点或登录相关门户信息网站等方式了解相关信息，并与场馆工作人员做好对接工作。在活动内容方面，要对场馆学习的内容和活动进行规划和预设。例如，向学生引入或介绍关于参观中会涉及的科学概念和经验，整合所学知识；和学生讨论场馆学习的目的、参观的方法，与学生一起确定场馆学习时的任务或活动，开发观察单、问卷或工作单等学习工具。

在现场活动阶段，教师需要再次向学生强调参观学习的任务。比如，观察科技场馆内的展品和演示，使用问卷向场馆中的参观者收集信息，绘制参观区域的地图，观看现场视频等。同时，在保证学生安全、遵守场馆规定的前提下，鼓励学生触摸和操作场馆现场的展品和设施；还可以通过对话、提问等方式介入学生的参观过程，使其在与他人、与物的互动中获得科学学习的更多体验。

场馆参观结束之后，教师应选择合适的时间对场馆学习活动进行回忆和总结。通常要求学生进行头脑风暴，讨论他们在场馆中看到的、喜欢的物品；可以分析在场馆学习时所收集到的信息或样本，将现场观察和在参观之前课堂讨论的内容联系起来进行深入探讨；还可以围绕参观目的、参观过程、学习要点等内容，给学生提供一份报告模板，让他们完成场馆学习报告的记录和撰写。组织上述的后续活动是有效延长场馆学习时间、充分发挥场馆学习效果的手段。

(2)馆校合作——实现场馆教育与学校教育的结合

馆校合作是指场馆与学校在教育活动中，基于各自的目标，主动调整各自的行为策略所采取的共建共享、互惠互动的行为。① 这是一种基于教育本身，在课程、教学等方面进行的深度合作。馆校合作旨在将各种场馆与学校共同编入一个科学系统的协作

① 王牧华、付积：《论基于馆校合作的场馆课程资源开发策略》，载《全球教育展望》，2018(4)。

网络，利用场馆的丰富资源、开放空间以及特有的教学方式，以更好地实现教育目标。无论是学校层面还是教师层面，都可以积极主动地与不同场馆建立合作关系，开展“馆校合作”“科技馆合作进校园”等活动。教师也可以主动向场馆工作人员寻求帮助，努力寻找教学资源，为学生提供更好的课程。

例如，台湾科学教育馆开设了“中小学预约教学课程”。台北地区的所有中小学生可以通过提前预约的方式选择该馆的实验室课程。目前，该馆共开设了12个学科的实验室课程。其课程内容配合九年一贯制自然与生活科技学习领域的能力指标及该学期的教学单元进度教授，每堂课120分钟，全程免费。

（二）其他社区资源

社区中蕴藏着丰富的科学教育资源。学生通过社区资源可以更多地了解科学技术与社会的关系。除了场馆资源之外，社区科学教育资源还包括自然环境资源、社区机构资源和人力资源等。

1. 自然环境资源

自然环境资源包括存在于社区中的动植物、地形地貌和地势、天气、气候、季节、生物链、生物圈以及自然景观等。体验社区自然环境资源能更好地激发学生学习和掌握科学知识的积极性和主动性。教师可以带领学生实地考察周边社区的种植物，引领学生观察、探究社区附近的小溪、池塘、田野等，分析和讨论自然界中的食物链以及生物与非生物之间的联系。置身于自然环境之中，学生通过观察、收集等进行实地考察，更加直观地学习和掌握相关的科学知识，感受到科学与生活的密切联系。

2. 社区机构资源和人力资源

工厂、农场、科技实验基地、少年宫、大专院校、科研院所，甚至医院、高架桥等都是可供开发和利用的科学教育资源。面对众多社区机构资源，教师应基于具体教学目标，选择适宜的资源带领学生展开探究。例如，在学习天气与气候相关概念时，教师可以带领学生前往当地气象站参观，了解如何使用新技术和新的可视化工具来预测天气；还可以寻求气象站工作人员的指导与帮助，让学生进一步了解天气给日常生活带来的影响。

许多户外学习中心都为学生团体组织科学学习活动提供了条件。户外探险和科学主题相结合的活动往往能够很好地激发学生的学习兴趣。例如，在爬山时测量心率，在划乘独木舟时学习力的概念。这些活动能让学生在探究过程中将具身的体验与科学学习联系起来，并有利于加深他们的理解。另外，带领学生参观科技企业、感受企业文化及品牌影响力，也是激发学生科学学习兴趣和培养学生科学态度的有效方式。教师可以在校企双方的合作下将企业作为校外参观学习基地，带领学生走出校园，学习科学知识，深刻体验科学、技术与社会的紧密联系。

社区中的科研人员、医生、教师、工程师、技术工人等人力资源，都可以成为支持科学教学、开展科学教学的资源。在教授某些社会科学议题或有争议的科学主题的内容时，教师可以邀请相关领域的科研人员到课堂中。许多专业的学术型社会组织都能提供进课堂演讲的机会。教师可以通过家长、同事、学校领导、社区教研组织、合作学校等扩大社区人力资源的开发范围。

第四节
现代信息技术资源

随着时代的发展，以计算机为代表的现代教育技术和装备已成为当前课堂中常用的教学设备和工具。演示文稿已成为教师教学的常规工具；图像和视频已成为触手可及的学习资源；交互式课堂教学工具也逐渐进入小学科学课堂。学生可以随时通过各类数字媒体关注自己感兴趣的事件和问题，并使用社交媒体与同龄人随时随地分享生活。由于当前可供小学科学教学利用的信息技术资源种类繁多且良莠不齐，教师应该进行筛选与开发，引导学生合理地利用网络资源开展学习。本节将从信息技术资源的开发和利用、新兴技术手段的引入两个方面展开介绍。

一、信息技术资源的开发与利用

教师需要不断学习和掌握信息技术，并有目的地将信息技术作为有效的教学工具运用到科学教学中。下面将从检索和收集信息、采集和处理数据、交流共享和交互学习几个方面来介绍信息技术资源的开发与利用。

（一）检索和收集信息

与其他课程资源相比，网络资源不仅数量庞大、易获取，而且更新速度快。这类资源以数字、视频、音频等多种形式存在，便于学生操作。教师可以利用网络检索各类有助于教学的信息，如教学活动设计方案，与科学相关的参考资料、新闻等。同时，教师也应引导学生进行网络信息的检索和收集，达成预习、巩固、拓展甚至自主学习等目标。网络信息资源应该要适合学生的学习需要，有利于学生对学习内容的理解掌握，有助于激发学生的学习兴趣；网络信息资源的内容要保证科学性、思想性正确无误，利用网络信息资源时要注意网站信息的准确性、权威性和教育适用性。

教师在进行教学设计时可以浏览一些专门的科学教育网站以获取资源，如小学科学教学网、苏教版小学科学网站等。教师也可以通过一些科普网站或科技场馆的网站获取相关的网络数字资源，如中国科普博览或中国科学院、中国数字科技馆、中国科学技术馆、中国地质博物馆、中国科学家博物馆、北京天文馆等的网站。

教师还可以访问国外的科学资源网站。例如，ScienceBOB 是一个在线科学实验项目分享平台，有大量的科学小实验的详细介绍和说明，可以为学生利用生活中常用的材料完成实验提供参考。Climate Kids 是一个由美国宇航局专门设立的关于气候教育的网站，能帮助学生从海洋、大气循环、能源等一系列角度去学习气候变化的相关知识。Building Big 是一个展示建筑设计的网站，包含很多工程学信息，可以作为工程教育的参考和补充。此外，还有免费提供 STEAM(科学、技术、工程、艺术、数学)资源的 FlexBook 网站、儿童编程项目网站、美国航空航天局官网、世界自然基金会等优质网络资源供教师参考使用。

网络和电视节目也是向大众传播科学知识、传达科学精神和提升公众科学素养的有效工具。例如，科普类节目有着相当广泛的受众群体，一般倾向于通过科学实验等实践活动来介绍科学知识，通过讲解、互动活动让观众近距离感受科学，在实践的过程中理解科学知识，从而达到良好的科普效果。为吸引更多观众的关注，当下的科普节目兼具科学性、趣味性、互动性，让观众在轻松愉快的氛围中吸收科学知识、学习科学精神、提升科学素养。

(二)采集和处理数据

教师可以使用信息技术工具来引导学生进行数据的采集和处理。数据的采集可以通过利用信息技术工具替换普通的测量记录仪器来实现。例如，用传感器替代温度计，使用接口和电脑替代人工记录数据和画图等。其中，手持技术是一种先进的教育信息技术，是由数据采集器、传感器和配套的软件组成的定量采集数据并能与计算机连接的实验技术系统。① 由于小学科学教学涉及很多抽象概念，学生无感性认识基础，在现有的认知发展水平上难以科学地感知与建构这些概念。手持技术具有定量化、可视化以及同步录像并反复播放等特点。将其作为认知工具，相比传统工具来说更有优势：其一，快速和缓慢的变化都能够被检测到；其二，可以同步绘制图形并确认图表和现象之间的关系，为学生在现象发生时展开同步讨论创设机会；其三，有助于学生克服抽象概念学习中的认知难题；其四，有助于学生对真正的科学家如何收集数据有一个

---

① 钱扬义：《手持技术在理科实验中的应用研究》，2～3页，北京，高等教育出版社，2003。

更加实际的理解。①②③

在选择数据采集工具和记录软件时，教师需要明确工具的使用是为了更便捷、高效地达成教学目标，教师需要根据实际的教学内容选择适合的工具。表 9-3 列举了一些小学科学教学中可以使用的数据采集工具。

表 9-3 小学科学教学中可以使用的数据采集工具

数据采集工具	实践情境
温度传感器	监测一天中不同时间段的温度变化
速度传感器	了解物体的运动与位置
光照传感器	检测不同环境中的光照水平，如探究光照对植物生长的影响
酸碱度测量仪	检测土壤、溪水的酸碱度，探究其对植物、动物生长的影响
电子天平	精确测量物品的质量
脉搏测量仪	监测正常情况下脉搏起伏的情况，探究运动后脉搏多快能回到正常水平

学生需要学会使用简单的工具来处理数据，如统计图表、概念图等。教师可以引导学生使用简单的数据处理软件来实现信息的记录和整理。例如，使用 Excel 记录数据并绘制简单的条形图、饼状图，使用概念图绘制软件来梳理和表征所学科学概念间的联系等。

(三)交流共享和交互学习

现代信息技术为师生、生生以及学生与更广泛的群体间的交流互动提供了工具和平台。一方面，学生可以通过制作海报、幻灯片、视频等方式来进行面对面的展示和讨论。另一方面，教师可以通过引导学生利用网络进行交互学习，实现学生与学习资源的互动，实现学生与教师、学生与学生之间的互动。

网络交互学习分为实时互动学习和非实时互动学习。实时互动学习是指教师和学生同时参与在线学习过程，学生能够随时与教师和其他学生通过操作界面、聊天等方式进行互动。例如，视频会议可以帮助学生与来自全国甚至是全世界各地的科学学习者进行远程交流；在线学习平台可以让不同的学生同时操作同一个界面来实现科学现象模型的构建等。非实时互动学习是指学生通过留言板、讨论区、邮件等网络工具与

① 钱扬义、杜永锋、李佳等：《掌上实验室(Lab in Hand)的特点及其功能》，载《电化教育研究》，2003(10)。

② 王立新、钱扬义、李言萍等：《手持技术支持下概念学习的"多重转化、比较建构"认知模型——以"温室效应"概念学习为例》，载《电化教育研究》，2017(10)。

③ ［英］珍妮·弗罗斯特：《科学教学法》，赵宝钢等译，162～163 页，重庆，重庆大学出版社，2015。

教师和其他学习者交流。教师可以引导学生利用社交平台与更广泛的人群进行互动。例如，学生可以在科学论坛发布疑问、表达观点、共享发现等。需要注意的是，社交网络平台上的社会舆论可能会影响一些科学原理、故事传播的准确性，影响学生的科学观。教师需要引导学生学会使用批判性的思维看待所阅读的科学故事，并养成认真严谨的科学态度。

二、新兴技术手段的引入

越来越多的新兴技术已经被引入小学科学课堂。云计算、大数据、三维计算、人工智能等新型技术对科学教学产生了深刻的影响。例如，大数据技术能够对学生在线学习的数据进行实时分析，挖掘数据背后隐藏的规律，从学习行为轨迹、学习状态数据中寻找学生的学习困难和瓶颈，为其提供有针对性的学习干预和个性化学习支持服务。①

然而，教师需要明确的是，教学必须以学生为中心，学习活动和教学资源的设计必须以学生为起点，技术应成为学习生态系统的组成部分而非作为教育应用中的孤立技能而存在，所有的教育技术都要应用于学生的学习活动。下面将介绍几类小学科学课堂中较为常见的利用新兴技术开展教学的方式。

（一）利用计算机辅助教学包开展教学

计算机辅助教学为科学教学提供了海量资源，可以帮助学生从学习指导软件和开放的多媒体环境中获取信息。计算机辅助教学包可以有效地促进学生记忆科学概念并提高理解水平，激发了学生在电子环境中学习科学的兴趣，使学生的科学学习变得更为高效。各式新颖的教学包常与多媒体交互式活动和内容展示配合起来使用。

例如，由汤姆·斯里德制作公司设计的“科学法庭”学习包涉及许多主题各异的案件，如摩擦、声音、做功、机械、电流、水循环等。每个案件以一个生动有趣的问题呈现，律师和专家在法庭上以辩论的形式诠释问题的答案。在案件判决以前，学生要先做出假设，通过动手实验检验自己的假设是否成立，然后根据自己的实验结果预测此案件的判决结果。②

（二）利用二维码开展教学

常见的二维码为 QR（Quick Response）码，是近年来移动设备上流行的一种编码方

① 张国云、杨文正、赵梅：《“技术赋能学习”视域下新兴技术在教育 APP 中的应用前瞻分析》，载《中国电化教育》，2018(10)。

② [美]阿瑟·A. 卡琳、[美]乔尔·E. 巴斯、[美]特丽·L. 康坦特：《教作为探究的科学》，365 页，北京，人民教育出版社，2008。

式。QR码能存储丰富的信息，利用手机和网络环境即可扫描二维码获得对应信息（如图片、文字、视频等资料）。二维码的出现改变了一些传统科学实践活动开展的方式，教师在教学时可以充分利用二维码。例如，选择附有二维码的科学读物、实验手册，让学生通过扫码来获取更多的科学概念与原理的解释、科学实验的具体过程或实录。又如，让学生自行设计二维码的内容，在制作与陈列植物标本、动物标本的铭牌时，将文字信息制成二维码；借助实验报告手册、视频等记录科学实验的过程并制成二维码；录制讲述、论证某科学概念或原理的语音信息并制成二维码等。

（三）利用同步设备增强师生、生生互动

学校通过为教师和学生配发平板电脑等移动设备，借助校园内的无线网络通信，就能够实现“师生同屏”的效果，使教师和学生进行的所有操作都同步可见。教师可以打开预装在移动设备中的学习材料，伴随讲解随时做出标记；或在教学中穿插布置习题，组织学生直接在设备上完成，并实时获得学生的完成率与正确率的统计结果。教师还可以展开绘制概念图等活动，直接让学生展示分享自己的作品。

（四）利用计算机模拟技术构建模型并探究科学原理

计算机模拟是针对真实情境、假想情境或自然现象构造出的计算机模型。学生可以通过操纵或改变其内部参数去探索相应的影响。计算机模拟将原本内隐的过程展现给学生，并使其可以观察。学生通过操作计算机就能操作一种环境，通过收集信息、分析结果来学习科学技能、培养科学态度和掌握科学概念。正是这些特点使计算机模拟可以帮助学生理解和预测大量自然现象，如人口增长、粮食生产、疫情扩散等。

国外就利用计算机模拟对科学教学开展了一系列尝试。例如，学生在模拟电流环境中去控制电子和原子，从而学习电流和电阻的相关知识。又如，构建动态系统模型，包括生态系统中的捕食者—猎物模型、森林生态系统中的植物演替模型、二氧化碳在大气中的吸收与排放模型等。与计算机模拟类似，电子游戏也正被逐步运用于科学教学，只是相对而言更多发生在课外学习环境中。例如，卡里纳的软件公司制作了一个虚拟的在线天文馆。它提供了一个让学生研究星体在天空中如何运动的动态模拟程序，帮助学生更加形象和直观地理解星体运动与自然现象的关系。[①] 学生可以演示太阳在一年四个季节中从地平线升起的位置，从而据此找出地球表面上任何一点白天和黑夜的区域，来观察不同日期、不同时间白天和黑夜所占比例的变化，从而更好地理解四季的成因。[②]

---

① ［美］阿瑟·A. 卡琳、［美］乔尔·E. 巴斯、［美］特丽·L. 康坦特：《教作为探究的科学》，366页，北京，人民教育出版社，2008。

② ［美］阿瑟·A. 卡琳、［美］乔尔·E. 巴斯、［美］特丽·L. 康坦特：《教作为探究的科学》，365～366页，北京，人民教育出版社，2008。

（五）利用虚拟和增强现实技术实现科学体验学习

虚拟现实（Virtual Reality，VR）和增强现实（Augmented Reality，AR）技术可以用于构建体验式、交互性和智能化的学习环境，能够极大地激发学生的学习兴趣和动机，让学生体验诸如火山爆发等无法亲身经历的科学现象，有效促进学生对科学概念的理解和高阶思维、问题解决和创造能力的提升，培养学生的科学态度。[①]

目前我国已有部分科技馆将这种技术引入科学学习。例如，中国数字科技馆的VR天文秀是基于虚拟现实技术开发的教育应用程序。学生佩戴虚拟眼镜后就能在智能手机上身临其境地观看月球表面，体验火星昼夜，漫游太阳系和探索宇宙奥秘等。VR天文秀基于虚拟现实技术搭建交互式天文场景，为学生呈现生动形象、视觉丰富、画面流畅的天文景象，让其近距离、超细微地观察星球表面，实现交互式、沉浸式的体验学习，从而激发学生的学习兴趣，促进学生对地球空间科学领域相关概念的理解。

本章小结

课程资源是保障小学科学教育活动有效开展的条件，而教师是开发与利用课程资源主要的建构者和实施者。教师需要把握小学科学课程资源开发与利用的标准和步骤，充分发挥各类资源在学生科学学习中的价值与效果。基于小学科学课程的探究性、实践性、综合性等特征，校内外蕴含着丰富的课程资源。需要注意的是，课程资源是小学科学教学的支撑工具和辅助手段，学生才是科学学习的主体。教师应根据具体的教学目标、内容、环节以及学生的经验水平合理地选择和组织课程资源。同时，教师应作为课程的研究者和课程资源的开发者，充分了解和发掘学生科学学习过程中可能利用的课程资源，把握科学教育的前沿趋势以引入更多新兴的课程资源。

关键术语

课程资源｜科学探究｜图书音像资源｜科学推理｜场馆｜科技馆展品｜科学表演｜教育技术｜交互学习｜计算机模拟

① 张国云、杨文正、赵梅：《“技术赋能学习”视域下新兴技术在教育APP中的应用前瞻分析》，载《中国电化教育》，2018(10)。

练　习

1. 谈一谈对小学科学课程资源的理解，在课程设计与实施过程中如何充分发挥各类课程资源的价值。

2. 教师在开发和利用各类校外课程资源进行科学教学时，可能会遇到哪些挑战？有哪些应对方法？

3. 教师如何了解和掌握更多的科学课程资源？

在线学习资源

1. 中国科学技术馆网站
2. 中国科普博览网站
3. 中国科学院网站
4. 中国数字科技馆网站
5. 国家地理儿童网站
6. 中国科学家博物馆网站
7. 美国航空航天局网站
8. 世界自然基金会网站
9. 波士顿科学博物馆网站

第十章

小学科学课程与教学研究的进展与趋势

章结构图

- 小学科学课程与教学研究的进展与趋势
  - 小学科学课程研究
    - 学习进阶的相关研究
    - 课程整合的相关研究
  - 小学科学教学研究
    - 关注科学实践的研究
    - 关注科学学习中非认知因素的研究
  - 小学科学教师专业素养研究
    - 小学科学教师的知识
    - 小学科学教师的信念
    - 小学科学教师的能力
  - 小学科学教育研究趋势
    - 研究内容和主题的拓展
    - 研究方法和技术的革新
    - 多学科交叉研究的引入
    - 研究成果的应用和推广

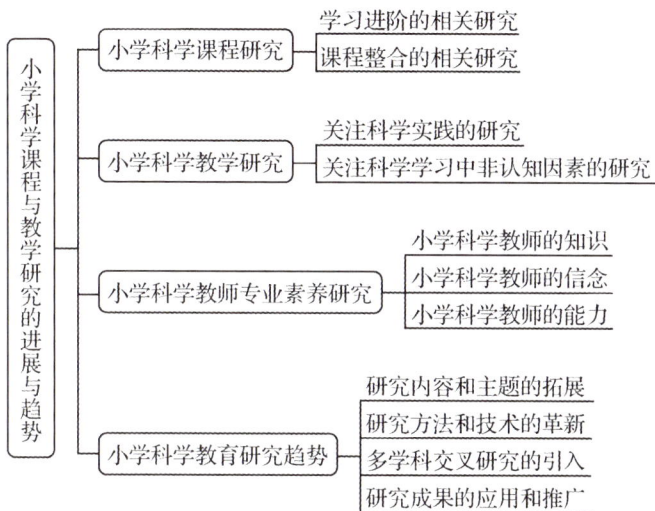

本章概述

本章阐述了小学科学课程研究、小学科学教学研究、小学科学教师专业素养研究以及小学科学教育研究趋势。其主要内容包括学习进阶、课程整合的相关研究；科学实践、科学学习中非认知因素的研究；小学科学教师的知识、信念和能力的研究。本章还介绍了小学科学教育在研究内容和主题、研究方法和技术等方面的研究趋势。

章前导语

经过前面的学习，你已经对小学科学课程与教学有了宏观的把握，也了解了小学科学教育中一些具体的学习理论、课程理论、教学理论和实践策略。如果你善于追根溯源和举一反三，或许会产生一些疑问：科学课程与教学的理论是如何构建起来的？为了改进小学科学课程与教学，科学教育研究者正在做出哪些努力？科学课程与教学研究的着眼点在哪里？本章通过呈现小学科学课程和教学研究的进展与趋势，带你从结论走向研究现场，深入理解当代小学科学课程与教学的观念。

科学教育研究者利用教育科学研究方法对科学课程编制、实施以及科学教学实践中出现的问题进行总结、解释、预测和监控，以探索科学课程与教学发展的规律。近年来，科学教育研究者以实证科学研究范式，立足小学科学课程与教学实践，对小学科学课程建设、教与学、教师专业素养进行了广泛的探索。教师群体是研究队伍中不可或缺的一部分。为了更有效地解决教学工作中的实际问题，贯彻落实科学教育改革的新理念，提升自身的科学教育理论水平和科研素养，教师应该把握科学教育研究进展，了解科学教育发展趋势。

第一节 小学科学课程研究

科学教育研究者广泛吸收和借鉴心理学、学习科学、科学哲学、科学社会学等领域的观点或方法对科学课程问题进行探究，以期设计出既符合科学学习规律，又能满足社会发展和科技进步要求的科学课程体系。[①] 其中，科学课程延展与整合的研究和讨论已经持续了半个世纪，并成为当代基础教育阶段科学课程改革的核心理念。[②③]

一、学习进阶的相关研究

学习是一个循序渐进、不断深入的过程。课程实施与改革的理论与经验表明，科学课程只有在纵向上前后连贯，在横向上整体一致，才能更好地促进学生对概念和实践的理解，使学生形成良好的科学素养。[④] 近年来，以学习进阶为依据来组织科学课程受到研究者的极大关注。学习进阶描述的是在一个较长的时间跨度内，学生学习和探究某一主题时渐进复杂的思维方式。[⑤] 学习进阶不是凭空而来的新思想，它基于皮亚杰认知建构主义、维果茨基最近发展区等理论的成果，主张学习是一个积累和渐进的过程。在研究范式上，概念转变的跨年级追踪研究和对概念轨迹的刻画为学习进阶的研

① 孙可平、邓小丽：《理科教育展望》，225页，上海，华东师范大学出版社，2002。

② 郭玉英、姚建欣、张静：《整合与发展——科学课程中概念体系的建构及其学习进阶》，载《课程·教材·教法》，2013(2)。

③ 姚建欣、郭玉英：《小学科学教育：课程创新与实践挑战》，载《课程·教材·教法》，2017(9)。

④ 刘晟、刘恩山：《学习进阶：关注学生认知发展和生活经验》，载《教育学报》，2012(2)。

⑤ National Research Council, *Taking Science to School: Learning and Teaching Science in Grades K-8*, Washington, D.C., National Academies Press, 2007, p. 214.

究提供了范式和雏形。在研究方法上，心理测量与统计方法为学习进阶研究奠定了基础。[①] 由此可见，学习进阶是在积极吸收学习、课程、评价等众多领域研究成果的基础上发展而来的理念。

2004 年，史密斯等学者首次提出学习进阶的概念，并利用学习进阶设计了“物质和分子—原子理论”主题的发展性科学评估。2005 年，肯尼迪等学者描绘了“自然选择与进化”的学习进阶。[②] 经过美国国家研究委员会《国家科学评价体系》《把科学带进学校》《美国国家教育进展评估》的强调和深化，以及《科学教育框架》和《新一代科学教育标准》的实践，学习进阶不但成为制定评估标准的依据，也成为各国规划课程目标、组织课程内容的重要参考。

科科伦等人提出，一个完整的学习进阶包括学习目标、进阶变量、成就水平、学业表现和评价五个要素。[③] 这些要素规定了学习的终点、学习的步伐、学习过程中的关键节点及可观测的成就表现。从本质上看，学习进阶通过确立假设、开发工具、反馈修正等过程对学生认知发展进行建模。[④] 认知发展主要表现为核心知识及相关技能、能力、实践活动在一段时间内的进步和发展。[⑤] 因此，我们可以将学习进阶理解为学生对核心概念的理解和对关键能力的运用逐渐深化的过程。

核心概念或关键能力是学习进阶开发的核心和起点。核心概念的学习进阶描述了学生理解学科核心概念或跨学科概念的思维方式。例如，学生对“运动和力”的理解程度可分为图 10-1 所示的四个层次，体现了学生的直觉思维（较低层次）向科学思维（较高层次）的可能发展途径。诸多研究者基于大范围的测评开发了核心概念和实践能力的学习进阶。例如，有研究者开发了浮力学习进阶；开发了原子分子理论学习进阶；还有研究者开发了生态系统中的碳循环学习进阶。[⑥]

---

① 姚建欣、郭玉英：《为学生认知发展建模：学习进阶十年研究回顾及展望》，载《教育学报》，2014(5)。

② National Research Council, *Systems for State Science Assessment*, Washington, D.C., National Academies Press, 2005, p. 70-71.

③ Corcoran T. B., Mosher F. A., & Rogat A. D., *Learning Progressions in Science: An Evidence-Based Approach to Reform*, Philadelphia, P. A., Consortium for Policy Research in Education, 2009, p. 38.

④ 姚建欣、郭玉英：《为学生认知发展建模：学习进阶十年研究回顾及展望》，载《教育学报》，2014(5)。

⑤ 皇甫倩、常珊珊、王后雄：《美国学习进阶的研究进展及启示》，载《外国中小学教育》，2015(8)。

⑥ Smith C. L., Wiser M., & Anderson C. W., et al., “Implications of Research on Children's Learning for Standards and Assessment: A Proposed Learning Progression for Matter and the Atomic-Molecular Theory,” *Measurement: Interdisciplinary Research and Perspectives*, 2006(1-2), pp. 1-98.

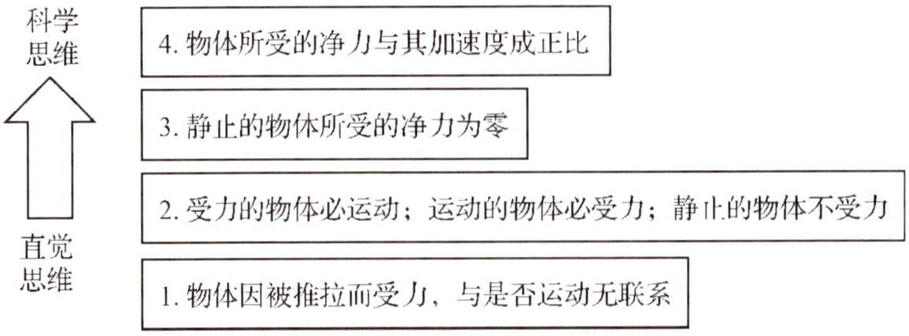

图 10-1 “运动和力”的学习进阶

关键能力的学习进阶是对学生科学实践能力发展过程的描述。例如，施瓦茨等人构建的科学建模学习进阶，描述了“模型作为预测和解释的生成性工具”的学习进阶（见表 10-1）。①

表 10-1 “模型作为预测和解释的生成性工具”的学习进阶

学习进阶	学生的行为特征
4	学生在不同场合自发地构建和运用模型，以帮助自己思考问题 学生利用科学模型解释已知现象、进行推理预测，并提出新问题
3	学生构建和使用多个模型来解释和预测一组相关的现象 学生视模型为工具，用以支持他们对现有和新现象的思考；学生分析模型的优缺点，考虑构建替代模型的方案，比较做出的解释和预测结果
2	学生构建并使用模型来说明和解释单个现象是如何发生的；学生视模型为一种交流的手段，而不是辅助思维的工具
1	学生用模型（如文字、图画或实物模型）来描述单个现象，不认为模型为生成新知识的工具

学习进阶系统地刻画了学生思维发展的过程，在课程开发、教学与评价等方面表现出较高的应用价值。第一，学习进阶为课程目标的达成提供整齐一致、前后连贯、逐渐深入的学习路线导航，并通过适时合理的测量监测学生的进步情况，因而能够成为课程体系的框架。例如，美国颁布的《新一代科学教育标准》就依据学习进阶研究的成果，设置了粗粒度的“小—初—高”三级进阶。我国颁布的《义务教育科学课程标准（2022 年版）》分别围绕科学观念、科学思维、探究实践、态度责任的课程目标，以及物质的结构与性质等 13 个核心概念规划了适合 1～2 年级、3～4 年级、5～6 年级、7～9 年级的学段目标和课程内容，实现了课程学习由浅入深、由表及里、由易到难、由简单到综合的有序递进。第二，学习进阶详细地描述了学生在概念学习和科学实践过程

① Schwarz C. V.， Reiser B. J.， & Davis E. A.， et al.，“Developing a Learning Progression for Scientific Modeling: Making Scientific Modeling Accessible and Meaningful for Learners,”*Journal of Research in Science Teaching*，2009(6)，pp. 632-654.

中经历的各个发展水平上的成就表现。借助学习进阶，教师能够更为清晰地认识到学生科学学习可能经历的不同阶段，从而合理设置教学目标，使教学能够更好地切合学生的发展路径，且使教学内容在纵向上具有良好的关联性和衔接性。第三，学习进阶不是专家经验判断的产物，其背后有实证研究提供的数据支持。因此，学习进阶能够为评价标准的设置、评价工具的开发、评价内容的选择提供有效的依据或指导方向。

尽管学习进阶的开发得到了极大的发展，但仍然需要持续深入地探究学生认知发展过程中的进阶变量到底是什么，如何设计路径促进学生的认知发展，基于学习进阶的课程是否能有效促进学生的发展等问题。

二、课程整合的相关研究

课程整合的最终目的是让学生利用来自多个学科的知识和技能，在复杂情况下工作。[①] 课程整合符合现代科学交叉融合发展的趋势，符合学生认识世界的规律。虽然设置的综合性、跨学科的科学课程并不是新事物，但是世纪之交以来的课程整合呈现出与以往不同的特点。目前课程整合特别强调以跨学科概念和工程设计为突破口，跨越科学、技术、人文等学科之间的边界，实现数学、工程、艺术、阅读、计算机科学、机器人技术等学科的融入，打造一个跨学科的STEAM课程体系。

（一）指向跨学科概念的课程整合研究

跨学科概念消解了学科边界，对多个学科领域的知识都具有较强的解释力。它有助于学生理解不同概念之间的关系，进而认识现实世界的整体性和复杂性。1964年，美国国家科学教学协会课程委员会首次提出，跨学科概念是组织科学成果的有效方式，它将有助于科学课程的内容架构。[②] 雅各布斯认为选择一个跨越学科边界的组织中心是跨学科课程开发的重点，并将跨学科课程开发分为选择组织中心、通过头脑风暴确定看待问题的所有角度、通过指导性问题规定学习的范围和顺序、编写活动四个步骤。[③] 埃里克森提出跨学科课程单元应该通过聚合概念来整合学习主题，从而引发学生深层次的综合思维。[④] 她将围绕聚合概念设计课程的步骤归纳为确定单元主题、确定聚合概

① Honey M., Pearson G., & Schweingruber A., *STEM Integration in K-12 Education: Status, Prospects, and an Agenda for Research*, Washington, D.C., National Academies Press, 2014, p.52.

② 高潇怡、孙慧芳：《美国科学课程发展的新趋向——基于共通概念的科学课程构建》，载《比较教育研究》，2019(1)。

③ Jacobs H., *Interdisciplinary Curriculum: Design and Implementation*, Alexandria, V.A., Association for Supervision and Curriculum Development, 1989, p.54

④ ［美］H. Lynn Erickson：《概念为本的课程与教学》，兰英译，75～78页，北京，中国轻工业出版社，2003。

念、编排学习主题、表述概念关系、编写与具体主题相关的基本问题、确定活动的过程与技能、编写教学活动、设计最终行为表现、设计评分指南 9 个步骤。不论是组织中心还是聚合概念，都指向超越学科概念本身的跨学科概念(如变化、供应与需求等)。

根据跨学科概念与课程内容之间关联的程度，指向跨学科概念的课程整合方式可以分为两种。一种是直接以跨学科概念来统领课程内容，通过阐述跨学科概念的内涵、基本要点和探究问题来架构课程内容。这种方式突出了跨学科概念的引领地位，因而整合程度较高。另一种是将跨学科概念与学科领域内的内容对应，在学科领域的基础上建立具体事实间的联系。这种方式整合的程度较低，在实际中应用广泛。①

当前，跨学科概念的课程整合研究成果已经反映在美国、加拿大、澳大利亚、新加坡等众多国家的科学教育文件中。其中，美国《科学素养的基准》明确列出了模型、系统、尺度、恒定与变化 4 个跨学科概念。《科学教育框架》提出了 7 个跨学科概念(模式，原因与结果，规模、比例与数量，系统与系统模型，能量与物质，结构与功能，稳定与变化)，并将这些跨学科概念作为课程框架的维度之一，使其与学科核心概念和科学实践共同引领课程设计的思路。新加坡《小学科学课程纲要》提出了系统、多样性、循环、相互作用、能量 5 个跨学科概念，将其作为一级概念对相关课程内容进行统领。加拿大和澳大利亚视跨学科概念为最上位和最核心的概念，将其作为课程内容的重要基石，要求学生通过课程内容的学习最终形成对跨学科概念的理解。②

目前，我国《义务教育科学课程标准(2022 版)》已经遴选了物质与能量、结构与功能、系统与模型、稳定与变化 4 个跨学科概念来整合科学课程，以求改变课程内容碎片化、割裂式的倾向，并旨在通过知识的结构化促进学生对概念的深度理解、有效建构和灵活应用。为推动指向跨学科概念的课程整合进程，教师如何理解跨学科概念及其进阶，如何设计跨学科概念与核心概念充分关联的课程，如何基于跨学科概念进行课程内容建构等问题仍然亟须得到解答。

(二)以工程设计为线索的课程整合研究

长久以来，STEM 中的“E”(Engineering) 并未与科学、技术、数学一样受到同等程度的重视。然而信息互联互通的现代社会越来越依赖于工程领域的突破和创新。目前，工程教育表现出强劲的发展势头。2010 年年初，国际技术教育协会成员通过投票的方式将组织的名称改为国际技术与工程教育协会。

---

① 高潇怡、孙慧芳：《当前国际科学课程标准中的跨学科概念探析——以美国、澳大利亚、加拿大、新加坡为例》，载《教育学报》，2019(6)。

② 高潇怡、孙慧芳：《当前国际科学课程标准中的跨学科概念探析——以美国、澳大利亚、加拿大、新加坡为例》，载《教育学报》，2019(6)。

STEM 中的“工程”正在取代“技术”成为课程整合的理想学科。① 工程设计之所以能够成为课程整合的坚实框架，首先是因为工程本身就带有跨学科的属性，它要求人们使用数学、科学、技术等知识，进行反复设计、决策、建模、分析以及最优化调整。②另外，与以往通过 STS 或 STSE 来整合课程相比，工程设计不但能够为学生提供真实的情境，而且由于本身是具有一定逻辑序列的复杂问题解决过程，因此能够为课程整合提供系统、独特的框架。另外，单独开发工程课程面临着缺乏后备教师、缺乏课程及评价标准等问题。因此以工程设计为中心来构建 STEM 课程，便成为工程课程进入中小学课堂的理想方案或自然选择。

目前，国内外从事正式和非正式教育的课程设计者以工程设计为中心开发了大量的 STEM 课程。例如，我国江苏省青少年科技中心主持开发了国内第一套系列 STEM 课程资源，其中包括“可穿戴的 LED”“炫酷小车制作”“机械，变！变！变！”三个课时的在线课程。该课程主要以工程问题解决为主轴，辅之以技术、数学和科学知识，实现了 STEM 课程整合。③ 美国科罗拉多大学博尔德分校工程学院针对 K-12 年级学生开发了上千个 STEM 跨学科的教学活动和课程单元，其中针对 K-5 年级的课程活动约有 700 个。按照工程设计在课程中所占的比例，课程分为三类：完整设计、部分设计、仅体现科学或数学概念与工程的联系。完整设计类课程给学生提供进行完整工程设计的机会，部分设计类课程让学生侧重参与工程设计过程中的一些步骤。

为了更好地组织以工程设计为线索的课程，研究者提出了各种工程设计的模型。例如，达特茅斯学院的塞耶创建的塞耶模型、美国国家工程院和国家研究委员会提出的“无限项目模型”、美国南卡罗来纳大学创造的“培养有效批判性思维的环境”(Environment for Fostering Effective Critical Thinking，EFFECT)工程设计模型等。塞耶模型将设计过程描述为问题、重新定义问题、具体要求、提出可选择的解决方案、分析解决方案 5 个循环往复的环节。④ “无限项目模型”包括确定问题或目标、定义目标并确定约束条件、开展研究和收集信息、创建潜在的设计解决方案、分析解决方案的可行性、选择合适的解决方案、构建并实现设计、测试和评估设计、重复所有必要的步骤 9 个环节。⑤ EFFECT 工程设计模型分为确认问题、确定标准和约束条件、头脑风暴产生可能的解决方案、形成想法、探讨可能性、选择一种方法、建立模型或原型、完善

---

① National Research Council，*Standards for K-12 Engineering Education*，Washington，D. C.，National Academies Press，2010，p. 130.

② 赵中建：《美国中小学 STEM 教育研究》，91 页，上海，上海科技教育出版社，2017。

③ 王康友：《中国科学教育发展报告(2017)》，324 页，北京，社会科学文献出版社，2017。

④ [美]埃里克·布伦塞尔：《在课堂中整合工程和科学》，周雅明、王慧慧译，12～16 页，上海，上海科技教育出版社，2015。

⑤ National Research Council，*Engineering in K-12 Education：Understanding the Status and Improving the Prospects*，Washington，D. C.，National Academies Press，2009，p. 83.

设计 8 个循环反复的环节。[①] 此外，美国波士顿科学博物馆的 EiE 项目采用了“提问—猜想—计划—创造—改进”的工程设计模型，科罗拉多大学博尔德分校工程学院采用了“提问—研究—猜想—计划—创造—测试—改进”的工程设计模型。

上述模型虽然在具体环节上略有差异，但其核心环节是相似的，即包括提出问题与定义问题、开发解决方案、优化设计方案等。值得注意的是，上述模型将工程设计细化为 5～8 个环节并不意味着这些环节是线性的。相反，它们是高度迭代的，每一个环节可能会经过多次反复的过程，要求学生能从适用于条件和约束的多种可能的解决方案中找出最佳方案。

指向工程设计的课程整合拓展了科学课程的边界，为科学课堂增添了新的工程问题情境和工程设计方法，为创新精神和实践能力的培养提供了强有力的支撑。但由于时间和环境的限制，目前以工程设计为中心的整合性课程主要是在非正式的课堂上实施。未来如何设计符合正式课程要求的课程还需要借助进一步的研究和实践来寻求解决方案。

第二节
小学科学教学研究

教学是以促进学习的方式影响学习者的一系列事件。[②] 科学教学研究是科学教育研究中历史悠久也是较为活跃的领域之一，课程设计的合理性、教学方法和策略的有效性都要经过课堂教学的检验和证实。当前小学科学教学研究尤为关注科学学习中的科学实践以及非认知因素对学生科学学习的影响。本节主要介绍科学推理、科学论证和科学建模以及科学学习兴趣、动机、态度的相关研究。

一、关注科学实践的研究

近年来，越来越多的研究者和教育家提倡让学生在真实的实践中学习。让学生参与到真实的实践中，有助于促进学生对知识或研究领域内认识论的理解；能够为学生提供有意义的情境，实现知识的迁移和应用，激发学生的学习动机；有助于促进学生

---

① ［美］Nicole Berge、［美］Dee Dee Thompson、［美］Carole Ingrain：《工程设计与效果》，载《中国科技教育》，2015(4)。

② ［美］R. M. 加涅、［美］L. J. 布里格斯、［美］W. W. 韦杰：《教学设计原理》，皮连生、庞维国等译，3 页，上海，华东师范大学出版社，1999。

参与学习环境之外的实践。① 1996 年，美国国家研究委员会在《国家科学教育标准》中提出将科学探究作为科学教育的核心理念。但长期以来学界对科学探究缺乏统一的认识，学习方式说、学习目标说、科学研究过程说、教学策略说、能力说等众说纷纭。这也导致科学探究在实践中发生异化，出现了“科学探究是唯一的学与教的方式”“科学探究等于做实验”“科学探究重过程、轻结论”等误解，致使科学探究在实践中未达到预期的效果。

2011 年，美国《科学教育框架》用科学实践取代了前标准中的科学探究。② 美国国家研究委员会引用了奥斯本提出的科学实践活动模型（见图 10-2）来进一步说明科学实践是科学探究所需要的一系列认知的、社会的和行为的活动。

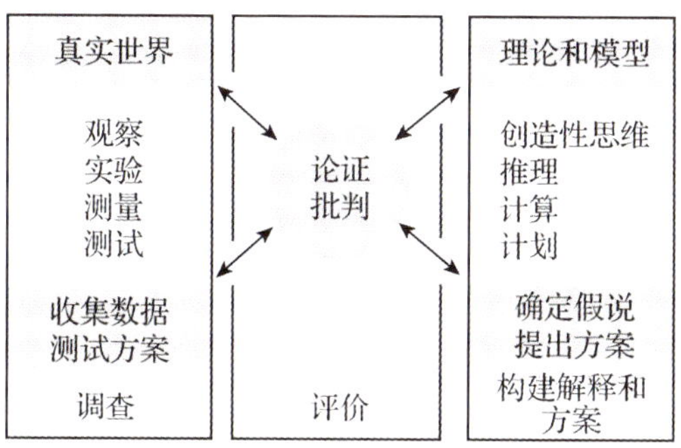

图 10-2　科学实践活动模型

如图 10-2 所示，一项真实问题的解决既需要观察、实验、测量、测试，也需要创造性思维、推理、计算、计划等众多认知活动的参与。

(一)科学推理研究

皮亚杰的认知发展理论认为，儿童进入形式运算阶段后才会进行科学推理。然而近 30 年的研究结果显示，小学低年级学生已经能够理解共变数据和因果关系之间的关联。③ 因此，小学科学课堂不应该仅仅是一个接受现成知识的地方，也应该成为引导学生做科学并利用知识发展推理技能的地方。推理是由一个或几个已知的判断推出新判断的过程。科学推理是个体思维能力发展到一定程度之后具有的推理类型，也是一种高级思维形式。④

---

① ［美］R. 基思·索耶：《剑桥学习科学手册》，徐晓东等译，389 页，北京，教育科学出版社，2010。

② 卢姗姗、毕华林：《从“科学探究”到“科学实践”——科学教育的观念转变》，载《教育科学研究》，2015(1)。

③ Mayer D., Sodian B., & Koerber S., et al., “Scientific Reasoning in Elementary School Children: Assessment and Relations with Cognitive Abilities,” *Learning and Instruction*, 2014, pp. 43-55.

④ 严文法、胡卫平：《国外青少年科学推理能力研究综述》，载《外国中小学教育》，2009(5)。

哲学、心理学领域关于推理的研究由来已久，但科学教育领域关注科学推理还是晚近的事。自从皮亚杰在其认知发展理论中提出科学推理的概念以来，科学教育领域围绕学生科学推理模式、推理能力的影响因素、促进科学推理能力发展的教学策略进行了研究。

研究者最先关注到，小学低年级学生在理解和解释问题时往往具有与高年级学生不同的推理方式。泰特勒和彼得森根据推理时所依据的证据类型，将小学生的推理分为基于现象的推理、基于关系的推理、基于概念的推理三种。[①] 齐默尔曼通过对小学生思维发展已有研究的反思与总结，发现因果推理能力在小学生科学思维和科学推理能力中占据重要地位，但目前尚缺乏科学推理模型以及科学推理能力评估的相关研究。[②]

为了探查小学生科学推理能力的整体水平和发展规律，派克尼等使用共变问题来调查 4～13 岁儿童在生成假设、实验、证据评估三种科学探究活动中科学推理能力的水平。研究结果表明，小学生具备一定的科学推理能力，并遵循处理明确数据、解释模棱两可的数据、根据证据灵活调整假设的顺序发展。[③]

尽管科学推理能力的发展遵循一定的阶段，但也不可否认学生的科学推理能力具有性别和程度上的差异。迈耶等人从理解科学的本质、理解理论、设计实验和解释数据四个维度构建了科学推理能力量表，对小学四年级学生的科学推理能力进行了评估。评估结果证明小学生的科学推理能力存在个体差异。[④] 库恩等人对性别、科学推理能力和学业表现之间的关系进行了多层次分析，分析结果表明男孩在推理方面的表现比女孩更加出色。[⑤] 霍卡耶姆等人通过调查发现小学生科学推理的复杂程度不同，包括拟人推理、具体实用推理、简单因果推理、半复杂因果推理和复杂因果推理五种类型。[⑥]

众多研究表明小学生能够进行推理，但他们仅仅能推断出造成结果的原因是什么，很难推理出原因是如何造成结果的。此外，小学生的科学推理能力发展稍缓慢，整个

---

① Tytler R. & Peterson S.，"From 'Try It and See' to Strategic Exploration：Characterizing Young Children's Scientific Reasoning,"*Journal of Research in Science Teaching*，2004(1)，pp. 94-118.

② Zimmerman C.，"The Development of Scientific Thinking Skills in Elementary and Middle School,"*Developmental Review*，2007(2)，pp. 172-223.

③ Piekny J. & Maehler C.，"Scientific Reasoning in Early and Middle Childhood：The Development of Domain-General Evidence Evaluation，Experimentation，and Hypothesis Generation Skills,"*British Journal of Developmental Psychology*，2013(2)，pp. 153-179.

④ Mayer D.，Sodian B.，& Koerber S.，et al.，"Scientific Reasoning in Elementary School Children：Assessment and Relations with Cognitive Abilities,"*Learning and Instruction*，2014，pp. 43-55.

⑤ Kuhn J. T. & Holling H.，"Gender，Reasoning Ability，and Scholastic Achievement：A Multilevel Mediation Analysis,"*Learning and Individual Differences*，2019(2)，pp. 229-233.

⑥ Hokayem H. & Gotwals A. W.，"Early Elementary Students' Understanding of Complex Ecosystems：A Learning Progression Approach,"*Journal of Research in Science Teaching*，2016(10)，pp. 1524-1545.

小学阶段在科学推理能力上没有显著性差异。[①] 除了科学推理能力受到认知发展水平的限制外，学生的性别、已有概念知识、记忆认知能力等内部因素以及家庭、教师、同伴、推理情境的抽象程度、任务的难度、因素的合理性、响应形式等外部因素都会影响学生在科学推理任务中的表现。[②]

理解学生的科学思维对于教师进行教学干预具有重要的指导意义。培养推理能力在一定意义上比习得知识更重要，以知识的准确性为唯一评价标准的科学教学将不利于学生科学推理能力的发展。[③] 教师不应认为只要尽可能将知识灌输给学生，学生的思维就能够得到自然的发展。学生的推理很难自然而然地发生。只有给予适当的引导时，学生才会进行推理。因此教师应该意识到并承认小学科学课堂中科学推理的存在，通过观察、访谈、书写或者绘画来了解学生科学推理能力的差异，澄清学生做出推理所依据的证据和规则，利用由简及繁的问题引导学生用语言去表达对知识的理解，使教学适应学生现阶段的推理能力，并且促进学生推理能力的进一步发展。

（二）科学论证研究

纵观科学发展的历史，绝大多数科学观点的诞生都需要经历不断论证，科学家与非科学家的显著差异之一就是科学论证能力的差异。将论证引入科学教学有助于培养学生的批判性思维能力、推理能力和解决问题的能力，因此论证越来越成为科学教育的主要方法和目标。科学论证同科学推理、科学解释有一定的联系，但又存在本质上的差别。从发生的过程来看，论证只有借助推理才能够完成。与推理不同的是，论证具有社会性特征，强调个体之间的互动和合作。另外，科学论证是一个知识应用的过程，科学解释是一个知识建构的过程。前者是对观点进行批评、辩论和修改；后者是对具有普遍性、真实性的自然现象进行解释，其核心在于建立科学模型和理论。

早在1991年，库恩发现学生不善于构建证据和理论之间的联系。[④] 因此，科学教育开始关注如何通过教学提高学生的科学论证能力。根据论证的内涵，能够引发科学论证的内容最好具有一定的争议性，其中社会性科学议题是引发课堂论证较为有效的内容之一。社会性科学议题是由当代科学技术研究开发所引起的一系列与社会伦理道

---

① 魏昕、郭玉英、徐燕：《中小学生科学推理能力发展现状研究——以北京市中小学生为样本》，载《北京师范大学学报(自然科学版)》，2011(5)。

② Mayer D., Sodian B., & Koerber S., et al., "Scientific Reasoning in Elementary School Children: Assessment and Relations with Cognitive Abilities," *Learning and Instruction*, 2014, pp. 43-55.

③ Russ R. S., Coffey J. E., & Hammer D., et al., "Making Classroom Assessment More Accountable to Scientific Reasoning: A Case for Attending to Mechanistic Thinking," *Science Education*, 2009(5), pp. 875-891.

④ Osborne J., Erduran S., & Simon S., "Enhancing the Quality of Argumentation in School Science," *Journal of Research in Science Teaching*, 2004(10), pp. 994-1020.

德观念和经济发展密切相关的社会性问题，如气候变化、转基因等。① 社会性科学议题是科学问题的社会化，是真实世界的中的科学问题，具备开放性、争议性、结构不良等特征。通过参与社会性科学议题的论证，学生得以从科学的角度对社会性科学议题的道德和伦理背景进行深层次反思与批判，因而能够更加深入地理解社会文化与科学之间的相互作用，发展批判性思维、系统思维和表达能力，在未来面对有争议的社会性科学议题时能够做出合乎逻辑的、科学性的决定。

除了设计能够引发课堂论证的话题，教师还需要为学生提供论证的脚手架，引导学生进行论证。其中，图尔敏的论证模型成为科学论证教学所依据的经典模型。图尔敏认为论证是由资料、理由和主张三个要素组成的，后又考虑到支持因素、限定条件、反例，构建了 TAP 论证模型。奥斯本将图尔敏的论证模式引入科学课堂，从而为科学论证教学提供了脚手架。TAP 论证模型不但成为分析科学论证质量的重要工具，还为后续论证能力评估研究奠定了基础。②

不论是书面论证还是口头论证，都需要借助话语来表达观点、反驳主张。目前科学课堂中评估科学论证能力的方法主要是话语分析方法。奥斯本运用课堂话语分析将反驳的数量和质量作为衡量科学论证能力的重要指标，对学生的科学论证能力进行了评估。③ 后来，埃尔杜兰等人应用 TAP 模型对科学课堂论证话语进行分析，通过师生论证过程中论点的数量、差异以及反驳的数量和质量分析、评估了科学论证的数量和质量。④

论证教学一般都在课堂层面展开。但由于科学课的时长以及教师的论证知识、技巧和观点等因素的限制，课堂上未给学生提供论证的充足机会的现象依然存在。有研究通过课堂观察、视频分析、访谈等方式，研究了小学科学教师如何促进学生参与以论证为中心的科学讨论。⑤ 为了提高科学论证的质量，科学课堂应该转变“教师问、学生答”的话语模式。教师应该运用开放性问题，辅以一系列语言指导来鼓励学生之间的对话和交流。教师还要善于利用论证教学模式进行教学，做课堂论证的传递者、主持

---

① 孟献华、李广洲：《国外“社会性科学议题”课程及其研究综述》，载《比较教育研究》，2010(11)。

② Osborne J., Erduran S., & Simon S., “Enhancing the Quality of Argumentation in School Science,” *Journal of Research in Science Teaching*, 2004(10), pp. 994-1020.

③ Osborne J., Erduran S., & Simon S., “Enhancing the Quality of Argumentation in School Science,” *Journal of Research in Science Teaching*, 2004(10), pp. 994-1020.

④ Erduran S., Simon S., & Osborne J., “TAPping into Argumentation: Developments in the Application of Toulmin's Argument Pattern for Studying Science Discourse,” *Science Education*, 2004(6), pp. 915-933.

⑤ Mikeska J. & Howell H., “Simulations as Practice-Based Spaces to Support Elementary Teachers in Learning How to Facilitate Argumentation-Focused Science Discussions,” *Journal of Research in Science Teaching*, 2020(9).

者、教练者、参与者，逐步将讨论中的思考活动权交给学生。①

(三)科学建模研究

模型是科学的语言，也是科学实践的载体和工具。通过建构和应用模型，发展学生的建模能力和基于模型的能力是培养科学素养的内在要求。科学模型是对现象系统的抽象、简化的表现形式，能简洁、清晰、明确地表征事物的核心特征，并且能够用来解释和预测现象(如水循环模型、光的传播模型等)。

20 世纪 80 年代，美国亚利桑那州立大学海斯特斯及其团队在吸收哲学、认知心理学、认知语言学等众多领域研究成果的基础上，提出了系统的科学建模教育理论，并在中学物理学科中进行了实践。② 现有研究表明，科学建模对小学各个学科领域的学习是必要且有效的。例如，阿切尔等人的研究表明，7～8 岁的学生能够通过建模来解释材料的性质和变化。③

将建模融入课堂教学就形成了基于模型的学习(Modeling-Based Learning，MBL)和基于模型的探究(Modeling-Based Inquiry，MBI)两种教学模式。研究者设计开发了大量建模教学单元。较为经典的是福布斯等人为三年级学生开发了水循环学习单元，并通过建模教学来促进学生建构基于模型的解释。④ 再如，克里斯蒂娜等人勾画了小学教材中模型建构的顺序。该顺序包括锚定现象、建构模型、对模型进行实证检验、评价模型、将模型与其他想法进行对比、修改模型、用模型来预测或解释。⑤ 这个设计思路体现了建模过程的迭代性，符合小学生科学建模过程的实际情况。⑥

近年来，随着学习进阶研究的推进，科学建模能力模型的建构与评估成为研究者关注的话题。科学建模能力包括模型建构能力和基于模型建构的能力两层含义。模型建构能力指的是为了建构、评估和修改模型所运用的类推、想象等能力；基于模型建构的能力是学生基于模型进行推理、解释等的能力。例如，克里斯蒂娜等人从理解“模

---

① 弭乐、郭玉英、刘述勇：《科学论证教学中教师提问角色的变化及其对学生口头论证表现的影响研究》，载《教师教育研究》，2018(4)。

② 翟小铭、郭玉英：《美国科学建模教育研究三十年概述及启示》，载《全球教育展望》，2015(12)。

③ Andrés Acher，María Arcà，& Neus Sanmartí，“Modeling as a Teaching Learning Process for Understanding Materials：A Case Study in Primary Education，”*Science Education*，2007(3)，pp. 398-418.

④ Forbes C. T.，Zangori L.，& Schwarz C. V.，“Empirical Validation of Integrated Learning Performances for Hydrologic Phenomena：3rd-Grade Students' Model-Driven Explanation-Construction，”*Journal of Research in Science Teaching*，2015(7)，pp. 895-921.

⑤ Schwarz C. V.，Reiser B. J.，& Davis E. A.，et al.，“Developing a Learning Progression for Scientific Modeling：Making Scientific Modeling Accessible and Meaningful for Learners，”*Journal of Research in Science Teaching*，2009(6)，pp. 632-654.

⑥ Louca L. T. & Zacharia Z. C.，“Examining Learning Through Modeling in K-6 Science Education，”*Journal of Science Education and Technology*，2015(2/3)，pp. 192-215.

型作为预测和解释的生成性工具”和“模型为可变的实体”两个方面构建了科学建模学习进阶，用以评估学生的科学建模能力。[①]

小学低年级学生和高年级学生在所掌握的建模手段、建模过程上存在差异。卢桑等人研究发现，在建模过程上，小学生的建模过程可能会出现新的阶段，或者出现同一个阶段建模实践水平的不同。在建模手段上，小学生常常优先采用静态的纸笔或三维立体材料等建构模型，利用计算机编程环境来建模并不是小学生优先的选择。[②]

基于模型的推理和解释在所有年级的科学教学中都应该发挥中心作用。但在低年级有效实施以模型为基础的推理教学，对于教师、教师教育者和课程设计人员来说都是一项挑战。关于科学建模的研究为教师基于模型的教学提供了支持。教师可以采用基于建模的教学模式，通过探究引导学生利用图画、文字、公式、实物模拟等建构、评估、修改模型，利用模型对自然现象进行解释和预测。另外，教师还应该注意学生科学建模过程中的表现。

除了科学推理、科学论证、科学建模以外，科学解释、计算思维等也是每个人适应未来生活需要的重要思维。关于科学实践的研究均表明，学生科学思维和实践能力的培养具有可能性和必要性，科学教学应该以促进学生思维和实践能力的发展为指向，让小学科学课堂真正成为闪耀着科学思维光芒的地方。

二、关注科学学习中非认知因素的研究

非认知因素对于学生理解科学概念、科学本质以及未来职业选择具有重要影响。缺乏科学学习的动机、兴趣是导致科学概念理解困难、科学本质理解偏差以及科学技术专业入学率低和就业率低的重要原因。科学教育研究已经越来越关注到兴趣、动机、态度等非认知因素对科学学习的影响。

研究表明，学生从小学进入中学，科学学习的兴趣和动机会迅速降低；其中女性和少数民族学生的科学学习兴趣降幅更大。[③] 进入 21 世纪，众多研究者使用量表、访谈等来测查学生的学习兴趣、动机、态度等，并调查了影响学生兴趣、动机、态度的

---

① Schwarz C. V., Reiser B. J., & Davis E. A., et al., “Developing a Learning Progression for Scientific Modeling: Making Scientific Modeling Accessible and Meaningful for Learners,” *Journal of Research in Science Teaching*, 2009(6), pp. 632-654.

② Louca L. T. & Zacharia Z. C., “Examining Learning Through Modeling in K-6 Science Education,” *Journal of Science Education and Technology*, 2015(2/3), pp. 192-215.

③ Potvin P. & Hasni A., “Interest, Motivation and Attitude towards Science and Technology at K-12 Levels: A Systematic Review of 12 years of Educational Research,” *Studies in Science Education*, 2014(1), pp. 85-129.

因素。[①] 其中，以色列魏茨曼科学研究院福尔图斯团队长期关注学生在科学学习中的持续性动机和自我效能感。他们认为，在非正式环境中的主动阅读、主动浏览、主动实践、主动讨论更能表现出学生对科学具有持续性动机；而在非正式环境中拒绝实践、拒绝随意信息、拒绝有意信息则表现出学生对科学缺乏持续性动机。调查显示，如果学生身边有较多与科学有关的课外活动，那么学生会更倾向于参加科学活动。在动机的性别差异和纵向变化上，女生的持续性动机显著弱于男生。自五年级开始，持续性动机随着年级的升高而变弱。[②] 另外，关于自我效能感的研究表明，影响科学自我效能感的因素主要来源于家庭、课堂环境以及学校文化等。具体来说，父母对学生学习能力的信念、父母为学生营造的环境、教师的注意和反馈、课堂活动任务的性质、学校的多元文化在影响学生科学自我效能感方面具有重要的作用。[③] 波特凡等人通过对228篇研究文献的梳理，归纳了与学生的兴趣、动机、态度相关的因素，揭示了学生的性别、年龄、自我效能感、职业选择，教师的教学风格、采用的课堂活动形式以及家庭、文化等因素与学生的兴趣、动机、态度之间的相关性。波特凡等人发现，男生、女生感兴趣的主题不同，女生可能更喜欢生物学，而男生更喜欢天文学和地球科学；学生的兴趣、动机、态度在小升初时期的消极倾向最为明显；学生的兴趣、动机、态度与自我效能感、职业选择之间具有相关性；热情的、亲切的、善于鼓励学生的教师更能够激发学生学习的积极性；动手实践、探究学习、实验室实验以及独立思考更能够激发学生的学习兴趣。[④]

为了帮助学生形成积极的科学学习兴趣、动机和态度，研究者对影响学生兴趣、动机、态度的因素进行了干预研究，以期通过教师专业训练、课外活动、基于探究或问题的学习、合作学习、情境教学对学生的科学学习兴趣、动机和态度产生积极的影响。例如，格斯特纳、贾利勒等人通过对小学科学课堂的干预研究发现，相比于以教师为中心的课堂，以学生为中心的建构主义课堂或者让学生参与实践活动更能够激发

---

① Dorfman B. S. & Fortus D.，"Students' Self-Efficacy for Science in Different School Systems，"*Journal of Research in Science Teaching*，2019(1).

② Fortus D. & Vedder-Weiss D.，"Measuring Students' Continuing Motivation for Science Learning，"*Journal of Research in Science Teaching*，2014(4)：497-522.

③ Dorfman B. S. & Fortus D.，"Students' Self-Efficacy for Science in Different School Systems，"*Journal of Research in Science Teaching*，2019(1).

④ Potvin P. & Hasni A.，"Interest，Motivation and Attitude towards Science and Technology at K-12 Levels：A Systematic Review of 12 years of Educational Research，"*Studies in Science Education*，2014(1)，pp. 85-129.

学生科学学习的内在动机。①②

影响科学学习的非认知因素是多方面的。后续还应进一步探究影响学生科学学习兴趣、动机、态度的因素，开发、优化研究工具使研究结果真实反映学生的学习兴趣、动机、态度状况及变化的原因；以学校为主要阵地，调动家庭和社会的力量，有效促进学生形成积极的学习兴趣、动机和态度，减少 STEM 人才流失，全面提高人的科学素养。小学阶段是学生科学学习兴趣、动机和态度形成和保持的重要阶段。教师应该善于分析学生科学学习兴趣、动机、态度的影响因素，通过课堂干预等手段保护学生的好奇心和求知欲，激发学生学习科学的兴趣。

第三节 小学科学教师专业素养研究

专业素养是专门职业对从业人员的整体要求。教师的专业素养是教师拥有和带入教学情境的知识、能力和信念的集合，包括专业知识、专业能力、专业理念、专业态度和精神等要素。由于教师具有较为稳定的学科专业背景，教师应掌握学科教学知识，持有符合时代发展的科学观和科学教育观，具备科学探究、科学教学和科学教育研究能力等。结合当前科学教育研究的进展，本节主要从知识、信念、能力三个方面讨论小学科学教师的专业素养。

一、小学科学教师的知识

教师的知识是教师在特定时刻所拥有的作为其行为基础的全部知识。在整个职业生涯中，教师需要不断将来自正规的学校教育、职前培训、继续教育以及从日常教学实践中得到的实践经验融合到自己的知识框架中，逐渐形成系统的知识体系。教师应该具备的知识体系是由教学知识（Pedagogical Knowledge，PK），学科知识（Subject Matter Knowledge，SMK），情境知识（Knowledge of Context，KC）以及学科教学知识

---

① Gerstner S. & Bogner F. X.，"Cognitive Achievement and Motivation in Hands-On and Teacher-Centred Science Classes：Does an Additional Hands-On Consolidation Phase (Concept Mapping) Optimise Cognitive Learning at Work Stations?，"*International Journal of Science Education*，2010(7)，pp. 849-870.

② Jalil P. A.，Abu-Sbeih M. Z.，& Boujettif M.，et al.，"Autonomy in Science Education：A Practical Approach in Attitude Shifting Towards Science Learning，"*Journal of Science Education and Technology*，2009(6)，pp. 476-486.

(Pedagogical Content Knowledge，PCK)构成的。① 与其他学科教师的知识相比，科学教师知识的特殊之处在于他们掌握了不同的学科知识和学科教学知识。

(一)学科知识

学科知识是科学教师知识的基础。诸多对小学科学教师SMK的调查研究发现，小学科学教师往往对科学学科知识存在与学生相似的相异构想。例如，赖斯的研究发现，414名职前教师中只有5个人回答对了有关沸腾、基本生物分类和季节等问题②；伯贡等人的研究同样表明，小学科学教师在重力、磁性、气体和温度等主题上存在与学生相似的相异构想。③ 尽管已有研究并没有发现小学科学教师的SMK与其态度、信心、自我效能感之间存在显著的相关关系。但是SMK水平较低的教师往往严重依赖课本，说得多，问得少，并避免参与具有认知挑战性的活动。④

基于对小学科学教师SMK的关注，研究者发现教师的教学经验是影响SMK发展的重要因素。总体上，随着教师教学经验的增加，小学科学教师的SMK会增加，即所谓“教学相长”。但是教学经验丰富的教师在他们不负责教的科学课题上的SMK水平低于教学经验较少的教师。这表明随着时间的推移，经常被调用的知识更容易获取，而不经常使用的知识则更难检索。另外，如果教师持续教同一主题的内容，他们的SMK水平会得到提升。但是由于小学科学教师通常并不能持续地教同一个年级，因此这可能会延缓或阻碍他们发展关于特定年级的SMK。⑤

为了促进小学科学教师SMK的发展，研究者设计了教师专业发展项目，并探讨了限制教师参加专业发展项目的因素。例如，戴蒙德等人对五年级教师进行了干预，发现参加专业发展项目对教师在科学知识测试中的成绩具有显著影响，但对他们的课堂教学实践影响不大。李等人的研究同样以五年级教师为研究对象，对其进行教师专业发展项目的干预，发现干预对于科学教师的SMK及教学实践均有积极影响。⑥ 尽管参

① van Dijk E. M. & Kattmann U.，“A Research Model for the Study of Science Teachers' PCK and Improving Teacher Education，”*Teaching and Teacher Education*，2007(6)，pp. 885-897.

② Rice & Diana C.，“I Didn't Know Oxygen Could Boil! What Preservice and Inservice Elementary Teachers' Answers to ‘Simple’ Science Questions Reveals about Their Subject Matter Knowledge，”*International Journal of Science Education*，2005(9)，pp. 1059-1082.

③ Burgoon J. N.，Heddle M. L.，& Duran E.，“Re-Examining the Similarities Between Teacher and Student Conceptions About Physical Science，”*Journal of Science Teacher Education*，2010(2)，pp. 101-114.

④ Sandra K. Abell & Norman G. Lederman，*Handbook of Research on Science Education*，Hillsdale，Lawrence Erlbaum Associates，2007，p. 851.

⑤ Nixon R. S.，Smith L. K.，& Sudweeks R. R.，“Elementary Teachers' Science Subject Matter Knowledge Across the Teacher Career Cycle，”*International Journal of Science Education*，2019(6)，pp. 707-731.

⑥ Lee O.，Llosa L.，& Jiang F.，et al.，“Elementary Teachers' Science Knowledge and Instructional Practices：Impact of an Intervention Focused on English Language Learners，”*International Journal of Science Education*，2016(4)，pp. 579-597.

加教师专业发展项目能够在一定程度上促进教师 SMK 的发展，但是对于小学教师来说，参加教师专业发展项目的机会比较难得且培训时间往往较短，教师专业发展项目对促进教师 SMK 发展的作用较为有限。①

提高小学科学教师的 SMK 水平是提高教学质量的关键。学校的教育管理者应该为教师提供更多参加教师专业发展项目的机会，合理安排教师任教年级，促进教师教学经验的积累和 SMK 的发展。教师个人要根据自己的兴趣、关注点和需求进行自主学习，咨询他人或者积极开展教学研究。未来的研究需要关注教师在实践中学习 SMK 的机制，以及教师教育者和管理人员如何更好地支持教师发展他们所教的科学主题的知识，从而更好地支持教师在整个职业生涯中发展他们的 SMK。

(二)学科教学知识

作为科学教师，仅仅拥有 SMK 是远远不够的，还应该将科学学科内容和教学知识结合起来，知道如何根据学生的兴趣和能力对 SMK 进行解释和转换，从而帮助学生更好地掌握和理解所学内容。1986 年，舒尔曼提出教师应该具备 PCK。PCK 是教师具有的根据特定的原因、以特定的方式、为特定的学生、为讲授某一特定主题而形成的知识、推理、计划和设定，具体体现在知识基础及行动两个方面。②

舒尔曼提出，PCK 包含学生概念的知识和教学策略的知识两个要素。③ 此后，研究者围绕 PCK 的构成要素展开了长期的研究。1990 年，格罗斯曼提出了 PCK 三要素模型(学生概念的知识、教学策略的知识、课程知识)④；1991 年，塔米尔提出了 PCK 四要素模型(了解学生、了解课程、了解教学、了解知识评价)；1999 年，马格努森等人提出了经典的 PCK 五要素模型(科学教学定位、科学课程知识、科学素养评估知识、学生对科学的理解知识、教学策略知识)⑤；2008 年，帕克在上述成果的基础上提出了 PCK 五边形模型。⑥

PCK 要素模型为教师 PCK 的调查和测评提供了理论框架。哈努辛利用马格努森等

---

① Nixon R. S.，Smith L. K.，& Sudweeks R. R.，"Elementary Teachers' Science Subject Matter Knowledge Across the Teacher Career Cycle,"*International Journal of Science Education*，2019(6)，pp. 707-731.

② Richard Gunstone，*Encyclopedia of Science Education*，Dordrecht，Springer，2015，p. 733.

③ Shulman L. S.，"Those Who Understand: Knowledge Growth in Teaching,"*Educational Researcher*，1986(2)，pp. 4-14.

④ Grossman P.，*The Making of a Teacher*: *Teacher Knowledge and Teacher Education*，New York，Teachers College Press，1990，pp. 15-26.

⑤ Gess-Newsome J. & Lederman N. G.，*Examining Pedagogical Content Knowledge*: *The Construct and its Implications for Science Education*，Dordrecht，Kluwer Academic Publishers，1999，pp. 95-132.

⑥ Park S. & Oliver J. S.，"National Board Certification (NBC) as a Catalyst for Teachers' Learning about Teaching: The Effects of the NBC Process on Candidate Teachers' PCK Development,"*Journal of Research in Science Teaching*，2008(7)，pp. 812-834.

人的 PCK 五要素模型，对小学科学教师在教授科学本质时的 PCK 五个要素进行了调查，发现小学科学教师的 PCK 发展是不均衡的。其中，他们对关于科学本质的教学策略知识了解较多且能够发展自己独特的策略，但是对科学本质的课程知识、学生知识、评估知识缺乏足够的了解。①

除了从静态上对 PCK 要素进行研究，研究者还从理论和实践上研究了教师 PCK 的转化路径和教师 PCK 的发展路程。1987 年，舒尔曼构建了 PCK 教学行动模型，用来表示教师每次进行特定主题教学的顺序。② 教师进行特定主题教学时往往从理解教学目的、主题结构和学科思想开始，经过转化、教学、评估、反思过程，最后形成新的理解。2013 年，盖斯-纽森等人提出，教师的 PCK 由教师的信念、教学实践的取向和情境所调节。由于每个学生的动机、行为、相异构想、学习风格和知识结构不同，PCK 在每个学生身上以不同的方式发挥作用。马尔霍兰等人对一位小学科学教师 10 年间的知识发展历程进行了质性分析，他们用树形隐喻揭示了小学科学教师 PCK 发展过程中各种类型知识所占比例的变化。其中，SMK 在教师知识结构中的比例逐渐减少，而一般教学知识和互动性知识的比例逐渐增加。③

PCK 有限是教师不愿意教科学的原因之一，发展 PCK 是教师专业发展的必然要求。阿普尔顿等人认为，从事小学科学教育的教师似乎并不是那些热爱科学的人，而是那些对科学有恐惧倾向的人；这些教师不得不在工作中逐渐弥补 SMK 的不足。他们赞同让缺乏 PCK 的小学科学教师通过活动来发展 PCK。④ 古德诺等人通过干预研究发现，基于项目学习的教学设计与实践促进了小学科学教师 PCK 的发展。⑤ 2012 年，尼尔森等人在学期开始时将 PCK 作为学术观念和概念工具介绍给职前小学科学教师；经过一段时间干预后，让职前小学科学教师进行空气这一主题教学。通过对空气这一主题教学的数据分析发现，这样的干预对于职前教师 PCK 的发展有效。⑥

PCK 相关研究的发展不是线性的，而是在不断演变和发展。近来已有研究关注到科学教师的科学实践 PCK、整合技术的 PCK（Technological Pedagogical Content

---

① Hanuscin D. L., Lee M., & Akerson V. L., "Elementary Teachers' Pedagogical Content Knowledge for Teaching the Nature of Science," *Science Education*, 2011(1), pp. 145-167.

② Shulman L., "Knowledge and Teaching: Foundations of The New Reform," *Harvard Educational Review*, 1987(1), pp. 1-23.

③ Mulholland J. & Wallace J., "Growing the Tree of Teacher Knowledge: Ten Years of Learning to Teach Elementary Science," *Journal of Research in Science Teaching*, 2005(7), pp. 767-790.

④ Appleton K. & Kindt I., "How Do Beginning Elementary Teachers Cope with Science: Development of Pedagogical Content Knowledge in Science," *Journal of Science Teacher Education*, 1999(1), p. 13.

⑤ Goodnough K. & Hung W., "Enhancing Pedagogical Content Knowledge in Elementary Science," *Teaching Education*, 2009(3), pp. 229-242.

⑥ Nilsson P. & Loughran J., "Exploring the Development of Pre-Service Science Elementary Teachers' Pedagogical Content Knowledge," *Journal of Science Teacher Education*, 2011(7), pp. 1-23.

Knowledge，TPACK)等。这也就意味着教师的成长是一个终身的过程，应该将 PCK 发展作为终身的奋斗目标，在教学实践中深入、持续地反思，与学习共同体成员合作交流，促进 SMK 转化成自身默会性的 PCK。

二、小学科学教师的信念

教师的教学实践不但受到教师知识的影响，也受到教师信念的影响。教师的信念在一定程度上甚至比知识更能够形塑教师的实践。教师的信念包括对知识的信念、对科学的信念、对自我的信念(自我效能)、对教学的信念和对学生的信念。[①] 其中，对科学的信念和对自我的信念是教师信念的重要维度，也是科学教育研究的重要主题。它们直接反映了教师对知识的认识论信念，并直接或间接影响对教学和对学生的信念。因此我们主要介绍科学本质观以及教学效能感的研究进展。

(一)科学本质观

教师的科学本质观指的是教师对科学所具有的特征的理解。教师的科学本质观能够进一步促进学生对科学内容的习得、增进学生对科学的了解、提高学生对科学学习的兴趣、增强学生科学决策的能力，同时能够促进教师教学的多元化。

小学科学教师科学本质观的研究主要是对小学科学教师科学本质观的现状调查并设法提高他们对科学本质观的认识。研究者大多采用科学本质观量表和访谈来调查小学科学职前或在职教师的科学本质观。其中使用较广泛的是由莱德曼、哈里克等人于 2002 年提出的 VNOS-Form B 量表。[②] 然而，莱德曼对半世纪以来评价师生科学本质观的研究进行分析发现，不管研究者如何定义科学本质观，所使用的测量工具为何，所得的结果都是一致的：教师对科学本质的了解普遍不足。[③] 例如，对我国小学科学教师科学本质观的调查表明，我国部分小学科学教师的科学本质观发展滞后，缺乏对科学本质的深层理解，且具有不稳定性。[④] 首先，部分小学科学教师对科学的认识仍然体现了传统逻辑实证主义基础上的传统科学本质观，把科学知识看作客观真理，把知识及其结构看作科学的本质，对重要的科学术语及其关系的掌握不够清晰，对科学方法

---

① Sandra K. Abell & Norman G. Lederman, *Handbook of Research on Science Education*, Hillsdale, Lawrence Erlbaum Associates, 2007, pp. 831-832.

② Lederman N. G., Abd-El-Khalick F., & Bell R. L., et al., "Views of Nature of Science Questionnaire: Toward Valid and Meaningful Assessment of Learners' Conceptions of Nature of Science," *Journal of Research in Science Teaching*, 2002(6), pp. 497-521.

③ W. F. McComas, *The Nature of Science in Science Education: Rationals and Strategies*, Netherlands, Kluwer Academic Publishers, 2000, pp. 331-350.

④ 高潇怡、胡巧：《小学科学教师科学本质观的现状调查与思考》，载《教师教育研究》，2012(4)。

多样性的理解不深刻。其次，部分小学科学教师缺乏对科学本质的深层理解，对科学本质的认识往往是宏观的、笼统的、表象的。一旦深入具体的科学本质问题，他们的认识就会呈现出矛盾性、片面性、缺乏准确性等特点。最后，部分小学科学教师科学本质观的发展具有不稳定性。尽管他们已经意识到传统科学本质观越来越不适应时代发展和学生发展的需要，也迫切想要接受并发展新的科学本质观，但意识中依然带有传统科学本质观的印记。

影响小学教师科学本质观的因素非常复杂。已有研究已经考察了人口学变量、专业背景、教师专业培训以及科学活动等对小学教师科学本质观的影响。例如，哈里克等人探究了科学本质的课程①、元认知策略的训练和使用②、反思性教学③等对小学科学教师科学本质观的影响，发现通过教师专业培训的干预，教师加深了对科学本质的理解。这些因素对教师科学本质观影响的程度和机制不同。例如，反思性教学对于职前小学科学教师的科学本质观具有积极效应。④ 另外，虽然这些因素对教师的科学本质观产生了积极效应，但是这种影响可能并不会持续太长时间。埃克森等人发现大部分小学职前教师在教学前对科学本质的理解不足。经过一学期的科学方法课程的学习之后，他们的认识有所改善。然而，5个月后对他们再次进行访谈，发现部分教师恢复了原来的观点。⑤

莱德曼指出，教师的观念不一定能直接转化到他们的课堂实践中。⑥ 对于小学科学教师来说，内容知识以及对课堂管理和组织的过分关注是影响他们将科学本质观转化为课堂实践的重要因素。⑦ 另外在有限的教学时间中完成教学任务的压力、制度的约束、教师管理和组织原则、对学生能力和动机的关注、教学经验等都会制约教师的科

---

① Abd-El-Khalick F. & Lederman N. G., "The Influence of History of Science Courses on Students' Views of Nature of Science," *Journal of Research in Science Teaching*, 2000(10), pp. 1057-1095.

② Abd-El-Khalick F. & Akerson V., "The Influence of Metacognitive Training on Preservice Elementary Teachers' Conceptions of Nature of Science," *International Journal of Research in Science Teaching*, 2009(16), pp. 2161-2184.

③ Fouad Abd-El-Khalick & Akerson V. L., "Learning as Conceptual Change: Factors Mediating the Development of Preservice Elementary Teachers' Views of Nature of Science," *Science Education*, 2014(5), pp. 785-810.

④ Fouad Abd-El-Khalick & Akerson V. L., "Learning as Conceptual Change: Factors Mediating the Development of Preservice Elementary Teachers' Views of Nature of Science," *Science Education*, 2014(5), pp. 785-810.

⑤ Akerson V. L., Morrison J. A., & Mcduffie A. R., "One Course is Not Enough: Preservice Elementary Teachers'Retention of Improved Views of Nature of Science," *Journal of Research in Science Teaching*, 2006(2), pp. 194-213.

⑥ Abd-El-Khalick F., Bell R. L., & Lederman N. G., "The Nature of Science and Instructional Practice: Making the Unnatural Natural," *Science Education*, 1998(4), pp. 417-436.

⑦ Smith D. C. & Neale D. C., "The Construction of Subject Matter Knowledge in Primary Science Teaching," *Teaching and Teacher Education*, 1989(1), pp. 1-20.

学本质观转化为课堂实践。[①②③] 为了发展教师对科学本质的理解，并且促进教师的科学本质观转化为课堂实践，应该着力构建提升教师科学本质观的专业发展标准和方案，改进职前教师专业发展课程并加强教师的 HPS 教育，完善小学科学教材中的科学本质内容，引导教师自主发展科学本质观，在培训内容中突出科学本质观的发展。

莱德曼还指出，学生并不能在教师组织的探究活动中自主、潜移默化地认识科学本质。学生最好通过反思性的指导来学习科学本质观，而不是通过简单地“做科学”的经验来潜移默化地学习科学本质观。为促进学生形成科学共同体当前认同的科学本质观，教师应该在探究活动中有意引导学生针对科学探究活动中反映科学本质的线索进行深入探讨和反思。另外，对学生的科学本质观进行评估和反馈也是帮助教师了解学生的科学本质观、进而调节教学的关键。

随着工程教育内容整合到科学课程中，有关教师的工程本质观的调查研究也开始出现。但由于工程教师教育尚处在起步阶段，教师对工程本质的观点还有待进一步研究。

(二)教学效能感

教学效能感即教师对自己的科学教学能力及影响学生科学学业表现的信念。教学效能感影响着教学实践、教学动机、专业发展的有效性和教育改革的效果。教师对自己的科学教学能力或教学效果越自信，便越能发挥主观能动性，努力克服困难，提高教学质量。

为测查科学教育者的教学效能感，伊诺克斯和里格斯基于吉布森和登博开发的一般效能感量表，开发了测量科学教育者教学效能感的量表——STEBI(Science Teaching Efficacy Belief Instrument)-A。后来他们进一步改编出适用于职前科学教师的版本——STEBI-B。这两个版本的量表为调查小学科学教师的教学效能感现状提供了重要的工具。例如，有学者利用 STEBI-B 和开放式访谈对职前教师的自我效能感进行了测量，发现职前教师的教学效能感通过模型教学和科学教学法课程的学习得到增强。[④] 该研究结果表明，职前教育阶段主修的教学法课程影响教师的教学效能感。

---

① Duschl R. & Wright E.，“A Case Study of High School Teachers' Decision-Making Models for Planning and Teaching Science,”*Journal of Research in Science Teaching*，1989(6)，pp. 467-501.

② Brickhouse N. W. & Bodner G. M.，“The Beginning Science Teacher：Classroom Narratives of Convictions and Constraints,”*Journal of Research in Science Teaching*，1992(5)，pp. 471-485.

③ Lantz O. & Kass H.，“Chemistry Teachers' Functional Paradigms,”*Science Education*，1987(1)，pp. 117-134.

④ Knaggs C. M. & Sondergeld T. A.，“Science as a Learner and as a Teacher：Measuring Science Self-Efficacy of Elementary Preservice Teachers,”*School Science and Mathematics：Journal for all Science and Mathematics Teachers*，2015(3)，pp. 117-128.

此外，有研究发现，教师的性别、大学及中学学习的科学课程数量、实践经验、对科学的态度等都会影响教师的自我效能感。其中，女教师的自我效能感弱于男教师①，修习科学课程有助于增强职前小学科学教师的自我效能感。课堂实践经历对职前教师的科学教学效能感有积极的影响，特别是那些在实习中经过精心准备并游刃有余地进行课堂教学的职前教师更能够建立自我效能感。② 还有研究发现，对科学充满热情和信心的职前教师比对科学不感兴趣或者害怕科学的职前教师具有更高的教学效能感。③

教学效能感，特别是职前教师的教学效能感可以通过干预发生改变。首先，由于职前教师自身的科学学习兴趣、态度、经历、模式直接影响教学实践，因此应保障职前教育中科学专业课的教学目标、模式与中小学科学课程标准中提倡的教学理念相吻合，增强职前教师的科学专业知识水平及科学实践能力，让职前教师对科学充满热情并取得成就。其次，应重视科学教学法课程在职前教师课程计划中的作用，提高科学教学法课程的质量，保障职前教师的科学教学实习的课时数量和质量等。任何有关教学、教育信念的改变，都不是通过某一门课程就能实现的，而是多个环节或因素之间长期的协同运作的结果。

目前教师对科学实践和工程的自我效能感引起了研究者的关注。有研究开发了职前教师科学与工程自我效能量表并对其进行了验证，发现选修科学方法课程对职前教师的科学与工程效能感产生了显著影响。还有研究从认知内容的掌握、认知教学法的掌握、替代体验、言语说服和情绪状态五个方面探索了 STEAM 课程对职前教师工程教学效能感的影响。④ 数据分析显示，认知教学法的掌握、替代体验和情绪状态是与教学效能感的积极改变相关的较具影响力的来源。其中，认知内容的掌握和其他形式的替代体验也有贡献，但程度较轻。

三、小学科学教师的能力

小学科学教师的能力包括科学探究能力、教学实践能力和科学教育研究能力。其中，教学实践能力是提高教学质量和促进科学教育发展的核心能力。目前关于教学实

① Enochs L. G. & Riggs I. M.，"Further Development of an Elementary Science Teaching Efficacy Belief Instrument：A Preservice Elementary Scale，"*School Science and Mathematics*，2010(8)，pp. 694-706.

② Melanie K.，"Using Action Research to Improve Science Teaching Self-Efficacy，"*International Journal of Science Education*，2018(6)，pp. 1-17

③ Norris C. M.，Morris J. E.，& Lummis G. W.，"Preservice Teachers' Self-Efficacy to Teach Primary Science Based on' Science Learner' Typology，"*International Journal of Science Education*，2018(18)，pp. 2292-2308.

④ Webb D. L. & Lofaro K. P.，"Sources of Engineering Teaching Self-Efficacy in a STEAM Methods Course for Elementary Preservice Teachers，"*School Science and Mathematics*，2020(4)，pp. 209-219.

践能力的研究又以探究教学能力和课堂互动能力为研究热点。①

(一)探究教学能力

提高学生科学素养的目标要求将科学探究作为重要的学习方式。教师作为科学探究的设计者、组织者、实施者，是影响甚至是决定科学探究教学效果的关键。

为了全面了解教师的探究教学能力，进而为教师实施探究教学提供有针对性的指导，研究者利用主题分析法、德尔菲法等建构教师探究教学能力结构模型。一些研究者将教师的科学探究教学能力分为教师引导学生进行实验探究，激发学生思考，形成科学的认知，进行科学推理等方面。② 也有研究者认为教师的科学探究教学能力包括一般的科学探究能力、探究教学的组织与管理能力以及探究教学机智。③

从探究教学的过程来看，教师在科学探究教学的起始阶段、计划阶段、实施阶段和评价阶段面临着众多挑战。④ 起始阶段的挑战包括教师关于科学探究的错误观点以及对实施科学探究教学缺乏信心。计划阶段的挑战包括计划科学探究教学的困难以及对突发状况准备不足。实施阶段具体包括参与、探索、解释、形成性评估四个阶段。为了能够顺利进行探究教学，教师需要基于先前的学习经验规划当前的学习内容，说服学生参与到探究活动中并保持一定的进度，为学生提供足够的支持并促使他们进行自我反思。在评价阶段，教师则可能面临着对学生发展水平划分的担忧和困难。

研究者归纳了限制教师实施科学探究教学的原因。⑤ 第一，教师自身对科学探究教学方法不熟悉。第二，教师缺乏对科学探究本质的认识。第三，由于缺乏科学培训，教师难以胜任科学探究的各个过程，如提出假设、解释数据和得出结论。

由美国、芬兰、南非等国家的研究者通过与实践者之间的长期合作，针对提高教师的探究教学能力提出了四点建议。第一，教师应让学生自己计划和进行调查，必须接受学生各种可能的表现。建议教师不要立即给学生正确的答案，而是把作答的任务交给学生。例如，鼓励他们合作开发模型。第二，在计划和展开调查过程中，教师应鼓励学生采用小组合作的形式开展活动，并让学生评估调查结果的可靠性。第三，在开发模型的过程中，教师可使用白板、笔记本等工具来开发、讨论、展示模型并建构

---

① 王碧梅、韩葵葵、胡卫平：《国外科学教师研究进展与趋势》，载《外国教育研究》，2015(5)。

② 王碧梅、胡卫平：《科学教师教学能力结构模型建构——基于德尔菲专家咨询法的调查分析》，载《教师教育研究》，2016(6)。

③ 谢绍平、刘美凤：《理科教师对探究教学适应性评价指标体系的构建研究》，载《教师教育研究》，2017(1)。

④ Akuma F. V. & Callaghan R. A.，"Systematic Review Characterizing and Clarifying Intrinsic Teaching Challenges Linked to Inquiry-Based Practical Work，"*Journal of Research in Science Teaching*，2019(5)，pp. 619-648.

⑤ Muñoz-Franco G.，Criado A. M.，& García-Carmona A.，"Investigating Image Formation with a Camera Obscura：A Study in Initial Primary Science Teacher Education，"*Research Science Education*，2020(3)，pp. 1027-1049.

基于模型的解释。第四，在交流、比较和评价环节，教师应引导学生借助视频、文本文献等对现象进行解释、评估和论证。

(二)课堂互动能力

知识是在课堂的社会语境中通过语言等符号手段建构起来的。教师在与学生互动的过程中关注什么、回应什么、怎么回应以及回应的过程都是教师能力的体现。教师具有掌控和驾驭课堂互动的能力，能够运用互动策略发展学生的高阶思维，是促进学生理解科学概念和从事科学实践的关键。

小学科学教师的课堂互动能力主要包括课堂提问能力和评价反馈能力。其中，提问是课堂互动的关键。如果教师能够在课堂的关键节点提出问题，就可以将学生的注意力集中在学习的关键方面，并进一步扩展学生学习和探究的空间。教师应该基于开放性问题或真实性问题，鼓励学生展开辩论，用短语或句子来表达自己的观点。① 另外，教师的提问还应具有明确的目的性、清晰性、简明性和可理解性。在评估环节，教师要能够合理判断反馈的时机、对象、类型、内容，以激发学生形成假设、预测结果、进行头脑风暴、产生解释、做出推论和结论，乃至促使学生自我评价和反思。②

目前，随着对科学推理、科学论证的关注，教师如何通过课堂互动来提高课堂推理和论证的效果成为研究的热点话题。特别是教师的提问和反馈的质量成为影响课堂推理和论证效果的关键。③ 教师提问中隐含的问题数量影响学生的推理质量。例如，"你认为它的什么特点说明它适合这种传播方式"就包含了两个问题，属于复合提问。学生只有对种子的结构、功能以及两者之间的联系都比较清楚才能作答。这种问题因为有较为明确的提示，使学生更容易沿着教师搭好的脚手架到达最近发展区。而类似于"你还有没有什么想说的"等问题则更为开放且不够聚焦。学生很难从问题中获得证据和提示，因而可能会随意回答，并且很可能产生与推理和论证无关的答案。另外，教师的反馈策略决定了科学推理和论证的深度。如果教师能够将反馈的重点放在科学推理、论证的基本要素上，而不是事实或观点上，则更能够引发学生的高层次推理。

教师的课堂互动能力受到教师的教育观念、知识结构、教学监控能力等因素的影响。教师只有不断更新教育观念，重视学生主体性的发挥，领悟课堂互动的精髓，才

---

① Philip Scott, "Teacher Talk and Meaning Making in Science Classrooms: A Vygotskian Analysis and Review," *Studies in Science Education*, 1998(1), pp. 45-80.

② Chin Christine, "Classroom Interaction in Science: Teacher Questioning and Feedback to Students' Responses," *International Journal of Science Education*, 2006(11), pp. 1315-1346.

③ 邵发仙、胡卫平、张睆等：《课堂论证话语的序贯分析：小学生的科学推理》，载《华东师范大学学报(教育科学版)》，2019(6)。

能创设平等互动的环境。教师还应该通过不断学习拥有扎实、完善的知识体系，才能在深层次的认知互动和情感互动中灵活组织教学。此外，教师还应该不断反思课堂互动中的问题，对自己的课堂互动行为进行计划、检查、评价、反馈、控制和调节，不断提高自己的课堂互动能力。[①]

第四节
小学科学教育研究趋势

认知科学、脑科学、学习科学等众多学科的发展及其在科学教育研究中的应用，不断推动科学教育理论与实践发生着重大变化。科学教育研究从关注课程和对教学的宏观政策理解拓展到关注科学学习中发生了什么以及如何发生；质性、量化和混合研究的实证范式成为国际科学教育研究的主流；多学科交叉研究和跨学科研究共同体的合作催生了新的研究领域，为解决科学教育问题提供了新的解决方案；以证据为基础的教育研究与决策促进了研究成果的转化和推广。关注并了解科学教育研究趋势，结合我国科学教育现状和特点展开研究与实践是教育工作者专业成长的内在要求，也是促进我国科学教育事业发展的有力支持。

一、研究内容和主题的拓展

20 世纪 50 年代以来，科学概念始终是科学教育的重要研究领域。[②] 除了研究科学概念发展的表征、科学概念转变策略外，目前研究者更多地关注科学概念背后的思维发展过程，关注学生是如何理解、解释和应用概念的，并依据学习进阶等相关研究成果来规划课程、教学与评价。

另外，情境、社会性科学议题、项目式学习、STEM 等与学习情境和经历有关的研究得到了较多的关注。科学建模、科学论证、科学推理、工程实践、科学探究等与思维和实践相关的研究逐步得到关注，教师素养和专业发展渗透到各个研究主题中，理念和课程标准的落实也是研究的重要内容。工程教育融入科学教育给我们带来了新议题。诸如工程的本质、科学教育与工程教育的关系、工程融入科学教育的基本方式

---

① 韩琴、周宗奎、胡卫平：《课堂互动的影响因素及教学启示》，载《教育理论与实践》，2008(6)。

② Tsai C.，“Research and Trends in Science Education From 1998 To 2002：A Content Analysis of Publication in Selected Journals,”*International Journal of Science Education*，2005(1)，pp. 3-14.

等是国际科学教育界关注的焦点，强调手脑并用的科学实践使科学教育研究更加关注核心认知实践的发展。在科学课程研究方面，应进一步探索将工程核心概念、工程设计过程融入科学课程的途径和效果，围绕工程设计过程建构学习进阶，以便于将其作为跨学科 STEM 课程编制的重要线索。在科学教学研究方面，调查学生在科学与工程实践过程中的现状并评估其水平，探究学生从事科学与工程实践的影响因素、发展策略，并从教师、教学环境等方面进行干预研究，以促进学生科学推理、科学论证、科学建模等认知实践的发展；通过教师专业发展项目促进教师对工程的理解和教学实践能力的发展。

科学教育工作者可以通过国际科学教育期刊、学术会议、学术团体等了解科学教育研究关注的内容和主题，深入理解科学教育研究的背景和历程，切勿盲目跟风，以创新性的视角和方法促进科学教育研究的深化与发展。对于已经产生丰硕成果的研究，科学教育工作者应结合科学教育现状积极反思和借鉴，促进科学教育研究成果在课程与教学实践中的应用和推广，与时俱进、因地制宜地促进科学教育的本土化发展。

二、研究方法和技术的革新

研究方法和技术的革新是科学研究的不竭动力。研究方法和技术的革新主要表现为其他学科领域方法和技术的引进以及不同方法和技术之间的有机结合。目前，数学、医学、心理学、统计学、传播学等领域的研究技术与方法逐渐被应用到科学教育领域，为解决科学教育问题提供了新的切入点。例如，利用文本挖掘技术对大量已有研究文献进行聚类分析和社会网络分析，可以呈现某一研究主题的研究进展、焦点和未来研究方向，从而为选题和后继研究奠定基础。研究者还借鉴眼动记录技术、核磁共振脑成像技术、表情识别技术等采集多模态数据对学生的学习进行研究。① 例如，台湾师范大学邱美虹教授利用面部微表情来判断、预测学生的概念冲突与概念变化。② 另外，数据爬虫、数据挖掘、词频词云分析、元分析、知识图谱分析、认知网络分析等方法和技术将进一步促进科学教育研究的发展。

在科学教育研究中，为了适应不同的研究需要，研究者可能会将多种可用的方法进行整合运用。例如，将层次分析法、模糊评价法和德尔菲法相结合，形成模糊德尔菲层次分析法，从而可以确定群体对评价对象的综合权重，有助于建构师生某种能力的评价指标体系。

以事实为依据的实证研究范式已经成为当代国际科学教育的主流研究范式。为了

---

① 童丹丹、李文福、禄鹏等：《科学发明情境中问题提出的脑机制再探》，载《心理学报》，2020(11)。

② Mei-Hung Chiu，Hong ming Liaw，& Yuh-Ru Yu，et al.，“Facial Micro-Expression States as an Indicator for Conceptual Change in Students' Understanding of Air Pressure and Boiling Points,”*British Journal of Educational Technology*，2019(1)，pp. 496-480.

促进我国科学教育研究的高质量发展，科学教育工作者应该提高实证意识，加强多领域的方法积累与学习；切勿一味求新求异，而应该根据研究目的有效运用研究方法和技术解决科学教育问题。

三、多学科交叉研究的引入

科学教育是一门在自然科学和社会科学交叉地带生长出的具有天然跨学科特点的学科。由于依靠单一学科的理论和方法越来越无法给出解决科学教育问题的方案，因此必将需要多学科交叉研究才能全面准确地解释科学教育现象。多学科交叉研究首先表现为科学教育问题不仅是科学教育的研究对象，也是比较教育、教育技术、学习科学、自然科学、科学哲学等众多研究共同体所关注的议题。例如，比较教育研究范式下的科学教育研究重在对不同国家、地区和社会的科学教育理论、政策、实践进行比较；学习科学研究范式下的科学教育研究则以学生的学习为中心，对学习的本质展开探讨。当前应吸引跨学科研究群体参与到科学教育理论与实践研究中来，建设多样化、高水平的专业研究队伍，充实壮大科学教育研究的根基。

另外，自然科学、历史学、哲学、心理学、教育学、社会学、人类学、语言学等众多学科的参与在推动科学教育理论创新、实践创新、方法创新中均发挥着重要作用。例如，将信息技术应用到科学教育领域，就出现了科学教育数字化、教学信息化的趋向，诞生了动画模拟、动态可视化、静态可视化等众多的教学手段，以期提升学生科学学习的效果。① 再如，学习进阶、科学论证、社会性科学议题等研究主题则汲取了心理测量、语言学、社会学等的有益成果。

因此，多学科视角的反思、多领域研究方法和成果的应用是促进科学教育研究进一步系统化的推动力。从事科学教育的实践者和研究者应该具有跨学科的意识和视野，注重从相关学科汲取营养，以解决科学教育核心问题为目标，通过建立跨学科的合作研究共同体，创造更多有价值的教学和学习理论，开展更多有益的实践活动。②

四、研究成果的应用和推广

在以证据为基础的科学教育研究中，实证研究的成果如何转化为教育实践和决策是需要解决的关键问题。

---

① 张宇、王晶莹、张林：《国际科学教育研究进展与趋势——基于五大科学教育期刊的可视化分析》，载《外国中小学教育》，2016(3)。

② 周丐晓、黄瑄、李诺等：《透视国际科学教育研究发展趋势及其启示——基于美国〈科学教学研究杂志〉(1995—2016年)的实证分析研究》，载《科普研究》，2017(2)。

尽管目前的科学教育研究已经立足学生、教师、教学等要素，对科学学习、科学教学、科学课程、科学教师教育等的规律和特点进行了全面的勾画，产生了很多有价值的研究成果，但由于科学教育研究者、实践者和决策者的长期分离，科学教育研究成果的应用和推广还在起步阶段。研究成果的应用和推广是科学研究的价值和意义所在，是推动科学研究持续发展的动力。反之，如果不以科学研究为基础，不以来自科学学科研究的知识为指导，教育改革要想取得显著的效果是不可能的。[①]

1996 年，戴维·哈格里夫斯提出循证教育(Evidence-Based Education)，强调教育研究应该注重实证，而且期待科学教育的研究者、实践者和决策者之间实现信息的沟通和交流，填补教育研究、实践和政策之间的鸿沟。因此，科学教育研究应该在实证的基础上，将教育研究人员的专业智慧、个体教与学的专业知识和实践经验与目前能够获得的最佳研究证据结合起来，以慎重、准确而明智地做出教育决策，确保实践者所运用的科学方法的有效性。

科学教育的改革和发展呼唤高水平的科学教育研究。21 世纪以来，我国的科学教育研究已取得了长足的进步，但还存在科学在个人发展和社会进步中的地位与科学教育在整个教育体系中的地位不相称的问题。要改善我国科学教育的现状，必须开展长期、深入、持续的科学教育研究，紧密国内外联系，拓宽研究视野，跟踪国际研究前沿；提高教师的素质，强化科学教育的研究意识，鼓励教师和研究者充分发挥创造性；重视学科交叉，学习和借鉴多学科理论与方法；促进广泛合作，建立研究团队，形成高水平的专业研究队伍。[②]

本章小结

当前小学科学课程的明显特点就是整合与发展。具体而言，纵向上以跨年级的学习进阶锚定课程目标、架构课程内容；横向上以跨学科概念和工程设计为中心构建整合的 STEM 课程。对于学生学习科学而言，理解科学研究的认识论并参与科学推理、科学论证、科学建模等认识论实践，对知识的理解和思维能力的发展至关重要。在关注知识、能力发展研究的同时，关注科学兴趣、动机和态度的研究，对学生理解科学概念、科学本质以及进行职业选择具有重要影响。科学课程与教学研究对科学教师的专业素养提出了新的要求。小学科学教师应该逐步发展其学科知识和学科教学知识，形成正确、积极的认识论信念并将其转化到教学实践中，提升自身的教学实践能力。几

① 王磊、朱玉军：《我国科学研究基金资助不该忽视科学教育研究》，载《科学与社会》，2015(3)。
② 蔡铁权、陈丽华：《我国科学教育研究述评》，载《全球教育展望》，2011(6)。

十年来，科学教育研究的内容和主题逐渐拓展深化，其他学科领域方法和技术不断被引入科学教育研究领域，多学科交叉研究和跨学科研究共同体的合作为解决科学教育问题提供了新的方案，以证据为基础的教育研究与决策促进了研究成果的转化和推广。科学教育研究在促进科学教育发展、提高科学教育质量上发挥着越加重要的作用。

关键术语

学习进阶｜跨学科概念｜工程设计｜科学推理｜科学论证｜科学建模｜学科知识｜学科教学知识｜科学本质观｜教学效能感｜探究教学能力｜课堂互动能力｜循证教育

拓展阅读

1. Sandra K. Abell，Norman G. Lederman. Handbook of Research on Science Education[M]. Hillsdale，Lawrence Erlbaum Associates，2007.

2. National Research Council. Taking Science to School：Learning and Teaching Science in Grades K-8[M]. Washington，D. C.：National Academies Press，2007.

3. 高潇怡，陈红兵．新中国小学教育研究 70 年(科学卷)[M]. 北京：人民教育出版社，2020.

练　习

1. 谈一谈对 STEM 中各学科之间关系的理解，在 STEM 课程设计中如何处理 STEM 中各学科之间的关系。

2. 小学生参与科学实践面临着哪些挑战？教师开展面向真实科学实践的教学活动面临着哪些限制因素？

3. 小学科学教师应该从哪些方面提升自己的专业素养？

后　记

历经两年的时间，我们抱持着对中国科学教育理论与实践发展的热忱和对科学教师专业素养提升的期许，组织编写了《小学科学课程与教学》一书。在编写本书的过程中，我们从内容框架到具体内容进行了多次打磨，几易其稿，期望能够给广大小学科学教育工作者带来启发。我们在编写本书的过程中参考了国内外研究者的研究成果，在此向他们表示最诚挚的感谢！

全书由北京师范大学高潇怡拟定框架并进行定稿，由中国人民大学胡翔、北京师范大学博士研究生李亭亭统稿。各章的分工为：第一章，北京师范大学高潇怡；第二章，齐鲁师范学院吕雅洁；第三章，北京第一实验学校刘文莉；第四章，北京教育学院孙慧芳；第五章，浙江省教育科学研究院纪宁萱；第六章，北京第一实验学校刘文莉；第七章，北京师范大学喻娅妮；第八章，北京师范大学李亭亭、林静，北京市东城区教师研修中心路虹剑、何燕玲；第九章，北京师范大学喻娅妮、周灵杰；第十章，北京师范大学李亭亭、美国拉萨尔大学梁玲。此外，北京师范大学魏锐教授、珠海市金凤小学黄真老师为书稿修改提出了许多建设性意见，北京师范大学研究生蒿树君、梁迪斯、王晓雅、贾宇琪协助进行了资料的收集与整理工作，在此一并表示感谢。

本书的出版得到了北京师范大学出版社的大力支持，在此向各位同人表示深深的谢意。

限于编者的水平和时间，不足之处在所难免，敬请各位读者批评指正！

高潇怡

2023 年 7 月